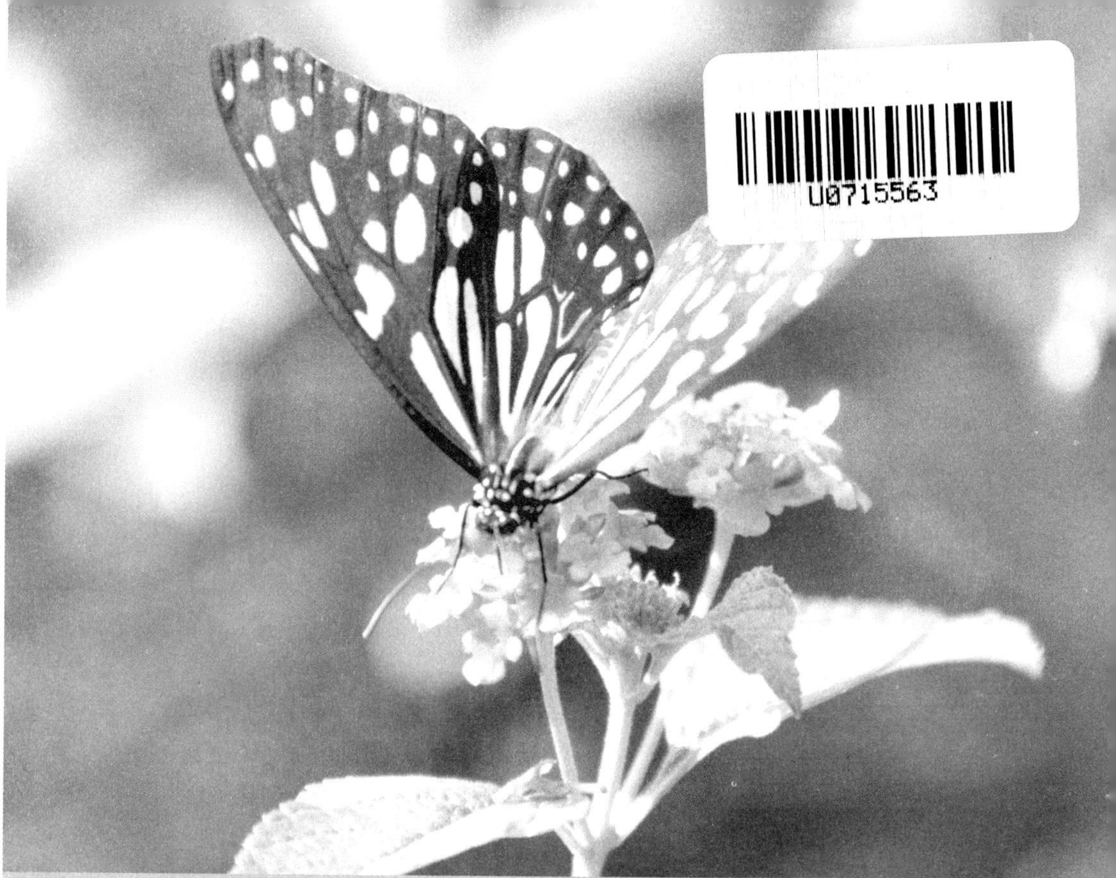

焦国章 和 曼 ◎ 主编

# 新闻编辑学教程

XINWEN BIANJIXUE JIAOCHENG

高等教育新闻传播学类"十三五"规划教材

郑州大学出版社
郑州

**图书在版编目(CIP)数据**

新闻编辑学教程/焦国章,和曼主编. —郑州:郑州大学出版社, 2018.7

(高等教育新闻传播学类"十三五"规划教材)

ISBN 978-7-5645-5624-2

Ⅰ.①新… Ⅱ.①焦…②和… Ⅲ.①新闻编辑-高等学校-教材 Ⅳ.①G213

中国版本图书馆 CIP 数据核字(2018)第 146681 号

| | |
|---|---|
| 郑州大学出版社出版发行 | |
| 郑州市大学路 40 号 | 邮政编码:450052 |
| 出版人:张功员 | 发行部电话:0371-66966070 |
| 全国新华书店经销 | |
| 郑州市诚丰印刷有限公司印制 | |
| 开本:787 mm×1 092 mm 1/16 | |
| 印张:18.25 | |
| 字数:458 千字 | |
| 版次:2018 年 7 月第 1 版 | 印次:2018 年 7 月第 1 次印刷 |

书号:ISBN 978-7-5624-2        定价:36.00 元

本书如有印装质量问题,由本社负责调换

# 作者名单

- **主　编**　焦国章　河北大学新闻传播学院
　　　　　　和　曼　河北大学新闻传播学院

- **副主编**　王晓宁　郑州大学新闻与传播学院
　　　　　　黄靖逢　洛阳师范学院文学与传媒学院
　　　　　　刘　潇　安阳工学院文法学院

- **编　委**　李云雅　河北师范大学新闻传播学院
　　　　　　白树亮　河北大学新闻传播学院
　　　　　　郭小霞　商丘师范学院新闻传播学院
　　　　　　杨骅骁　中原工学院新闻与传播学院

## 内 容 提 要

本书吸收了新闻编辑领域许多最新的研究成果,在讲述新闻编辑工作基本规律的基础上,重点研究不同媒介的新闻编辑工作的特点和要求,内容涵盖编辑流程的各个环节。在写作体例上,充分考虑到新闻编辑学的学科特点,每章均配置了大量的事例与新闻编辑实务训练,便于读者学习和提高。

本书视野开阔,体例新颖,既有一定的理论色彩,又有较强的可操作性;既可用作大学新闻与传播学科的教材,也可供新闻工作者进修、研习相关专业知识使用。

新闻编辑工作是一项集体运作的工程,它贯穿新闻组织报道的始终。新闻编辑工作流程复杂、工序繁多,并且新闻编辑工作中的一道道工序既相对独立,彼此之间又有密切联系。因此,新闻编辑工作的内容十分庞杂,既包括报道前办报(台)方针、编辑方针、报道计划的制订等准备工作,又包括对新闻稿件的选择、修改以及新闻标题的制作,而对于报纸来说,还需要进行报纸印刷前的最后一道工序——设计报纸版面。

新闻编辑工作又是一项复杂的系统工程。新闻编辑工作既包括编辑理论,又包括编辑技术,同时还和媒介技术的发展有着密切的联系,尤其是近些年来,随着媒介技术的不断发展,广播、电视、网络也成为人们获取新闻信息的重要媒介,然而,和传统的报纸相比,它们在编辑方面也存在着相似之处。因此,研究新闻编辑学,首先要研究新闻编辑工作的基本规律、共同规律,随后才是不同媒介的新闻编辑工作的特点和要求。

为了满足大家学习新闻编辑学的需要,我们编写了《新闻编辑学教程》一书,力图对新闻编辑工作整体以及每个编辑环节实施的意义、目的等从理论上做一些阐述,还试图探讨广播新闻编辑、电视新闻编辑、网络新闻编辑、数据新闻编辑的规律和技巧,因水平所限,难免失之浅薄;本书还对新闻编辑工作的具体手段及实施中应该注意的问题等做了一些探讨,以便增强对具体操作的指导,因经验匮乏,难免挂一漏万。

为了方便大家对新闻编辑工作内容的理解,我们在每一章中都附带大量的新闻事例,并且在每一章的后面都附有"新闻编辑实务训练""思考题"和"学习参考书目"。"新闻编辑实务训练"是本着增强初学者实践操作能力的目的而设计的;"思考题"则涵盖了每章内容的重点、要点;"学习参考书目"则是为了拓展大家的阅读范围。

对于新闻编辑学的研究,老一辈的许多新闻工作者和新闻教学、研究人员,已有不少著述,特别是进入21世纪以来,随着新闻业改革的不断深入和新闻业的蓬勃发展,相关研究日趋深入,一大批有价值的著作和论文问世。本书从中汲取了不少的营养,在写作过程中,参考并直接或间接地大量引用了许多人的研究成果,引用了新闻媒体刊播的一些有影响的作品,在此一并表示衷心的感谢!

本书撰写分工如下:焦国章、和曼任主编,并负责整部书稿的统筹工作;王晓宁负责第一章和第二章的写作;杨骅骁负责第三章的写作;和曼负责第四章、第八章和第十一章的写作;黄靖逢负责第五章的写作;李云雅负责第六章的写作;郭小霞负责第七章的写作;白树亮负责第九章的写作;刘潇负责第十章的写作。

  虽然为编撰本书我们做了不少工作,但是我们也非常清楚,因知识和能力的局限,书中不可避免地仍存在着这样或那样的缺点和不足,在此,恳请各位学术界同人和新闻编辑工作者们的指正,我们将不胜感激,唯盼此书能对新闻编辑学的研究有所帮助。

编　者

2017年10月

- 001　1　绪论
  - 002　1.1　新闻编辑学的基本内涵
  - 002　1.2　新闻编辑工作机制
  - 005　1.3　新闻编辑工作的特性
  - 009　1.4　新闻编辑的职业道德与修养
- 016　2　新闻策划
  - 017　2.1　新闻策划的界定
  - 019　2.2　新闻策划的意义与原则
  - 022　2.3　新闻策划的流程
  - 023　2.4　新闻策划的类型
- 035　3　组织稿件
  - 036　3.1　组织稿件的意义
  - 037　3.2　组织稿件的主要方式
  - 038　3.3　组织稿件业务的开展
  - 039　3.4　组织稿件工作中的注意事项
- 046　4　选择稿件
  - 047　4.1　选择稿件的意义
  - 049　4.2　选择稿件的社会评价标准
  - 051　4.3　新闻评价标准
  - 064　4.4　媒介的需要标准
- 070　5　修改稿件
  - 071　5.1　纠正事实差错
  - 080　5.2　纠正政治性差错
  - 084　5.3　纠正文字性差错
  - 088　5.4　辞章润饰
- 112　6　稿件的配置与配合
  - 114　6.1　稿件的配置与配合的意义
  - 116　6.2　稿件的配置
  - 125　6.3　稿件的补充配合
- 141　7　新闻标题
  - 142　7.1　新闻标题的发展历史
  - 144　7.2　新闻标题的作用
  - 147　7.3　新闻标题的特点

155 7.4 新闻标题的种类
168 7.5 制作标题的要求
187 **8 报纸版面编辑**
188 8.1 版面的功能
190 8.2 版面空间
195 8.3 版面要素
197 8.4 版面构图
201 8.5 版面的编排原则
203 8.6 版面的类型
205 8.7 设计版面的步骤
209 8.8 设计版面应该注意的问题
213 **9 广播电视新闻编辑**
214 9.1 广播新闻编辑
227 9.2 电视新闻编辑
240 **10 网络新闻编辑**
241 10.1 网络新闻编辑的特性
245 10.2 网络新闻标题制作
249 10.3 网络新闻稿件的组合
251 10.4 网络新闻的页面设计
260 **11 数据新闻编辑**
261 11.1 数据新闻的概念
262 11.2 数据新闻的类型
267 11.3 数据新闻的特点
273 11.4 数据新闻的编辑流程
278 **参考文献**

# 1 绪论

## 导言

**本章学习目标**

通过本章的学习,要求了解新闻编辑工作机制及新闻编辑人员的职业道德和修养,掌握新闻编辑工作的特性。

**本章难点**

新闻编辑工作的特性　新闻编辑的职业道德和修养

本章难点之一是新闻编辑工作的特性。新闻编辑工作的特定的性质和任务,决定了它的工作特性。新闻编辑工作的特性主要有这样几个方面:新闻编辑工作是对新闻传播活动的总体设计与指挥;是对新闻素材的再认识与再创作;是对新闻传播活动的集大成与总把关;是把握舆论导向的重要环节。

本章难点之二是新闻编辑的职业道德和修养。新闻编辑工作的性质和任务,要求编辑人员具备良好的职业道德与修养,以保证新闻媒体正确的政治方向,新闻报道取得良好的社会效益。因此,加强编辑人员的职业道德建设对新闻媒体健康发展来说至关重要。

## 1.1 新闻编辑学的基本内涵

编辑学是研究编辑工作原理与编辑工作规律的一门学科,编辑学的主要研究对象就是编辑工作。编辑工作是指根据一定的目的,从事精神产品的组织、选择、整理、加工、审定,使之传播并展示于社会公众的工作。

随着科技的发展,编辑工作的对象不断扩大,编辑学的研究领域也不断拓宽,不同的编辑部门,编辑工作的具体情况肯定有所不同,进而也就产生了不同的编辑分支学科,其中就包括新闻编辑学。

新闻编辑学是探讨新闻编辑工作产生发展的过程,研究新闻编辑工作的规律和方法、技巧的应用学科。新闻编辑学的主要研究对象是新闻编辑工作。早期新闻事业等同于报业,新闻编辑工作就是报纸编辑工作。1919年,徐宝璜撰写的新闻学著作《新闻学》出版,其中对报纸编辑工作已有专门的论述。这可以看作是我国新闻编辑学研究的起点。随着生产力的发展和科学技术的进步,新的新闻媒介不断诞生,20世纪20年代出现了广播,30年代出现了电视,90年代互联网被广泛应用,新闻编辑工作的范围随之有了很大的扩展,不仅有报纸编辑,还出现了广播新闻编辑、电视新闻编辑、网络新闻编辑、数据新闻编辑等。

报纸、广播、电视、网络作为大众传媒,均以公开向社会提供新闻作为自己的主要职责,对这些被传播的新闻进行策划、选择、整理、加工的一系列工作就是新闻编辑工作。简单地说,新闻编辑工作就是新闻编辑部门播发新闻所进行的一系列工作,包括对传播内容的策划、组织、配置及把关,对传播内容的合成及传播形式的整体设计等三个部分。

## 1.2 新闻编辑工作机制

新闻编辑工作机制是指编辑部内各项工作的组织形式和运行程序。编辑部的各项工作由分工到协作、分散到集中,都是在一定的组织形式下进行的。

### 1.2.1 编辑部内部的分工

编辑部内部分工有一个演变过程,先后经历了三次大的分工。早期,由于新闻报道面有限,发行量有限,从业人员很少。编辑部内部没有分工,他们外出采访是记者,回来是编辑,还兼有校对和出版发行工作。随着社会信息需求的增加,新闻报道面不断扩大,编辑部的工作量不断加大,便出现了第一次分工,从事新闻报道的人员分成了编辑和记者两大工种,记者专门从事采访写作,不再兼做编辑工作,编辑专职从事稿件与版面的编辑。这一时期,报社总编辑或主编还要承担撰写言论的工作。第二次分工是把言论从编辑工作中独立出来,专设"主笔"一职,负责言论的撰写,其地位与总编辑相当。第三次分工是根据社会上各行业或地区的划分而做的与之相适应的分工。编辑部分设国际部、经济部、教科文部、体育部等,目的是兼顾各行各业的报道,使记者和编辑与各行各业建立经常的联系,便于及时发现新闻,有利于记者和编辑积累专门知识,提高报道水平。

### 1.2.2 编辑部的组织结构

编辑部的组织结构可以简单地定义为编辑部各种劳动分工与协调方式的总和,它规定着编辑部各个组成单元的任务、职责、权力和相互关系。在编辑部的组织结构方面,各个媒体不尽相同。在我国,编辑部的组织结构一般有两个层次。第一个层次是编委会,这是编辑部的最高领导机构,通常由正副总编辑和一些重要编辑部门的负责人组成。总编室是编委会的执行机构,负责协调报纸各版,兼管摄影、美编、资料等编辑附属工作。第二个层次是各专业部门,包括经济部、教科文部、国际部、记者部等,是编辑部的执行机构,一般主持一个或几个版面,负责组织本部门报道,并为报纸各版供稿。有的媒体还存在第三层——各部门又根据分工划分为组。各层次之间,有着指挥与被指挥的关系。

和中国的报社一样,美国报社内的机构分为两大部分:一部分是行政和经营管理,另一部分是编辑部。报纸除广告以外一切与内容相关的事务,归编辑部管理,其余归属行政经营方面管理。行政经营方面由总裁负责,设副总裁若干,典型的行政经营部门有:广告部、发行部、财务部、计划发展部、人事部、对外关系部(有的称公关部)、印刷厂、总务部。编辑部由总编辑负责,再分为两部分:一大部分是新闻编辑部,一小部分是社论评论部。社论评论部下设社论版和评论版,各由一名主编负责。很多情况下,社论评论部的总负责人就是社论版主编。社论版日常最高业务管理机构是社论委员会,由主编和主要评论家组成,负责确定社论或重要评论的选题。新闻编辑部由总编辑负责,设执行总编、副总编、助理总编若干。新闻编辑部统统采取分类制,并实行采编合一,即将同类的编辑记者置入一个部门,不设单独的记者部。新闻编辑部通常设本地新闻部、版面编辑部(负责版面设计和具体稿件文字修改)、国内部、国际部、经济部、艺术与娱乐部、体育部、副刊部(负责各类专版)、星期天刊部、摄影部(通常包括美术组)、网络部(负责本报互联网站)、图书馆(或称图书资料中心,负责图书资料保存、查询和业务研究)、各记者站。①

媒介相融之后,传统媒体的这种工作内容单一、职责泾渭分明的组织结构方式很容易在部门之间搭建壁垒,造成编辑部内部信息交流不畅、高投入低效率、人浮于事的局面。《人民日报》为提升内容质量和产品的多样性,经过两年多的建设和运行,"中央厨房"的物理大厅和技术系统已经正式投入使用,成为报社推进媒体融合发展的核心平台。"《人民日报》'中央厨房'(即全媒体平台)以内容的生产传播为主线,不仅服务于《人民日报》旗下的各个媒体,更是为整个媒体行业搭建了一个支撑优质内容生产的公共平台,聚拢各方资源,形成融合发展合力。人民日报社社长杨振武给'中央厨房'下了一个精确定义:面向受众、面向国际、面向未来的新一代的融合传播体系。'新一代体系',意味着全新的内容生产、传播和运营体系"②。

《人民日报》"中央厨房"组织架构如图1.1所示。

---

① 辜晓进:《美国日报的组织结构》,《新闻记者》2002年第6期,第59页。
② 叶蓁蓁:《人民日报"中央厨房"有什么不一样》,《新闻战线》2017年2月(上),第14页。

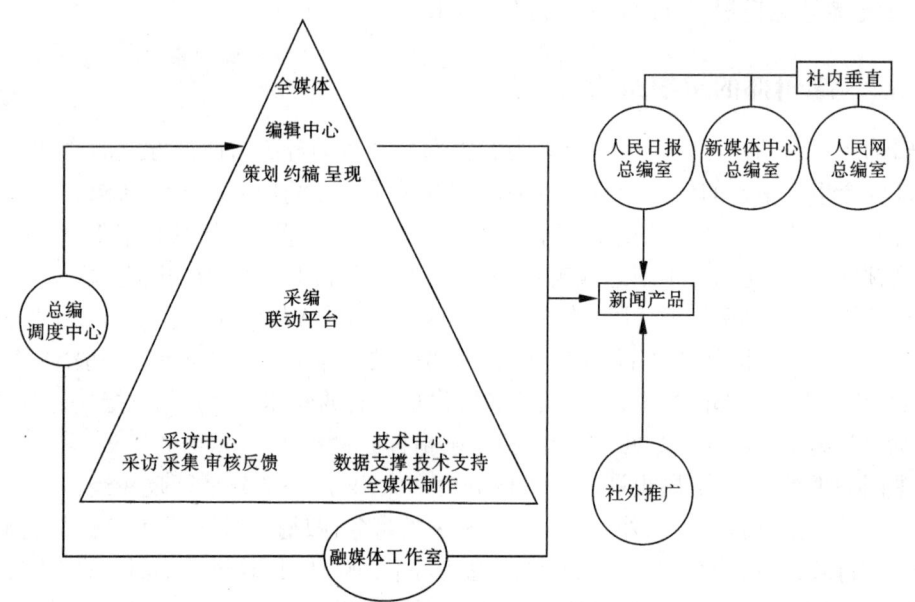

图 1.1 《人民日报》"中央厨房"组织架构图

从图 1.1 可以看出,"整体架构中,总编调度中心是指挥中枢,是策、采、编、发网络的核心层,负责宣传任务统筹、重大选题策划、采访力量指挥。采编联动平台是常设运行机构,由采访中心、编辑中心和技术中心组成,负责执行指令、收集需求反馈,人员来自'报、网、端、微'各个部门,大家组成统一工作团队,听从总编调度中心的指挥,进行全媒体新闻产品的生产加工,所有产品直接进入后台新闻稿库。报社总编室、人民网总编室、新媒体中心总编室主要负责从稿库取用稿件,这些稿件既可以作为成品直接发布,也可以作为素材进行二次加工。所有产品在社属媒体首发后,再向国内外合作媒体推广。目前,《人民日报》'中央厨房'可提供 18 个语种的新闻产品,向全球 500 家主流媒体和新闻网站供稿"[①]。

### 1.2.3 新闻编辑工作的类型

新闻编辑工作是一项由众多环节组成的"系统工程",不同的岗位、不同的业务职能,形成了新闻编辑工作的多种类型。我们可以根据编辑部的组织结构将新闻编辑工作分为三类。

一类是高层编辑,即编辑部门的总负责人,负责媒介呈现的整体形象确定。其主要工作包括确定和统筹编辑方针、报道方针,指导编辑部人员的工作,及时解决编辑部工作中出现的问题,准确地判断、选择和正确地修改、审定各类稿件,特别是重要的或有疑问的稿件。

一类是中层编辑,即编辑部下属各具体业务部门的负责人,负责某一个新闻传播单元的内容确定和形式呈现,如专栏或版面的报道内容与形式、电视的时间流程、网络的多媒体手

---

① 叶蓁蓁:《人民日报"中央厨房"有什么不一样》,《新闻战线》2017 年 2 月(上),第 14 页。

段配置、报纸的版面设计、标题制作等。

一类是基层编辑,即大部分编辑人员,担负着普通、基层的编辑任务。主要负责稿件的梳理工作,他们的分工更细,有的负责具体的稿件编辑,有的负责通联,有的则负责校对。

由于媒体的性质和技术特质的差异,具体到各类媒体略有不同。如在报社,高层编辑主要指正副总编辑、总编室主任;中层编辑包括编辑部主任和版面主编;基层编辑主要指文字编辑和校对人员。而在电视台,普通的编辑人员就分为画面编辑、文字编辑与通联编辑;中层有栏目主任和责任编辑等;正副台长、新闻中心主任等人,则承担了高层的职责。

## 1.3 新闻编辑工作的特性

新闻编辑工作和记者工作不同,它具有自己特殊的性质。新闻编辑工作的特性主要包括以下几点:新闻编辑工作是对新闻传播活动的总体设计与指挥,是对新闻素材的再认识与再创作,是对新闻传播活动的集大成与总把关,是把握舆论导向的重要环节。

### 1.3.1 新闻编辑工作与记者采写工作的异同

在新闻传播过程中,与编辑工作最紧密的无疑是采写工作,也就是记者工作,因此,我们要研究新闻编辑工作特性,就有必要对编辑工作与记者采写工作的异同进行比较。

编辑工作与记者采写工作的共同点是显而易见的:它们的传播目的和服务对象是一致的,都是传播新闻,服务受众,也就是说,两种工作的宗旨和目标是一致的。

但是,编辑工作与记者工作相比,又具有自身的特点。

(1)工作对象不同。记者工作的对象是现实生活,编辑工作的对象则是稿件。

(2)工作性质不同。记者工作是一线工作,直接面向社会现实,编辑工作则在二线,主要是对记者的劳动成果——稿件进行修改加工,或者是为记者工作提供一定的指南。

(3)工作目的、任务不同。记者工作的任务就是采访、写作,产品是以个体稿件的形式来展现,主要体现个人劳动,而编辑工作的任务则是把关、编排播发,产品是每一期的报刊、每一天的节目、每一档的栏目,是一个综合体,主要体现的是集体劳动。

(4)工作方式不同。记者工作可以由记者独立承担,自始至终一人进行,即使几个人合作采写某一新闻,共同构思,也是分头写作。而编辑工作必须集体来做,从最初的策划到最后的编排播发,需要诸多环节,必须全体协作,哪怕是一个标题、一篇短稿、一个版面,都是集体劳动的成果。

### 1.3.2 新闻编辑工作的特性

从与记者工作的比较中,我们不难分析出新闻编辑工作的特性。

#### 1.3.2.1 新闻编辑工作是对新闻传播活动的总体设计与指挥

新闻传播活动不仅要符合传播者自身的需要,而且要满足各类或特定的受众的需要。这就存在着一个设计、策划的问题。首届韬奋奖获得者、《今晚报》原副总编辑陈礼章常常说

"编辑要成为版面的设计师和报道的导演"①;《人民日报》原总编辑范敬宜也有"总编辑的主要任务就是出点子"的名言。对媒介、新闻单元及新闻报道进行设计、策划正是新闻编辑工作的业务之一。而媒介编辑方针的制定、新闻单元的设计、报道活动的组织乃至每一个报道战役的规划,对于具体的采访、编稿、组版、评论等工作来说都是行动指南,是进行具体操作的依据。正是从这个意义上,我们说新闻编辑工作是对新闻传播活动的总体设计与指挥。

#### 1.3.2.2 新闻编辑工作是对新闻素材的再认识与再创作

编辑部每天都要从不同的渠道收到大量的稿件,对于稿件的作者来讲,这些稿件基本上是成品,但对于编辑来讲,这些稿件只能是新闻素材,因为编辑工作的成品是每一期的报刊、每一天的节目、每一档的栏目。这就要求新闻编辑必须对来稿进行选择和加工。

新闻编辑对新闻稿件的选择、加工,不只是技术性的操作,而且是具有一定创造性的活动,通过这一创造使不适合或不完全适合传播的新闻稿件变得适合传播。编辑活动的创造性,不是一般意义上的"从无到有"的创造,而是"从有到好"的创造,是在已有基础上使作品更加完善。新闻编辑对稿件的加工不能随意添加,更不能更改事实,只能在作者提供材料的基础上进行,是作品中凝结的创造性劳动的继续。因此,新闻编辑工作是一种"再创作"。

新闻编辑工作对新闻素材的再创作主要体现在以下方面。

(1)对新闻素材的重新选择和组合。由于所处的岗位不同,新闻编辑的大局意识、政治意识、责任意识等,一般都要强于记者,这就决定了新闻编辑对记者的稿件进行加工不仅是必要的,而且是可能的。编辑通过对稿件创造性地修改加工,往往可以充分发挥新闻素材的潜力,使最有新闻价值的内容得到突出处理。

如2012年11月8日,中国共产党第十八次全国代表大会在北京召开。会后,全国各地迅速掀起学习宣传贯彻十八大精神的热潮。12月3日,武汉市举办了全市学习贯彻十八大精神专题研讨班。12月4日,十八大报道起草组成员、中央宣讲团成员、中共中央党史研究室主任欧阳淞为研讨班学员做辅导报告。在这次报告会上,欧阳淞主任讲了这样一件事:习近平等七位常委到达国家博物馆展览现场的时间,比主办单位预计的要晚一些。原来,一路上车队是随着社会车辆一起走的,沿途没有清道封路。这一细节深深触动了《长江日报》的编辑,他们敏锐地意识到,这其中含有重要的政治信息和极强的新闻价值。就在当天,中央政治局审议通过了改进工作作风密切联系群众的"八项规定",其中就有"减少交通管制,一般情况下不得封路、不清场闭馆"的规定。可见,中央领导身体力行"八项规定",体现出改进工作作风和密切联系群众的行动。《长江日报》编辑部立即组织采访报道,通过整理会议录音资料,采访当事人,进行了多方核实求证。12月6日,《长江日报》在头版推出独家报道《中共中央党史研究室主任披露七常委参观〈复兴之路〉出行不封路》(荣获第二十三届中国新闻奖一等奖),引发热烈反响,各大知名门户网纷纷在首页进行转载,截至当天下午4时,已经有近9万网民参与新闻讨论,普遍赞赏"清风扑面"。②

---

① 向晚:《"他首先是一个普通编辑"——记首届韬奋奖获得者、天津〈今晚报〉副总编辑陈礼章》,《新闻爱好者》1994年第2期,第8页。
② 张同太,吴琼:《打造优秀的新闻作品需要不断超越和创新——长江日报三获中国新闻奖一等奖的启示》,《新闻战线》2017年2月(上),第76页。

（2）对新闻表现形式的再创造。新闻编辑修改稿件，涉及方面很多，如订正事实、深化主题、润色文字等。长期以来，大家都是这么做的，但是最近几年，一些有经验的编辑在加工稿件时，在表现形式上又有了一些新的尝试，比如，为了深化新闻稿件的主题，他们采用在文前或文后加按语的形式，直接表明观点和态度；为了使稿件增加文采，他们会在适当的地方写上自己亲历的事情，或者增加一点相关资料等，不仅点明了稿件中潜在的语言，增加了吸引力、感染力，而且基本上保留了作者的原稿风格。比方说《楚天都市报》的一位记者的稿件《特大安全事故：两年没有》交付编辑时，忽传郊区黄陂一日发生两起烟花爆炸事故，造成20多人受伤。稿件编发还是不编发？编发，事故已经发生了；不编发，很多的人曾经做出了巨大的努力。闻讯后记者速写一篇"记者手记"——《弦，一刻也不能放松》："鲜血，改写了我们墨写的文字，但并没有消除许多人做出的努力。"编辑用手记带出原稿的形式予以编发（原稿附其后），在反思中拓宽了思路："本报一直紧盯隐患，常常关注贫穷山区，也常常借省外例子警醒世人，但郊县事故告诉我们盲点的存在。"

此外，巧妙地运用编排手段使某篇稿件变得重要起来，从而扩大影响，也是编辑人员进行再创作的一个重要方面。2016年8月22日，《人民日报》刊登了里约奥运会上中国女排夺冠的消息。编辑采用了多种编排手段：①放在头版位置。②配发大幅彩色新闻照片《中国女排王者归来　超越金牌　不忘初心》，并加以照片说明："当地时间8月20日，在2016年里约奥运会女子排球决赛中，中国队以3∶1战胜塞尔维亚队，夺得冠军。这是中国队球员朱婷在比赛中进攻。（相关报道见奥运特刊）"③全文正反线加框。④新闻标题加大字号并改成黑体。⑤配发本报评论员文章《壮哉，女排精神！》："'再难的逆境也绝不言弃''可以被打败但是绝不会被打倒''哪有什么洪荒之力，不过是在咬牙坚持'，中国女排正是凭着这样的执着勇毅去拼搏去奋斗。今天，啃下全面深化改革的硬骨头，涉过经济转型升级的险滩，都需要发扬女排精神，去把困难踩在脚下，把责任扛在肩上，把梦想化作风帆。壮哉，女排精神！加油，中华儿女！"整篇评论慷慨激昂，提振了中国人的精气神，正如评论中所说的："这支光荣的队伍不仅是竞技舞台上一张亮丽的国家名片，更成为无数中国人的励志榜样。"

### 1.3.2.3　新闻编辑工作是对新闻传播活动的集大成与总把关

新闻传播活动是一个复杂的系统工程，它由诸多环节构成，其中，记者工作和编辑工作是最重要的环节。新闻编辑工作的产品是每一期的报刊、每一天的节目、每一档的栏目，是一个综合体，其中包含着记者工作的成果，因此，我们说新闻编辑工作是对各项新闻传播活动的集大成。

"把关人"理论是由美国社会心理学家、传播学四大先驱之一的卢因（Kurt Lewin）率先提出的。他把在传播过程中对信息进行控制的一些个人和集团称作"把关人"，准确地解释了这些"个人和集团"在新闻传播中的关键作用。新闻编辑个人和编辑团体正是这些"个人和集团"的主要组成部分，所以把关也是编辑工作的主要职责之一。

把关，是阻塞和开导。阻塞坏的、错误的东西；开导好的、正确的东西。编辑部每天收到大量的稿件，这些稿件无论从政治思想还是从事实的真实性上看，有些适宜刊登，有些则不适宜刊登，这就需要编辑对这些稿件做出取舍。即使是经过选择的稿件，也可能存在这样那样的问题，这也需要编辑在修改过程中保留精华，消灭差错。

新闻编辑既要把政治关，又要把事实关，还要把文字关。无论什么问题和差错，如果说在前面各个环节出现,后面还有编辑帮助纠正的话,那么只要通过了版面编辑这一关就无法挽回了。正因为如此,常常有人把新闻编辑比作足球场上的守门员,在一场足球比赛中,如果说传球失误还可以寻找机会更正,或者被守门员拦住而不至于失分的话,那么守门员的失误将无法弥补。所以,我们说,新闻编辑工作虽然无法阻止各种差错出现,但必须做到尽可能把一切差错消灭在编排、播发之前,从而保证新闻传播的真实性和准确性,否则,后果难以预料。

#### 1.3.2.4 新闻编辑工作是把握舆论导向的重要环节

把握正确的舆论导向,"以正确的舆论引导人",是新闻媒体的主要功能之一。一则新闻的制作完成,从对新闻事件的采访、写作,到选择、修改、制作标题等再到签字付印,是一个反复酝酿、构思、加工的过程,是为实现正确的舆论导向付出劳动的过程。这一过程虽然是由作者和编辑共同参与的,但是,编辑所从事的是作者工作的后续工作,在整个过程中起着决定性的作用。

新闻媒体向社会发言是通过两种途径进行的:直接发言和间接发言。直接发言是通过各种评论与按语进行的,它是新闻媒体发言的最重要的手段。各种评论包括社论、评论员文章、短评、署名评论等。各种评论与按语都是由编辑撰写和组织的。所以,新闻评论水平的高低也反映了编辑理论水平的高低。间接发言的方式相当多样,它包括通过稿件内容和标题所表现出来的对各种事物的态度,也包括对各个稿件的配置编排所表现出来的对各种内容的抑扬和褒贬。无论哪一种发言方式,都主要是通过编辑进行的。所以,编辑要充分利用新闻媒体向社会发言的功能,以正确的舆论引导受众。

新技术与新媒体使普通公民获得了前所未有的参与新闻传播的能力,他们能借助手机、博客、播客、BBS(电子公告栏)、微博、微信等发布新闻、表达观点。从整个社会的新闻信息流动来看,越来越多的新闻正在职业"新闻把关人"控制范围之外广泛传播,这已是不容回避的事实。因此,新闻编辑要想有效发挥舆论引导作用,必须重新思考自己的角色定位。

首先,新闻编辑需要担负起公共论坛主持人的新角色,组织与各类新闻相关的对话甚至观点交锋。由于新媒介不断出现,新闻信息源随之发生了结构性的变化,微博、微信等都是不容轻视的个人媒体,来自普通民众的新闻和言论在新闻传播中占据越来越大的比重。在这场变革中,专业新闻媒体如果不能把自己改造成公众交流的平台,就将失去受众、失去市场。因此,新闻编辑必须从幕后走到前台,成为社会公众的对话者和新闻论坛的主持人,并将公众意见纳入新闻传播内容的范畴。

其次,新闻编辑需要更多地承担对公众普遍关注的新闻话题进行引导、解释与评析的任务,而不只是简单地决定报道什么或不报道什么。技术发展促使新闻传播方式正在从传统媒介主导的单向式变为专业媒介组织与普通公民共同参与的分享式、互动式,大众传播与人际传播更加紧密地结合与汇流。这种新格局一方面造成新闻信息供给过剩,另一方面也促成人们对专业媒体组织、整合、诠释信息的更多依赖。而且不同的人对于同一条新闻的关注点不同,对于与这条新闻相关的其他信息及服务的诉求也不同,新闻编辑的任务就是要根据受众千差万别的需要,提供千姿百态的内容产品和信息服务,并在这种服务与交流过程中实现对社会舆论的引导。

## 1.4 新闻编辑的职业道德与修养

新闻编辑工作的性质和任务,决定了新闻编辑工作者必须有良好的职业道德和修养。在目前更加开放、更具有挑战性的新闻编辑环境下,搞好新闻宣传工作,必须有一支高素质的新闻编辑队伍,必须按照政治强、业务精、纪律严、作风正的要求,加强思想作风建设和职业道德建设。只有切实加强思想道德建设和作风建设,才能牢固树立崇高的理想、坚定的信念、昂扬的精神、良好的作风;才能切实增强政治意识、大局意识和责任意识,增强政治敏锐性和政治鉴别力,增强正确分析意识形态领域的形势、应对复杂局面、把握正确导向的能力;才能真心实意地按照党的要求和人民的愿望,不断改进和提高舆论引导水平,完成好新闻宣传的各项任务。

### 1.4.1 新闻编辑的职业道德

职业道德是指从事某种职业的人们在履行其职责时,所必须遵循的道德准则。新闻编辑的职业道德主要包括以下内容。

#### 1.4.1.1 敬业乐群、默默奉献

职业道德的首条就是敬业。新闻编辑工作者应热爱新闻编辑工作,并将其视为毕生为之奋斗的崇高事业。1940年,范长江在《"国新"两年》一文中写道:"我们这些青年的新闻从业人员对于新闻工作,是想把它当作事业,不只是一个职业。事业是公共的比较永久地为之服务的,职业只是个人一时的为了解决生活问题的。"这段话启示我们,把新闻编辑工作当成职业和事业是两种不同的境界。只有达到后一种境界,才能尽其职、精其术、竭其力地做好新闻编辑工作。

乐群,即要求新闻编辑要团结同志,善于合作。新闻编辑工作是一项系统工程,需要多个工种协同作战,默契配合,这就要求新闻编辑人员具有团队精神,相互配合、相互支持,提倡正当竞争,反对为他人设障碍、无端破坏他人声誉。

新闻编辑工作是一项幕后的工作,有编辑曾经这样感慨:"当记者,出头露面,写文章落款,上报刊扬名,撮土也能堆成山;任编辑,萤窗雪案,给人当垫脚板,为人做嫁衣裳,古来先生无状元。"因此,对于新闻编辑要更加提倡不计名利、甘于平凡、任劳任怨的奉献精神。毛泽东同志曾为邹韬奋先生题词:"热爱人民、真诚地为人民服务,鞠躬尽瘁,死而后已。"[1]这就是韬奋精神。作为新闻编辑,在自己的职业活动中,就要具备韬奋精神,不图名,不图利,不计较得失,任劳任怨,无私奉献。

#### 1.4.1.2 实事求是、客观公正

编辑选稿、审稿过程中,必须把好真实关,确保新闻报道的真实性,不能出现弄虚作假、抬高成绩、任意夸大事实的新闻。对在真实性方面有疑问的新闻稿件,要千方百计、认真地

---

[1] 中共中央文献研究室:《毛泽东年谱(1893—1949)》(中卷),中央文献出版社2002年版,第558~559页。

反复核实,严禁报道虚假新闻,维护新闻媒体的崇高声誉,增强新闻媒体的可信度。

#### 1.4.1.3 严守法纪、清正廉洁

新闻编辑的基本职责之一是选择新闻稿件。这一职责决定了编辑人员具有取舍稿件的权力。新闻编辑在取舍稿件的工作中,必须坚持原则,不徇私情,根据稿件的质量、新闻价值、政治标准、真实性、时效性等决定取舍,做到质量面前人人平等,杜绝"人情稿""关系稿",不能因人而异、搞特殊化。只有这样,才能调动作者的投稿积极性,才能够收集到更多有价值的新闻,也才能向广大人民群众奉献高质量的新闻作品。

#### 1.4.1.4 与时俱进、勇于创新

新闻编辑要有一种永不满足、勇于创新的精神,要解放思想、更新观念,树立创新意识,不能因循守旧、闭关自守,总是走过去的老路;要根据社会、时代的发展变化,不断创新编辑工作思路,要在"新、广、深、活"上下功夫,使新闻报道既有深度,又有广度,形成一种快节奏、大流量、多视角、全方位的宣传报道态势。

### 1.4.2 新闻编辑的修养

新闻编辑是一项具有特殊意义,而且十分重要的工作。因此,这就要求新闻编辑具备一定的素质修养,具体来说,主要包括以下几个方面:政策理论修养、语言文字修养、知识修养和专业技能修养。

#### 1.4.2.1 政策理论修养

在我国,新闻工作实际上是一项政治性、政策性很强的工作。毛泽东同志早在1959年就提出"搞新闻工作,要政治家办报",江泽民同志也多次重申了这一观点,强调"舆论导向正确,是党和人民之福;舆论导向错误,是党和人民之祸"。2008年胡锦涛同志在视察人民日报社时提出新闻宣传工作必须坚持党性原则,牢牢把握正确舆论导向。舆论引导正确,利党利国利民;舆论引导错误,误党误国误民。2016年11月14日,习近平同志在会见中国记协第九届理事会全体代表和获奖者代表时说:"要坚持正确舆论导向,坚持党管媒体,加强思想政治教育,深入宣传党的理论和路线方针政策,弘扬主旋律、释放正能量,做引领时代的新闻工作者。"坚持正确的舆论导向,要求新闻工作者,特别是作为"总把关人"的新闻编辑必须具备较高的政策理论素养。只有不断提高政策理论水平,才能对各种新事物、新问题做出正确判断,才能在复杂的社会矛盾中保持清醒头脑,应付自如。

提高政策理论修养,首先要有坚实的马克思主义理论基础。新闻编辑要努力学习马克思主义、毛泽东思想、邓小平理论、"三个代表"重要思想、科学发展观、习近平新时代中国特色社会主义思想,掌握马克思主义基本原理,掌握马克思主义的立场、观点和方法,加强唯物辩证法的学习,提高哲学、方法论修养,学会用全面、联系、发展的观点观察事物,分析问题,既要看到事物的正面,也要看到反面,既要看到主要方面,也要看到次要方面,既要看到局部,更要看到整体,注意防止一种倾向掩盖另一种倾向。在新闻编辑工作中正确运用马克思主义,从理论与实践的结合上,观察新情况,研究新问题,总结新经验,提高新闻报道质量,指导实际工作。

同时,要掌握党和国家的路线、方针、政策。一篇稿件该不该播发,什么时候播发,怎

播发,直接影响稿件的传播效果,而其中起决定作用的就是新闻编辑的政策水平。政策是思想理论与实践结合的产物,是马列主义的具体化,只有熟悉了党和国家的路线、方针、政策,我们才可以在各种纷纭复杂的现象中,辨别出什么是新情况、新问题并研究新问题,才能发现哪些是可以并且应该报道的,哪些是不能报道的,才能真正做到"以科学的理论武装人,以优秀的作品鼓舞人"。

#### 1.4.2.2　语言文字修养

编辑工作就是与语言文字打交道,语言文字应用能力是编辑的基本功之一。汉语言文字有其自身的规律,对字、词、句、语法、语言逻辑、写作技能等的掌握程度,必定影响编辑处理稿件的水平和质量。所以,新闻编辑必须注重语言文字修养,努力提高语言表达和运用能力。目前媒体上屡屡可见的"七月流火""差强人意""梅开二度""红杏出墙"等一系列词的错用、误用,都反映了作者、编辑语言文字功底不足。提高语言文字修养,还应具备广博的文学知识,讲究辞章文采,使人在受教育的同时,也能得到美的享受。

#### 1.4.2.3　知识修养

知识修养包括专业知识和百科知识。

新闻编辑所具备的专业知识由两部分组成:一部分是新闻传播学理论知识与业务知识,另一部分是编辑所从事的报道领域所要求具备的专业知识。新闻传播学理论知识是新闻编辑必须具备的专业知识之一。掌握新闻传播的基本规律、懂得新闻工作的基本原理和基本原则、具备一定的政治上的敏感和判断力可以提高新闻编辑工作的自觉性,减少盲目性。同时,新闻编辑还应该对采、写、编、评业务知识样样精通,只有这样,才能对记者实行有力的指导,才能更好地修改、加工稿件,提升新闻信息的传播效果。

近年来,新闻有不断向纵深发展的趋势,人们已不满足知道发生了什么事,更想了解发生的缘由、可能引发的后果和变化,讲究新闻的思辨性、分析性,这就要求新闻编辑必须具备所从事的报道领域的专业知识。编辑只有成为某一领域的专家,对问题有自己独到的研究,才可能在策划选题时独树一帜,对稿件进行准确的判断和评价,否则只能是人云亦云,甚至以讹传讹。

百科知识不局限于某一两个专业领域,而是历史、哲学、经济、法律、天文、地理、音乐、艺术、科学、军事、政治,无所不及。当然,任何人都不可能掌握所有的知识,但是反映大千世界的新闻信息包罗万象,编辑作为把关人,如果对新闻反映的内容全然不知,就很难在有限的时间内对新闻进行选择、加工,很难客观、真实地反映事物的本质。2000年12月,新华社在迎接新世纪报道中开辟了一个栏目——《世纪旧闻新读》,以1900年12月的报纸内容为横切面,寻找价值较高的"旧闻",对照当今现实,挖掘丰富内涵,从2000年12月1日开始发稿,其后的每一天都与百年前的这天对应,"旧闻"的新闻性由此凸现出来。可以试想,编辑如果没有丰富的历史知识积累和哲学的辩证思想,恐怕很难策划出这样颇有创意的栏目。

#### 1.4.2.4　专业技能修养

新闻编辑除应具备政策理论修养、语言文字修养和知识修养之外,至少还应具备以下四种能力。

(1)发现能力。发现能力是对事实传播价值的识别能力,主要体现在"新闻敏感"上。

编辑的发现能力,主要表现在确定报道方向和报道题目、决定稿件取舍、稿件加工、稿件编排时,能够迅速准确地发现问题、抓住问题,多谋善断,发现新闻,培养作者,形成特色。编辑的发现能力,实际上是编辑对大政方针、形势走向的把握,对媒体特色的领会,对读者需要的了解等综合能力的反映。编辑要有主动意识,立足新的实践,分析新的情况,善于用"新闻眼"捕捉重大而又新鲜的题目。好的新闻编辑不仅能够从众多的稿件中发现有"亮点"的稿件,而且能够发现稿件存在的问题及蕴含的潜力,并能深挖潜力,寻找到解决问题、提升稿件档次的有效途径。

(2)策划创新能力。随着新闻竞争的日益加剧,新闻媒体需要不断创新求异,受众要求看到更多更好的新闻精品,仅会选稿、改稿、组版、画版的编辑越来越不能适应媒介发展的需要,编辑的策划创新能力日益显得迫切和重要。目前媒体之间的竞争,说到底是创新能力的竞争。不断创新是一个新闻媒体生存、发展的根本。近年来,许多新闻媒体纷纷改版扩版,改进报道,不断推陈出新,力度、速度非同一般,目的就是一个:通过创新,树立新形象,吸引更多的受众,靠技高一筹、领先一步赢得媒体大战的胜利。编辑的创新可以分为内容的创新和形式的创新。内容的创新包括对新闻角度的选择、对新闻主题的提炼和标题制作的求异求新;形式的创新主要指报道形式的创新和版面表现形式的创新等。创新,就要大胆扬弃,否定旧的新闻报道模式,勇于在内容上出新、形式上出彩,给人耳目一新的感觉。

(3)组织、公关交往能力。组织能力指的是编辑组织报道和组织新闻人才的能力。组织能力,首先表现在编辑善于依据新闻报道的需要,合理安排和使用分散的有关人员,互相配合,形成整体力量,完成采编任务。对组织能力的更高层次的要求,则还包括为事业发展网罗人才、组建队伍,形成相对稳定的合作群体。这就要求新闻编辑必须具有良好的社会活动与交往能力,善于与人打交道。

(4)操控新技术设备能力。现代科技的发展使新闻编辑处于崭新的技术环境,许多报社已经采用电子采编系统,数码相机、卫星传稿也广泛使用,互联网成为庞大的信息资源库。电脑和网络技术的发展,要求新闻编辑具有使用数码相机、电脑和互联网等信息化工具的操作技能。新闻编辑要具备通过检索功能快速寻找有关新闻的背景资料的能力,能够运用各种在线资源如辞典、百科全书、地名索引、年鉴和汇编等,进行数据和事实的交叉验证,要善于运用微博、微信、论坛、电子邮件等形式和受众进行沟通和交流,了解受众欲知和关心之事,为新闻策划和报道提供参考。

**【新闻编辑实务训练】**

请结合《中国新闻工作者职业道德准则》和新闻编辑工作的特性,联系实际,谈一谈新闻编辑人员应具备的职业道德。

**中国新闻工作者职业道德准则**

(中华全国新闻工作者协会第七届理事会第二次全体会议2009年11月9日修订)

中国新闻事业是中国特色社会主义事业的重要组成部分。新闻工作者要坚持以马克思列宁主义、毛泽东思想、邓小平理论和"三个代表"重要思想为指导,深入贯彻落实科学发展观,高举旗帜、围绕大局、服务人民、改革创新、贴近实际、贴近生活、贴近群众,用马克思主义新闻观指导新闻实践,学习宣传贯彻党的理论、路线、方针、政策,继承和发扬党的新闻工作优良传统,积极传播社会主义核心价值体系,努力践行社会主义荣辱观,恪守新闻职业道德,自觉承担社会责任,敬业奉献、诚实公正、清正廉洁、团结协作、严守法纪,做到政治强、业务精、纪律严、作风正。

第一条　全心全意为人民服务。要忠于党、忠于祖国、忠于人民,把体现党的主张与反映人民心声统一起来,把坚持正确导向与通达社情民意统一起来,把坚持正面宣传为主与加强和改进舆论监督统一起来,发挥党和政府联系人民群众的桥梁纽带作用。

1. 积极宣传党和政府的重大决策部署,及时传播国内外各领域的信息,满足人民群众日益增长的新闻信息需求,保证人民群众的知情权、参与权、表达权、监督权;

2. 牢固树立群众观点,把人民群众作为报道主体和服务对象,多宣传基层群众的先进典型,多挖掘群众身边的具体事例,多反映平凡人物的工作生活,多运用群众的生动语言,使新闻报道为人民群众喜闻乐见;

3. 积极反映人民群众的正确意见和呼声,批评侵害人民利益的现象和行为,依法保护人民群众的正当权益。

第二条　坚持正确舆论导向。要坚持团结稳定鼓劲、正面宣传为主,唱响主旋律,不断巩固和壮大积极健康向上的舆论。

1. 始终坚持以经济建设为中心,服从服务于改革发展稳定大局不动摇,着力推动科学发展、促进社会和谐;

2. 宣传科学理论、传播先进文化、塑造美好心灵、弘扬社会正气,增强社会责任感,坚决抵制格调低俗、有害人们身心健康的内容;

3. 加强和改进舆论监督,着眼于解决问题、推动工作,坚持准确监督、科学监督、依法监督、建设性监督;

4. 采访报道突发事件要坚持导向正确、及时准确、公开透明,全面客观报道事件动态及处置进程,推动事件的妥善处理,维护社会稳定和人心安定。

第三条　坚持新闻真实性原则。要把真实作为新闻的生命,坚持深入调查研究,报道做到真实、准确、全面、客观。

1. 要通过合法途径和方式获取新闻素材,新闻采访要出示有效的新闻记者证。认真核

实新闻信息来源,确保新闻要素及情节准确;

2.报道新闻不夸大不缩小不歪曲事实,不摆布采访报道对象,禁止虚构或制造新闻。刊播新闻报道要署作者的真名;

3.摘转其他媒体的报道要把好事实关,不刊播违反科学和生活常识的内容;

4.刊播了失实报道要勇于承担责任,及时更正致歉,消除不良影响。

第四条 发扬优良作风。要树立正确的世界观、人生观、价值观,加强品德修养,提高综合素质,抵制不良风气,接受社会监督。

1.强化学习意识,养成学习习惯,不断提高政治和业务素质,增强政治意识、大局意识、责任意识,努力成为专家型新闻工作者;

2.深入基层、贴近群众、体验生活,在深入中了解社情民意,增进与群众的感情;

3.坚决反对和抵制各种有偿新闻和有偿不闻行为,不利用职业之便谋取不正当利益,不利用新闻报道发泄私愤,不以任何名义索取、接受采访报道对象或利害关系人的财物或其他利益,不向采访报道对象提出工作以外的要求;

4.尊重新闻同行,反对不正当竞争。尊重他人的著作权益,引用他人的作品要注明出处,反对抄袭和剽窃行为;

5.严格执行新闻报道与经营活动分开的规定,不以新闻报道形式做任何广告性质的宣传,编辑记者不得从事创收等经营性活动。

第五条 坚持改革创新。要遵循新闻传播规律,提高舆论引导能力,创新观念、创新内容、创新形式、创新方法、创新手段,做到体现时代性、把握规律性、富于创造性。

1.深入研究不同传播对象的接受习惯和信息需求,主动设置议题,善于因势利导,不断提高舆论引导能力和传播能力;

2.认真研究传播艺术,利用现代传播手段,采用受众听得懂、易接受的方式,增强新闻报道的亲和力、吸引力、感染力;

3.善于利用新载体、新技术收集信息、发布新闻,提高时效性,扩大覆盖面。

第六条 遵纪守法。要增强法治观念,遵守宪法和法律法规,遵守党的新闻工作纪律,维护国家利益和安全,保守国家秘密。

1.严格遵守和正确宣传国家的民族区域自治制度、各民族平等团结和宗教信仰自由政策,维护国家主权和社会稳定;

2.维护采访报道对象的合法权益,尊重采访报道对象的正当要求,不揭个人隐私,不诽谤他人;

3.维护未成年人、妇女、老年人和残疾人等特殊人群的合法权益,注意保护其身心健康;

4.维护司法尊严,依法做好案件报道,不干预依法进行的司法审判活动,在法庭判决前不做定性、定罪的报道和评论;

5.涉外报道要遵守我国涉外法律、对外政策和我国加入的国际条约。

第七条 促进国际新闻同行的交流与合作。要努力培养世界眼光和国际视野,积极搭建中国与世界交流沟通的桥梁。

1.在国际交往中维护祖国尊严和国家利益,维护中国新闻工作者的形象;

2.积极传播中华民族的优秀文化,增进世界各国人民对中华文化的了解;

3.尊重各国主权、民族传统、宗教信仰和文化多样性,报道各国经济社会发展变化和优秀民族文化;

4.积极参加有组织开展的与各国媒体和国际(区域)新闻组织的交流合作,增进了解、加深友谊,为推动建设持久和平、共同繁荣的和谐世界多做工作。

附　则

对本《准则》,中国记协各级会员单位要结合实际制定相应实施细则,认真组织落实;全国新闻工作者要自觉执行;各级各专业记协要积极宣传和推动,欢迎社会各界监督。

## 【思考题】

(1)新闻编辑工作包括哪几个方面?
(2)新闻编辑工作有哪些类型?
(3)新闻编辑工作的特点是什么?
(4)怎样才能做一名合格的新闻编辑?

## 【学习参考书目】

[1]蔡雯,许向东,方洁.新闻编辑学[M].3版.北京:中国人民大学出版社,2014.
[2]方汉奇.中国新闻事业史简史[M].北京:中国人民大学出版社,1995.
[3]黄瑚.新闻法规与新闻职业道德[M].成都:四川人民出版社,1998.
[4]蒋晓丽.现代新闻编辑学[M].北京:高等教育出版社,2002.
[5]张子让.当代新闻编辑[M].上海:复旦大学出版社,1999.

# 2　新闻策划

## 导言

**本章学习目标**

通过本章的学习,了解新闻编辑策划的范畴和意义,掌握新闻编辑策划的原则,了解新闻编辑策划的程序,掌握新闻单元策划、新闻报道策划的方法和操作技巧。

**本章难点**

**新闻单元策划技巧　新闻报道策划技巧**

本章难点之一是新闻单元策划技巧,主要包含以下内容:确定新闻单元的容量、频率与具体位置;确定新闻单元的受众定位和编辑思想;确定新闻单元的名称、报道对象、内容范围、表现形式和风格特色。

本章难点之二是新闻报道策划技巧,主要包括以下内容:确定报道效果目标,明确报道范围与重点;确定报道规模与进程;确定发稿计划;确定报道方式;明确报道力量配置与报道运行机制二者相辅相成,构成统一的新闻策划系统。

对"新闻策划"历来有不同的理解。我们在这一章所要讲述的新闻策划主要是新闻传播活动策划,是媒介新闻编辑在新闻传播过程中所从事的决策与设计性工作,以及对新闻传播活动的组织和管理工作,是编辑工作非常重要的一个组成部分。它包括三个方面的内容:新闻编辑方针的确定、新闻单元的策划、新闻报道的策划。

## 2.1 新闻策划的界定

近年来,"新闻策划"一词在我国新闻界已颇为流行。从电子媒体到印刷媒体,从全国性媒体到地方性媒体,从综合性媒体到专业性媒体,新闻策划的概念已为越来越多的人所接受,并渗透到新闻界各类工作人员日常行为中。围绕着媒介实践中出现的"策划"热,新闻理论界掀起了一场关于新闻策划的大讨论,这场大讨论开始于20世纪90年代,至今余音未了。从目前发表的有关新闻策划的论文、专著看,对新闻策划从不同角度下的定义有几十种,这些定义归纳起来大致有以下几类。

第一类是把"新闻策划"定义为"新闻报道策划",即以事实为基础,对报道时机、报道手段、报道艺术等所做的规划设计。如陈瑞昌的定义:"面对客观存在的新闻事实,进行统筹安排、周密部署,提炼主题,确定报道重点、角度,选择报道方式、途径,这一能动性、创造性的劳动过程,就是新闻报道策划。"[1]

第二类是认为"新闻策划"即"新闻事件策划",将其理解为"在新闻事实发生之前,由记者参与设计促成事件发生并予以报道的一种行为"[2],是"媒介不满足守株待兔式地捕捉新闻,而是利用自身的影响力,围绕某一主题进行的一系列活动"[3]。

第三类定义,"新闻策划"准确的表述应该是"新闻媒介策划",即"研究新闻媒介生存发展的战略规划,包括对传媒的受众定位、经营方针、产品(通讯社新闻、报纸、杂志、广播电视节目等)设计、制作与营销、广告经营、员工构成、内部管理、资产资金、技术设备以及传媒的其他各类经营活动和社会活动等,进行运筹规划。"[4]

考察新闻实践,我们不难发现,第一类定义概括是不全面的,一贯重视策划的《华西都市报》的前总编辑席文举曾提出:"总编辑应该是总策划,不仅要懂微观策划,还要懂中观策划,更要懂宏观策划。"[5]而这个定义显然没有把中观策划和宏观策划概括其中。

第二类定义中的"新闻事件策划"是公共关系学中的一个概念,通常叫"制造新闻",指公共关系人员经过精心策划,有意识地安排某些具有新闻价值的事件在某个选定的时间内发生,由此制造出适合传播媒介报道的新闻事件。可以说,新闻事件策划是一种公关活动行为,与新闻传播报道是两码事,而且新闻界也格外忌讳"制造新闻"这样的字眼,称其为"假事件"。正是由于新闻传播界对"制造新闻"所持的审慎而批判的态度,公关界就改变了说

---

[1] 陈瑞昌:《我看新闻策划》,《新闻记者》1997年第5期,第24页。
[2] 卢荫御:《"新闻策划"现象初探》,《新闻纵横》1996年第10期,第21页。
[3] 曾伯炎:《新闻岂能导演》,《新闻界》1997年第6期,第24页。
[4] 蔡雯:《新闻传播的策划与组织》,新华出版社2001年版,第7页。
[5] 蓝轲:《"黑马"雄风——华西都市报对转型期报业发展的启示》,《新闻出版报》,1999年8月26日。

法,先是称"制造新闻"这种做法为"新闻事件策划",继而简称为"新闻策划",时间大概就在20世纪90年代中期,这一时期正是我国新闻竞争趋于激烈的时期,各个媒介为了争夺受众、争夺市场、树立品牌、扩大影响采取了一系列的方法,包括自觉地策划一些社会活动,然后加以广泛报道。比如《华西都市报》策划的"府南河大合唱"、《大河报》策划的"免费拉你迎回归"等,都取得了比较好的社会效益和经济效益,有的报道还获了奖。比如在香港回归前夕,《福建日报》记者通过掌握的信息,积极参与策划,促使林则徐后裔200多人在故乡福州隆重举行家祭,以香港回归祖国的大喜讯祭告祖先,媒介跟踪报道。后来,这则报道荣获第八届中国新闻奖二等奖。于是就有人认为,新闻媒介的这种活动就是新闻策划。

考察新闻事件,我们会发现这类定义也很难涵盖新闻实践中所有的策划活动,比方说,对一些突发性事件的策划。1912年《纽约时报》对"泰坦尼克"号班轮沉没事件的报道至今仍被认为是一次新闻策划杰作,但恐怕没有一个人会认同,永不沉没的"泰坦尼克"号撞上冰山是《纽约时报》为扩大自己的影响力而"参与设计促成事件发生"的。

同时,又有一些符合这类定义要求的活动,在新闻实践中很难被认同为新闻策划。最典型的事件当属赫斯特煽动美西战争。1896年,美国和西班牙战争前夕,赫斯特主持的《纽约时报》派了一位速写画家芮明顿到古巴首都哈瓦那作战争速写。据说,芮明顿到哈瓦那后发现那里很平静,不会有战争,于是致电赫斯特:"这里很平静,不会有战争,想回去。芮明顿。"赫斯特复电:"请留下,你供给速写图画,我将供给战争。"后来,一艘美国战舰"缅因号"在哈瓦那被炸沉,《纽约时报》借此作了一个通栏标题《炸毁缅因号是一个敌人所为》,在毫无根据的情况下,断言是西班牙制造了这起事件,并悬赏5万美元征求查明罪犯的证据,制造战争气氛。这种"你提供新闻,我提供战争"的做法,完全符合这类"新闻策划"的定义要求,却一向被新闻界所不齿,它以扭曲事实为基点,完全违背了事物发展的本来面貌,也违背了新闻规律。

显然,第二类定义,也与新闻实践中对新闻策划的理解和领会不尽一致,很难概括实践中的具体操作,更别说指导实践。

基于对前两种定义的考察,不少学者开始反思"新闻策划"这个词本身的科学性。策划行为是实际上存在于媒介运作的各个方面,媒介新闻传播活动需要策划,媒介的广告、发行等经营活动也需要策划,对于各类报业集团、媒介集团来说,集团中各类媒介产品的分工布局、优势互补还需要更高层次上的策划。因此,以蔡雯为代表的一批学者就批判性地提出了第三类定义。这一类定义不但符合新闻策划目前在实践领域的发展情况,而且在理论上也更全面、更科学。它实际上包括新闻媒介经营策划和新闻传播活动策划,我们在这一章所要讲述的新闻策划主要是新闻传播活动策划,"是媒介新闻编辑在新闻传播过程中所从事的决策与设计性工作,以及对新闻传播活动的组织和管理工作"[①]。

---

① 蔡雯:《新闻传播的策划与组织》,新华出版社2001年版,第7页。

## 2.2 新闻策划的意义与原则

了解了新闻策划的定义,接下来,我们谈一下新闻策划的意义和原则。新闻策划的意义包括:深化报道主题,强化舆论导向;充分开发新闻资源,满足受众需求;创新独家报道,凸显媒介特色;发挥报道者的主观能动性。关于新闻策划的原则包括:创造性与可行性统一的原则,计划性与灵活性统一的原则,社会效益与经济效益统一的原则。

### 2.2.1 新闻策划的意义

目前,新闻策划越来越受到新闻媒体的重视,并且越来越多地被媒体所使用。具体而言,新闻策划的意义主要有以下四点。

#### 2.2.1.1 深化报道主题,强化舆论导向

新闻策划是新闻传播者通过主体性的创意和谋划,有意识地进行或加强某一领域或方面的新闻报道。它可以帮助媒体传播者在客观世界无数的事实信息中重点突出处理某些信息,引起受众注意,使受众关注和思考媒体所注意的问题。人们的思想极其活跃,各种观念、思潮交织在一起,显得纷繁复杂。简单的、被动的报道形式难以树立思想和观念的旗帜。媒体要提高引导水平,胜任引导任务,必须保持清醒的头脑,调整自己的眼光,在报道中体现一种思想的制高点。新闻策划是集团性操作,是把整个团队的智慧、创意、能力调动起来,从而在思想的制高点上发掘事实内蕴,剥离混乱的现象而凸现和展示事实本质信息,从而达到梳理思潮,化解矛盾,引导读者拓宽思路,积极向上,减少盲目性和焦虑性。因而对于重大新闻事件,能够通过策划扩大报道的影响,把社会舆论的注意力聚焦到报道事件上,起到舆论的宣传、引导、监督作用,有着一般简单、零散的新闻报道无法比拟的优势。

#### 2.2.1.2 开发新闻资源,满足受众需求

随着经济和科技的发展,受众的需求和兴趣也越来越广泛,他们不仅要求了解新闻事实,还想了解其内部的发展过程和变化,更想从理念上把握对新闻事实的认识和思考。显然,一般的平面的消息、通讯很难满足他们的需求。新闻策划能够有效地开发、利用新闻资源。通过策划对新闻资源优化组合,合理配置,不仅可以使受众敏锐地看到眼前发生的事实,追忆历史,而且可以科学地预测未来;不仅能够找到过去、现在和未来之间的发展关系,而且能够从不引人注意的新闻线索中发掘新闻价值,使能够进入报道视野的可报道事件增多,最大限度地满足受众需求。

2013年秋天习近平主席首倡"丝绸之路经济带"和"21世纪海上丝绸之路",已经有100多个国家和国际组织共同参与,中国与40多个沿线国家签署了合作协议,并在沿线20多个国家建立了56个经贸合作区。为配合相关宣传,2015年10月,中央电视台财经频道共派出十个摄制组历时近一年半时间,从亚洲到欧洲,拍摄了丝绸之路经济带上16个国家,行程30多万千米。节目组镜头除了记录古老的商业文明遗迹,还记录了当下鲜活的商业故事和人物,特别是采访了沿线国家的部分政要,其中有哈萨克斯坦、巴基斯坦、吉尔吉斯斯坦三国的

总统及格鲁吉亚、希腊两国的现任总理,还有法国、意大利等国的三位前总统、前总理;同时,完成了国内 11 个省市自治区直辖市的前期拍摄工作。最后推出 8 集高清纪录片《丝绸之路经济带》(每集 50 分钟),结合财经频道的专业特点,力求从历史、现代、未来三个层面和八个主题,阐释中国提出振兴丝绸之路的现实意义和历史机缘,对丝绸之路经济带的经贸活动进行一次全新的梳理,并展望未来。①

#### 2.2.1.3 创新独家新闻,凸显媒体特色

从新闻价值的角度讲,独家新闻是媒体保持个性和特色的重要手段,但在资讯信息高度发达的现代社会,新闻透明度高,用传统常规的报道手段挖掘第一手新闻素材以求得"独家性"的机会和可能已经很小。新闻策划有助于现代媒体在信息高度发达、新闻资源有限的时代,在重大新闻事件众多媒体共同角逐的情况下,体现独有的传播个性,使各类媒体对同一新闻事实的报道不再出现雷同的"大合唱"局面,也正是从这个意义上来说,新闻策划能使媒体凸显个性,并彰显媒体在新闻竞争中胜人一筹的独特魅力。

#### 2.2.1.4 发挥报道者的主观能动性

新闻策划不同于一般的新闻报道活动,它不是由上级领导部门指派或由被报道对象邀请,而是报道者依据对新闻事件的理解与参与,形成一定的报道思路,积极主动地进行反映。这种报道活动往往有明确的目标和行动方案,是人的主观能动性作用于客观事实的一种实践。面对纷繁复杂、变化多端的实践,报道者会根据现实不断地修正方案,投入再实践。如此反复,对于提高报道者的各种素质大有好处。每一次重大的策划报道,都能锻炼和培养一大批采编人员。《北京青年报》一贯重视新闻策划,长期以来推行新闻策划会制度,取得了明显的成效。不少年轻记者脱颖而出,业务素质和思想素质大大提高,出了一大批好稿。如今,不少报纸都在扩版增容,广播电视也在不断地增设专业频道,但是新闻记者、编辑并没有按比例成倍增长,其中一个原因就在于很多报道是策划而来的,策划充分调动了报道者的主观积极性,使其迸发出无穷的力量,从而节省了大量的人力、物力。

### 2.2.2 新闻策划的原则

新闻媒体进行新闻策划需要遵循一定的原则。具体来说,新闻策划的原则主要有以下几个方面。

#### 2.2.2.1 创造性与可行性统一的原则

新闻策划是一种创造性思维活动。策划贵在创新,没有创新就没有策划存在的价值。可以说,创新是新闻策划的核心和灵魂。创新常常表现为"人无我有,人有我新,人新我优"。我们不可能苛求每一个策划都能做到最好,但应该要求每一个策划都与上一个策划有所不同,要有新的思维、新的方法、新的形式、新的理念,不能故步自封、不思进取,也不能人云亦云、亦步亦趋,不能说一个媒体策划推出了一个新的栏目,社会影响比较好,其他媒体也都一窝蜂地效仿。俗话说,"学我者生,似我者死",我们强调在策划创意阶段要尽情自由发挥,尽

---

① 赵娟,李书藏,陈永庆:《"一带一路"背景下的央视对外传播创新》,《新闻战线》2017 年 5 月(上),第 23 页。

可能不要受各方面因素的制约,只有这样才有可能推陈出新,吸引受众。国内目前99%的电台、电视台的新闻播报,采用的都是"整点播报"的形式,伴随着北京时间"嘀嘀嘀"的报时声响过,各台的新闻便随之播出,在这个时段,你无论怎样换台、调频道,除了新闻还是新闻。青岛卫视率先打破了这种形式的樊篱,改"整点播报"为"半点播报",仅仅打了个时间差,却赢得了出乎意料的好评,收视率直线上升,这就是创新的魅力。

新闻策划的创造性就是标新立异,但是标新立异不是随意的,必须有科学的根据。当方案进入设计和论证阶段的时候,需要接受可行性的审视,看现行的政策是否允许,是否具备实施它所需要的人、财、物等新闻资源,以达到创造性和可行性的统一。没有创造性的策划,是没有价值和竞争力的策划;而没有可行性的策划,即使再有创造性,也可能成为无法实现的泡影。比方说早几年前,某市级电视台为了在与大台竞争中抢占一席之地,决定在全国地市级台中率先开办早晨节目,策划虽然颇有新意,但却没有进行认真的可行性分析,结果由于人、财、物等电视资源投入不足和配置不当而导致节目质量和收视率不高,最终只好被迫下马。这充分说明了在方案实施之前,对决策目标的可能性、可靠性,目标事实的价值性、效益性进行前期分析的重要性。

#### 2.2.2.2　计划性与灵活性统一的原则

新闻策划的计划性既指策划内容的安排,又包括具体实施的步骤。在新闻策划中计划性越强、越有条理、越严密细致,策划思想的体现和方案的实施就越有保障。然而,无论是突发事件还是早有安排的重大事件,事态的发生、发展过程中都会有许多报道策划者难以预料的变数,有些报道客体甚至只知道其开始,而无法知道其下一步情况,并且事件有可能出现多种结局。因此,报道策划者切不可只强调计划性而忽视灵活性,疏于应变、草率从事。

1998年关于流星雨的报道就是一个教训。根据天文学家的预告,1998年11月18日凌晨在我国的一些地方能够看到流星雨。当时各类媒介都兴致勃勃地发布了新闻,介绍流星雨的文章和资料铺天盖地。这些精心策划的报道的确激发了受众的好奇心,但是许多人在寒冷的夜空中守望了一夜,等来的只是为数不多的几颗流星。原来,天文观测出现了失误,流星雨实际上17日白天已经发生了,我国不是最佳观测点。事件没有按照策划者预期的方向发展,但一些媒介却依旧按照原方案进行报道。有家报纸把预先不知从哪里弄来的流星雨照片弄到了一版上,并注明是"18日凌晨摄于青海",对此,愤怒的读者提出抗议,嘲讽说"流星雨淋湿了媒体"①。

因此,我们在进行新闻策划时,一定要把计划性与灵活性统一起来。一方面,我们在制定策划方案的时候要留有余地,要做两手准备,要有应急措施或预备方案;另一方面,在方案实施的过程中,要实时监控,根据各方面反馈的信息,及时调整原先的策划方案,以保证传播效果。

#### 2.2.2.3　社会效益与经济效益统一的原则

随着我国市场经济体制的建立和新闻改革的不断深化,编辑在进行新闻策划时,更加重视"两个效益并举"。如何正确处理两者的关系,是新闻策划必须遵循的又一重要原则。

---

① 王燕枫:《流星雨淋湿了媒体》,《新闻出版报》,1998年12月2日。

邓小平同志曾强调"一切从事精神产品生产的部门,必须把追求社会效益放在第一位"。因此,我们在进行新闻策划时,首先要讲求社会效益,并且在社会效益与经济效益发生冲突时,自觉地让经济效益服务于社会效益。但是,媒体同时也是信息产业,既然是产业,就不能不讲经济效益,也不能因为强调社会效益而忽视经济效益。

## 2.3 新闻策划的流程

新闻策划是一个系统工程,从大的方面说,包括新闻单元的策划和新闻报道的策划。由于目标、内容、规模等的不同,具体策划上有很大的差别,但流程大体是一致的,可分为以下三个阶段。

### 2.3.1 策划预备阶段

策划预备阶段指从产生策划意图、着手准备到方案设计之前的一段时间。这一阶段主要任务是收集各方面的信息,为决策提供依据。在策划准备阶段需要收集的信息包括内部信息和外部信息两个方面,具体有受众信息、竞争对手的信息、上级领导部门的信息,以及新闻媒介内部的资产信息、技术信息、人才信息和管理信息等。

收集与分析相关信息对于策划至关重要,一方面可以对选题做进一步的推敲,必要时做出修正和调整,另一方还可以进一步明确策划效果目标,为编辑策划指明方向。因此,在策划预备阶段,要主动出击,尽可能获取全面、准确、有效的信息,并加以科学的分析,为策划的成功提供保证。

### 2.3.2 方案设计阶段

方案设计阶段是指根据策划效果目标,在广泛征求、汇集并参考多方面的意见的基础上,充分调动相关人员的主观能动性,拟定策划方案并优选方案的过程。方案设计阶段是新闻策划的核心阶段。

新闻策划本身是一种创造性的思维活动,要想设计出最能体现媒介特色、风格的方案,必须充分发挥新闻策划人员的想象力和创造力。目前,在新闻策划设计阶段,我国各类媒介广泛采用"智力激励法",集思广益、博采众长,最终确定最佳方案。"智力激励法"又称"头脑风暴法",一般是以小型会议的方式,让与会者无拘无束地自由思考、畅所欲言,鼓励与会者提出各种构想,相互诱导,取长补短,提出更完美的创意或方案,从而有效地发挥集体智慧。

### 2.3.3 方案实施阶段

方案实施阶段是指策划方案付诸实施,验证其可行性的阶段,在这一阶段需要根据实施中接收到的信息反馈情况,不断地调整、修正原来的设计方案,形成"策划—实施—再策划—再实施"这样一个循环的过程。对方案的调整、修正将一直伴随着策划的整个实施过程。如果是对新闻报道的策划,那么这个阶段将一直持续到报道结束。如果是对新闻单元的策划,比方说改版策划、栏目策划等,将一直持续到下一次的改版或栏目的取消,也就是说,新闻单元只要在正常地运行,就需要根据客观需要不时地修正、调整。

## 2.4 新闻策划的类型

新闻策划是新闻编辑工作的一项重要内容。按照其所具有的稳定性和灵活性划分,它可以分为新闻单元策划(又称为静态策划)和新闻报道策划(又称为动态策划)两种。新闻单元策划是对媒体的总体策划,是一个较长时期的策划,大多伴随媒体的始终。这种策划一旦形成,就具有一定的稳定性。新闻报道策划是对媒体的阶段策划,是一个较短时期的策划。这种策划会随着时机、环境的变化而变化。新闻单元策划制约并指导新闻报道,同时也必须依靠新闻报道策划的实施来实现。二者相辅相成,构成统一的新闻策划系统。

### 2.4.1 新闻单元策划

新闻单元是媒介产品中以传播新闻为主要职能的那一部分。新闻单元可大可小,可分为不同的层次,它既可指报纸的新闻版组及新闻性专版专刊、广播电视的新闻频道及新闻性栏目、网络媒介中的新闻网页,也可以指新闻版组或新闻性专版专刊中的各个版面及其主要栏目、广播电视的新闻性栏目、新闻网页中的主要栏目。新闻单元策划,是指根据媒介的编辑方针,设计新闻单元及其各个组成部分,也称为"静态策划"。

#### 2.4.1.1 编辑方针的确定

编辑方针是根据媒介的性质、宗旨、传播立场及实际情况对新闻传播活动所做的总体设计,是新闻编辑工作所应遵循的基本准则。编辑方针的表述可以详细也可以简略,编辑方针不管表述方式如何,大体都要包括以下四个方面的内容。

(1)设定媒介的受众。媒介设计是针对具体的受众操作的,受众的人数、年龄结构、职业结构、文化程度、收入水平以及受众对媒介的消费心理和消费行为都制约着新闻传播活动的实施,因此,在制定编辑方针时,首先要明确目标受众,不仅要确定目标受众的总体范围,还要进一步规定受众主体是哪些人,次要的受众又是哪些人。比如《中国青年报》主要面向广大青年,它的读者中有65%是35岁以下的青年人。

(2)设定传播内容。媒介的传播内容是指媒介传播的总的报道面有多大,具体来说包括报道对象、报道的领域、报道的区域。这是由媒介的性质、宗旨和受众的需要决定的。媒介的性质、宗旨和受众的不同,每个媒介的传播内容也会各有侧重。

(3)设定新闻传播的水准。传播的水准是指媒介传播的思想水平、文化水平和专业水平所达到的高度。制定媒介编辑方针,就要对媒介传播的水准层次做出明确的规定,或通俗,或专门,或普及,或提高。《光明日报》就要求"努力把《光明日报》办成知识分子的精神家园"。

(4)设定风格特色。媒介的风格特色是指媒介产品的整体结构、传播内容、传播方式和外在形式所综合表现出来的格调和特色。如《解放日报》的编辑方针就明确规定该报登载的是思想性强、新闻性强、富有上海特色的新闻报道。

#### 2.4.1.2 新闻单元策划的内容

新闻单元策划是一个复杂的多层次系统工程,以报纸为例,它就包括新闻版组策划(新闻专刊专版策划)、新闻版面策划、新闻栏目策划等多个层次。不管是哪个层次的新闻单元策划,大体都要包含以下内容:一是确定新闻单元的容量、频率与具体位置,包括确定报纸新版、栏目的版面位置、版面容量、出版频率、广播电视新闻栏目的具体时段、总时长、网络媒介新闻网页、栏目的位置。二是确定新闻单元的受众定位和编辑思想。三是确定新闻单元的名称、报道对象、内容范围、表现形式和风格特色。

新闻单元策划的成果由书面形式表达出来,就是新闻单元的策划方案。新闻单元的策划方案由于涉及的层次不同,可分为新闻版组(新闻频道、新闻网页)策划方案、新闻版面(新闻性栏目)策划方案、栏目策划方案。

### 2.4.2 新闻报道策划

新闻报道策划,又称为"动态策划",就是新闻媒体根据已经占有的新闻线索、新闻资源,按照新闻规律进行有创意的谋划和设计,并制订出可行的报道计划,使报道达到一定规模、一定层次、一定深度,取得最佳传播效果。新闻报道策划与新闻单元策划相比,在媒介运作中更加频繁。

#### 2.4.2.1 新闻报道策划的类型

根据不同的分类标准,新闻报道策划可以分为不同的类型。

(1)按照报道策划的规模划分,可分为战略性报道策划、战役性报道策划和战术性报道策划。

1)战略性报道策划。战略性报道策划是由新闻采访部门或整个新闻媒介甚至多个新闻媒介经过反复酝酿进行的大规模、长时间的新闻报道的策划。这类新闻策划要求事前经过详细的调查研究,拟定总体的报道方案,强调在总体的报道思想上统一,同时也要求在单个典型报道上具有鲜明的个性,而在报道形式和角度方面充分调动各种新闻手段,这样就会使整个报道形成舆论强势,收到良好的宣传效果。例如,《人民日报》从2017年8月7日起策划的"砥砺奋进的五年·迎接党的十九大特别报道",报道了北京、天津、河北、山西、辽宁、吉林、黑龙江、上海、江苏、浙江、安徽、福建、江西、山东等地五年来取得的成绩。

2)战役性报道策划。战役性报道策划是由某一新闻媒介对重大新闻事件在一定的时间内所进行的有统一的报道计划和明确的目标要求的新闻报道策划。这类策划要求策划者善于发现、把握和挖掘具有普遍意义和震撼力的典型新闻事实,运用各种新闻报道手段,及时地组织各类新闻报道,在某一时段内形成舆论强势,如纪念抗日战争胜利70周年报道策划、庆祝香港回归祖国20周年报道策划等,都属于战役性报道策划,这类报道影响大、要求高、涉及面广、政策性强,必须认真、慎重策划。

3)战术性报道策划。战术性报道策划是有关编辑部的负责人就某一单独的新闻事实所进行的报道策划,如国庆节当天庆典活动的报道策划、奥运会开幕式的报道策划等。这类策划要寻找独特的切入点,避免与其他媒体的雷同,要求形式多样、生动。

(2)按照报道策划客体的发生状态划分,可分为可预见性新闻报道策划和突发性新闻报道策划。

1）可预见性新闻报道策划。可预见性新闻报道策划是指对能够提前获知的事件性新闻或非事件性新闻的报道策划。节庆报道、"两会"新闻报道、世界杯足球赛新闻报道、可预测的天文奇观报道等都属于可预见性新闻报道策划的范畴，这类策划往往可以提前着手准备。

2）突发性新闻报道策划。突发性新闻报道策划是指对无法预见的突发事件的报道策划，是一种即时性的报道策划，往往事前无从知道，无法提前策划，事件一旦发生，立即进行策划报道活动，比如"9·11"事件、伊拉克战争、汶川地震等天灾人祸，就属于突发性新闻报道策划的内容范畴。

（3）按照报道策划的运行方式划分，可分为独立型报道策划和参与型报道策划。

1）独立型报道策划。独立型报道策划是指报道策划者不介入新闻事件，只对新闻事件的报道活动进行策划。如对"两会"召开、伊拉克战争等的报道策划就属于这类策划。

2）参与型报道策划。参与型报道策划是指报道策划者参与正在发生或还没有发生的事件之中，以自己的主观努力促其按计划完成，然后再予以报道。如2017年7月中旬中央网信办发起的"同心共筑强军梦——网络媒体国防行"的报道策划，有62家网络媒体参加，并且在人民网进行了网络直播，这些都属于参与型报道策划。

参与型报道策划目前在媒介中大量存在，也是争议比较大的一类策划，有极力反对者，也有赞同者。反对者认为这类"天下本无事，媒介策划之"的策划是媒介为吸引受众，大造声势、追求轰动效应的一种手段，是在"制造新闻"。赞同者认为它是新闻改革的新的增长点，能够提高媒介发行量或收视率，提升媒介的知名度，扩大媒介的影响力，是媒介竞争的行之有效的秘密武器；认为"事实的存在是货真价实的，新闻是根据货真价实的事实所做的报道，它并没有违背新闻规律"①。

事实上，参与型报道策划作为新闻媒介商业竞争的产物，它的出现是难以避免的。我们认为，这类策划只要不违背社会主义新闻事业的基本方向，只要策划的不是虚假报道或"有偿新闻"，只要策划的活动对公众有益，倒也不必刻意反对。但是，它也不应该成为新闻报道策划的重点和主体，原因很简单，因为广大公众需要新闻媒介帮助他们了解真实的世界，而不是提供一个充满着人为策划的故事世界。

#### 2.4.2.2　新闻报道策划的内容

新闻报道策划是新闻编辑人员所从事的一项创造性的工作，也是一项系统工程，主要包括以下内容。

（1）确定报道效果目标，明确报道范围与重点。报道效果目标是报道者根据报道策划前期所掌握的信息，在对新闻报道可能取得的社会效果的预测的基础上所希求达到的目标。新闻报道策划不能闭门造车，报道目标的确定依赖于前期所掌握的信息，包括报道客体的信息、接受者的信息和报道竞争者的信息。报道效果目标为报道策划指明了方向，规定了报道的范围与重点，策划方案才能有的放矢。如《重庆日报》围绕弘扬传承中华传统优秀文化，从2014年开始以"实地采访、以古观今、讲好故事、融媒传播"的形式，组织策划"重走"系列大

---

① 丁柏铨：《新闻知识500问》，湖南大学出版社2000年版，第27页。

型全媒体主题报道。2014年6月推出"君从何处来——重走湖广填四川移民迁徙路",采访团队半个月里行程4000多千米,跨越湖北重庆十多个市县,走村进户,探寻先人足迹;2016年6月至8月推出"重走古盐道　感受新变化",5个采访组历时两个多月,行程数千千米,穿行在渝、湘、鄂、黔、陕的险峻古道;2017年6月推出"重走古诗路　思君下渝州——探寻重庆古诗地图",20多人采访团队足迹遍及重庆38个区县。这些报道都重在一个"走"字,在创新表达上激活受众,取得了成风化人、凝心聚力的良好社会效果。①

报道的范围即报道面有多大,包括哪些报道对象;报道重点即报道中心是什么,以什么为主。如2015年11月,秋粮进入收购期,随着东北玉米临储价格的下调,安徽、河南、湖南、吉林、辽宁等粮食生产区相继出现了卖粮难的情况。《农民日报》快速反应,开设"关注卖粮难"专栏,从11月18日到12月1日连续推出了5篇报道,刊发了《解决"卖粮难"要突出农民利益保护》等新闻评论,并且发表了《"掉价"的玉米》等深度专题报道,还通过中国农业新闻网、微博、微信推出专题,提升社会关注度,积极推动"卖粮难"问题的解决,展现了"亲民、为农"的服务精神。②

(2)确定报道规模与进程。报道规模是指报道动用了多少采编力量、持续多长时间、占据多少版面和时段;报道进程是指报道分几个阶段进行,何时开头、何时推进、何时结束。

2015年11月16日,G20峰会在杭州举办的消息一公布,《钱江晚报》编委会第一时间抽调各部门20位采编骨干,组建了《钱江晚报》G20特别报道小组,要求充分利用《钱江晚报》的立体传播体系,体现都市报的贴近性和灵活性,发挥主场优势、媒体融合优势,精心设置议题,全方位反映峰会盛况。

在接下来的9个多月里,《钱江晚报》推出了十多期特刊、多个专栏及一系列活动,逐步将报道推向高潮。特别是从会前的8月30日起,《钱江晚报》连续推出8期G20杭州峰会特别报道,既有峰会的背景解读,成员集团大使、总领事的高端访谈,也有杭州创新活力的溯源、浙江发展之美的展示等,从不同角度、不同维度对峰会做了多层次、立体的解读。

编辑考虑到峰会期间刊出8期特刊,于是把一幅古画《西湖清趣图》长卷裁切成了8幅画面,每天一幅。等到峰会结束,把8期特刊连接起来,就是一幅完整的封面设计图。这个创意产生了很好的视觉效果,得到了广大读者的高度认可。

这一组报道时间长、体量大、环节多,可以称得上是系统工程,《钱江晚报》在内容、形式、传播等几个环节上推陈出新,最终获得了良好的传播效果。③

(3)确定发稿计划。发稿计划是对报道规模与报道进程的具体落实,包括确定各阶段稿件的内容、体裁、篇幅以及播发的具体时间与先后顺序。发稿计划直接影响报道的效果。

2017年7月,《人民日报》在香港回归祖国20周年的报道中,紧紧围绕"一国两制"在香港的成功实践,多角度展现实践成果、全面总结规律性认识,为新一届特区政府和香港长远发展加油鼓劲。

为获得鲜活素材,政文部主任、副主任亲自带队,经过3轮赴港采访,采集了香港各界关

---

① 江春勇:《重庆日报"重走"系列报道的策划与思考》,《新闻战线》2017年9月(上),第75~77页。
② 张丛,刘振远:《全媒体传播,提升"三农"新闻价值》,《新闻战线》2017年4月(上),第87页。
③ 李昊,徐健:《做靓时政报道提升传播效果》,《新闻战线》2017年9月(上),第89~91页。

于回归20年来的真实看法和感受,奠定了报道写作的总体基础。特别是对香港各个行业普通人的采访,使文章更加有血有肉、平易近人。

在持续一个多月的报道中,《人民日报》推出包括特稿4篇、人物访谈10篇、"港人治港"12篇在内的3组系列报道,各类消息、通讯、综述80多篇,特刊4块版,社论、任仲平文章各1篇,并在《人民日报》客户端推出6集系列微纪录片《20年,香港正青春》。无论是整体策划,还是报道的数量、质量和形式,都充分展现了专业水准。①

(4)确定报道方式。报道方式是指将零散的新闻报道整合为报道整体的操作模式。在媒介中经常使用的报道方式有以下四种。

1)集中式报道。集中式报道是指在短期内将反映同一事物的多篇稿件集中于一定的版面或时段,形成较大的声势,具有强烈、醒目的效果。集中式报道的主要特点是,在一定的报道空间和时段内,发稿数量多,同类内容的稿件呈密集状态。这种报道方式较多地用于一些重大活动、重大事件的报道。如人民日报社国内分社推出的"2017年新春走基层系列报道"。《人民日报》开辟了《新春走基层》专栏,从2017年1月13日开栏至2月14日,共刊发稿件118篇,其中,头版刊发23篇(包括头条或组合头条9篇)。从刊发数量和规格上看,都是历年之最。如1月20日9版《摩骑大军呼啸来》(广东分社李刚)一文采用全景式描写。记者分别于1月13日和1月19日,按不同路线跟随摩骑大军上路。到了加油站、休息区,摩骑手停车休息,记者就停下来采访,从而全方位展现了"摩骑大军"这一独特群体。②

2)系列式报道。系列式是从事物的各个侧面组织稿件、从不同的角度进行报道,深入剖析事物,给人以启迪。这种报道方式多用于比较复杂的事件或问题的报道。2017年2月2日和3日,《人民日报》一、四版联动,重磅推出《新春走基层·春节返乡记》专栏,针对一些自媒体传播充斥负能量的"返乡记"现象,总编辑约请部分回乡过年的记者直观感受家乡变化,写下观察和思考。刊出了《大坪村,变化大》(青海分社王锦涛)、《回家的路,越走越顺》(福建分社钟自炜)、《干与不干,不再纠结》(贵州分社汪志球)、《一所村小的变化和坚持》(江苏分社申琳)、《回小阁子过年》(湖北分社程元州)等,稿件以开阔的视野、敏锐的触角、真实的内容、质朴的语言,从不同侧面呈现了热气腾腾的乡土中国。③

3)连续式报道。连续式报道是指随着事件或问题的发展变化,连续及时做出报道。连续是报道的最大特点,虽说每篇稿件报道的对象一样,但反映的时间、过程不同,稿件环环相扣,步步紧跟。连续式报道主要用于持续一段时间的事件性新闻的报道,事件发生后,受众急于了解下一步情况,连续报道可以及时报道每一个新变化、新进展,满足受众的要求。2014年8月,浙江《金华晚报》周末部做了一组"远离戾气,找回温良"的连续报道。开篇指出:"戾气蔓延,每个人都是潜在的受害者,消弭戾气,谁也不能置身事外。"并且在《这几年,许多人受过戾气的伤害》一文中,列举了发生在人们身边的众多案例。同时刊发记者见闻《一些人的反应的确有点过头》。在随后的连续报道中,分别邀请社会学、心理学、法律界专

---

① 人民日报政治文化部:《在重大战役报道中彰显专业力量》,《新闻战线》2017年8月(上),第41~43页。
② 杨彦:《当春俯下身真情写基层——人民日报社国内分社2017年新春走基层报道浓墨重彩》,《新闻战线》2017年3月(上),第6页。
③ 同②,第8页。

家分析戾气产生原因以及化解戾气的方式与途径。策划还推出了一系列面向社会的互动,一方面与教育部门合作,借开学之际,刊发《告家长书》,教育孩子做温良的人。同时通过新媒体传播手段发征集令,征集原创标语、漫画等,筛选出好的标语放到公交车上滚动播放,真正实现了由点及面,多部门参与联动的效果,社会反响较好。①

4)组合式报道。组合式报道是指集中一组稿件反映同一时间、不同地点的同类情况,或同一主题、不同门类的情况。组合式报道的最大特点是每篇稿件的主题、规模、形式都基本相同,但具体的报道对象不同。这种报道形式多用于报道非事件性新闻,不适合于突发性事件。2017年春节期间,中央电视台派出100多路400多名记者开展"新春走基层"活动,在《新闻联播》、新闻频道持续推出了《厉害了我的国》《一路回家》《家是什么》《零点后的中国》《说句心里话》《天下父母》《二孩之后》等系列报道,节目走心动人,引发了亿万观众的共鸣,并持续成为网络热词和热搜话题,引领新春舆论场。据调查显示,"新春走基层"收视率较2016年同期提高了27%;除夕到初二这三天《新闻联播》收视率较2016年春节提升了98%。②

除了这四种基本的报道方式外,按照报道者反映报道对象的方法,报道方式还可分为受众参与式、媒介介入式和媒介联动式等,在具体的报道活动中,往往会同时采用多种报道方式。

(5)报道力量配置与报道运行机制。报道力量配置是指参与报道的人力、资金和技术设备的配置,报道运行机制是为实施报道而临时建立的组织机构、工作流程及其管理制度。报道力量配置与报道运行机制是根据报道内容、报道规模和报道方式确定的。一般来说,报道内容越重要,报道规模越大,报道需要投入的人力、物力就越多,报道运行机制也就越复杂。

《长江日报》的系列报道《武汉上空的鹰——寻访苏联空军志愿队烈士》(荣获第二十四届中国新闻奖一等奖)就充分体现出了报道力量的配备和运行机制的重要性。2013年3月,国家主席习近平对俄罗斯进行国事访问。访俄期间,习近平主席在发表主题演讲时提到,抗日战争时期,苏联飞行员库里申科来华奋勇抗战并壮烈牺牲,重庆一对母子为其守陵半个多世纪。习主席的讲话带给了《长江日报》采编人员重要启示:在武汉解放公园,有一座苏联空军志愿队烈士纪念碑,埋葬着在武汉牺牲的15位苏联空军志愿队队员。编辑们经过初步查阅资料,发现对这一段历史的记录竟然一片空白,15位队员的详细资料也鲜有记载。编辑们感到有责任去还原当时的抗战故事,有义务填补那段城市的历史。经过多次精心策划,《长江日报》最终确定了在家国情怀、人文情怀的理念下,以讲述每位烈士生平和家庭成长的故事为主的报道方式。从武汉探访开始,各路记者奔赴南京、南昌、北京,两度远赴俄罗斯,前后历时三个月,行程数万千米,克服了重重困难,采访了烈士家属、专家学者、国际友人、飞行爱好者以及驻华使馆、民间组织等,编辑获得了丰富的资料,发表了《当年激战血洒长空75年来他们只留下一串名字》《五世同堂的家族出了三代飞行员》《大型寻亲节目〈等着我〉播出武汉老人来信俄国际电视台接力寻访苏军烈士》,客观再现了15位苏联空军志愿

---

① 张伟建:《人文·深度·个性——金华晚报做强副刊的实践与思考》,《新闻战线》2017年6月(上),第96页。
② 杨华:《新媒体时代也是主流媒体的新时代》,《新闻战线》2017年3月(上),第11页。

队烈士在武汉会战、武汉大空战中鲜为人知的史实。2014年6月和9月,中俄分别在武汉和莫斯科联合举办反法西斯主题展,成为当年两国文化交流的重要活动。2015年5月,俄罗斯总统普京向《长江日报》编辑部签发"1941—1945卫国战争胜利70周年"纪念奖章,更是对《长江日报》系列报道的高度肯定。①

---

① 张同太,吴琼:《打造优秀的新闻作品需要不断超越和创新——长江日报三获中国新闻奖一等奖的启示》,《新闻战线》2017年2月(上),第78页。

**【新闻编辑实务训练】**

结合《广州日报》策划2017年"两会"新闻报道的成功案例,谈谈媒介应如何进行时政新闻报道策划。

平媒到融媒:让两会新闻"动"起来[①]
——从广州日报两会报道管窥融媒体时代时政报道的创新

作为主流大报,面对新闻舆论工作的新要求,广州日报将学习贯彻习近平总书记两会期间的重要讲话精神作为报道主线,贯穿于报道中,专栏《牢记总书记嘱托·撸袖加油干广东新实践》既深入学习贯彻习近平总书记重要讲话精神,又生动立体展现广东广州的探索:作为地方媒体,面对拥有强大资源的中央媒体的激烈竞争,广州日报紧扣主题,放眼全国,立足广东,落地广州,将广东的"家事"与中国的"国事",广东的地气与北京的地气,有机地结合在一起;作为传统媒体,广州日报不再局限于报纸的大篇幅报道,也不满足于只做报纸和新媒体的单纯加法,而是融合传统媒体与新媒体,用新技术让报纸"动"起来,用创新让报纸"活"起来,做老百姓看得懂、喜欢看的时政报道,走向全国两会主流舆论强音。

铁军出征,十八般武艺样样俱全。为了更好地报道全国两会,广州日报挑选百余名精兵强将,成立九大全媒体战队,共同组成了广州日报"中央厨房"、北京采访中心、派驻人民日报"中央厨房"基地等三大采编中心。引领融媒时代的技术革新,集合运用多项先进传播技术——这一创新做法得到人民日报,新华社等央媒的称赞。

据不完全统计,截至3月17日,广州日报共推出两会报道版面140个、报道近400篇、100余万字;截至3月15日,广州日报官方微博、官方微信、客户端、手机报,广州参考客户端、微信公众号、广州日报大洋网、广报汇客户端等全媒体平台共计发布文图、视频、H5超过4500条,总阅读量近2亿。广州日报手机报更乘两会报道之势,用户一举突破600万。

**一、内容主线:牢记总书记嘱托将南粤大地"家事"与国事相连**

在两会报道中,广州日报把习近平总书记两会期间的重要讲话精神,作为主线贯穿于整个报道中,继续秉承"48字方针"要求,以"懂中国、知广东、扣主题、接地气、铸铁军"作为整个报道的落脚点。

讲好中国故事,关键是如何讲。在呈现上,广州日报对纸媒端进行版式创新,通过对导读版、头版等重点版面进行精心编排设计,配以评论员文章,更大气、更精彩地呈现习近平总书记的两会行程和重要讲话内容。同时,紧密结合总书记重要讲话精神,重点策划推出了《牢记总书记嘱托·撸袖加油干广东新实践》专栏,既深入学习贯彻总书记重要讲话精神,又展现广东学习贯彻习近平总书记治国理政新理念、新思想、新战略的生动实践。

例如,3月5日和3月7日,习近平总书记在参加上海代表团、辽宁代表团审议时,就供

---

[①] 林朝晖,申卉,李传智:《平媒到融媒:让两会新闻"动"起来——从广州日报两会报道管窥融媒体时代时政报道的创新》,《新闻战线》2017年5月(上),第86~88页。

给侧结构性改革发表了重要讲话。9日，我们就推出了《供给侧"过电"亩产4500万元》，围绕供给侧结构性改革主题，通过番禺电缆集团的鲜活例子，展现了广州市供给侧结构性改革的生动实践。之后，又在3月10日推出了《供给侧结构性改革"广东经验"获点赞》，展现广东省在改革中的亮点，报道连续性强且落地及时。

又如，3月8日，习近平总书记在参加四川代表团审议时指出，要继续选派好驻村干部，整合涉农资金，改进脱贫攻坚动员和帮扶方式，扶持谁、谁来扶、怎么扶、如何扶，全过程都要精准，有的需要下一番"绣花"功夫。广州日报立即前后方联动，以"街坊两会"的形式，上至广东省扶贫经验，下至佛山、江门、清远、云浮以及粤东西北山区的扶贫情况，全方位、多视角采写，并以建设性的言论阐述广东在精准扶贫上的"针"功夫，报道见报后社会反响热烈。

**二、报道形式：坚持深度报道创新呈现**

广州日报坚持对两会内容进行深度解读，为了更好地呈现海量、专业的时政信息，以创新的呈现形式，引导舆论热点。

在版面安排上，精心设计了丰富的栏目，包括《大会堂》《广东团》《热话题》《部长道》《在现场》《高端访谈》《京穗连线》《履职五年》《街坊两会》《北京观察》，还有今年增设的《政府工作报告》《三人行》《直播间》等，将专业性强的时政新闻分类别、多角度地进行呈现，形成丰富的层次感，更利于读者用户的"悦"读。

在操作手法上，筛选出两会中的热点专题，进行立体多维度的解读：将"高大上"的议题化作"接地气"的实践，或采取前后方联动的方式，京穗连线，粤味十足；或采用图、表、数据等形式，进行可视化呈现，深入浅出，贴近性强，牢牢把握住了两会期间的政治方向和舆论导向。

以政府工作报告为例，为了让市民真正读懂报告，抹平专业性不足造成的阅读障碍，广州日报采取前后方联动的方式，立体式解读政府工作报告。

在新媒体端，通过整理、精选最有价值的直播、视频、文字内容，第一时间将受众最关心的内容传播出去。

专家访谈组邀请国务院发展研究中心研究员、宏观经济研究专家张立群做客"全国两会会客厅"，现场持续一个半小时解读政府工作报告，并发表在"广州参考"客户端、大洋网等新媒体平台上。同时，专家解读的精华内容也形成文字稿件，发表在次日的广州日报上。

广州日报多达12个的版面，以简洁明快的图表、数据、图片等形式，抓住报告的关键词进行可视化呈现，同时配有多篇精彩到位的评论员文章。从解读报告、报告新热点、专家揭秘报告编写背后，再到报告中给广东送来的政策礼包，如减税降费、医疗改革、粤港澳大湾区……有针对性地一一进行前后联动报道，还有广东代表团对报告的反响，细致入微又很有黏性地全方位、立体式地展现了政府工作报告，让人眼前一亮。

具体到某一热点话题，这种思路也同样取得了很好的效果。例如，今年政府工作报告中提出，年底前将取消长途费和漫游费。广州日报前方报道组反应迅速，一方面联系工信部、中国移动、中国电信等部门和专家，另一方面采访了来自广东基层的全国人大代表覃春辉、张育彪等，通过他们自己算账，用"体验式"来讲述取消收费后对用户的影响，极大地拉近了受众与两会的距离，针对本地的实际，于3月7日推出了题为《用户：希望流量别漫游了》的报道,此稿成为两会期间同类报道中网络转载率最高的报道之一。

### 三、传播创新:央媒党媒联动生产,八项新技术打造融媒时代视听盛宴

如何运用融媒体新技术,"烹制"出一道道色香味俱全的新闻大餐,使2017年的两会报道精彩纷呈?广州日报通过创新融媒体团队机制、引入高科技"神器"助阵等,做出了自己的探索,被新华社称为全国两会的一道炫目风景线。

#### 1. 新媒体编辑前移,入驻人民日报"中央厨房"

今年,与央媒、党媒的新媒体联动协作是广州日报全国两会融媒体传播的一大特色。首次派出新媒体编辑小组前移到北京,入驻人民日报"中央厨房"。

广州日报与人民日报全媒体团队以及各地的入驻媒体一起协同生产。短短几天之内,为用户生产出一系列好玩、炫酷又创意十足的融媒体产品,将地道"粤菜"奉献给广大网友和粉丝。例如,广州日报在人民日报"中央厨房"首次联合其他5家媒体,结合政府工作报告提到的取消长途漫游民生热点,协同创作,制作完成互动H5作品《您又有6位亲友来电》,让手机用户可以与来自全国各地的"七大姑八大姨"用方言通话,趣味性十足,多家新闻客户端同时推送,一夜刷爆朋友圈,首次点击量就超过200万次,是一次协同生产的经典案例。

#### 2. 打破单一报道模式,多手段、多渠道广泛传播

从呈现效果看,广州日报·广州参考客户端等新媒体平台打破单一报道方式,综合运用直播新闻、互动新闻、个性化新闻、机器人新闻、可视化新闻、动新闻、听新闻和大数据新闻八种技术,大大丰富产品形态,形成强大传播合力。

如两会前夕,推出互动新闻产品H5《我给两会提建议》,邀请全国人大代表贺优琳、黄细花、冼润霞以及全国政协委员朱征夫、李崴、许钦松等共同参与,创建沟通平台,让代表委员听到市民最真实的心声。会中,广州参考又推出炫酷H5《跟着代表委员看两会》,中间穿插代表委员赴京视频,让用户身临其境,产生"我在两会现场"的感觉。

今年的两会全媒体战队中还有两位特别新兵——机器人"阿同"和"阿乐",合起来就是"同乐",是广州日报社所在的位置——广州市同乐路。以理性思维见长,擅长数据分析的"阿同"在两会前已接受半个月的特训,"阅读"了过去4年的政府工作报告、国民经济和社会发展计划报告以及"两高"工作报告,做足了知识储备。

政协大会开幕当天,"阿同"大显身手,瞬间就梳理完成了政府工作报告,发现"发展"和"建设"连续4年排在热词榜前列。就此一发不可收拾,接连写出了政府工作报告热词分析、外交部部长记者会热点问题分析等多篇报道,让新闻生产进入人工智能时代。而互动机器人"阿乐"则负责在两会期间与读者进行问答互动,在广州参考微信公众号上和广大粉丝一见面,便引起了极大的关注,与"阿乐"互动的粉丝一时间挤爆平台。除了答疑解惑,"阿乐"还有卖萌和撒娇的一面,掀起了朋友圈的转发热潮。

此外,广州日报还首次采用AR技术,制作了一系列AR新闻,如《全国政协十二届五次会议开幕》《全国人大代表黄细花希望联系地反映问题、提出建议的"传声筒"越来越多》《政府工作报告》及两会会客厅专家访谈等,读者在看到报纸新闻的同时,还能通过手机扫描图片收看相关新闻的视频,真正实现报网互动,让报纸"活"起来,让新闻"动"起来,让两会报道更加生动。

两会期间,广州日报还在城市媒体中率先通过海外社交平台传播两会好声音。在 Twitter 上开通账号"I Love GZ",成为全国首家开通 Twitter 账号的城市媒体,使用英文、普通话、粤语三种形式,以全媒体形态推送两会重要新闻,向世界发出两会好声音。

3. 创新策划机制,让团队融合活力迸发

在一系列爆款新闻产品的背后,是各业务部门、各端口团队进行融媒体报道常态化的策划机制,而不仅仅是依靠编辑部、记者团队或视觉团队"单打独斗"的力量完成。可见,要策划优质的"刷屏"融媒体产品,从新闻制作团队和策划流程开始就应该呈现出融合色彩,这也成为生产融媒体精品的机制保障。

为改变以往普遍的传统报道与新媒体报道各自为战的模式,今年报社提前组建全媒体团队,经过数月的培训,打造两会报道的铁军。

与往年相比最大的不同点是,赴京后,全体前线团队成员除了与以往一样,找热点、约访谈、反复查阅资料磋商提纲外,在融媒体呈现方面加大力度,实现了以中央编辑部作为指挥中枢,前线全媒体记者采集素材,内容和视觉团队加工生成,多渠道发布传播的流程。

为了适应新流程,记者在采访中,手持视频装备、直播设备等各种新器材,边记、边录、边拍,以最快的速度撰写新媒体稿件,并与后方团队联动、研讨,晚上还会根据当日的情况互动交流、总结经验、查找漏洞。

以广州日报推出的"AR 新闻"为例,认准报纸上的 AR 标志,扫一扫照片,即刻播放视频,让报纸动起来……这些可视化的产品,均由中央编辑部提前策划,再布置前方全媒体记者合作采访拍摄剪辑完成,由内容和视觉团队进行包装、呈现、推送。

而针对适合"直播"的内容,中央编辑部也会提出相应的要求。例如记者凌晨 2 时赶赴人民大会堂等候参加总理记者会,广州日报各客户端都进行了图+文+小视频的直播。前方记者彻夜未眠排队,身在广州的夜班编辑同样通宵达旦,接力直播前方记者排队进场景象。由前方记者拍摄、后方编辑剪辑的一段人民大会堂前记者彻夜排队延时摄影,反映出两会采访的艰辛,反响极佳。(作者林朝晖系广州日报总编辑助理,申卉系政文新闻中心记者,李传智系珠三角新闻中心记者)

### 【思考题】

(1)联系实际谈谈对新闻策划的认识和理解。
(2)新闻编辑策划应遵循哪些原则?
(3)编辑方针包括哪些内容?
(4)新闻单元策划包括哪些内容?
(5)新闻报道策划有哪些类型?
(6)新闻报道策划的内容有哪些?

### 【学习参考书目】

[1]蔡雯.新闻报道策划与新闻资源开发[M].北京:中国人民大学出版社,2004.

[2]蒙南生.新闻传播策划学[M].南宁:广西人民出版社,2005.
[3]谭天,王甫.电视策划学[M].北京:中国国际广播出版社,2001.
[4]滕礼.报纸策划引论——如何办一份畅销的报纸[M].北京:新华出版社,2001.

# 3 组织稿件

## 导言

**本章学习目标**

通过本章学习,要求了解组织稿件的意义,掌握组织稿件的方式和方法,能够顺利组织稿源,完成报道任务。

**本章难点**

组织稿件的步骤

本章难点是组织稿件的步骤。一般来说,组织稿件可以分为三个步骤:选题、选人、协调。选题是编辑进行组稿活动的依据。编辑确定选题应该紧紧围绕编辑方针,考虑媒介特色和受众定位,及时捕捉最具有新闻价值的话题。组稿工作的关键是选择合适作者,其前提是新闻编辑身后有一支可供选择的作者队伍。组稿的过程是互动的,组稿时还需要向作者讲明写作意图,保持联系,及时提供帮助。

组稿,也叫约稿,是指新闻出版编辑部门专门约请特定作者撰写特定内容的稿件的工作。书籍编辑学中,常常会谈到"编辑六艺",即选题、组稿、审读、加工、编排、校样六道编辑工序。在以往新闻编辑学教材中,组稿这道工序往往被忽略。其实,组稿也是新闻编辑工作必不可少的一项业务。

## 3.1 组织稿件的意义

组织稿件是新闻编辑工作中的一个重要环节,组稿的成功与否,关系到媒体的报道质量的好坏,因此,组稿具有重要的意义。具体来说,主要有以下三个方面。

### 3.1.1 新闻编辑的基本功之一

新闻编辑在日常工作中,经常需要根据报道计划和最新的新闻线索,向记者和通讯员进行常规的组稿工作。每当重大事件发生,编辑部的第一个反应就是调动记者或通讯员赶赴现场,或立刻通知驻地记者采访,向他们布置采访任务,和他们保持联系,依靠他们提供主要稿件,这就是组稿。这种组稿是经常的,随时随地进行的。

有计划地组稿,与作者保持密切联系,是做好编辑工作的一个重要条件。吕叔湘先生曾指出,"组稿是一个很重要的工作,很不简单,牵涉到编辑和作者的关系""编辑和作者的关系,这是个很微妙的问题",能不能处理好这种关系,组织到高质量的稿件,可以看出一个编辑的能力。[①]

### 3.1.2 完成报道计划和提高报道质量的重要保证

汇集到新闻编辑部的稿件多种多样,有通讯社稿,有本社(台)记者、通讯员稿,有读者(听众、观众)投稿,等等。不过,如果从编辑的角度审视的话,稿件只分为两类:一类是编辑有计划的约稿,一类是不请自到的自发来稿。自发来稿带有很大的自发性和随意性,由于稿件作者不十分了解编辑部的意图和要求,有时质量很难令人满意。因此为了实现媒体的编辑方针和报道意图、保证报道计划的顺利实施、达到预期的报道效果、体现新闻媒体的风格特色和报道水准,编辑就有必要向特定的作者组稿。

### 3.1.3 编辑主动性和能动性的重要体现

夏衍曾说:"主动的编辑,自己主动找题目、主动找作者、主动根据宣传需要和读者需要安排版面;被动的编辑,就只是被动应付,作者来什么登什么。前者是积极的,后者是消极的。或者可以说一种是动态地编,一种是静态地编。被动的编辑,如同蜘蛛在房檐下结个网,来苍蝇吃苍蝇,来蚊子吃蚊子。主动的编辑好比'苍蝇老虎',它先是蹲在屋角窥视着,根据需要来捕捉对象。编辑须全心全意地为读者服务,千方百计地满足读者需要,决不能被动

---

① 吴飞:《新闻编辑学》,浙江大学出版社2000年版,第140页。

地凑篇数、随便对付。"①在新闻竞争日益激烈、新闻资源基本共享的时代,编辑不应该是被动"等米下锅"的来料加工者、一枝一叶的"修剪匠"、一砖一瓦的"填料工",而首先应该是整合所有新闻资源的足智多谋的指挥官,是围绕新闻事件让编者、记者、读者互动起来的策划人,要能够主动出击,根据策划方案,向前方下订单,购买特定的新闻产品。组稿是编辑策划的延续,是策划进入实施的开端。组织稿件就是编辑根据策划好的选题以及受众去物色作者。

## 3.2 组织稿件的主要方式

组织稿件的方式十分丰富,主要包括以下几种:向本社(台)记者和通讯员内部组稿,面向社(台)外有关人员组稿,面向社会公开约稿。

### 3.2.1 向本社(台)记者和通讯员内部组织稿件

本社(台)记者、通讯员的深入采访写作是完成报道计划、实现传播目标的根本保证,编辑向记者、通讯员组稿是一种经常性的组稿。编辑可以以策划方案的形式有计划地向记者、通讯员组稿,也可以在方案实施过程中,根据具体的情况,及时调整报道思路,临时向记者、通讯员组稿,还可以在日常工作中,根据宣传重心、版面需要,随时向记者、通讯员组稿,以保证新闻的时效性和媒介的风格、水准。

在这类组稿工作中,由于组稿对象是媒介中从事新闻传播的主要人员,熟悉新闻传播的规律,因此,编辑在组织这类稿件时,要注意听取被组稿者的意见和建议,采纳其合理可行的地方,使报道策划不断地趋于完善。

### 3.2.2 面向社(台)外有关人员组织稿件

这类组稿一般是在特定的情况和条件下进行的,比如遇到了重大突发性事件,记者采访条件受限制,掌握材料不足,就需要约请有关现场目击人员专门撰稿,以保证报道的及时、全面、真实;又如对一些敏感问题的报道,或关系重大,或涉及较多的专业知识,就需要向有关权威人士组稿,请他们发表意见;再比如一些讨论式报道,读者的自发来稿虽说面广、信息含量大,但偶然性、盲目性也较大,为了保证讨论具有一定的深度和力度,就需要向有关人员组稿,满足报道深化的需要。1996年《人民日报》开辟《我看改革十八年》专栏,专栏发了两期后,总编辑范敬宜给出了建议,"要把群众来稿和组织专业人员写稿结合起来。可以组织体改委、经贸委等研究人员和专门从事领导改革的干部写稿。但不是写经验总结和体制、机制的研究报告(这是理论版和经济专页的任务),而是写自己在改革工作中的某些生动的感受,而且同样要短小精悍,富有特色"②。这实际上就是要求编辑组稿。

在这类组稿中,由于组稿对象不是本社(台)的工作人员,而且大部分可能不是新闻工作

---

① 夏衍:《关于副刊的一些想法——夏衍同志谈副刊》,《新闻业务》1962年第4期,第1页。
② 范敬宜:《总编辑手记》,人民日报出版社1997年版,第454页。

者,他们在写作中往往会遇到一些料想不到的困难和问题,在这时候编辑应该设身处地地为他们提供帮助,帮他们出点子,梳理思路,确定风格。

比如,随着"丝绸之路经济带"和"21世纪海上丝绸之路"倡议的落地,国际社会共识不断扩大,与各国的合作日益加深,但是仍有一些质疑、曲解和误读的声音论调,一些媒体、机构抛出"中国威胁论""转移落后产能"等论调,对相关建设的推进产生了负面影响,误导了当地的民众。针对这个情况,中国日报网采取以理服人的方式,借力各国政要和智库专家权威言论进行释疑解惑。2016年,中国日报网开设视频访谈栏目,采访了斯里兰卡、尼泊尔、巴基斯坦等国家的驻华大使,传递了积极正面的信息。同时,还与美国博格鲁恩研究院、加拿大全球治理与创新研究中心、澳大利亚智库罗伊国际政策研究所、孟加拉国政经管理协会等智库机构合作,吸纳了海外核心高端网评员184人,初步建立了包括300多名海外智库专家的海外网评队伍,邀请50多名海外专家学者撰写署名评论。2017年3月,中国日报网又推出了沿线青年学者征文大赛,邀请沿线国家和地区的在华留学生以及研究中国问题的青年学者、留学生投稿,分享自己的研究论文和评论文章,不仅增强了沿线国家和地区的青年对"丝绸之路经济带"和"21世纪海上丝绸之路"建设的认知和认同,还培养和发展了各国、各地区的友谊使者,收到了很好的社会效果。①

### 3.2.3 面向社会公开约稿

面向社会公开约稿,是通过书面方式以统一要求向更大范围的作者征求稿件的方法。这种约稿往往围绕某一中心或新辟的某一专栏要求,在媒体上通过刊发"征文启事""稿约""致读者"或者"编者按",向受众表明所需稿件的选题、类型、写作要求,公开向社会征求稿件。这是一种间接组稿的方式,作者的灵活性较大,可以发挥作者所长,易于表达真实的情感与愿望。如果题目出得好,在一个较短时间内,可以收到大量稿件,稿源充足,保证新闻报道质量。向社会公开约稿,是动员各方面力量来投稿,一般来说,不是比较大的选题,不宜采用这种方法。

## 3.3 组织稿件业务的开展

了解了组稿的主要方式,我们再来看一下如何开展具体的组稿业务。主要包括这样几个方面:捕捉新闻信息,确定选题;广交朋友,组织作者队伍,选择合适作者;讲明写作意图,保持联系,及时提供帮助。

### 3.3.1 捕捉新闻信息,确定选题

编辑根据报道计划拟制的题目,就叫选题。选题是编辑进行组稿活动的依据。编辑确定选题应该紧紧围绕编辑方针,考虑媒介特色和受众定位,及时捕捉最具有新闻价值的

---

① 王成孟:《发挥网络优势 讲好共赢故事——中国日报网的国际传播实践》,《新闻战线》2017年5月(上),第27页。

话题。

一般来说,报道策划中就要对报道选题有所确定,编辑可以按照已定的选题布置采写任务,组织新闻稿件。但策划中的选题,往往是一些设想,比较笼统、概括,而具体的情况千变万化,要随时根据最新的情况和变化,及时调整、补充新的选题,将策划中的选题具体化。

捕捉选题信息有多种途径:可以从各种会议上、党政领导人的讲话中以及决议、指示里捕捉选题,可以从与记者的交流沟通中或读者来信中发现选题,可以从自己的调研中发现选题,也可以从其他媒体的报道中发现选题。

### 3.3.2 广交朋友,组建作者队伍,选择合适作者

组稿工作的关键是选择合适作者,而要选择合适作者,其前提是新闻编辑身后有一支可供选择的作者队伍,招之即来,来之能战。

组建作者队伍,要靠平日广交朋友。新闻编辑应该是社会活动家,要善于交朋友、善于与人相处,在自己周围紧密地团结一群人,建立良好的合作氛围,同时,新闻编辑要熟悉自己的这支队伍,要了解作者的工作情况、专业特长、兴趣爱好、写作风格,只有这样,在需要某一方面的稿件时,才可以"对号入座",尽快组来合适的稿件,取得事半功倍的效果。曾经做过编辑工作的谢觉哉说过,"熟悉作者花的时间多,约稿时间就少",可谓经验之谈,对于讲求时效性的新闻稿件的组织来说,更是具有指导意义。

### 3.3.3 讲明写作意图,保持联系,及时提供帮助

组稿时,编辑要向作者详细说明写作目的、要求、交稿时间和篇幅大小,必要时还要提供有关资料;同时,作为新闻编辑要明确,组稿过程不是单向的,而是互动的。因此,新闻编辑在向作者说明写作意图时,也要认真地听取作者意见,共同探讨写作角度、题目和重点内容。

在作者接受任务以后,编辑人员要继续和作者保持联系,一方面可以掌握写作的进度,另一方面也可以帮助作者协调一些关系,为作者提供良好的写作环境。作者在写作过程中,可能会遇到一些料想不到的问题和困难,编辑应该及时和作者沟通,为作者出谋划策,提供帮助,共同寻求解决问题的办法。

## 3.4 组织稿件工作中的注意事项

组稿在新闻工作中占有重要的地位,具有非同寻常的意义。新闻编辑工作者在组稿工作中,需要注意很多问题。主要包括这样几个方面:选好时机;善于交友;培养作者,扩大作者队伍;慎重行事,避免返工。下面,我们做一下简要的介绍。

### 3.4.1 选好时机

时机包括社会生活的时机与个人时机。社会生活的时机指配合世界形势、社会活动等约稿,以形势促使作者写稿。社外作者都有自己的本职工作,比较繁忙,并不是时时刻刻都在写稿状态下,只有在特定的时机下才会有写作的激情,才能有感而发。这就需要编辑熟悉

时事,同时还要了解作者的近况,看谁在自己的选题方面较擅长,或想发表意见。编辑要抓住这转瞬即逝的时机,促成文章的写作。

### 3.4.2　善于交友

组稿要靠平时和作者广交朋友。与作者的交往不是一日之功,只有平时深入了解,培养感情,以诚待人,才能建立起牢固的联系,组稿才会变得容易。编辑要能给作者以帮助,作者才会与他交往。在组稿过程中,经常会出现作者和编辑意见有出入的情况,编辑应尊重作者的意见和看法,既不能一味迁就,也不能强加于人,强人所难。编辑应尊重作者,择善而从,以建设性的期望态度接近对方,平等、充分交换意见,共同协商,找到二者都能接受的办法。

### 3.4.3　培养作者,扩大作者队伍

对于自发来稿,编辑应有护花之心。稿件中只要有一点微弱的闪光,就要肯定、鼓励,注意培养、扶持作者。编辑选稿、鉴别,眼界宽、见识广,处在客观者的位置,可能发现作者不易发现的问题及作者未曾意识到的潜力。编辑应研究作者,研究稿件,熟悉作者的思想、风格,分析其潜能;建立作者档案,记录其基本情况、长短处和风格特点,为日后组稿做准备。编辑只有熟悉作者的特点、长处、弱点,才能有针对性地组稿,使其能发挥出自己的优势,也才能在改稿时采取与其相近的风格手法。

### 3.4.4　慎重行事,避免返工

选人、选题要考虑全面细致,力争一次成功。如果还没有充分研究、没弄清报道思想就贸然组稿,稿件反复修改或不能刊用,就会挫伤作者的自尊心和积极性。稿件几经反复,像夹生饭,进退两难,轻则完不成报道任务,重则影响编辑与作者的感情,给以后合作带来不便。一般来说,凡是编辑主动约的稿,收到稿件后,应及时阅看,并向作者反馈意见。组稿,尽可能地利用或播发,以保护作者的积极性。如果需要修改,要提出修改或补充材料的意见;如果实在不能采用,一定要讲明原因,给作者一个交代。

**【新闻编辑实务训练】**

这是一篇新闻幕后的故事,请结合这一章所学的知识,谈一谈媒体在面临突发事件时,如何应对纷繁复杂的网络舆情,发挥媒体融合的力量,妥善引导舆论走向。

**媒体融合发展中的舆论引导力**[①]
**——从"晋江塑料紫菜"舆情谈起**

2017年2月中旬,福建省晋江市突发"塑料紫菜"传言,引发全国消费者对紫菜安全普遍质疑。作为福建省最大的紫菜产业基地的晋江,紫菜销售遭受沉重打击,当地菜农和加工企业损失惨重。

"塑料紫菜"舆情发生后,晋江市第一时间反应,充分发挥媒体融合力量,主动作为,为最终打赢这场舆论引导战发挥了关键作用。人民日报福建分社参与了此次事件的全程报道,同时也对晋江市委在此次舆情应对过程中密切关注,充分感受到地方在舆情应对方面应该学习晋江经验,即将舆情处置能力视为地方政府执政能力的重要方面,利用媒体融合建设、提升舆论引导能力。

**一、充分发挥媒体融合的力量,将成为未来地方政府化解舆情危机、提高执政能力的又一武器**

1. 地方政府舆情分析判断快于当事企业

2月17日一早,晋江市委宣传部网络宣传管理中心就发现一段关于"紫菜是塑料做的"视频在网络上传播。当时,这个视频的矛头指向的是浙江省一家名为海佳味的紫菜生产企业,该视频表示紫菜嚼不烂,劝诫网友不要吃,由此引发网民对紫菜安全性的质疑。

2月18日—2月19日,"塑料紫菜"视频出现多个新的版本。而此时,舆论的焦点则开始转向包括阿一波食品有限公司在内的多家晋江紫菜加工龙头企业。晋江市委宣传部网络宣传管理中心第一时间把这一舆情报告给晋江市委市政府主要负责人,并获得主要领导批示:密切关注舆情动态,妥善处置。并安排专人值班监测,汇总梳理相关不实视频。

2月20日,晋江市委宣传部代表市委市政府召集经信局、公安局、市场监督管理局、食品协会和8家涉事企业代表召开舆情研判分析会,就下一步舆情处置工作进行研讨分析,提出5点相关建议。与此同步,当地媒体在政府职能部门配合下,开始了舆情应对。

同样是2月17日一早,阿一波公司董事长李宁波也第一时间在朋友圈看到了"塑料紫菜"视频,不过当时他根本不以为然。"一看就是造谣,我觉得没有人会相信。"该公司只是把"400"开头的热线电话增为5个接线口,安排了5个接线员,以期应对不测;18日,阿一波公司还在网上发表声明,表示"阿一波紫菜产品严格执行国家规定的食品安全标准,原材料和生产均经过严格审查,不存在任何质量问题。请广大消费者勿轻信谣言,勿传播不实信

---

[①] 方炜杭,赵鹏:《媒体融合发展中的舆论引导能力——从"晋江塑料紫菜"舆情谈起》,《新闻战线》2017年7月(上),第86~88页。

息"。声明中,他们还出示了福建中检华日食品安全监测有限公司的检测报告。"我们觉得,这应该足够了。"

过一个周末,20号一早,李宁波发现舆情影响已经"超出了想象"——不仅每天都能接到几十个投诉电话,有询问真假的,也有直接上来就骂"你们用塑料造紫菜死全家"的,同时还接到勒索电话,"打电话人声称不给钱就继续发布'塑料紫菜'视频"。

事实证明,在"紫菜舆情"抓取和判断上,这一次地方党委和政府走在了舆情发酵之前。

**2. 谣言伤害倒逼止谣手段不断升级**

阿一波公司的声明,几乎没有起到任何止谣作用。

就企业严正声明、检验报告正名、报案等一系列常规举措后,"紫菜舆情"仍然以几何式的速度迅速传播,并于21日达到高峰。据晋江市委宣传部统计,在网上传播的各种仿效视频,多达十几种;而被牵连的企业几乎全是晋江市的,包括福广家、优滋美、乐惠、鲜之惠等多个当地紫菜品牌。

据之后统计,就在谣言视频的阅读和转载达到峰值5000万次以上的同时,舆情伤害也达到了高峰:来自全国各地超市反馈回来的信息就是紫菜纷纷下架,包括阿一波在内的晋江共65家紫菜公司的产品卖不动了,且信息的影响还迅速蔓延至产业链上端:每吨紫菜的收购价格直降15 000元以上。

谣言伤害倒逼晋江市委和市政府止谣手段不断升级。

从18号开始,晋江市委宣传部就组织当地媒体通过走访紫菜生产一线、采访专家,进行广泛、全面的正面回应。在短短的半个月中,晋江经济报、晋江电视台及网络和微信公众号累计发布回应报道61篇。特别是2月22日,晋江经济报在头版《70多家紫菜企业发起"行业保卫战"》及新媒体《"给我几万块,不然继续拍"紫菜风波背后露出"黑手"》两篇报道推出后,成为整个舆情走向的分水岭:舆情内容上,从普遍质疑转向自觉澄清;舆情传播上,从单一政府发声转向全社会各领域积极反应;舆情掌控上,从被动应对转向主动设置话题,当地媒体与紫菜企业合手联办"紫菜节""紫菜发展论坛"等。

在媒体融合的机制下,舆情应对成功从单一政府背负转化为当事企业、媒体、社会各界合理应对的止谣行动。

2月27日,国务院食安办主任、国家食药监总局局长毕井泉在国务院新闻办举行的新闻发布会上明确表示:用塑料做紫菜的视频是谣言,不可信。此后,人民日报、新华社、央视等中央媒体也以记者调查和专家访谈的形式予以报道,"塑料紫菜舆情"成功平息。

值得注意的是,此次晋江紫菜舆情事件发生于全国两会前期。无论是时间点还是舆情内容,都非常容易引起广泛发酵。然而,从发生到平息,整个过程不到10天时间,并未蔓延到两会并再度发酵,应该说晋江市在此次舆情处置中堪称成功。

回顾整个过程,与其他地区相比,此次晋江舆情处置之所以成功,除了熟练把握了"黄金72小时"、面对质疑不回避等原则外,还有一点非常关键,那就是晋江充分发挥了媒体融合的力量、充分运用新媒体的传播效应。据统计,在他们推出的61篇报道回应中,其中在微信公号上的有29篇,占总量近一半;但点击总量累计接近50万人次,其中最高一篇点击量达到"10万+"以上。由此可见,面对舆情发生,地方应该是有能力实现自我化解的。

## 二、舆情应对能力正在成为考验地方政府执政能力的又一标志

作为福建县域经济最为发达的地区、全国百强县市"前十"的城市,近年来,晋江所遭受的舆情危机数量持续增加。仅关于紫菜的谣言,这就已经是第四次。晋江是"中国食品工业强市",食品产业方面尤其是舆情发生的"重灾区"。著名的事件包括:"蜡笔小新明胶制造""喜多多椰果塑料制造"等。

随着网络媒体、新媒体、客户端广泛兴起,舆情伤害正在成为一种新型灾害,其破坏力堪与福建沿海每年的台风等自然灾害相比。据晋江市委宣传部调查,由于晋江实体企业众多,其产品多为终端型、民生类,其生存发展尤其依赖市场信用和消费者口碑,于是在当地已形成一批主要由律师组成的"舆论推手团队"。在前端,他们采集编造各种关于企业生产制假信息;在后端,他们将此类未证实的信息提供给各种新闻客户端发布。由此,便形成了一波又一波的舆情事件。而他们再以"帮企业消除舆情"为据,获取利益。实际上,这种情况目前在福建也不仅只有晋江一市、一地如此。

面对这一社会治理领域中出现的新情况,按照福建省委宣传部的要求,2012年,晋江市率先在全省第一个以市委办和市政府办名义出台了《舆情落实督查机制》。该机制明确提出要"强化多部门联动,加强对媒体和网络舆情处置工作落实的督查,形成舆情收集、研判、报送、督查、落实、反馈全链条工作机制"。在这一机制下,他们由此建立起"舆情监测制度":其中重要舆情通过编发《舆情动态快报》上报市委、市政府,同时抄送相关单位,确保重大舆情和敏感信息早发现、早报告、早处置;"落实反馈制度":规定舆情涉及的单位必须在4小时内向市委宣传部反馈;督办问责制:市委督查室、市政府督查室负责按照市主要领导在《舆情动态快报》的批示意见进行督办,市纪委监察机关负责对因舆情处置不及时或处置失当造成重大负面影响的单位和个人,按照相关规定进行问责。

正是在这一机制的指挥下,晋江在此次"塑料紫菜"舆情处置观察整个过程充分显示出有条不紊的状态。而这套舆论引导"组合拳"也为后来央媒、省媒及其他媒体介入有效奠定了主调,并由此形成了媒体集体加入辟谣战的良好局面,保障了主流媒体一锤定音的作用。

## 三、推进媒体融合建设要为提高舆论引导能力服务

在"人人都有麦克风"的时代,网络已成为舆论的主战场。移动终端的普及,势必意味着舆情数量必然密集、关注必然广泛、传播必然迅速、发酵必然短时,而这一切也都必然倒逼地方党委和政府在应对舆情时,必然要不断提高对舆论的判断、掌控和引导能力;而网络舆情的处置和引导,必须成为当下媒体融合建设中的重点内容。

### 1. 推进媒体融合建设,是当下务必做好的一道时代课题

当前的意识形态领域,大量社会热点在网上迅速生成、发酵、扩散,新兴媒体话题设置、影响舆论的能力日渐增强。网络新媒体所呈现出的海量信息承载、碎片化信息传播、虚拟化信息传播环境等特征,折射出的正是社会转型期各种利益诉求。在现实生活中,当这些利益诉求难以得到关注时,便必将在漫无边际的网络社会中寻求共鸣。

因此,加快媒体融合建设,就是要推进各种要素的有机交融、各种资源的充分共享。网络舆情分析与研判是一项科学系统的工作,主要包括以下基本程序:信息甄别—信息分类—趋势与走向判断—形成对策建议—总结规律—矫正与纠偏。因此推进媒体融合,强化对信息的采集和分析,精准判断究竟"是舆情还是谣言?""舆情的利益诉求关注点是什么?""舆

情发酵的渠道与趋向在哪里?"等,就不仅是新闻媒体自身的建设问题,更是一级地方党委和政府执政理念和手段的一道必须做好的时代课题。

**2. 推进媒体融合建设,是做好舆论引导的一件有效武器**

值得反思的是,面对舆情涌动的时候,很多地方要么视而不见、要么回应无措甚至以删帖方式,甘当鸵鸟,以致加剧舆情进一步发酵。实际上,网络舆情归根结底是网民关于社会存在和发展的情感认识和思想反映,因此,在对网络舆情进行分析与研判时,不仅要分析舆情信息的文本,更要着重分析背后网民的思想意识,这样才能准确了解舆情特点,把握发展趋向。

也正因此,推进媒体融合建设,不仅可以进一步丰富和提升地方政府和主流媒体回应舆情关切时的表达方式和时效,形成以"传播对传播""速度对速度",在舆情发酵的同时,便展开止谣疏导,而且可以充分发挥媒体融合所形成的合理效应,以信息服务的方式促成理性认识和回归,以充分表达的空间引导公众情绪释放和平息,以多样渠道的丰富手段逐步还原至专业分析与法理探讨。由此可见,推进媒体融合建设不仅仅是新闻媒体信息传播转型的工作,更是一级地方党委和政府做好舆论引导的一件有效武器。

**3. 推进媒体融合建设,是把握话语权和主动设置话题的一个强大载体**

从此次"塑料紫菜"事件可以看出,当地传统媒体利用媒体融合后所展示出强大的传播能力,为扭转舆情、引导舆论发挥了作用。特别是在舆情发展的是三个关键阶段,他们主动设置了三个议题——

(1)正面回应,直面是非。2月18日晚,阿一波率先发出声明,但企业单方面发声很难让人信服。当地媒体通过专家明确指出"塑料紫菜"违背常识,是"谣言"。此后,一线蹲守采访的记者捕捉到两个信息点:一是有多家企业反映,有人借机"敲诈";二是外地警方已经锁定了两名涉嫌造谣者。借此迅速扭转了舆论走向。

(2)主动出击,揭示真相。本地监管部门全面抽检了紫菜企业,证实没有"塑料紫菜"一事。此后,当地媒体主动走进车间拍摄紫菜实验视频,通过视频与视频的比对,对谣言视频给予了致命一击。

(3)乘势而上,化解危机。在国务院新闻办为晋江紫菜正名后,3月11日,晋江经济报与晋江市紫菜加工行业协会共同策划首届晋江紫菜文化节,为晋江紫菜加工行业打响了"正名战"。晋江紫菜申请国家地理标志、农产品地理标志等工作也同步启动,把紫菜的负号转为加号,成为壮大晋江紫菜的品牌影响力、进一步提升产业水平的一个契机。此举也被泉州师范学院副教授蔡育红称为"危机公关中非常典型的案例"。

综上所述,如何应对纷繁复杂的网络舆情,妥善引导舆论走向,已经成为衡量地方政府执政能力高低的一大标准。在应对舆情时,各部门都要擅长和学会舆情意识和信息发布的能力,到关键时刻才能迅速发挥作用。所以,舆情应对和媒体融合的前提是,地方政府各个部门都参与到这个过程中,提升自身的舆情应对素质,才能形成应对舆情的最大合力。地方政府应该积极面对、配合、推动当下的媒体融合建设,做到善待媒体、善用媒体,才能在舆论引导中做到旗帜鲜明与润物无声。(作者系人民日报福建分社记者)

## 【思考题】

(1) 组织稿件的意义何在?
(2) 组织稿件业务如何开展?
(3) 组织稿件应该注意哪些问题?

## 【学习参考书目】

[1] 陈福郎. 总编辑手记[M]. 厦门:厦门大学出版社,2015.
[2] 范敬宜. 总编辑手记[M]. 北京:人民日报出版社,2010.
[3] 邝云妙. 当代新闻编辑学[M]. 广州:暨南大学出版社,2003.
[4] 刘勇. 媒体中国[M]. 成都:四川人民出版社,2000.

# 4 选择稿件

## 导言

**本章学习目标**

通过本章学习,全面了解选择新闻稿件的意义、标准、原则,比较熟练地选择稿件,充分认识稿件的价值。

**本章难点**

稿件的识别

本章难点是稿件的识别。选择稿件大体要依据三个标准:社会评价标准、新闻评价标准、媒介需要标准。选择稿件首先要结合政治因素、法律道德因素以及发布时机,考虑稿件传播后的社会效果;选择新闻稿件必须遵循新闻评价标准,要求所选稿件必须是真正意义上的新闻,这就意味着稿件报道的内容一要真实,二要具有新闻价值;同时,还要根据媒介自身的特点和需要,对稿件是否适合本媒介采用做出判断,从中挑选出最能体现本媒介特色的新闻稿件。

选择稿件就是从汇集到新闻编辑部的大量稿件中选择可供传播的稿件的过程。选择稿件是编辑部对新闻稿件的第一次评价,虽说随着编辑工作的展开,在修改稿件、配置稿件、安排稿件时,仍会涉及对稿件的重新选择问题,但是大量的筛选工作是在选择稿件这一环节完成的。因此,对于媒介来说,选择稿件的工作有着非同寻常的意义。

## 4.1 选择稿件的意义

在新闻编辑工作中,选择稿件是十分重要的一个环节,编辑所选择的新闻稿件质量的高低,直接关系到媒体的报道水准,因此,选择稿件具有重要的意义。简单来说,主要包括以下几个方面:维持媒体正常运转的需要,提升媒介报道水准的基本保证,贯彻编辑方针的重要环节,形成媒介特色的基本保证,满足受众的信息需求的保障。

### 4.1.1 维持媒体正常运转的需要

新闻稿件每天通过各种渠道,诸如记者采集的、通讯社播发的、通讯员和读者提供的,源源不断地涌向编辑部。虽说新闻媒体总是力求把新近发生的信息告诉受众,但是媒介的容量有限,在有限的版面和时段里,根本不可能把所有的来稿都刊载出来。特别是互联网的问世,更是大大丰富了新闻来源。如今,可以说是一个新闻"裂变"的时代,尽管目前报纸不断地扩版增容、广播电视也有了专门的新闻频道,但是依然不可能兼收并蓄,把所有的有价值的新闻稿件都刊播出来。面对这样的供过于求的局面,解决的办法就是要加以选择。没有选择,新闻媒体就不可能正常运转。

### 4.1.2 提升媒介报道水准的基本保证

稿件选择可分为绝对性选择和相对性选择两种。选择稿件首先是绝对性选择。每天汇集到编辑部的稿件,数量众多,良莠不齐,其中不免有一些是无意义的,甚至是错误的,编辑选稿件时,首先就要舍弃这一部分稿件,这是稿件本身的质量决定的。同时,对于有一定质量保证的稿件,编辑还要进行相对性选择,有所保留,有所舍弃,做到优中选优,这是为了保证新闻媒体的质量,提高媒介在受众中的公信力和美誉度。虽说新闻编辑工作的其他环节,如改稿、标题、配置、版面等,也都承担着优化新闻报道的责任,但稿件的选择居于支配地位,稿件选择得当,有了好的基础,"修改稿件才可能锦上添花,稿件的配置才可能有坚实的基础,标题才可能画龙点睛,版面也才可能做到内容与形式的完美统一"①。

### 4.1.3 贯彻编辑方针的重要环节

编辑方针是编辑工作必须遵循的准则,从稿件的选择、修改到标题的制作、报纸版面的

---

① 郑兴东,沈史明等:《报纸编辑学》,中国人民大学出版社1988年版,第22页。

编排,都要以编辑方针为指导。换句话说,编辑方针需要通过编辑工作的各个环节来贯彻。选择稿件就是诸多环节中的重要一环。正如美国学者彭柏所说:"报纸的新闻方针并不是贴在布告牌上或印在工作手册上的。它是通过种种方法加以贯彻的……不符合方针的新闻报道受到修删以至被扣压。报纸的实际做法,就使雇员对新闻的方针是什么心领神会了。"①这里的"扣压",就是对稿件的选择。符合编辑方针的就选用,不符合的就舍弃。

### 4.1.4 形成媒介特色的基本保证

不同的新闻媒介由于功能定位和受众定位的不同,形成了各自不同的特点。这些特点在新闻报道中能否彰显,关键就在于稿件的选择。有位西方新闻界人士曾说:"没有任何一个编辑,能发现一条让任何一家报纸都采用的稿件。"其原因就在于每家报纸的特色各不相同,为了体现媒介的特色,必须对新闻稿件有所选择。媒介的特色很大程度上也取决于新闻的选择。比如,浙江日报报业集团海外版以"浙江元素"为基石,围绕浙江的地域优势和经贸人文交流优势,主动设置新闻议题,巧妙地将浙江文化用一条主线串联起来:从浙江的河姆渡文化,到青田石雕艺术;从浙江的美丽乡村建设,到浙江的传统戏曲;从民间菜系的制作,到浙江的茶文化;从舟山海洋文化,到温州瓯江文化等,从而很好地凸显了媒体的独有特色。海外版从2014年开始,不定期出版文化特刊,以人文浙江、山水浙江、创新浙江、创业浙江等为主题开设专版,既传播了浙江传统文化,又诠释了浙江精神,既讲了浙江文化故事,又凸显了浙江文化精髓。尤其在2016年9月4日至5日杭州G20峰会期间,连续推出近20个地方文化特刊。在非物质文化遗产日,推出寻找"浙江文化遗产宝藏"等系列报道,让海外华人华侨感受浙江文化的媒体,也激发了他们对家乡文化的热爱。②

### 4.1.5 满足受众信息需求的保障

新闻编辑选择新闻稿件,归根结底是为受众服务的,虽然编辑选择新闻稿件并不能代替受众的选择,但可以为受众的选择创造良好的条件,提供一个坚实的平台。美国传播学者施拉姆曾提出受众选择信息的公式:

$$选择的或然率 = \frac{报偿的程度}{费力的程度}$$

从这个公式里我们可以看出,受众选择新闻的或然率与受众选择信息可能获得的报偿程度成正比,与受众选择信息的费力程度成反比。有时,受众面对网络海量信息,无所适从,就是由于他们需要耗费大量的时间去筛选才能发现自己需要的信息。而新闻编辑选择稿件,重视并遵循受众选择新闻的标准、条件,就能够为受众的选择创造良好的条件,确保读者能够花费最短的时间获取最满意的新闻。

---

① 郑兴东:《报纸编辑》,武汉大学出版社2000年版,第117页。
② 鲍洪俊,章建民:《以国际视角讲好"一带一路"的浙江故事》,《新闻战线》2017年5月(上),第19页。

## 4.2　选择稿件的社会评价标准

新闻一经媒介向社会传播就有可能在社会上产生较大的影响,会使受众的思想、行为发生显著的或潜移默化的作用。因此,选择稿件时,必须考虑其发表后的社会影响,不能让那些可能导致不良影响的文章、不负责的各类信息得以广泛传播,主要依据三个标准:政治标准、法律道德标准、发布时机。

### 4.2.1　政治标准

政治标准在选择稿件的社会价值标准中处于重要地位。恩格斯曾经说过:"绝对放弃政治是不可能的;主张放弃政治的一切报纸也在从事政治。"①积极、准确、生动地宣传党的纲领路线和方针政策是社会主义新闻事业党性的表现,也是我们选择稿件的重要依据。党中央关于马克思主义的实事求是、一切从实际出发的思想路线,关于社会主义初级阶段的基本路线,以及党和政府有关部门依据上述路线所制定的一系列方针政策,是编辑审查稿件内容是否符合要求的重要依据。

要遵守政治规范,不能背离社会主义思想体系和党的领导,不能刊播与现行政策不相符合的新闻。比方说,在小煤窑事故频出、屡受批评的时候,某地记者采取逆向思维向省台发去报道,说某个体小煤窑注意安全生产,几年没有出现安全事故。记者本意是要树立一个安全生产的典型,但是他忽略了一个问题:违背国家关停小煤窑的政策精神。"对于党的机关报和具有类似性质的新闻媒体来说,更要注意的是不能遗漏反映党和政府重大活动、重要主张的要闻,不能遗漏反映党和国家领导人重要活动和重要指示的要闻"②。

稿件的内容,不得同政策的基本精神相抵触,这是对稿件的最起码要求。从积极方面来说,编辑还应注意稿件的内容是否主动地、创造性地宣传党的各项政策。同时要注意,社会效果的正面和负面与所报道的事实本身的正面与负面是两回事,在分析稿件时要注意用辩证的眼光看问题,既要看到事物积极的一面,也要看到事物消极的一面,对正反两面的效果要认真比较、权衡,对于消极作用明显的稿件应不予采用;如果需要采用,也要对稿件进行加工修改,或通过其他编辑手法,使其副作用降至最低,防止正面报道的负面作用。2015年初,河南《平顶山日报》推出了《鹰城打工族"特色"走四方》系列报道,抓住平顶山地区农民工打工创业中的特色,报道了平顶山各县(市、区)农民工靠"特色"走出去或走出去"创特色"的精彩故事:宝丰县三里营村村民到广州开出租,全村"熟带生",在广州带出个"宝丰村";鲁山县库区乡农民远赴新疆种西瓜,每年拿回一个亿;郏县茨芭镇农民凭着诚信和勤奋,在苏州创出一片新天地,全镇5万多人中有近两万人在苏州开超市,一年下来少则挣一二十万,多则几十万、上百万,有几十户已经在当地买房安家落户……这组系列报道充满了正能量,

---

① 《马克思恩格斯全集》(第17卷),人民出版社1963年版,第449页。
② 张子让:《当代新闻编辑》,复旦大学出版社1999年版,第73页。

读者纷纷点赞,予以好评。①

### 4.2.2 法律道德标准

我国现行的法律法规和道德规范也是编辑在选择稿件时不可忽略的一个标准。选择稿件时,一定要注意合理、合法,杜绝有明显危害性质的新闻。

我国虽说还没有新闻法,但根据宪法和相关的法律规则,以下内容应禁止刊载:

煽动——煽动推翻无产阶级专政的政权和社会主义制度,煽动群众抗拒、破坏国家法律、法令的实施,煽动闹事,煽动民族仇恨、民族歧视,破坏民族团结等。

诽谤——捏造并散布虚假的事实来损害他人的人格,破坏他人的名誉。

侮辱——贬低他人人格、名誉。

泄密——违反国家保密法规,泄露国家机密,危害国家安全。

造谣——散布谣言,欺骗群众。

教唆——教唆他人犯罪(如赌博、偷盗、吸毒等)。

传播淫秽——具体描写性行为或露骨宣扬色情淫荡形象。

侵犯隐私权——未经本人同意,公布私人生活方面的秘密。

稿件的内容除了要符合政策和法律的规定外,还应符合社会主义社会的道德规范。对于违背规范、极力宣扬极端利己主义等腐朽道德观念的内容,应严格加以禁止。同时,稿件内容还要符合新闻道德要求。稿件在向读者报道暴力事件、事故和自然灾害时,一定要节制,不可过分渲染,不宜过细描绘受害过程,以免引起读者的恐慌与惊吓,使受害者或无辜者受到困扰和伤害。一位曾经采访过西安空难的香港记者在完成报社的任务后,销毁了大量更有冲击力的第一手材料,因为他深恐"这会过多地伤害大众"。这种做法值得我们借鉴。同时还应分清新闻和广告的界限,不得以广告冒充新闻,不得刊载有偿新闻。

### 4.2.3 发布时机

发布时机是指新闻稿件发布的时间和背景,主要包括客观形势、读者心理和由各种信息所形成的舆论环境。判断新闻的社会效果,要与发布时机结合起来考虑,稿件是否发布,何时发布,怎样发布,要结合当时的情况而定。发布时机直接影响社会效果。

随着新媒体的快速发展,传媒生态发生了巨大变化。习近平总书记指出:"媒体格局、舆论生态、受众对象、传播技术都在发生深刻变化,特别是互联网正在媒体领域催发一场前所未有的变革。读者在哪里,受众在哪里,宣传报道的触角就要伸向哪里,宣传思想工作的着力点和落脚点就要放在哪里。"《长江日报》据此进行了一次成为全国创举的实践:2017年2月20日,《长江日报》记者走进武汉市政府做网络直播。当日是新一届武汉市政府领导班子履职的第一天。上午8点10分,《长江日报》在其今日头条号上开启了一场直播,题为"武汉新一届政府上班第一天跟长报记者一起去敲市长门",内容是记者走进武汉市政府,对办公现场进行直播,持续了46分钟。两小时后,被新华网湖北频道、人民网新闻论坛、凤凰网等

---

① 贾志琼:《唱响好人之歌传递向善力量——平顶山日报"好人系列报道"十年来的创新与坚守》,《新闻战线》2017年5月(上),第142页。

媒体第一时间转播,网友们纷纷围观点赞。2月23日,《人民日报》第五版刊登评论《这样的"围观"多些好》:"镜头扫过,政府人员的工作状态、精神状态,甚至办公设施、穿衣戴帽,都一览无余。有没有在认真做事,八项规定落实得如何,群众都会看在眼里,做出评判""把媒体请进来,把政府的工作现场晒在网上,让媒体盯紧,让网民围观,就是政府主动走近群众、接受人民监督的新颖尝试"①。

## 4.3 新闻评价标准

我们选择新闻,如果只是依据政治思想标准进行选择,一定会失之偏颇,会违背新闻的特有规律,所以,要选出真正意义上的新闻,还必须严格遵循选择新闻的另一标准——新闻价值标准。

所谓新闻价值,是指选择和衡量新闻事实的客观标准,也就是事实本身具有的足以构成新闻的特殊素质的综合,是新闻的质的规定性。新闻价值的构成因素,历来是新闻界中一个有争议的话题,不过,对其包含的主要因素还是认同的。这些主要因素包括:时新性、重要性、显著性、接近性、趣味性。为了方便,本单元将把新闻价值的几个因素分为及时、新意、重要、显著、接近、趣味六个方面,从新闻编辑选择新闻的角度分别进行一些简单的解释。

### 4.3.1 及时

新闻是对新近发生的事实的报道,传递的是最新的消息。从时间角度来看,有人把新闻称为"易碎品",它的存在只是历史的某一瞬间。所以,报道新闻要讲求时效,要抢时间、争速度,尽量在事件发生以后以最快的速度传播出去。如果忽略了"新近"这一条件,所报道的也许是历史,而不是新闻。所以,人们常说:历史是昨日的新闻,新闻是明日的历史。

新闻的"新近"不是绝对的,它受多种因素的制约,最主要的是受经济和科学技术发展水平的制约。靠步行或骑马传递新闻不能和每秒30万千里的电波传递新闻的速度相比。如1865年4月14日21时半,美国总统林肯在福特剧场遇刺,次日身亡。路透社驻纽约记者麦克林采访到这一消息后,当天就用轮船将消息发往英国,当时虽然一些国家已经有了电报,但是洲际电报还未实现。轮船按预定时间航行了11天抵达爱尔兰海面,专门负责新闻传递的"马赛号"联络艇拿到新闻,立刻用电报发到设在伦敦的路透社总部。与事件发生时隔12天之久的4月26日,英国各家报纸作为头版头条以《美国总统遭暗杀 暗杀西瓦德国务卿未遂》为题,刊登了这条具有历史意义的路透社独家快讯。

也是美国总统遇刺。1981年3月30日,距刺杀里根的第一枪打响仅7分钟,美国广播公司就播发了这条消息;1分钟后,合众国际社也将消息播发了出去;半个小时之后,全美国电视台播放了这一消息;两个小时之后,这一新闻通过卫星传向了全世界。由此可见,新闻的"新近"是随着多种因素的变化而变化的。

---

① 翟晓琳,杨文平:《以网络直播推动党报全媒体创新和政府作风建设——以长江日报记者走进武汉市政府网络直播为例》,《新闻战线》2017年6月(上),第90页。

及时性是新闻的本质特征,时间上的迟缓会使新闻丧失生命。所以,新闻编辑选择新闻必须考虑"及时"这一新闻价值要素。及时的新闻才具有新闻价值。

追求报道的及时,要注意对新闻内容进行核实,避免造成失实。也就是说,要在新闻真实的前提下,讲求新闻报道迅速及时。及时性的要求不应被简单化地理解为在报道时间上越抢先越好。如果因为一味抢先而导致报道失误,则有损于新闻的真实性原则,而真实性恰恰是新闻的生命所系。2013年4月18日,香港《大公报》刊发了《北京"的哥":习近平总书记坐上了我的车》,后经证实是虚假新闻。当天的17时55分,大公报发文致歉,原文如下:

**就刊发《北京"的哥":习近平总书记坐上了我的车》虚假消息向读者致歉**

《大公报》4月18日刊发了《北京"的哥":习近平总书记坐上了我的车》一文。经核,此为虚假消息,对此我们深感不安和万分遗憾。由于我们的工作失误,出现如此重大虚假消息是极不应该的。对此我们诚恳地向读者致歉。我们将以此为鉴,用准确严谨的新闻报道回馈公众。

### 4.3.2 新意

新闻不仅要求及时,而且要具有新意。新意,有人称其为新奇性,并说"新奇性是新闻的根本性质"。从广义的角度看,这一提法无疑是正确的。新闻不能离开新意,没有新意的变动的事实不能成为新闻。从心理学的角度来说,人们喜欢新奇的东西。新的事物、新的现象,能满足人们的好奇心;新的思想、新的见解,能满足人们的求知欲。司空见惯、老生常谈的东西,不能引起人们的关注与诱发人们阅读的兴趣。要从众多的事件或者现象中,选择出有新意的内容,新闻编辑必须具备准确辨别的能力。

(1)什么样的事件或现象具有新意。

1)首创的、第一的。这一类事件或现象,是对已经存在的固定态势的突破,或是对大家已经认同的常理的挑战,它为人们提供的信息是大家未曾知道甚至是出乎意料的。如第一次原子弹爆炸,第一颗卫星上天,奥运会上第一块金牌的获得,第一只克隆动物的诞生,第一次发射载人飞船等,都属于这一类。所以,首创的、第一的事件或现象,一般具有较强的新意。它可以使读者耳目一新,引起读者的惊异、激动,激发人们去探索、奋进。

2)不同于以前、不同于一般的。不同于以前,指的是一事物的现状与历史相比较,所呈现的新的状态。它的新意是通过比较而产生的,这种比较叫作"纵"的比较。它所提供的消息,是在人们所知晓的一些内容的基础上的新的进步和发展,信息的内容具有新的因素和新的特点,如2015年3月26日《四川日报》播出的一条消息曾荣获第二十六届中国新闻奖一等奖,原文如下:

从受触动到行动　知识改变命运（引题）
## 629户人的藏乡走出359名大学生（主题）

本报讯　"这两年，别人想在我们村寨娶走个媳妇都难。"3月25日，记者在阿坝州若尔盖县求吉乡采访时，噶哇村村委会主任仁卓的一句感慨引起了记者的注意。为何难？原来，村里年轻人不少都出门上大学去了。全乡共629户人，近7年间已有235人从大学毕业，还有124名大学生在读。

求吉乡地处若尔盖县和甘肃省迭部县交界处，只有7个村、21个自然寨，却是全县走出大学生最多的乡镇。乡党委书记张建荣说，乡里不少学生考进了中央民族大学、四川大学等知名大学，还出了全县第一个留学生。

一个偏远的藏区乡，为啥能培养出这么多大学生？

张建荣介绍，20世纪末，求吉乡村民组建了潘州物流车队，走南闯北跑运输。眼界打开后，不少村民才发现，由于自己文化程度低，做事受限，于是空前地重视起子女教育问题来。

下黄寨村村民尼美多吉开货车已有20年，"我小学二年级都没读完，好多路牌认不到，找路很不方便"。同村的巴千学不认识几个字，跑运输时要记录饭店电话，就在电话本上画个碗和筷子，再记上数字。尼美多吉一家省吃俭用，支持独生女儿罗措考入了阿坝师范学院。巴千学的儿子多吉扎西已大学毕业，正在自己创业搞现代农业。

近年来，对国家和省里的"两免一补"、"9+3"免费职业教育等政策，求吉乡党委、政府大力宣传，让家家知晓。每年6月1日，乡上召开群众大会，以藏族的最高礼仪，给尊师重教的好家长和爱岗敬业的好老师献上哈达，给品学兼优的好学生发放学习用品。连续多年，求吉乡的入学率、巩固率、升学率均保持在100%。

求吉乡并不富裕，村民们千方百计筹措教育费用，有的不惜卖掉家中全部牦牛。

去年夏天，上黄寨村召开了一次村民会议，议题是：把重视教育列入村规民约。原来，比起邻近的苟哇村、下黄寨村，上黄寨村的大学生较少。村民们商定，凡是有人考上大学，村上给予1000元奖励，每户村民还要各凑一两百元给他们当学费。

社会各界也伸出援手。由退休干部牵头成立的求吉乡教育助学协会，募集爱心资金70余万元，已对全乡所有在校大学生进行了资助。

据初步统计，求吉乡的大学生毕业后，少数去了成都等大城市，约90%的人回到了阿坝州工作，成为教师、医生、公务员、技术员，其中科级干部已近百人，求吉乡成为阿坝州双语干部的一个摇篮。

29岁的更巴措是苟哇村人，她从绵阳师范学院毕业后主动回乡当了一名小学语文老师，"希望帮助更多孩子走出藏寨"。

当前，少数民族地区相对落后，一个重要原因是群众受教育程度低，"读书无用论"还占有一定市场。"629户人中走出359名大学生"，这在内地教育发达地区也是一个不错的数据，更何况是在偏远的藏族乡村，这显示出本文具有强烈的新闻性和重大典型意义。同时，这条消息将求吉乡村民们前后20年的人才观进行对比，从过去的不识字到现在的大学生，折射了农牧民的命运起伏，起到了润物无声的效果。正如作品评析中所写："整个作品真诚质朴,把'教育促进发展、知识改变命运'的观点融入流畅叙事中,让老百姓看得懂、愿意看,具备好作品'留得下、传得开'的特质,有力发挥了新闻舆论工作'成风化人'的作用。"可见,新闻的新意正是在这种强烈和鲜明的对比中显示了出来。所以说:"新闻的新,是与旧相对而言的,是比较出来的。从某种意义上说,比较出新闻。不比较,新闻的新很难被人感觉到。我们许多反映建设成就的报道之所以缺少感染力,关键在于没有反映出它与旧的对比。"①

不同于一般,指的是一事物同其他事物的比较。新意也是在比较中显示,这种比较叫作"横"的比较。这种横的比较相对于纵的比较来说,更加重要。因为事物的新意大多是在同社会上其他事物的比较中产生的。比如2015年11月28日《河北日报》的这则消息:

**靠制度创新根治欠薪顽疾(引题)**
**邯郸在全国首创"闭合清欠"(主题)**

本报讯 近日,邯郸市现代华府项目承建方支付了拖欠刘玉堂等4位农民工的工资12万元。"因为欠薪,公司5月份被实施'闭合清欠',所有业务都停了下来,甚至还有可能被清出建筑市场。"现代华府项目承建方负责人马某说。

马某所说的"闭合清欠",是2014年邯郸在全国首创的一项责任连带监管制度,旨在解决建筑领域农民工工资拖欠问题。企业和个人一旦发生欠薪行为,建设部门将向其关闭一切业务办理大门。欠薪企业和个人还将面临11条惩罚措施——集体约谈、取消评优评先资格、取消优惠扶持政策、停办施工许可相关手续、依法行政处罚、网上记录不良行为、按程序降低或吊销企业资质、降低或吊销相关责任人建筑从业资格、责令工程停工或强制停工、清出省市建筑市场、媒体公开曝光。

建筑领域是拖欠农民工工资的"重灾区",全省建筑领域欠薪涉案人数、金额均占总数的80%以上。邯郸仅中心城区建筑领域农民工就有20多万人,过去上访讨薪常常是农民工的"恼火事"、党委和政府的"头疼事"。

"欠钱的一方在开展业务、享受优惠政策等方面不受约束,因而有恃无恐,对监管部门的三令五申置若罔闻。"邯郸市清欠办郭长印说,必须靠制度创新根治欠薪顽疾,从源头上使企业不敢欠、不能欠。

"闭合清欠"把欠薪问题化解在日常。尽管受经济下行压力大、化解过剩产能任务重、房地产开工减少等影响,邯郸建筑领域资金短缺问题进一步加剧,但农民工却不再为拿不到工资而发愁。今年以来,邯郸共受理拖欠农民工工资案件745起,督促补发农民工工资1.38亿元,涉及1.6万人。

"闭合清欠"动了真格,许多恶意欠薪者受到了惩戒。截至目前,邯郸已对115家恶意欠薪的企业和个人实施"闭合清欠"。其中,9名恶意欠薪的包工头依法受到刑事处罚,7家公司被清出河北建筑市场,31家公司被清出邯郸建筑市场,44名拒不支付工资的包工头被清出建筑业施工队伍。

"闭合清欠"在清"旧欠"的同时,还特别重视防"新欠"。邯郸日前对建筑业承包和劳务

---

① 范敬宜:《值班手记》,《新闻战线》1996年第7期,第18页。

分包工程合同实施备案和监管,对全市6000多名包工头进行建档管理和行为跟踪。此举可防患于未然,包工头拿到钱款后变"老赖"的闹剧在邯郸就很难再上演了。

11月19日,记者在邯郸市建设局、人社局等单位看到,尽管已临近年底,却不见有人上访讨薪。"'闭合清欠'注重抓早、抓小,把欠薪问题处理在萌芽状态,今年以来邯郸没有发生一起农民工越级上访讨薪事件。"郭长印说。

这篇消息曾荣获第二十六届中国新闻奖,正如作品评析中说的:"作品关注社会热点,聚焦全国首创。建筑领域是拖欠农民工工资的重灾区,特别是在经济下行压力大的背景下,欠薪已成为全国普遍存在的社会难题。建筑大市邯郸在全国首创'闭合清欠',在制度上探索治本之策,把欠薪问题化解在日常工作中,做到了'零越级上访'。该作品抓住制度上的探索,观察敏锐,行文流畅,特色鲜明,效果显著。"

(2)选择具有新意的稿件应该注意的问题包括以下四个方面。

1)要避免雷同。对报道同一类内容的稿件要避免采用同一种形式。对同一类内容多次采用同一形式进行报道,会使读者失去新鲜感。

2)要避免过量。对同一对象的报道不要过多重复。对于非重大典型,过多的重复报道,既失去了新意,又易使读者产生逆反心理,达不到预期的传播效果。

3)要避免"短视"。鉴别一篇报道有无新意,立足点要高,视野要广。这里说的立足点要高,视野要广,包括两个方面的含义:一是立足于全局,一是立足于本报(台)。

立足于全局,指的是新闻编辑对稿件所反映的事实或现象在国内外、省内外以及地区内外所处的位置,要心中有数。它是首创的、第一的,还是相对于以前或一般有特别之处?如果心中无数,就无法判定稿件中的内容有无新意。

立足于本报,指的是新闻编辑要了解自己报纸的读者,要站在读者的立场上判定稿件的内容有无新意。同一个事件,对不同媒体受众来说,有无新意或新意的强弱可能是不同的。

4)要避免猎奇。在选择具有新意的稿件的同时,要反对过分追求新奇、反常的倾向。片面强调只有新奇、反常的事件或现象才具有新意,一味追求新奇、反常,甚至不惜耸人听闻,误导受众,是十分有害的。比如一些新闻媒体对"耳朵识字""意断柳枝"等的报道,就为封建迷信活动和伪科学在一段时间内的泛滥成灾起了推波助澜的作用。所以,对于新奇、反常的事件或现象的报道,一定要考虑社会效果,可能产生负面效应的稿件,一定不能选择;同时,我们还要避免出现另一种倾向,即只考虑不出差错,追求四平八稳,而漏选具有新意且读者感兴趣的新闻。

顺便对"狗咬人不是新闻,人咬狗才是新闻"这句广为流传的行语说几句。这句话出自19世纪美国著名报人戴纳之口。这句话的原意并非是给新闻下定义,而是用一形象的比喻,试图告诉人们什么样的新闻才是具有新意的新闻。"狗咬人"是正常的事情,不具有新意。"人咬狗"是罕见、反常的事情,才具有新意。所以,"狗咬人不是新闻,人咬狗才是新闻"涉及的正是新闻价值的"新意"这一因素。由此看来,对这一句话不能简单地肯定或否定。对其要求新闻应讲求新意这一积极的方面,应予以肯定;对其诱使猎奇这一消极的方面,应予以否定。

### 4.3.3 重要

新闻的重要性,有人称之为"影响力",是由新闻所报道的事件、现象对社会产生的影响所决定的,影响所涉及的社会领域、社会成员越广泛、影响的程度越深刻,重要性越显著。考虑重要性因素,就是要从当时当地的具体情况出发,认识和选择那些与大多数人利益密切相关的事实。

一条新闻是否重要,其重要性是大还是小,取决于同受众的关系。这里包含两层意思:一层意思是说涉及的受众人数的多少。涉及的受众人数多,则重要性就大;反之,则重要性就小。另一层意思是说它同受众关系的密切程度。同受众的关系密切,则重要性就大;反之,则重要性就小。如中央召开重要会议就某些工作做出重大决策,这样的新闻就具有较大的重要性。因为这一事实涉及的受众多,而且同受众的关系密切。再比如2003年5月,有关抗击"非典"的报道在各类媒体均占很大的比例,仅《人民日报》1个月就发表了1725篇关于抗击"非典"的稿件,约占总发稿量的1/3,最多的一天发稿量达到99篇。这就是由于当时"非典"疫情影响到了整个社会,关系到每一个人的生命健康。所谓重要性,就是客观事实中具有的对社会、对受众形成较大影响的性质。

(1)什么样的事件具有重要性。

1)关系到党和国家前途及人民、民族命运的事件。这些事件,具有全局性或重大的历史意义。政治上的利害关系使得这些事件为最大范围的人们给予最大程度的关心。如1945年8月15日正午,日本天皇向全世界广播了接受波茨坦公告、实行无条件投降的诏书。

2)重大突破或重大影响的事件。如在科学研究领域,一项重大科研成果的问世,可能在世界范围内引起强烈反响;在体育运动领域,冠军的获得,体育赛事的成功举办,如1981年11月16日,中国女排在日本大阪举行的第三届世界杯女子排球赛中,以3∶2战胜了上届冠军日本队,以七战七捷的成绩首次获得世界冠军;在经济建设领域,重点工程的奠基、进度或竣工,如上海宝山钢铁厂、长江三峡水利工程、雄安新区的建设等。因为这些事件影响较大,会引起全国绝大多数人的关心。

3)能够引起广泛社会舆论关注的"热点问题"。这类"热点问题"一般都是读者关注的问题。2015年9月22日,《浙江日报》头版发表评论《不信东风唤不回——也说李嘉诚撤资》(荣获第二十六届中国新闻奖)。亚洲首富李嘉诚部分撤资,引发社会广泛关注。对于舆论中出现的"别让李嘉诚跑了"的声音,党报要不要发声,成为考验党报智慧的现实问题。《浙江日报》抓住时机,组织评论予以回应,从法治、情感、市场规律的高度,结合浙江政治经济发展的实践,提出了坚持改革开放的定力、不信东风唤不回的观点。正如作品评析说的:"这篇评论,及时发出了党报的声音,对于社会上的各种'杂音',起到了正面回应的效果,也让读者在焦虑中看清了中国经济发展与法治建设的方向和定力,感受到了中国加快改革开放、发展经济的责任与自信,从而发挥了党报舆论宣传的'定海神针'作用。"

4)和人民群众的日常生活关系密切的事件。媒体要全方位地反映社会生活,所以,关心人民群众的喜怒哀乐及衣食住行是媒体的主要任务之一。因此,报道商品打假、菜篮子工程、住房改革等和人民群众日常生活密切相关的新闻,就被看作是具有重要性的新闻。2015年8月16日,《科技日报》头版发表消息《天津滨海爆炸事故现场消防专家确认700吨氰化

钠已找到　尚未发生大范围泄漏》。2015年8月12日"天津滨海爆炸事故"震惊全国,特别是在传出爆炸现场存在大量剧毒品氰化钠消息后,各种传言到处弥漫,给人们造成了极大的恐慌。《科技日报》记者第一时间联系到天津消防所高级工程师付学成,他是事故发生后,一直坚守在事故现场处置的权威消防专家。在与记者的通话中,付学成无意中说出他在现场发现了氰化钠,记者敏感地抓住这一信息,仔细询问发现的过程、现场氰化钠的数量、分布位置、处置方法、是否造成污染等,在反复核对、确认事实无误后,迅速发回了这则消息,不仅有效地澄清了有关氰化物的种种不实传言,还消除了人们的恐慌心理。

5)能够为人民群众释疑解惑的事件。现实生活中,在人们的思想上,总是存在着一些这样或那样的问题,或对某项政策能否落实的怀疑,或对某种现象的模糊认识等,能够回答人民群众思想中的疑惑,推动了社会经济发展的事件,均具有重要的现实意义。

(2)选择具有重要性的新闻应该注意以下四个问题。

1)同一条新闻对不同的媒体来说,其重要性不同。我们考察某一事件、现象的重要性,不能只是孤立地考察事件、现象的本身,而必须把这一事件、现象同周围的环境结合起来。现实生活中的矛盾是多方面的,它会因地而异。就一个地区、一个领域、一个行业来说,它所存在的矛盾同全国存在的共同性矛盾,既有共性,又有特殊性。反映和解决这种特殊性的矛盾,是地区性媒体的重要任务之一。所以,要判定一条新闻是否具有重要性,既要有全局观念,又要立足于本报(台),譬如一条报道某地方公路通车的新闻,对本地报纸(台)来说,就是重要新闻;对全国性报纸(台)来说,其重要性就小得多;对其他地区报纸(台)来说,就可能没有重要性。

2)同一条新闻因时间不同,其重要性不同。我们考察某一事件、现象的重要性,还必须考虑时间因素。社会生活中存在的各种矛盾,都在随着时间的变化而变化,无论是主要矛盾还是次要矛盾。如二十世纪五十年代根本提不上议事日程的党风问题,到了八九十年代则成了热点话题。所以,时间是决定某一事件、现象是否具有重要性或重要性强弱的一个重要因素。

3)不能以新闻的外部分类作为区分新闻重要与否的标志。这里所说的新闻的外部分类,指的是新闻中所反映的内容属于哪一个门类:或政治方面的,或经济方面的,或体育方面的,或文教卫生方面的等。我们不能简单地认为,反映政治内容的一定比反映其他内容的重要,反映经济内容的就比反映体育、文教卫生内容的重要,如《访厕所》,它所反映的只是人们日常生活中所遇到的"小事",但是,这一新闻的见报,不仅使久拖不决的"扯皮战"解决,首都公厕面貌在三个月之内发生了变化,并且,日本记者看到这篇报道后,也掀起了"访厕所"热,有好几名记者写了关于日本厕所问题的连续报道,日本还专门成立了厕所问题研究委员会,定期商讨这方面的问题。由此可见,《访厕所》的影响比一条一般性的政治新闻或经济新闻要大得多。

4)特殊的新闻,掌握好报道的时机,可增强其重要性。一般来说,事件发生以后,报道得越早,其重要性越强,新闻价值越大。但是,对有些新闻来说,选择恰当的时机进行报道,其重要性会更强,影响会更大,如披露高考作弊与高校录取学生工作中搞不正之风的新闻,如果放在第二年高考前和高校录取工作开始前进行报道,其作用会更大。

### 4.3.4 显著

显著是指新闻人物及事件发生的时间、地点具有引人注目的特质。显然,这是指新闻人物、时间、地点,有非同寻常之处,有一定的知名度。

#### 4.3.4.1 人物

一个人无论是流芳千古还是遗臭万年,他的一举一动会因他的较高的知名度而为人瞩目。在西方曾流行一时的"新闻数学公式"很能解释这一因素,可参考这样的几个公式:①

平凡人+平凡事≠新闻

不平凡人+平凡事=新闻

平凡人+不平凡事=新闻

不平凡人+不平凡事=好新闻

譬如赶集,张三、李四等人,都是平常人,加上赶集,也是平常事,就等于零,构不成有价值的新闻;同样是赶集,因赶集者有较高的知名度,如经济学家薛暮桥赶集,就构成了有较高新闻价值的新闻,1980年4月25日《市场报》就刊登了报道有关薛暮桥赶集的新闻《经济学家赶集》。所以,就人物这个要素来说,同样一件事,知名度高的人做可能具有很高的新闻价值,不具有知名度的人做则可能具有一般的新闻价值,或完全没有新闻价值。

在社会上有一定影响的人物,如英雄、模范、著名科学家、艺术明星等的言行,往往能引起公众的注意,因此,他们的言行往往也能成为有价值的新闻。2015年10月7日,《海南日报》头版刊出通讯《天涯蒿草悠悠情》荣获了第二十六届中国新闻奖,原文如下:

**诺贝尔奖获得者屠呦呦1972年在海南迎战疟疾,开展青蒿素科研攻关(引题)**

**天涯蒿草悠悠情(主题)**

冒着零星雨点,曾任国家卫生部疟疾专家咨询委员会委员、海南"523项目"工作组负责人的蔡贤铮小心翼翼地护着怀中的包袋,走进了海南省疾病预防控制中心。他匆匆此行,是为了讲述与一位老友在海南共事的经历,那包袋里层叠包裹的是他们30多年间往来的书信和研究成果,发黄变脆的纸张至今仍然完整地记录着那份不变的理想与情谊。

"她叫屠呦呦,取自'呦呦鹿鸣,食野之蒿'。"蔡贤铮口中的这位"老屠",一夜之间蜚声国际——昨天下午,2015年诺贝尔生理学或医学奖揭晓:中国药学家屠呦呦成为首位获得诺奖科学类奖项的中国人。

海南是防治疟疾主战场。"一去一万里,千之千不还。崖州在何处,生渡鬼门关。"一首《流崖州至鬼门关作》至今读来,仍能感受到古代贬官谪臣对于海南这片"瘴疠之地"的恐惧。蔡贤铮告诉记者,疟疾是一种由按蚊传播疟原虫引发的传染性寄生虫病,而海南全岛按蚊多达37种,以至于疟疾盛行千年,直至1949年后仍一度是全国疟疾流行最严重的地区之一。据国家有关部委开展的疟疾调查,仅1955年,海南疟疾发病人数就多达28万余例,疟

---

① 樊炳武:《新闻理论》,远方出版社2000年版,第51页。

疾发生率占全国首位。难料的是,到了20世纪60年代,海南乃至全国疟疾防治工作又遇强敌——疟原虫对当时常用的奎宁类药物已经产生了抗药性。于是,1967年5月23日,在毛泽东、周恩来等党和国家领导人的指示下,"523项目"正式启动,来自7个省市、60多家科研机构的500余名科研人员协力攻关。而海南被定为"523项目"主战场,由广东省卫生厅、海南军区、海南行署卫生处(局)派员组成的"523项目"办公室就设在这里。屠呦呦就在这样的历史背景下,于1972年来到了海南昌江。

但她并非空手而来。1971年,从大量的古代医书和民间药方查到蒿草类植物对治疗疟疾有效的典据,又受到东晋医术《肘后备急方》中"青蒿一握,水一升渍,绞取汁服"的启发,她有效利用乙醚低温提取了青蒿的有效成分,并且证实了青蒿提取物的抗疟效果。

### 以身试药置生死于度外

"屠呦呦来海南是一举两得,既能为海南疟疾患者带来治愈希望,也能为进一步开展青蒿素的科学研究收集药材和临床数据。"曾在海南"523项目"工作组负责临床试验效果观察的庞学坚说,当时海南疟疾发病率居高不下,而且疟疾病种齐全,恶性疟、间日疟、三日疟、卵形疟都有发生。此外,海南黄花蒿资源丰富,不仅数量多、分布广,而且植株高大繁茂,开展青蒿素新药临床试验最为理想。

如获至宝的屠呦呦和她的团队扎根昌江,有时躬耕于黄花蒿丛,有时俯身于患者床头,有时埋首于实验室里,白天黑夜只想着一件事——逐步完善青蒿素在治疗疟疾,尤其是治疗恶性疟的配伍,并将研究逐步发展为青蒿素联用其他药,使疟疾的复燃率降至最低。

庞学坚颇为感慨,为了防治疟疾,许多科学家以身试蚊,调查海南蚊虫种类及分布密度,"为了检验抗疟新药及新的治疗方案,还有一些科学家故意感染疟疾,忍受着持续高烧的煎熬和肝脾肿大的痛苦,可谓置生死于度外!"

屠呦呦就是以身试药的科学家之一,作为试药的第一批志愿者,她毫不犹豫地试用了还不够完善的青蒿素,这在一定程度上长久地影响了她的健康。而这个秘密,直到多年以后的一次同学聚会上,才被她不经意地提起。

"那个年代讲究集体主义、团队精神,无论谁出成绩,都归于集体。"如庞学坚所说,平日每每有人褒奖,乃至于站在诺贝尔奖的"风向标"——美国拉斯克奖的领奖台上,屠呦呦也只说,"青蒿素的发现,是中国传统医学给人类的一份礼物",而不言及自身。

### 心系海南不忘青蒿情缘

"其实,老屠在海南工作的时间不长,大约只有半年多时间,做了30例临床疟疾病例的实验后就回了北京。"但是,蔡贤铮与屠呦呦的情谊似乎在她离开海南后更为深笃。此后的30多年间,他们书信往来不断,彼此互称"老蔡""老屠",围绕青蒿素以及疟疾防治等话题做了诸多探讨。

记者注意到,在这些泛黄的书信中,屠呦呦几次嘱托蔡贤铮帮忙采集五指山地区和文昌一带的黄花蒿,做一下海南不同地方黄花蒿中青蒿素含量的对比研究,以便更加充分地利用海南的黄花蒿资源优势。纵使远隔千山万水,她心心念念的,还是这片蒿草遍野的肥沃土地。

1982年4月,海南制药厂向卫生部、国家医药总局递交《关于要求给予我厂定点生产青蒿素的申请报告》被拒绝后,屠呦呦也是第一时间给蔡贤铮来信说:"有必要向主管部门和领导同志大声疾呼,海南青蒿资源的利用有必要重新评估。"

屠呦呦心系海南,蔡贤铮和庞学坚一样难忘这位"衣着朴素,却举止优雅,始终面带笑容"的女科学家。昨天诺贝尔生理学或医学奖刚刚揭晓,他们便欣喜地与当年共同抗疟的同事互通电话,今日又相约聚首,用自己的方式在遥远的海南为屠呦呦庆贺。

"实至名归,实至名归!"庞学坚反复念叨这句话,一切伟大的付出都不会为时代所遗忘,这么多年过去,年至耄耋仍然醉心科研的屠呦呦,终于等到了这份迟来的荣光。

2015年10月5日,2015年诺贝尔生理学或医学奖揭晓。中国药学家屠呦呦成为首位获得诺奖科学类奖项的中国人。正值国庆长假,记者迅速联系了海南医药卫生部门,邀请到国家卫生部疟疾专家咨询委员会委员、海南"523项目"工作组负责人蔡贤铮,海南"523项目"工作组负责临床试验效果观察的庞学坚等,通过他们的讲述,对屠呦呦曾在海南进行防疫研究工作,并在此逐步完善青蒿素在治疗疟疾尤其是治疗恶性疟的配伍,将研究逐步发展为青蒿素联用其他药,使疟疾的复燃率降至最低的历史事实做出佐证。这篇通讯引发了广大读者关注和热议,被多家媒体转载刊发。人们普遍表示,这篇报道通过梳理屠呦呦在海南的工作成果,列举屠呦呦在离开海南后长达数十年时间里多次对海南黄花蒿资源发现与利用的关心,揭开了鲜为人知的屠呦呦与海南的不解之缘。

#### 4.3.4.2 时间

这里所说的时间,是指事件发生的时机。同样一个事件,发生在甲时可能不成为新闻,发生在乙时就可能成为有价值的新闻。2014年11月15日到2015年2月13日,《重庆日报》推出了系列报道《抗击埃博拉》,第一条消息原文如下:

### 抗击埃博拉,163名白衣卫士出征利比里亚(主题)

本报讯 统一的迷彩服,左臂上一面鲜红的五星红旗代表着来自中国。11月14日上午9时30分,以第三军医大学为主体,加上沈阳军区部分医务人员组建的中国人民解放军援利医疗队从三军医大出发,远赴利比里亚抗击埃博拉。首批出发的有163人,这是我国也是我军历史上首次成建制向外派遣的医疗队。

在昨日的出征仪式上,战友和亲人早早赶来送行。叮咛与依依不舍,令医疗队队员心中起伏万千。"坚决完成任务,安全回到祖国"是他们最大的心愿。

今年2月,西非国家暴发埃博拉疫情,中国政府迅速反应,多次向疫区国家提供人道主义援助。10月2日,中央军委和总后勤部要求,以第三军医大学为主体,加上沈阳军区部分医务人员,抽组一支163人的医疗队,代表国家和军队,前往利比里亚的一所由中国援建、拥有100张床位的埃博拉出血热诊疗医院,帮助当地防控埃博拉疫情。首批任务时间预计两个月。

接到命令不到24小时,医疗队组建完成。163名队员中,有近百人参加过抗击非典、抗震救灾、维和等重大任务,年龄最大的52岁,最小的只有19岁。

10月4日,正值国庆长假,但队员们放弃假期,迅速集结到第三军医大学全军卫勤综合训练基地,开展专业培训。传染病诊治流程、标准等规范的学习更是细到每一个步骤。特别是穿脱防护服技能训练,每穿脱一次,需要40至50分钟。防护服密不透气,每次穿脱下来,队员们都是一身汗水。

"埃博拉病毒是一种传染性、致死率极高的病毒,而且目前尚未有有效的治疗方法和疫苗。"医疗队首席专家毛青说,这次疫情医护人员感染率高,所以任务危险性大,医护人员首先是保护好自身,才能开展工作,治疗病人。

据悉,医疗队此次出征利比里亚防控埃博拉疫情,在治疗上将采取中西医结合的方式,并携带了相关药品。"我们将把中国抗击非典以及甲型H1N1病毒的防控经验,带到利比里亚。"医疗队队长王云贵信心满满地说。

埃博拉病毒是一种传染性、致死率极高的病毒,而且目前尚未有有效的治疗方法和疫苗。这个危机时刻,中国军医奔赴利比里亚进行援助,不仅充分体现了中国军医精湛的医疗技术,也真实展现了中国军医舍生忘死、大爱无疆的人道主义精神。

#### 4.3.4.3 地点

地点是显著性中的另一个重要因素,同时间一样,一般作为新闻的背景。有些事件,脱离了这种特定的背景,就不能成为新闻或不能成为重要的新闻,即是说,同样一个事件,发生在甲地可能不成为新闻,发生在乙地就可能成为有价值新闻。2014年8月6日人民网刊登的消息:

**故宫"萌萌的雍正"走红:让收藏在禁宫里的文物活起来(主题)**

人民网北京8月6日电(陈苑) 近日,故宫淘宝在其微信公众平台发布了一篇名为《雍正:感觉自己萌萌哒》的微信,萌萌哒的雍正动画形象配上萌萌的文字,受到多数公众的喜爱。有网友大呼,"萌萌哒的雍正,看得心都要化了。""原来四爷才是COS高手。"

这组动画创意灵感源于故宫博物院藏书画文物《雍正帝行乐图》。"行乐图"是中国人物画的一种,通常描绘人物的日常娱乐与休闲生活的场景。喜好画像的清代雍正皇帝,其行乐图数量众多,特点鲜明。以宁静、恬淡来营造行乐的氛围,是雍正皇帝的行乐图与其他帝王行乐图的巨大差别,他曾诗云"长伴予游鹤与松,何烦扈跸得从容",说的就是这样的心境。《雍正行乐图》反映出他个人业余爱好和日常生活,具有重要的历史价值和艺术价值,因此引起不少学者的关注。

如何将故宫文物与故宫文化的知识性和趣味性生动地表达出来,使之更容易被年轻人接受喜爱,是故宫博物院一直努力的方向。据悉,目前,故宫博物院通过建设数字化信息平台,力求将传统、枯燥的宣传方式向现代、活泼的教育方式转变,与年轻人的兴趣点紧密结合,让古老的传统文化也能够时尚起来。

今后,故宫博物院还将推出《皇帝的一天》《韩熙载夜宴图》《清代皇帝服饰》等题材丰富、风格各异的一系列应用,使故宫文化传播空间无限广阔,让院藏文物以更加生动有趣、丰富多样的形式与公众见面。为即将来故宫参观的观众提供方便,也让无法亲自到故宫的观众能够通过自己的手机全面地、便捷地了解故宫,从而更好地传播故宫文化。

这件事情本身具有新闻价值,但是因为是故宫推出的萌萌哒的雍正动画形象,因此更加具有新闻价值。

在选择新闻考虑新闻中人物、时间、地点是否具有显著性时,应该注意的问题是:

第一,要重视"非显著性"新闻。这一提法的意思是,具有显著特质的新闻,我们应该重视,但也要重视不具有显著特质的新闻。人民是历史的创造者,也是我们新闻报道的主体,所以,新闻中的"主人公"应该以人民群众为主。

第二,不宜过分追求"名人效应"。选择新闻时,我们要重视"名人效应",但不能将"名人效应"强调到不适当的地步。西方新闻界推崇"名人的一举一动,一言一行,都是很好的新闻""总统在钓鱼时所用的引饵也是新闻",即是把"名人效应"推向了极端。我们重视"名人效应",承认"不平凡人+平凡事=新闻",但是,这里的"平凡事"应该是有条件的:必须有一定的新闻价值。事件决定有无新闻价值、是否需要报道,它起的是决定性作用;"不平凡人"只是起增强新闻价值的作用。所以,我们关注名人的言行,但要鉴别名人的言行有无意义,特别是对于名人的一些轻率和偏颇的言行,媒介更不应该推波助澜。

### 4.3.5 接近

新闻报道的内容与受众的接近程度也是衡量新闻价值的标准之一。徐宝璜在《新闻学大意》中说:"新闻之价值,又与新闻发生地与登载地相隔之距离,为反比例。距离近,则价值高;距离远,则价值低。"这里谈的就是地理上的接近问题。接近性还包括年龄的接近、职业的接近、性别的接近、文化的接近、民族的接近、心理的接近等。

一般情况下,离某人距离越近、关系越密切的事情,他会越关注。由此看来,越接近读者的事实,其新闻价值越高,例如,"我—亲友—周围的人们—外地的人们—国外的人们",成正比例排列。对此,蔡铭泽在他的《新闻学概论新编》中说,复旦大学王中教授曾举过这样一个例子:

如果有人告诉你:"南美洲A国B镇C小姐的梳妆台下发现白蚁,据电子计算机预测共有3 456 789只,现在由灭蚁专家D博士扑灭,战果待报……"你一定以为他是疯子。但是如果你的儿子向你报告:"爸爸,刚才在你书柜里发现了大量白蚁,你那叠书稿被全部啃烂了!"你必定情不自禁地吩咐:"快找D博士!"

下面的事实也证明了这一道理。同样是奥运会上夺得金牌,第一枚金牌理应是最为引人注目的,1984年7月29日,中国运动员许海峰夺得第二十三届奥运会第一枚金牌,喜讯传来,广大读者、听众、观众为之欢呼雀跃。1988年第二十四届奥运会第一枚金牌为苏联运动员契洛娃夺得,并没有引起中国的读者、听众、观众的多大关注。同样是在第二十四届奥运会上,中国女子跳水队运动员许艳梅夺得了第三枚金牌,却引起了中国人民的瞩目。原因何在? 接近性起了决定作用。

选择具有接近性的新闻应该注意两点。

(1)不能因强调新闻的接近性,而忽略对重大新闻的选用。不论是全国性媒体,还是地方性媒体,因为各个媒体的报道对象、范围不同,它的接近性就有不同的含义。如果省级媒体,过分强调地理上的接近,只选用省内新闻,势必忽略对国际和国内重大新闻及其他省市新闻的选用。受众的需要是多方面的,他们除了需要了解身边的情况以外,还需要了解外地及国内的信息。所以,我们选择新闻,在保证本报(台)的特点的同时,又不忽略对重大新闻的选用。

(2)在重视新闻接近性的同时,也要重视具有相关性的新闻。相关也是一种接近。有时虽然职业不同、年龄不同甚至地理距离遥远,但与自己相关,同样能引起自己的关注。譬如,学生与教师相关,有关学生的新闻,教师就比较关心,有关教师的新闻,学生也比较关心;消费者与生产者相关,有关消费者的要求,生产者就比较关心,有关生产者的产品情况,消费者也比较关心等。

#### 4.3.6 趣味

趣味性就是能引起广大受众关注与兴趣的因素,指新闻信息中具有奇特性、冲突性、人情味等因素。"趣味性"是西方新闻学者首先提出的,过去我们对这个标准无意认可或避而不谈。随着新闻改革的深入,新闻竞争的激烈,编辑在选择稿件时,也越来越重视趣味性这个标准,使新闻报道为普通百姓喜闻乐见。

##### 4.3.6.1 具有趣味性的事件

具有趣味性的事件有下列三种情况。

(1)具有反常性的事物,即某人或事明显地不同于周围同类的人或事,或者无法用常理做解释。反常的事物最容易引起人们的无意关注,人们也最容易对此产生普遍兴趣,譬如有关"尼斯湖水怪"的新闻、"狼孩"的新闻等。这类人和事反常性越强,其新闻价值越大。

(2)具有情节曲折的冲突性事件。事件冲突越激烈,人们会越感兴趣。这种冲突包括人与自然、人与人、国家与国家的斗争冲突,如反劫机事件、凶杀绑架事件、反间谍事件等。

(3)富有幽默感、耐人玩味的事件。这类事件包括金钱、幽默、悬念等。

##### 4.3.6.2 选择具有趣味性的新闻应该注意的问题

(1)要认识趣味与兴趣的区别。在大多时候,我们将趣味与兴趣等同起来,这种认识是不正确的。趣味与兴趣是两个不同的概念,严格说来,趣味是种概念,兴趣是属概念,趣味是兴趣的一个组成部分。人们对有趣的事情感兴趣,对及时的、有新意的、重要的、显著的、接近的事情同样感兴趣。如果把趣味等同于兴趣,那么就可以说所有的新闻都是具有趣味性的新闻,趣味性就会等同于新闻价值,这显然是不正确的。

(2)要正确分辨高尚趣味与低级趣味。趣味观是一种社会意识形态,不同的阶级、不同的民族、不同的职业、不同的年龄等,有不同的趣味观。西方资产阶级新闻学一般都把趣味性当作衡量新闻价值的真正要素,因此一些有关凶杀、暴力、色情的低级趣味的新闻不时充斥着媒体。社会主义的新闻工作要为社会主义的精神文明建设服务,要做好舆论导向工作,所以我们所讲的趣味性是健康的、高尚的。我们讲求趣味的原则是有趣不俗、有益无害。即是说,我们的新闻有趣味但不庸俗,有益于增加读者的见识和愉悦身心而不会产生不良的社会效果。

上面所讲述的及时、新意、重要、显著、接近、趣味,是新闻价值的几个因素。在这几个因素中,及时、新意、重要是主要因素。就一条新闻来说,及时、新意、重要这三个因素是必不可少的,至于其他几个,应该说包含的越多,新闻价值就越高。所以,我们在选择新闻时,首先注意的是前三个因素,后三个因素就不必苛求。

## 4.4 媒介的需要标准

编辑选择稿件,除了要依据新闻标准和社会效果标准外,还要根据媒介自身的特点和需要,对稿件是否适合本媒介采用做出判断,从中挑选出最能体现本媒介特色的新闻稿件。这就是选择稿件的第三个标准:媒介的需要。

### 4.4.1 符合媒介的特色

由于编辑方针和目标受众群的不同,媒介具有不同的风格特色,选择稿件是形成媒介风格特色的基本保证。同时,风格一旦形成,也就成为选择稿件时的无形约束。因此,编辑在根据媒介的需要选择稿件时,首先要对稿件是否符合媒介的风格特色做出判断,看一看报道内容是不是特定受众关注的、媒介的报道范围内的,报道形式是不是受众所习惯和喜爱的,具体到日常的报道中,能够体现媒介特色的稿件一定要在数量和质量上占有一定的优势,否则,媒介的特色就无从谈起。

怎样判断一条新闻是否符合媒体的特点?这时,编辑应该考虑的是媒体的报道对象、范围以及宗旨等。

(1)就报道区域来看。一家全国性媒体同省级媒体、地区媒体比较,全国性媒体所选择的绝大多数稿件,应来源于全国各地,范围越广越好;省级媒体、地区性媒体的绝大多数稿件的来源则应侧重于本省或本地区。就这个问题我们可以追溯一下1942年延安《解放日报》的改版。《解放日报》改版以前,要闻版大量发国际消息,而且直译路透社等外国通讯社的电讯稿,对当地的报道却很少。中央批评了这种现象。在当时,延安被封锁,《解放日报》无法发行到全国各地,更不用说发行到外国了,事实上《解放日报》的发行区域只是陕甘宁边区。要求《解放日报》改版,也就是要求它多刊登国内尤其是陕甘宁解放区的消息,以适应自己的发行区域的读者群。

(2)就传播对象来看。媒体为谁而办,办给什么人看,也是决定选择什么内容稿件的重要因素。因为受众是报纸新闻传播直接作用的接受者,满足受众需要是媒体实现有效传播的前提。所以,研究受众需要并力求满足受众需要已经成为新闻人员的共识。毛泽东同志在《普遍地举办〈时事简报〉》中强调它的内容要适应读者。他说:"红军编的《时事简报》,它的内容国内国际消息要少,占十分之三,本军、本地、近地消息要多,要占十分之七。只有这样,才能引动士兵和群众看报的兴趣,取得我们所要取得的效果。"[①]我们知道,不同的媒体的受众群不同,一定的受众群在需求方面具有某种一致性。所以,不同的媒体依据自己受众的需求,刊登的内容就应该有所侧重。比如晚报,它是以所有家庭成员为读者对象,供人们茶余饭后消遣性阅读的,其刊登的稿件就应该侧重知识性、趣味性较强的内容。

(3)就办报(台)宗旨来看。办报(台)宗旨是指报纸(电台、电视台)的主导思想和努力

---

① 中共中央文献研究室,新华通讯社:《毛泽东新闻工作文选》,新华出版社1983年版,第32页。

方向,不同的办报宗旨决定了不同的媒体水准,有些媒体风格清新、格调高雅、理论水平较高,有些媒体就通俗易懂、平易近人。我们选择稿件也要适应媒体的水准。

(4) 就报纸来说,还要看版面形式。有些报纸侧重于传递简短消息、传授知识、提供娱乐、指导消费,所以每个版面可能刊登十几篇甚至更多的稿件;有些报纸则侧重于抓重大典型进行深度报道或注重理论指导,所以有的版面只有几篇文章。因此,选择稿件也要在一定程度上照顾到版面形式的需要。

### 4.4.2 注意报道平衡

在选择稿件时,起码有六个方面的平衡需要编辑注意。

#### 4.4.2.1 报道中心与报道面的平衡

每一个时期媒介往往有一个报道中心,报道中心是根据实际生活中的主要矛盾确定的。多围绕报道中心选择稿件理所当然,也是必要的,但不能看成是唯一的选择,主要矛盾和次要矛盾是相互依存的,因此,选择稿件时,既要注意优先用与报道中心有关的稿件,同时也要注意照顾整个报道面。

#### 4.4.2.2 各种报道内容之间的适当平衡

媒介由于功能定位的不同,在报道内容上肯定各有侧重,但社会生活的内容是极其丰富的,包括政治、经济、军事、文化、艺术、教育、卫生、体育等各个方面,即使某一个方面也有若干具体的内容。比如经济,就包括工业、农业、商业、金融等。所以,选择新闻稿件应注意各方面的平衡,而平衡和重点不是矛盾的,相反,正是因为平衡才能更好地显示重点。

#### 4.4.2.3 报道地区、单位的适当平衡

一般来讲,先进地区和先进单位的报道常常多一些,这也是适合新闻规律的。但是每个地区和单位都有自己的情况和特点,所以注重这方面的平衡也是必要的。

#### 4.4.2.4 通稿与特稿的适当平衡

一般来说,每家媒体各有侧重,全国性媒体侧重反映全局,地方性媒体则侧重反映地方情况,虽然都要求通稿与特稿平衡,但是通稿与特稿的比例各自不同。根据许多媒体,尤其是报纸的经验来看,省级日报采用通稿与特稿的比例一般以 4∶6 左右为宜;地市级日报采用通稿与特稿的比例一般以 3∶7 左右为宜;地市级晚报一般以 2∶8 左右为宜。

#### 4.4.2.5 肯定与否定的适当平衡

在我们现实社会中,进步的、积极的因素是主要的,新闻报道应该以反映这些因素为主,提供经验、树立典型,以指导广大人民群众的社会实践,因此以正面宣传为主是我们社会主义媒体遵循的一贯方针。落后的、消极的因素虽非主流,但也依然存在,通过批评与自我批评进行舆论监督、揭露腐败、纠正工作中的缺点和失误也是媒体的重要任务之一。否定落后、消极因素同肯定进步、积极因素同样是有效地促进实际工作、维护社会稳定与进步的重要手段。从实际操作来看,把握肯定与否定的适当平衡、进行批评与自我批评有一定的难度。因为某些领导的"地方保护主义""家丑不可外扬"等思想作怪,以及某些知情者对采访的不配合态度等,导致采访、刊登的难度增加及新闻纠纷的不断发生。从编辑选择新闻的角

度考虑,要敢于坚持原则,对反映"难点""热点"问题的稿件,对具有典型性、普遍性的批评性稿件要敢于定为入选稿件。

#### 4.4.2.6 消息与其他新闻体裁稿件的适当平衡

以报纸为例,报纸上经常运用的新闻体裁有消息、通讯、纪实、评论、调查报告等,每种体裁有各自不同的特点和作用。如消息主要是迅速反映新近发生的有意义的事实,一事一报,简洁明快;通讯主要是在事实发生以后,向读者提供更详细的事实和背景材料,以细致的描写、生动的形象和曲折的情节感染读者;纪实主要是对事情或事件进行现场报道,详细生动地反映客观真实的现实生活;评论是新闻性与政论性和谐统一的一种文体,主要是对社会生活中的事实或现象的意义或问题,通过摆事实讲道理,从理论上进行阐明;调查报告是对某一情况、某一事件、某一现象进行去粗取精、去伪存真、由此及彼、由表及里的研究,从而揭示出这一情况、事件或现象的本质。由此可以看出,各种体裁互为补充但不可替代。正是由于对各种体裁的运用,报纸才能全面准确地反映社会生活。这就需要在选择稿件时,使各种新闻体裁尽量实现适当平衡。这里应该明确的是,消息必须占据主角地位。对消息在新闻中的主角地位,我们可以从这样三点来认识。

(1)从导向作用看,消息是舆论导向的最便利的武器。党的路线、方针、政策的贯彻落实,先进典型、先进经验的推广普及,新成就、新情况的传播,要求精要、迅速,从这一点上看,消息占有绝对的优势,因此它是引导舆论、服务大局的最有力工具。

(2)从传播功能看,消息是传递新闻最快捷最便当的方式。消息的简洁、及时,任何体裁都无法匹敌。在新闻竞争中,它能够先声夺人,从而达到克敌制胜的目的。

(3)从读者需要看,多登消息有广泛的群众基础。《人民铁道》报曾进行的读者调查结果表明:94%的读者喜欢阅读精而短的消息。可见读者的阅读心理是求新、求快、求短。

**【新闻编辑实务训练】**

根据选择稿件的标准,下列这些稿件可否选用?请说明理由。

### 政府买保险为甬城装上"安全阀"

昨日,以人保财险宁波市分公司为首的共保体完成了对我市13.8万受灾户的赔偿。市政府花3800万元购买的一年期巨灾保险,让这些受灾户得到了总计8000余万元的赔偿。

2013年,百年一遇的"菲特"台风给我市造成了300多亿元的直接损失,部分居民家庭财产损失惨重,生活受到严重影响,同时引发了一些社会矛盾。为此,去年11月市民政局代表市政府向保险公司购买了一年期巨灾保险。当我市发生台风、龙卷风、暴雨和洪水等四类灾害时,对受到人身伤害的人员或财产受到损失的家庭进行赔偿,一年全市最高赔偿总额为6亿元。

在市民政局救灾处处长周兆骏看来,巨灾保险的功能除了惠及民生、维护稳定外,还有预防灾害和辅助决策的功能。据悉,我市将续保巨灾保险。今年7月"灿鸿"台风过后,保险公司利用专业优势将采集到的大数据绘制了一张全市"风险地图"。台风中各村各社区平均进水深度、受灾户数一目了然。在之后的台风防御和低洼居民区改造中,这张图成了基层干部的"掌中宝"。

### 网友漂亮出乎意料 惊喜过度当场瘫倒

日前,广州医学院第二附属医院胸外科接诊了一名与女网友见面惊喜过度突发血气胸差点丢了性命的学生。

8日,躺在广医二院胸外科病床上的这个小伙子脸色蜡黄,声息微弱。据前来看望他的一位朋友介绍,该小伙子姓方,为安徽某理工大学的学生。5月3日,他从安徽赶往广州与日思夜想的网恋女友见面。方同学怎么也没想到,站在眼前的网友比相片上的人儿更加水灵可人,谈吐温柔优雅,简直就是他的梦中情人,大大出乎他的意料,他抑制不住心中的喜悦和激动,当场瘫倒在地昏迷不醒,生命危急。周围的人们见状赶紧把他送往医院抢救。

据主刀的梁主任介绍,手术前后患者总共出血5000毫升之多,如此惊喜过度引发休克性血气胸尚属少见。

### 小学生见义勇为 智救落水姐弟俩

近日,石各庄镇梁各庄中心小学学生李雨桐见义勇为,智救落水姐弟的事迹被传为佳话,为社会传递了满满的正能量。

据石各庄镇梁各庄中心小学教师介绍,上学期末的一天下午3点左右,该校五年级一班学生李雨桐在石北公园看到10多个小孩在水坑边玩耍。就在这时,一个小男孩走到坑边的斜坡上去拿一个小树枝,脚下一滑摔到了水坑里。看到小男孩在水中挣扎,周围的孩子急忙呼救。小男孩的姐姐当时正在坑边,见状后赶紧走到坑边伸手去救他,但也被拉到了水里。此时,李雨桐也跑到了姐弟俩落水的地方,通过观察地形,他在坑边的一个排水管处站稳后,迅速脱掉上衣,将衣服的一头扔向弟弟,等小男孩的手一抓到衣服,李雨桐一边大喊"抓紧衣服",一边使劲地向上拉,成功将小男孩救上了岸。随后,李雨桐又将衣服的一头扔向姐姐,但因为力量不足没抓住,衣服从手中挣脱,被小男孩的姐姐拉到了水里。随后,小男孩姐姐在挣扎的过程中,渐渐远离了坑边,李雨桐环顾四周,跑向公园里的一棵小树,折断一根树枝,将树枝的一头伸到小男孩姐姐的手中向上拉。这时,李雨桐的妈妈正巧赶来,在妈妈的帮助下,成功将小男孩的姐姐拉上岸。

事后,李雨桐没有把自己救人的事情告诉老师,星期一照常去上学。在救人过程中,李雨桐左脚扭伤,几天后脚疼加重,请假去医院就医。老师经过询问同班的学生,才了解了事情经过。前不久,落水小男孩的父母打听到是李雨桐救了自己的儿女,带着孩子来到李雨桐家中看望,感谢他救了失足落水的儿子、女儿。

### 虞城老妪"死"后复生

虞城一老妪死后四天又复生在当地被传为奇谈。

今年84岁的崔耿氏躺在床上突然没了气息。三个女儿女婿按当地习俗给老人穿好寿衣,盛殓好。三天齐客之后把棺材用棺钉钉起来。崔耿氏本家的一位曾孙在棺材边玩耍,听见棺材里面有说话声,就大声喊叫起来,崔耿氏的大女儿凑过去一听,发觉里面果然有动静。守灵的人害怕了,把亲戚邻居都喊过来,才慢慢打开棺材,崔耿氏果然活了过来,要了两个鸡蛋羹吃,又喝了三两多葡萄酒。左邻右舍的邻居前来和她说话,她都能够清晰地对答。

更令人称奇的是,崔耿氏"死"前一个月摔倒过一次,胳膊和腿都不能动弹了,可死而复生后,胳膊能动了,腿也抬起来了。

### 工行秦皇岛峨眉支行　改造职工食堂受欢迎

日前,工行秦皇岛峨眉支行员工食堂装修改造后重新投入使用,赢得了员工的一致好评。

该行原职工食堂环境简陋,无抽油烟机,操作区、就餐区、职工活动区没有隔断门,开放的环境导致做饭时油烟飘逸到二楼办公区,影响办公环境,甚至有客户来办理业务影响客户体验。这次改造,不但合理规划了操作区,安装了抽油烟机,还用隔断门划分出操作区和员工就餐区,将就餐区与员工活动区分离。经过精心布置的就餐区,环境温馨,让员工紧张的工作后得以放松,合理化解压力,真正实现小家为职工所建,小家助业务发展的目标。

### 【思考题】

(1)选择新闻稿件的意义是什么?
(2)如何认识新闻稿件的社会效果?

(3)如何判断新闻稿件是否真实?
(4)如何分析稿件的新闻价值?
(5)如何根据媒介的特点选择新闻稿件?
(6)选择新闻稿件如何才能达到报道平衡?

### 【学习参考书目】

[1]樊炳武.新闻理论[M].呼和浩特:远方出版社,2000.

[2]刘涛.报刊栏目设置与新闻编辑实用手册[M].合肥:安徽文化音像出版社,2013.

[3]郑兴东.报纸编辑[M].武汉:武汉大学出版社,2000.

# 5 修改稿件

## 导言

**本章学习目标**

通过本章的学习,要求能够对修改新闻稿件的原则、方法以及应注意的问题全面了解,掌握纠正事实差错、纠正政治性差错、纠正文字性差错和辞章润饰的具体方法,培养审读稿件、辨别正误和合理修改、加工稿件的能力。

**本章难点**

纠正事实差错　纠正文字性差错　辞章润饰的方法

本章难点之一是纠正事实差错。新闻事实失实最常见的有以下几种情况:无中生有、随意虚构,东拼西凑、张冠李戴,故意夸张、耸人听闻,强扭角度、主观孤证,道听途说、以讹传讹,轻信假象、导演新闻。

本章难点之二是纠正文字性差错,主要包括几个方面:字的误用,词语的差错,习惯用法和规定用法的差错,引文的差错。

本章难点之三是辞章润饰的方法,一般包括压缩、增补、改写等方法。

修改新闻稿件,是新闻编辑的一项常规性业务。它是选择稿件的继续,要求编辑对经过筛选、基本可用的新闻稿件进行第二次评价,即对新闻稿件进行审读、辨别、修改和加工。编辑修改新闻稿件,一般要从四个方面进行把关。首先,确认新闻事实并纠正事实的差错,就是把好事实关;其次,纠正政治性差错,就是把好政治关、思想关、法律关和伦理关;再次,纠正文字性差错,把好文字关;最后,对稿件进行辞章方面的润饰,把好辞章关。

## 5.1 纠正事实差错

新闻是对新近发生的事实的报道,其本源应该是客观存在的事实,这是一则新闻能够成立并进入传播渠道的先决条件。新闻工作者总是把事实作为新闻报道最基本、最核心的因素来对待。因此,编辑在修改新闻稿件时,首要的任务就是对稿件中的新闻事实进行认真审核和确认,并对新闻事实差错进行纠正,尽可能使关于新闻事实的信息得以真实、准确、有效地传播。

### 5.1.1 几种常见的事实差错

要纠正事实差错,必须善于辨别差错,能把在稿件中存在的各种事实差错找出来。自2001年起,上海新闻学会会刊《新闻记者》每年都要评出"十大假新闻",假新闻涉及领域之广泛,表现形式之多样,令人震惊。最常见的有以下六种情况。

#### 5.1.1.1 无中生有、随意虚构

有些新闻报道的内容是作者主观想象、无中生有的,没有任何事实依据。

2016年2月14日,文章《春节纪事:一个病情加重的东北村庄 返乡日记》在《财经》杂志微信公众号发表。作者高胜科在文章开头写道:"我要写的故乡杂记却显得些许残酷和悲戚,可惜这并非杜撰虚构,而是真实的写照。"随后,光明网、中国青年网、中国网等门户网站,扬子晚报网、齐鲁晚报网等新闻网站和《大连日报》官方微博、《南国今报》官方微博,以及《文萃报》等媒体,未经核实进行转载,进一步扩大传播虚假新闻,造成恶劣的社会影响。新华社记者深入事件发生地调查,发现文中描绘的礼崩乐坏的时间、人物、地点都是虚构的。高胜科也承认:2016年春节,自己人在北京,根本没有返乡。根据《新闻记者证管理办法》相关规定:"新闻记者使用新闻记者证从事新闻采访活动,应遵守法律规定和新闻职业道德,确保新闻报道真实、全面、客观、公正,不得编发虚假报道,不得刊播虚假新闻,不得徇私隐匿应报道的新闻事实。"违反规定将给予警告、罚款、吊销其新闻记者证,构成犯罪的,依法追究刑事责任。目前,新闻出版广电总局已依法吊销高胜科的新闻记者证,并将其列入新闻采编不良从业行为记录,对发布该虚假新闻的《财经》杂志和未经核实转载该虚假新闻的光明网、中国青年网、中国网、中国台湾网等分别做出警告、罚款的行政处罚,责成省级新闻出版广电行政部门依法对《文萃报》等报刊及其所办网络媒体做出行政处罚,并追究相关人员责任。

#### 5.1.1.2 东拼西凑、张冠李戴

东拼西凑、张冠李戴,即稿件内容的各个部分也许是从某些事实出发的,但是这些事实

并非全部是报道中所说的人物所为,甚至完全是他人所为,或者报道内容并非出自同一人或同一件事,而是把不同人在不同时间、不同地点所做的事写成一个人在同一时间、同一地点所做的事。

2015年12月23日,山东《济南时报》刊发报道《燕翅山告急》,并配发了新闻照片,图片说明写道:"21日晚,燕翅山北侧突现深坑,坑旁就是民宅。见习记者王璐摄。"经过调查核实,发现该照片并非所报道新闻事件发生地的实景,而是见习记者挪用他人拍摄的照片,造成不实报道。发现这一情况后,《济南时报》于次日及时发布了更正信息并且向读者致歉。对此次事件,济南日报报业集团已辞退了见习记者王璐,并对《济南时报》领导班子、总编室值班主任等相关责任人做出了严肃处理。

近年来,随着数码摄影技术日臻成熟并被广泛应用于新闻摄影领域,拼凑现象在新闻图片中也时有发生。2015年第58届世界新闻摄影比赛(俗称"荷赛")中,当代热点类组照的一等奖《欧洲黑暗之心》因造假被取消参赛资格。对此,荷赛官网发表声明说,这组照片中有一幅画家在人体上直接作画的照片,特罗伊洛提交作品参赛时声称是在沙勒罗伊镇拍摄,现已被证实是在布鲁塞尔拍摄。特罗伊洛本人已经通过电子邮件和电话承认了这一点,荷赛因此决定取消这组照片的获奖资格。

### 5.1.1.3 故意夸张、过度渲染

故意夸张、过度渲染,即稿件中报道的事确有其事,但关键细节被夸大,把一分说成十分,把偶一为之说成经常做;或者反过来,造成新闻的整体失实。

2012年10月31日,《南方日报》刊出消息《论证国际数学猜想的"90后"男孩王骁威:想做敢追梦的"中国高斯"》。消息说,10月15日广东韶关学院大四学生王骁威的一篇关于数论的学术论文在国际知名数论期刊上发表,论证了国际数论学界一个尚未破解的数论猜想,并引起国外学者的关注。数学大师丘成桐就此与其进行了邮件交流,并对王骁威表示了肯定。11月23日,《中国青年报》刊发深度报道《媒体制造的"数学天才"神话》,指出《南方日报》《广州日报》等媒体报道中存在诸多失实之处。首先,王骁威解决的"仅用1表示数问题中的素数猜想"算不上什么世界数学难题,只是《数论中未解决的问题》中的一个小问题,比较初等。其次,"王骁威成功论证了猜想"这个说法也有误,他并没有证明,只是用计算机找到了反例。事实上,类似反例前人已找到1000个,王骁威的结果和他们比可以忽略不计。再次,丘成桐与王骁威进行邮件交流也不是事实,王骁威承认自己把丘成桐和其弟弟丘成栋搞错了。最后,有学者认为刊登其论文的《数论杂志》只是一本很普通的数学期刊。由此可见,有的媒体好说过头话,过分夸大或者渲染,目的是为了让新闻有更大的价值,但却造成了新闻失实。

### 5.1.1.4 强扭角度、主观孤证

强扭角度、主观孤证,即作者为了证明某一主观思想,违背事实原貌,选取材料孤证,以偏概全,有意回避某些重要情况、重要因素,造成事实的因果关系不真实。比如一个企业经济效益显著,一般都是多种因素合力的结果。但令人不解的是,同是报道某个企业经济效益显著这一事实,在不同的时期,却会生出不同的原因:在强调企业管理的重要性时被说成是改善企业管理的结果;在强调政治思想工作重要性时又被说成是加强政治思想工作的结果;

在强调技术改造的重要性时却被说成是注意技改的结果。这三个本来互相联系、有主有次的因果关系，在记者手中像捏面团一样，可以随心所欲地变成自己主观上所需要的东西。这样的报道又怎么能让人信服！

解国记在《既然当记者》中，提到了一篇《每每想起，却总感到内疚》的稿件：1986年中央农村工作会议后的春节，他回老家过年，看到乡亲们大年初一、初二顾不上拜年走亲戚，拿着铁锹到麦田里施肥浇水，激动得不得了，觉得真是个贯彻中央农村精神的好题材。于是，顾不上休息就写起了稿子，还特意引用一个农民的话"升华"主题："中央把农业摆到了正地方，庄稼人不弄好这点麦子还中！"整篇稿件给人的感觉就是中央农村工作会议起了作用，农业开始出现了"转机"。但实际上，农民过年浇麦的真正原因是因为就那几天有电。①

2013年3月26日，中新网报道了中新社记者郑小红采写的关于深圳"90后"女孩文芳蹲在路边给一名流浪老人喂饭的新闻照片。人民日报、央视新闻、财经网、朝日新闻中文网等的官方微博都加入了传播行列，称文芳为"深圳最美'90后'女孩"。南方都市报的记者项男随后进行了深入采访，发现事实并非如此。照片拍摄地点是深圳罗湖区东门步行街新园路口，与原报道中的欢乐海岸相距至少22千米。照片中出现的报刊亭的老板李女士介绍，乞讨的老人经常出现在东门一带，拍照当天一男一女同时出现。"女孩喂了几口饭，一瘦小男子来回拍了几张照片，然后一起走了。"这一事件被质疑为商业炒作。

这两则报道，虽说事实都是真实的，但对事实的性质、意义和作用做出的判断失实，这也造成了报道本质上的不真实。

#### 5.1.1.5 道听途说、以讹传讹

道听途说、以讹传讹，即事出似乎有因，细查却无实据，对这些没有真凭实据、似真似假的内容不加核实就信以为真，予以报道，从而造成失实。

2015年9月14日和15日，四川《华西都市报》和上海《新闻晨报》分别通过其微博发布"四川小伙在南极开火锅店"的新闻信息。经核查，该新闻为某一微信公众号编发的虚假新闻，后经网易新闻客户端等网络媒体转发引起公众关注。《华西都市报》《新闻晨报》未经核实，通过微博予以转载，扩大了不良影响。对此，四川省新闻出版广电局责责《华西都市报》进一步完善采编流程管理，严格稿件审核把关，加强"两微一端"的管理；上海《新闻晨报》对当班编辑、副主编等相关责任人做出了严肃处理。仔细分析，这篇报道之所以严重失实，关键就在于记者在采访时没有进行深入调查，而是道听途说，主观猜测，从而造成了恶劣影响。

#### 5.1.1.6 轻信假象、导演新闻

轻信假象、导演新闻，即只根据一些表面现象来认识和判断事物，对新闻现象不加分析，致使假象掩盖了真貌。假象是由某些人，甚至是记者本人导演出来的，事实虽然发生了，但与事物的本来面目并不相符。

广州《新快报》经济部记者陈永洲从2012年9月29日到2013年8月8日受人指使，根据他人提供的现成材料，在未经核实，也未对中联重科股份有限公司进行调查采访的情况下，按照自己的分析和主观臆断，编造其存在国有资产流失、畸形营销、销售和财物造假等问

---

① 解国记：《既然当记者》，新华出版社1999年版，第62~63页。

题,并在《新快报》连续发表署名文章十余篇,被互联网大量转载,造成严重社会影响。事后,陈永洲向警方承认,他自己在未经核实情况下,连续发表针对上市公司中联重科的失实报道,并收受了中间人几千到数万元不等的酬劳。陈永洲同时承认,除了记者本职工作外,他自己还在2013年6月至7月间,在他人授意下,赴香港、北京,向香港证监会、香港联交所和中国证监会,实名举报中联重科,并收到中间人提供的50万元费用。10月27日的《新快报》发表致歉声明:"报社对稿件的审核把关不严。事发后报纸采取的不当做法,严重损害了媒体的公信力,教训深刻。"10月31日,广东省新闻出版广电局做出查处决定,给予陈永洲吊销新闻记者证的行政处罚,责成羊城晚报报业集团对新快报社进行全面整顿,建议追究新快报社相关人员责任,立即调整新快报社领导班子。11月1日下午,羊城晚报报业集团宣布,免去《新快报》社长、总编辑李宜航和副总编辑马东瑾的职务。

假新闻的表现形式还有不少,但主要的是这几种情况。很多假新闻真中有假,假中有真,让人真假难辨。再者,目前一些利益集团和个人直接参与某些假新闻的编造,使得假新闻的背景复杂化。2011年7月4日,英国《卫报》头条报道称,默多克新闻集团旗下的《世界新闻报》在2002年非法窃听失踪少女米莉·道勒及其家人的电话,干扰警方破案。这篇报道在英国媒体、政界、警方引起巨大反响,继而带出《世界新闻报》更多的窃听丑闻。新闻集团因此遭受重创,多名高管辞职甚至被捕,拥有168年历史的《世界新闻报》最终停刊。

以上的案例都警示新闻工作者要重视新闻的真实性,因为"新闻媒体客观公正的报道、抑恶扬善的定位,是公众利益的守护者,是为社会导航的瞭望哨、雷达监测仪,锋芒锐利的舆论监督,每每刺穿社会的脓疮,成为推动社会进步的重要力量"[①]。

### 5.1.2 纠正事实差错的基本要求

编辑在发现新闻稿件中的事实差错后,需要根据本媒体的要求对事实差错进行纠正。纠正新闻事实差错的基本要求是:真实、科学、准确、清楚、统一。

#### 5.1.2.1 真实

真实就是指新闻稿件中的事实材料必须完全符合客观现实的本来面貌。新闻稿件与一般稿件最大的不同,在于它是以客观存在的新闻事实为报道内容的,因此,它不仅要忠实于事实的概貌、事实的发展,还必须忠实于事实的细节。当然,新闻的真实性还涉及一个程度的问题,但不管这个事实的真实度如何,编辑都要尽力分析、鉴别,找到并消除稿件中的不真实因素,使之符合客观现实,杜绝虚假新闻的产生。

编辑在选择稿件时,已经依据新闻价值的要素和编辑方针对稿件进行了筛选。一般来说,被选定的稿件的内容几乎不会完全都是虚假的,大都表现为有真有假,真真假假,或者是形真而实假,有的表现明显,但更多的表现都比较隐蔽。这就需要改稿编辑倍加认真、仔细、精心琢磨,有时甚至要反复推敲、多方核查才能找出差错。

#### 5.1.2.2 科学

如果新闻中对内容的陈述或依据内容所做出的结论违反科学常识,则会导致新闻失实。

---

① 陆侠:《有职业操守才有媒体公信》,《人民日报》,2013年10月28日。

2004年10月10日,湖北一份很有影响的报纸在第十三版以文章《大批"毒面粉"流入黄石》,报道了"豫花"牌"毒面粉"流入市场、工商部门全面清查的情况。报道说:"知情者于10月3日向黄石工商部门举报,约200吨有毒面粉流入黄石市场。黄石市疾控中心抽检化验,昨日做出检测报告表明,这种面粉过氧化苯甲酰(俗称'增白剂')每千克含0.089克,而国家标准含量每千克不能超过0.006克,超标14倍。"报道一出,造成了湖北黄石市工商部门全面清查所谓的"毒面粉",继而武汉、天门、赤壁的"豫花"牌面粉也被清查,随后传言更是迅速地传向全国,不仅使"豫花"牌面粉的销售全面受困,还使河南其他品牌的面粉销量减少了七成,给消费者带来面粉恐慌。10月12日,河南、湖北两省有关单位和部门抽调专家组成了专家小组,执法部门及专家小组通过对涉事公司的生产工艺、管理手段、添加剂控制程序等各方面进行分析、验证,一致认为添加剂控制程序科学,产品质量过硬。同时,武汉市粮油食品中心检验站、天门市工商局和赤壁市质量技术监督局等单位对湖北市场上的"豫花"面粉进行抽检,结果均符合国家标准。原来是媒体搞错了国家标准,将每千克0.06克增白剂的含量误认为是每千克0.006克所致。记者没有弄清这一情况,轻率地将其说成"毒面粉",造成了新闻失实。

媒体不仅要重视科学常识,同时还要善于运用科学常识辟谣止谣。比如网络上流传的甜西瓜系被打针,黄鳝是用避孕药喂养等谣言。2017年7月16日,《人民日报》第十版推出报道《甜西瓜系被打针?黄鳝用避孕药喂大?农业部辟谣》。报道说:"专家指出,给西瓜打针,一难注射,二难扩散,三难食用,费时费工还易腐烂。实验证明,西瓜打针后,口感酸涩,谁愿意费时费力地去给西瓜打针还不讨消费者的好呢?""专家表示,用避孕药喂黄鳝,不仅不能促进生长,而且会造成高达50%的死亡率。"这篇报道从科学常识出发,有力地进行了辟谣。

#### 5.1.2.3 准确

准确是指构成新闻事实的要素,如名称、时间、地点、原因,以及数字、引语、图表等内容,与客观现实完全一致。这些细节性的内容常常容易出错,改稿时却不容易被发现,而且这种差错与动态性内容的差错相比,性质和后果更严重,所以对这些内容的修改往往成为改稿中的"攻坚战"。对这些内容进行修改时,编辑应该处处留心,严格把关,于细微处用精神,否则,错误就会见诸媒体,轻则贻笑大方,重则干扰和误导受众,造成不必要的损失。

由于准确性不够而造成的事实差错,可以大致分为两种情形。

一种是对静态或常态事物把握不细而造成的差错。汉字中有许多字同音不同形,或形状相似,稍不留心就会出错。例如,河南省的"沁阳县"和"泌阳县"、湖南省的"耒阳市"和山东省的"莱阳市"就容易被混用而有失准确;因调查不细,有的报道把白求恩逝世地点"河北省唐县"说成"河北省完县"(编者注:现已改为顺平县)。再如,有则报道中有这样的话:"今年4月至6月,来承德旅游观光的外国游客比去年同期增加了43%,其中日本、韩国、香港、台湾的游客增加幅度尤为明显。"这里记者因为粗心把香港和台湾与日本、韩国混杂在一起,结果与前面的"外国"造成搭配错误。

另一种是对动态事物把握不准而造成的差错。随着时间的推移,有些事物的情形已经发生了变化,如果还沿用以前的说法就会出现差错。例如,中国和韩国建交以后,我们就不再称呼韩国为"南朝鲜"了。东欧形势变化后,新闻稿件中再使用"东欧社会主义国家"一词就不合适了。国际上一些国家的名称改换,领导人职务的变动,要及时校正过来,以免引起不必要的外交纠纷。例如,有一年某国的国防部长来我国访问。此前该部长是副部长,是来我国前不久才升为正部长的。该部长在到达我国当天,一家报纸上仍然出现了"××国国防部副部长应邀来我国访问"的内容,这引起了该国的抗议,造成了不良影响。

#### 5.1.2.4 清楚

新闻稿件中的事实不仅要表述得准确,符合事物的本来面貌,而且要清楚、易读,即对于事实的表述要清晰、明白,使受众一目了然,不留疑问。因此,新闻事实的各种要素都必须交代清楚,不能有残缺、含混的现象,以免让人猜疑而造成误会和混乱。

一般而言,新闻稿件的事实表述得不清楚多与新闻要素的交代和表述有关,具体说来有这三个方面的原因。

(1)要素不全,即与新闻事实相关的时间、地点、人物、原因和具体内容等要素有遗漏,致使受众难以完整、清楚地掌握事实的信息。例如:"昨天下午黄浦江上发生了两船相撞、一船沉没的交通事故。沉没的船经水上航运部门职工奋力抢救,已于晚上打捞起来。"这条灾难性新闻把人们最关心的"人"这个要素遗漏了,事故中有几个人落水?是否已经全部获救?这些都不得而知。

(2)要素齐全却交代不清。有些名称在媒体上第一次出现,或者曾经出现过,但因时间久远已被受众淡忘,就应该做一个比较详细的交代。第一次在媒体上出现的地名,应该交代清楚它所属的省、自治区、市、县等,在国际新闻中还应该注明所属国家。例如,新疆和吉林都有"天池",也都是著名的旅游胜地,不写清楚省、区名受众便会产生误解。有的地名甚至和外国的相同,如黑龙江有"上甘岭",朝鲜也有"上甘岭",这就需要交代清楚国别。财经新闻在表述生产情况时常常涉及时间与数字,有的稿件往往在这方面显得含混。例如,"今年的产量比××年前增长3倍",这里的"××年前"到底指哪一年?这一点没有交代清楚,所谓的"增长3倍"也就没有着落。又如,一些稿件在使用"今年以来"的说法时,也会出现所指不清的差错。"今年以来"应该包括"今年"全年在内,如果是在10月份或11月份写的稿件,就不能说"今年以来",因为"今年"还没有完结。说"今年年初以来"或"今年×月份以来",时间上才清楚。再如"大家认为""有人说""不久前"等说法也比较含混,应尽量交代清楚具体的人及时间。

(3)要素之间互相矛盾,让受众不知所云。例如,一篇新闻报道前面写道:"解放前,千里风沙、寸草不生的沙漠地带,正逐渐成为发展农业、林业、畜牧业的基地。"后面又说:解放前"每当风沙刮起,不知有多少庄稼被压埋"。新闻中的"寸草不生"和"庄稼被压埋"互相矛盾,让人不知道到底哪一点可信。

#### 5.1.2.5 统一

新闻稿件中关于事实的表述应该统一。在这里,统一有不同的含义。

(1)在同一篇、同一组或者同一媒体的稿件中,关于事实的表述要前后一致。这类事实常见的有地名、人名、职务、计量单位、译名、数字等。比如,在一篇稿件中,新闻的标题、导语和主体里的事实要保持一致,做到前呼后应、相辅相成。现在网络上出现了很多"新闻聚合"类网站,即把很多知名网站的新闻都聚合到同一个页面上,以节省人们浏览新闻的时间。这些新闻因为来自不同的网站,就有必要对它们进行统一的编辑。目前,这种"新闻聚合"的方式已为很多媒体采用,编辑们将面临日益繁重的统稿任务。另外,近年来一些媒体开始采用"新闻链接"的方式来处理新闻,即在一篇新闻的后面附上与之相关的新闻或新闻获取路径,以使受众能够自由地获得更多的相关信息。和"新闻聚合"一样,编辑同样要在新闻的选择和修改方面注意它们的一致性。

(2)新闻评论与新闻报道中的相关事实要统一。这里的"评论",既包括为新闻报道配写的评论,也包括编者按与核心提示等。

(3)新闻稿件中的事实与该事实的最新变动相一致。新闻事件往往处于不断的发展与变化之中,编辑在原新闻稿的基础上,补充相关新闻事件的最新信息,使新闻保持相对"新鲜"的状态。但此时应注意:新闻事实及其变动要有一定的因果、条件等逻辑联系,不可互不相干、前后矛盾。

(4)新闻事实的表述方式要与全国或世界规定的或通用的方式保持一致。比如,译名应按全国通用的译法,计量单位应按照国务院发布的《关于在我国统一实行法定计量单位的命令》中所规定的单位书写,如长度中的公尺、公分、公厘,正确用法应为米、厘米、毫米;重量中的市斤、容积中的公升,应为公斤(或克)和升。

(5)文图一致,即新闻文字稿或语言稿的事实应该与相关的新闻图片相一致(这一点将在第6章详细分析)。

### 5.1.3 发现事实差错的主要方法

编辑在修改稿件时,如何才能判断哪些事实有差错呢?在这一点上,每个编辑都有自己的实践经验,但总的来说,分析法、核对法和调查法是发现稿件事实差错较常用、较可行的方法。

#### 5.1.3.1 分析法

分析法是编辑通过对新闻事实各要素的内容和它们之间的关系、事实信息的来源等进行逻辑分析,发现差错和疑点的一种方法。这种方法是发现事实差错最基本的方法,因为接下来围绕事实的差错和疑点所进行的核实或调查,都是建立在对稿件进行分析的基础上的。

(1)新闻事实的要素分析。对新闻事实的要素进行分析,主要包括以下两个方面。

1)应分析新闻事实要素的内容是否违背基本常识。这里所说的基本常识包括生活常识、科学常识、法律和法规常识等。如果新闻中的某些内容违反了这些基本常识,势必存在不真实或不准确的现象。如一篇报道一位农村科技人员的敬业精神的新闻写道:"夏天,他从早到晚站在烈日当头的田野里,连续观察12个小时。"一天之中,怎能有12个小时"烈日当头"?有报道说:某省某农村形势很好,"农民安居乐业,家家六畜兴旺"。马、牛、羊、鸡、犬、猪,只一家养全也不容易,"家家"如此绝无可能。以上两例显然不符合生活常识。

再如,随着神舟六号飞船的升空,2006年,一些生产酒的企业借此机会推出太空种子酒,有媒体则进行了报道,大谈太空种子酒对人体的好处。事实上,太空种子作为基因突变的珍贵品种,需要一个培育过程,即从种子被送入太空算起,起码需要四代的培养,种子才会成为太空种子,这就意味着至少需要四年的时间才会产生太空种子,而在神舟飞船成功返回地球不到一年的时间就能造出太空种子酒,显然不符合科学。

2)应分析新闻事实要素或要素之间是否自相矛盾。编辑修改稿件,要有全局的眼光,要善于"瞻前顾后",这样往往能发现事实要素前后不一致、自相矛盾的情况。这时,编辑可以根据逻辑学的"矛盾率",来判断错误的一方或双方都不对。

2016年2月6日,一位自称上海女孩的网友发帖称,第一次去江西农村男友家过年,因一顿年夜饭难以忍受农村的贫穷落后,连夜赶回上海。这篇帖子挑起了城乡差异、地域歧视等热门话题,在网上引发轩然大波。澎湃新闻记者则认为贴文有三处疑点:一是照片的像素很低,应该是某视频截图,而非手机拍摄。二是女孩晚上说自己要回家,然后澎湃记者追踪了她接下来的网帖,其第二天确实到家了,但是时间上存在疑点,因为这中间的时间,不足以让她从江西回到上海。三是这起事件缺少具体的地点、真实的人物。2月20日,江西网信办公开辟谣,证实这是一则假消息,文中自称"上海女孩"的发帖者不是上海人,是江苏省的一位已为人母的网友,因春节前与丈夫吵架,不愿去丈夫老家过年而独自留守家中,于是发帖宣泄情绪,内容纯属虚构。可见,编辑在审稿时对这样的稿件要留意分析其真伪。

(2)新闻事实的信息来源分析。对新闻事实的信息来源进行分析,主要包括以下两个方面。

1)应分析信息来源的可靠性。信息来源是指新闻事实的提供者、信息的出处。在新闻实践中,信息来源有两种含义:新闻稿件的来源;新闻所依据的事实、信息的来源。对于前者,需要在稿件刊用时,在新闻开头或末尾的署名中交代清楚。对新闻事实的来源,除了某些特殊情况(如在记者到现场采访的情况下,记者自己就是消息的来源;或者为了防止泄密、打击报复,以及应信息提供者的要求),不对信息来源做交代或只做间接交代外,凡是记者不在现场或不能在现场采访的情况下写成的新闻,都必须交代信息的来源,尤其是在总结发布性新闻和动态新闻之中。可靠的信息来源,既可以增添新闻的客观性和可信度,又可以运用现成的具有权威性的新闻来源证明材料的确凿性,从而增强新闻的说服力和吸引力。因此,分析信息来源的可靠性,是编辑在判断新闻事实的真实性时必须考虑的问题。如果编辑对信息来源的审查和把关不严,甚至轻易接受匿名报道,往往会导致新闻失实的情况发生。

在新闻中,如果不注明信息来源,新闻事实就没有了着落,就会出现记者大包大揽、身兼数职的现象,或者出现以访问冒充查证的现象。即使新闻中的事实是完全真实的,但这种表现形式却会让人对新闻事实产生怀疑。比如有篇电讯稿《黄河洪峰平稳通过花园口》中说:"黄河洪峰今天过了花园口,当洪峰在今晨零时到达花园口站时,流量只有6000秒立方米。如果没有三门峡水利枢纽工程拦蓄了部分洪水,花园口站的流量要达到10 500秒立方米。"记者介绍了洪水经过花园口时的流量,却没有交代关于流量的数字从何处得来,人们很容易对这一组数字产生怀疑。作为编辑,就应该对此引起注意,及时指出其信源的不足。此外,在转载其他媒体的报道时,编辑要对其信息来源进行把关,看看是否权威、可信。

2)应分析信息来源的可能性。有时,一条新闻有了比较权威、可靠的信息来源,编辑仍然不能轻易放过对它的审查。记者和作者在采写新闻的时候,都受时间、空间、本人身份和当时客观环境等条件的限制。如果一条新闻所涉及的客观情况与作者的采访条件有一定差距,编辑就应该认真分析新闻信息来源的可能性。

2013年2月14日,深圳卫视《正午30分》栏目播出了一条新闻——《实拍老外花费一百万购买五吨鞭炮燃放》。主持人说:"回到老家除了见长辈,还有一件事特别开心,就是可以放鞭炮。有一个国际友人,他从小就想痛痛快快地放一次鞭炮,今年他儿时的梦想终于实现了,他花了100万元买了5吨的鞭炮在湖南燃放。"这段视频后来在网络间开始传播并引起中国网民极大关注。对此情况,湖南省浏阳市2月16日上午通报,相关视频实为丹麦一小型烟花公司2012年夏天在浏阳做的一场小型鞭炮"燃放秀",相关消息属于假新闻。

#### 5.1.3.2 核对法

编辑通过分析法发现的新闻事实的疑点和差错,有时仅仅靠编辑个人的知识和经验还不能够判断和纠正,这时就需要运用核对法来解决问题。

核对法是编辑通过把新闻和有关资料进行对照、审核,发现和纠正稿件中的事实差错的改稿方法。它的依据常常是与新闻有关的权威性资料或者原始材料。一般来说,有关新闻中的背景材料多采用核对法进行把关。一位从事报纸编辑工作多年的同事曾谈到这样一件事情:有一次在处理一篇稿件时,发现其中写道,在从定海县到镇海县之间的"悠悠海峡上,将架起一座活动的桥梁"。这位编辑考虑,从定海县到镇海县的海面,能算海峡吗?于是,便查阅《辞海》核对。《辞海》对海峡的注释是:"两个陆地之间连接两个海或洋的较狭水道,例如连接东海和南海的台湾海峡、连接太平洋和北冰洋的白令海峡等。"而浙江省的定海县到镇海县之间的海面,都在东海范围之内,自然不能称为海峡。因此,把"悠悠海峡"改为"宽阔的海面",避免了一次差错。

采用核对法改稿,对所用的资料有以下三点要求。

(1)权威性。权威性的资料通常是由有关方面的最高机构公开发布的。权威性资料包括权威的书面材料和权威人士提供的口头材料。比如,我国新闻出版方面最权威的法规,是中华人民共和国国务院于2002年2月1日公布的《出版管理条例》〔编者注:目前已经根据2016年2月6日《国务院关于修改部分行政法规的决定》(国务院令第666号)第四次修订〕;查找全国生产数字,应该以中华人民共和国国家统计局公布的材料为准。

(2)原始的第一手的,而非转抄来的。和其他资料相比,原始资料内容的真实性是非常高的,因而往往也是最可靠、最具权威性的。几经转抄的资料,常常难免由于其他客观原因而导致失真或出现差错,从而影响了资料的客观性。比如要核实某一伟人的语录,应该找原著进行核对,而不能随意以某一篇文章中的引文作为依据。

(3)最新发布的。新闻是最新变动的事实的信息,同样,资料也必须是最新公布的才具有权威性和可用性,因为随着时间的推移,最权威的资料也会成为过去的记录。比如,生产纪录、体育纪录和气象信息经常在变动;国家的组织机构、行政区划和方针、政策,在一定时期内也会出现变动;形势变了,一些口号、提法也会随之改变。

#### 5.1.3.3 调查法

调查法就是对稿件所叙述的事实,通过直接的、现场的观察和了解来检查它的真实性和准确性,这种调查往往是通过电话、信件和走访的形式进行的。恩格斯在《致大不列颠工人阶级》一文中对调查研究的作用和方法做了精辟的说明:"我非常认真地研究过你们的状况,研究过我所能弄到的各种官方的和非官方的文件,但是我并不以此为满足。我寻求的并不仅仅是和这个题目有关的抽象的知识,我愿意在你们的住宅中看到你们,观察你们的日常生活,同你们谈谈你们的状况和你们的疾苦,亲眼看看你们为反抗你们的压迫者的社会的和政治的统治而进行的斗争。"可见,深入实际进行实地考察,才能取得第一手材料。

作为新闻编辑,善于进行实地调查,并向当事人、目击者及有关人员了解情况,这是纠正事实差错的最有效的方法,如前述的河南豫花面粉事件发生后,2004年10月21日,《郑州晚报》开始启动"豫花事件"采访报道选题,派出特别报道部6位记者,兵分4路,分赴黄石、上蔡、北京、郑州全面调查此事。10月25日,推出4个版的《哭泣的豫花——河南面粉湖北蒙冤事件真相调查》,对"豫花"事件的前前后后进行全面、详尽、权威的报道。报道说:"豫花牌面粉增白剂超标14倍之说,是媒体搞错了国家标准,将每千克0.06克增白剂的含量误认为是每千克0.006克所致。"10月26日,新浪网在第一时间率先转载此报道,并置于新闻中心头题位置,继而开始在全国引起强烈反响,使豫花牌面粉得到全国网友的支持,为相关企业挽回了影响。

这里需要说明的是,核对与调查各有其独特的作用,虽然不能互相代替,但可以互相补充。在对事实差错的纠正过程中,大多时候是几种方法同时运用,以确保事实的真实、准确。

在不影响新闻时效的前提下,可以对一些有疑点和差错的事实进行调查。需要进行调查的稿件一般有以下四种情况。

(1) 特别重要的新闻。如重大典型、重大成果和发明,涉及重大政策问题的稿件,由于社会影响大,务必准确无误。

(2) 批评性新闻。批评性新闻是舆论监督的重要形式,容易引起受众的关注。然而,这类稿件由于批评的公开性和社会性,同样容易引起被批评者的挑剔,只要有一点内容与实情不符都可能引发纠纷,因此,媒体尤其是编辑应该及时依法采取自我保护措施,加强调查核实,防患于未然。

(3) 某些特殊作者的稿件。一是新作者的稿件。由于编辑对新作者的为人与采访写作风格不了解,加之不少新作者对新闻报道的要求不甚明确,在稿件中"犯规"的可能性相对来说要大一些,因此,对他们的来稿应多加调查核实。二是容易失实的作者的来稿。有些通讯员或撰稿人在采访写作中经常有主观猜想、以文学创作手法写稿的习惯,编辑改稿时需要对其进行调查。

(4) 搁置了一段时间的稿件。有些经过审查的可用稿件,因为发表时机不成熟等原因,积压了一段时间,在又准备刊登之前,应该对这种时过境迁的事实再进行调查,必要时做出相应的修改。

## 5.2 纠正政治性差错

新闻工作要实现从总体上、本质上,以及发展趋势上正确的舆论导向,就应该保证每篇新闻政治思想上的正确性。因此,纠正稿件中的政治性差错,是实现新闻正确导向的重要环节。

### 5.2.1 政治性差错的主要表现形式

新闻稿件中的政治性差错,主要有以下四种。

#### 5.2.1.1 对事件的认识违背马克思主义原理

新闻中的基本观点违背马克思主义原理的差错,主要表现在对事实的选择不当以及对事实含义的判断错误等方面。如2015年8月28日,某网站刊发新闻报道来盘点意外死亡的明星们:有的是因为醉酒驾车发生车祸,有的是因为整容手术失败,有的是因为患有疾病等。该网站在标题中做了这样的判断:"天灾人祸躲不过"。辩证唯物主义观点认为,有些灾祸难于避免,但有些灾祸,经过人的主观努力,还是可以避免或可以减轻损失的。何况,像消息报道的这些灾祸,如果早些重视,有些是完全可以避免的。可见,该标题中的判断显然不符合马克思主义的基本原理,它无疑在告诉人们,在大自然面前,人是绝对渺小的,是无能为力的。

#### 5.2.1.2 对事实的理解和阐述违背党的路线、方针和政策

这类差错多指一些导向性的或与党和国家的路线、方针、政策不一致甚至相违背的错误观点和提法。有些稿件因为字词运用不当或内容录入差错而出现政治问题。1997年2月19日,邓小平同志病逝后,《经济参考报》在一张图片说明中,因录入员在录入时的差错,把一位中央领导同志的名字漏掉了。新华社为此向中央写了一份检查报告。报告上说:"在一张全国发行的报纸上漏掉一位中央政治局常委的名字,是一起十分严重的政治性差错。尤其是这一错误发生在海外新闻媒体对我国政局进行猜测,甚至有意制造和传播种种谣言的时候,错误的性质就更加严重。"所以,针对稿件中涉及敏感的政治和政策问题的文字表述,编辑要特别注意仔细审查,不能掉以轻心。

有些稿件滥用"议题设置"功能,将新闻的价值进行过分的提升,给予事实上的渲染和炒作。虽然媒体不能够左右公众对某个事件的看法,但是,能够左右公众关心哪些议题;在某些条件下,媒体可以决定公众对议题的重要性排序;在某些条件下,媒体甚至可以影响公众对事件的感受。"议程设置"功能实质上揭示了媒体对公众的一种潜在的控制能力,而当媒体刻意地利用这一功能的时候,媒体对公众的误导就难以避免了。

#### 5.2.1.3 对事实的选择和表述违背现行的法律、法规

随着社会的进步,人们的法律和伦理道德意识大大增强,作为服务受众的新闻媒体,在新闻活动中应该不断增强法制观念和新闻职业道德观念,一方面更好地维护社会的法律和道德秩序,另一方面也可以合理地避免违背新闻伦理甚至违法等现象的发生。编辑在修改稿件时,要把好法律和道德关,力求把差错消灭在传播之前。

在涉及案件和法律方面内容的稿件中,编辑应该特别慎重,防止出现新闻的某些内容触犯法律,或因报道不当而引起的各种法律纠纷等问题。

有时,新闻媒体对案件报道失当还会在一定程度上干扰正常的司法行为,其中比较突出的是"媒体审判"。所谓媒体审判,是指新闻报道干预、影响司法独立和司法公正的现象。其最主要的特征是:媒体在案件审理过程中超越司法程序抢先对案情做出判断,对涉案人员做出定性、定罪、量刑以及胜诉或败诉等结论。

尽管新闻媒体以追求客观公正为己任,但也难免受到某种利益和价值观念的影响。新闻媒体固然可以反映舆论,但同时也有误导舆论之可能,一旦法院在新闻媒体所误导的舆论压力下投鼠忌器,就有可能难以抵御这种巨大压力,使审判丧失独立性和公正性。

我国《刑事诉讼法》和《民事诉讼法》中规定,诉讼程序要"以事实为依据,以法律为准绳",法院是依据经调查属实的证据依法对被告人进行判决,它不受新闻报道的约束。但实际上,由于新闻媒介面向大众,它对案件的报道与评议能产生很大的社会影响,形成强大的舆论力量,往往会对一些尚未查清或有争议的案件的判决造成干扰。所以,新闻报道要注意避免"媒体审判"的情况出现。

#### 5.2.1.4 对事实的选择和描述有悖新闻的正确导向,危害人们尤其是青少年的身心健康

有些新闻稿件的内容,从社会道德和职业道德的角度来看有失妥当,容易给当事人带来某些困扰、负担和伤害。这时,编辑就要多方权衡,做到既能切实而详尽地向受众提供欲知、应知而未知的各种信息,又不至于违背社会道德和职业道德。如2016年中国新闻奖参赛作品网络专题《歹徒闯进小学课堂劫持52名学生 女教师和镇干部接力替换人质》,对歹徒的作案过程进行了详细描写。评奖委员会对这篇网络专题的"审核意见"是:"未遵循中宣部、中央政法委关于'涉案报道'不能过于细致描写暴力的作案手法与血腥细节的指导意见。"

对于已经定案、可以公开报道的案件,在报道时也要注意把握好"度"。比如,对残暴、淫秽的行为不宜做过多、过细的描写;对案件中的受害者以及某些失足者的姓名应该加以隐匿,尤其是未成年人犯罪,一般也不宜公开犯罪者的真实姓名,这样更有利于争取和挽救他们;对于那些已经改恶从善的人,报道应该立足于鼓励,对他们过去的罪行也不宜做详尽的描写;对涉及案件的一些需要保护的当事人,新闻编辑在改稿时要特别注意与他们有关的内容的处理,不能公开对他们不利的信息。2007年10月20日,某电视台播放的一起"三少年成凶残劫匪"的案例中,一犯罪嫌疑人回答民警提问时提到这些残忍手段是从电影、电视和新闻报道中学来的。可见,对事实的选择和描述不当的新闻报道,往往会对受众造成不良影响。

### 5.2.2 纠正政治性差错的主要方法

新闻编辑在修改稿件时,如何纠正稿件中的政治性差错呢?概括来说,主要有以下四种方法。

#### 5.2.2.1 用马克思主义的世界观观察和分析问题,避免产生负面影响,避免片面性

辩证唯物主义认为,任何事物都是矛盾的对立与统一,矛盾双方既相互斗争又相互依存。所以,任何事物都包含着正反两个方面,既有积极的一面,也有消极的一面。因此,我们对事物进行报道时,必须少一点形而上学,抛弃崇尚单一因果联系的线型思维方式,改变对事物"非黑即白""非好即坏"的简单化评价,进行全面的观察分析,既要看到事物的正面,又要看到事物的侧面、反面;既要报道成绩,又要报道缺憾;既要报"得",又要报"失";既报"利",又报"弊"。总之,要抛弃"木匠斧子一面砍"的报道方式。编辑在修改稿件时,对于新闻事实以及这些事实所蕴含的意义,要站在马克思主义的立场上,用辩证唯物主义和历史唯物主义世界观,全面、客观、公正地观察、分析和判断,避免产生片面性和负面影响。

#### 5.2.2.2 严格掌握政策界限,消除不符合法律、法规要求的内容

严格掌握政策界限,消除不符合法律、法规要求的内容,是新闻编辑修改稿件中的很重要的工作,它需要编辑有一定的政治素质、理论水平、法律和道德素质。①新闻编辑要加强

学习,树立马克思主义新闻观,培养强烈的政治责任感,自觉加强政治理论和党的方针政策的学习,增强政治敏感以及分辨是非的政治判断力;②新闻编辑应抵制社会不良风气的侵蚀,自觉坚持党性原则,严格遵守法律、法规和宣传纪律,遵守道德规范,清正廉洁,不搞有偿新闻,不以职权谋私;③坚持实事求是的作风,实事求是是我国新闻职业道德的基本要求,也是新闻报道取信于民的根本所在。坚持实事求是,才能有效抵制假新闻,维护新闻媒体的信誉;④坚持审稿制,凡属重大新闻或涉及社会敏感问题的稿件,一定要慎重并送有关部门审阅,尽量避免政治性差错的产生。

#### 5.2.2.3 避免纯客观报道,消除消极内容

在有些新闻稿件中,经常涉及一些表现社会阴暗面或一些不宜公开的内容。编辑在处理这类稿件时,特别要注意报道内容的选取和陈述方式的运用,消除对消极内容的纯客观表述,以求取得最佳的社会效果。一般来说,纯客观报道容易产生消极影响,大致有这样5种原因。①过细或不恰当地描述作案手段与残暴、淫秽的行为;②公开某些受害者和失足者的姓名;③对司法机关并未裁决的事件,媒体随意评判;④详尽地陈述公安机关的侦破手段;⑤客观主义地报道小道消息、流言蜚语。新闻编辑在修改稿件时遇到上述几种情况,必须认真分析,采取恰当的措施进行处理,以消除发表后可能产生的不利影响。

#### 5.2.2.4 **防止泄露党和国家机密**

在现代信息社会,新闻媒体的公开性、广泛性和及时性等特征,使其成为最有可能泄密的渠道,而世界各国的情报机关也都把新闻媒体当作获得情报的重要途径。因此,新闻编辑要特别注意对稿件中可能会泄密的信息进行把关,避免因泄密给国家和人民的利益造成损失。

防止新闻泄密,编辑应该注意以下四种情况。

(1)信息量过大、报道过细造成的泄密。一般来说,信息量大的新闻其新闻价值也就越大,但对容易泄密的重大事情进行报道时,就需要慎重把握,对比较特殊的敏感信息进行适当压缩,以免暴露了不该暴露的内容。因此,对经济信息、科技信息和国防信息等的报道就要掌握好"度"。

(2)对报道时间、空间把握不当造成的泄密。有些新闻涉及的事情,在今天不是机密,但在昨天可能就是机密;在一地不是机密,在另一地就可能是机密。在报道与机密有关的事情时,不能盲目求快而忽略对时间、空间的把握,否则就会带来意想不到的后果。

(3)报道载体不当。有些新闻,可以在国家级媒体上发表,而不能在地方媒体上发表。如一项保密工程,国家级媒体发表时如果不指明具体地点,则无人知道工程所在地;如果在地方性媒体上发表,人们就能猜测出工程所在地。

(4)还有一种主观上的原因,即一些记者、编辑保密意识淡薄,只顾追求轰动效应,而把关不严,导致泄密。

修订后的《中华人民共和国保守国家秘密法》自2010年10月1日起施行。第二十七条明确规定:"报刊、图书、音像制品、电子出版物的编辑、出版、印制、发行,广播节目、电视节目、电影的制作和播放,互联网、移动通信网等公共信息网络及其他传媒的信息编辑、发布,应当遵守有关保密规定。"并在第二章第九条中具体规定了保密范围,如下:

第二章　国家秘密的范围和密级

第九条　下列涉及国家安全和利益的事项,泄露后可能损害国家在政治、经济、国防、外交等领域的安全和利益的,应当确定为国家秘密:

(一)国家事务重大决策中的秘密事项;

(二)国防建设和武装力量活动中的秘密事项;

(三)外交和外事活动中的秘密事项以及对外承担保密义务的秘密事项;

(四)国民经济和社会发展中的秘密事项;

(五)科学技术中的秘密事项;

(六)维护国家安全活动和追查刑事犯罪中的秘密事项;

(七)经国家保密行政管理部门确定的其他秘密事项。

政党的秘密事项中符合前款规定的,属于国家秘密。

## 5.3　纠正文字性差错

文字是新闻稿件的基础元素,它虽不能对一篇新闻稿件起决定作用,但对稿件的整体效果会产生一定的影响,而且,这种影响是外在的,让受众一看便知,所以新闻稿件中的文字性差错又被看作稿件的"硬伤"。因为它涉及的范围广、情形复杂而且变化多端,编辑纠正文字性差错就成了日常的、最基础的工作。

### 5.3.1　常见的文字性差错

新闻稿中常见的文字性差错大致可以做如下分类。

#### 5.3.1.1　字的误用

(1)错别字。一些形近、音近、义近的汉字常容易用混,必须严格区别。如:"即来之"应为"既来之";在常用文体中,"征稿启示"应为"征稿启事";"做秀"应为"作秀";"倍受责难"中的"倍"应为"备";"这让人心疼"应为"这让人心痛"(心痛有让人感到为难或讨厌之意,心疼无感情色彩);"就是孙中山先生从《中庸》里截选出来的"中的"截选"应为"节选";"买单"应为"埋单";"定制"应为"订制";"去那里都会不期然张大嘴巴"中的"那里"应为"哪里"(那里是特指,而哪里是泛指)。

(2)多字与漏字。由于粗心或书写太快,容易出现多字或漏字的现象。如"己所不欲,勿施人"应为"己所不欲,勿施于人"。又如,1995年,各新闻媒体都组织、采写了一批稿件,庆祝中国人民抗日战争暨世界反法西斯战争胜利50周年。9月10日,一家媒体发布的一条新闻中说:"……南京军区组织官兵到'南京大屠杀纪念馆'参观。"大家知道,建在南京江东门的纪念馆是"侵华日军南京大屠杀遇难同胞纪念馆","遇难同胞"是"纪念馆"的定语中的主体,是绝对不能丢的。如果丢掉了"遇难同胞",便是丢掉了一段日本侵略者罪恶的历史。

(3)字序颠倒。这通常有两种情况。一种是在某个词语内部的字序颠倒,除了归因于书写者的粗心外,还与其用词习惯有关。有些词语的字序颠倒后词义基本不变,如觉察—察觉、依偎—偎依、缓和—和缓、累积—积累、互相—相互、代替—替代、问询—询问、并吞—吞并、煎熬—熬煎、整齐—齐整、寂静—静寂、妒忌—忌妒、别离—离别、登攀—攀登等。有些词语的字序颠倒后词义发生了变化，就需要仔细区别并纠正。另一种是两个以上的词语间的字序颠倒，要求编辑认真审查并纠正。

（4）异体字与旧形字。媒体上不得使用异体字，但本着实事求是的精神，人名（特别是古代人名）中的异体字允许使用。媒体上也不得使用已废止的旧字形，不得使用排版系统字库中不符合国家标准的汉字字形；一般的变形美术字在字形规范方面不做严格要求。

（5）简化字与繁体字。媒体上应使用规范的简化字，不得使用已废止的《第二次汉字简化方案（草案）（1977）》中的简化字。以下汉字必须严格区别：象、像，迭、叠，了、嘹，复、覆，桔、橘，兰、蓝，予、预，咀、嘴，欠、歉，付、傅，副、幅，借、藉，令、龄。除广告中企业和产品商标经注册的定型标志外，媒体上不得使用繁体字。

#### 5.3.1.2 词语的差错

（1）一般词语。注意正确地区别使用以下词语：截止、截至，权力、权利，有利、有力，不利、不力，其间、期间，以至、以致，合龙、合拢，化装、化妆，经纪、经济，启示、启事，事物、事务，阻击、狙击，蒸气、蒸汽，传诵、传颂，反应、反映，察看、查看，上缴、上交，处置、处治。

（2）流行词语。新闻语言一方面以现代汉语做规范，一方面也应随时反映和吸取新出现的健康的流行语，既跟上社会发展，又领时代语言风气之先，促进语言的发展。如郁闷、PK（单挑、大比拼）、博客、混搭，等等。

（3）外来词汇。新闻媒体有责任使我们的母语纯正、系统地传承给下一代，我们应用自己的语言传承自己的文化。汉字具有"以象见意"的特点，在传承文化方面有独特的优势。如在E-mail、伊妹儿和电子邮件这三个词中，尽管"E-mail"现代，"伊妹儿"洋气，最能表意的却是"电子邮件"。但是，我们也接受通用的外来语言，如曲奇、咖啡、沙发、坦克、巧克力、巴士、酷、麦当劳、比基尼、可口可乐、因特网等。

（4）缩略语。稿件中不应使用生造的词语和生造的缩略语。不合适的缩略语的例子，如多种经营→多经，街道居委会→街居，评选合格党员→评格，开展业务→展业，宣传贯彻→宣贯，贯彻ISO 9000系列国际标准→贯标，劳动服务公司→劳司，达到并超过→达超。

（5）熟语。现代汉语中有些定了型的词组和短语，经常作为一个完整的单位来使用，不能随意改变其成分，这就是熟语，它的内容十分丰富，包括成语、谚语、歇后语、惯用语和格言等。熟语一般具有两个特点，即结构上的稳定性和意义上的整体性。如"巧媳妇难为无米之炊""这山望着那山高""十五只吊桶打水——七上八下"等。成语是四字格的，惯用语以三字居多，而且惯用语多是动宾结构，中间可以插入成分，凝固性不如成语。如"碰钉子"可以说成碰了钉子、碰了一个软（硬）钉子、碰了几次钉子、找钉子碰、钉子碰了好几次了等。

（6）空话和套话。新闻要求用语简洁明快、言之有物，最忌"假""大""空"。把生活中的一些空话、套话用到新闻中，会严重影响新闻的表现力，影响读者对新闻内容的理解和把握，如"为迎接""为贯彻""在……下""为了……""关于……""加大……力度""将……进行到底"等。

（7）僵化语言的使用。这里所说的"僵化语言"，指的是陈旧的已经失去生命力的语言。如邮差、洋火、洋灰等，已经淘汰不用，被邮递员、火柴、水泥等取代。僵化语言在新闻中出现的频率虽然不高,但也时有所见。僵化语言的使用,不仅不能像预期的那样增强文字的感染力和表现力,反而会影响新闻的准确性,甚至会改变报道对象的性质。如香港某报在报道中国大陆2009年反腐工作时,新闻标题是"中央'反腐钦差'增持'尚方宝剑'"(主题)。所谓钦差,是指古代帝王向地方派出的使者,这里把各省的地方巡视组称为钦差,把制定出台的《中国共产党巡视工作条例》称为尚方宝剑,显然非常不妥当。当然,也不是凡是过去的词语一概不能使用,问题在于,要加以分析,要看语言环境。那些不利于今天的社会主义核心价值观的陈旧词语,应该坚决摒弃。

(8)庸俗语言的使用。有的媒体借口群众化,却大量使用庸俗语言,使媒体变得油腔滑调起来。有读者曾经在2015年的《中国报业》杂志撰文《传统媒体的新媒体要"正经"说话》对这种现象提出质疑:"时常看到传统媒体运营的新媒体,也在学着其他新媒体那样卖萌撒娇。表现如下:动不动来个'你造吗''人艰不拆''Duang'样的网络词汇满天飞;以'女性小编'作为主角,语句中发嗲调情;时不时地来一个'小鲜肉''美女记者'评选,还有实在称不上'美'的'美女小编'各种姿势合影。"

所以,我们一定要划清通俗与庸俗、幽默风趣与油腔滑调的界限。新闻中运用什么语言,可以多种多样,但有一点是必须肯定的:除了有现代汉语意义上的标准话的内容外,还应该有时代特征和公共特征,既不能用过时的语言表现前进着的社会,也不能把某一阶层的语言进行无限的扩张来代替公众的语言。

#### 5.3.1.3 习惯用法和规定用法的差错

(1)名称。稿件中的人名、地名要准确无误。国外名人的中文译名以《辞海》和《中国大百科全书》为准。国内外地名的写法以中国地图出版社最新的地图和地名录为准。不为广大读者知悉的小地名,应根据媒体覆盖的区域,冠以适当的较大的地名。

(2)数字。有几种情形是媒体不应该错但又极容易出错的,须严格把关。

1)使用阿拉伯数字不得体,如"5000轻骑闹山乡"中的"5000"应作"五千";"有20几个区县"中的"20几"应作"二十几"。定型的词("一律")、词组("星期六")、成语("七上八下")、惯用语("不管三七二十一")、缩略语("十一届三中全会")或具有修辞色彩的词语("白发三千丈")中作为语素的数字,必须使用汉字。

2)同类数字在同一篇稿件中体例不一致。如"一一〇钻井队/1211钻井队;400多元/一千多美元;四分之一/1/3……"。

3)使用阿拉伯数字时,夹用汉字"十""百""千""十万""百万""千万""十亿""百亿""千亿"记位,如5千千克,7百万人口,3千亿元,2万8千6百多亩;但出版界使用的"千字"是唯一的例外。至于"百米""千克""千瓦""兆赫"中的"百""千""兆"属于计量单位中的词头,性质不同。

4)单位名称中的数字代码,用汉字还是阿拉伯数字(如"301医院"/"三〇一医院"),以"名从主人"为原则,但全文前后统一,如在新闻标题中,可根据排版需要予以变通。但文件编号、证件号码和其他序号,应该用阿拉伯数字,如国家标准GB2312—80。

5)汉文数码"〇"、拉丁字母"O"、阿拉伯数字"0",要避免混同。

6)两个相邻的数字连用表示概数,应该用汉字,中间不加顿号,例如:四五倍。带有"几"字的数字表示约数,必须用汉字,如几千年、十几天;用"多""余""上下""左右""约"表示约数时,一般用汉字,如一千多件、十余次。

此外,还要注意的是:竖排文字中,除必须保留的阿拉伯数字外,应该一律使用汉字数字。必须保留的阿拉伯数字、外文字母和符号都应该按顺时针方向旋转90度;一个用阿拉伯数字书写的数值应该避免断开移行;统计表中的数值,如正负整数(56、-120)、小数(45:37)、百分比(78%)、分数(1/5)、比例(1:100)等,必须使用阿拉伯数字;公历世纪、年代、年、月、日,时、分、秒,要求使用阿拉伯数字;中国干支纪年和夏历月日,中国清代和清代以前的历史纪年、各民族的非公历纪年,含有月日简称表示事件、节日和其他意义的词组,要求使用汉字数字;记录物理量量值时,必须使用阿拉伯数字和法定计量单位,如100g、80km。

(3)计量单位。要使用法定计量单位,不使用非法定计量单位,如公尺、公分、立方公尺、公升。但文学作品(包括老百姓口头语引语)和历史资料,可以出现"里""尺""斤""英寸"之类的计量单位。如"扯了六尺花布""离县城15里地""小猪崽刚买来时才二十来斤""一口气吃了八两馒头""家里换上了一台20英寸的彩电""要节约每一度电"。

不得使用已废除的计量单位旧译名用字。如浬(应为"海里")、哩(应用"英里")。

要注意词头符号和单位符号的大小写,如 m(米),cm(厘米),km(千米),g(克),kg(千克),t(吨),A[安(培)],W[瓦(特)],kW[千瓦(特)],Hz[赫(兹)],MHz[兆赫(兹)],V[伏(特)],dB(分贝),min(分)。

#### 5.3.1.4 引文

引文必须准确无误,尤其是引用马克思主义经典著作和古代名著应注意核实,引用的内容要注意保持完整,不能断章取义。

一篇新闻稿件在引用唐朝诗人杜甫的诗句时这样写道:"安得广厦千万间,大庇天下寒士俱欢颜,吾庐独破受冻死亦足。"很显然,这是不准确的。因为作者想引用杜甫的《茅屋为秋风所破歌》,原句是这样写的:"安得广厦千万间,大庇天下寒士俱欢颜,风雨不动安如山!呜呼!何时眼前突兀见此屋?吾庐独破受冻死亦足!"因此,引用诗歌应该完整,而不能随意变动诗句的顺序。除此之外,对于古代诗歌更不能随意进行修改。

需要注意的是,编辑在引用古文时一定要认真审核、准确无误,否则会贻笑大方,让读者感觉编辑缺乏文化常识。有人曾写文章批评朱熹文学研究的引文常常出错,比如引《晚步》诗:"嘉树霭初绿","霭"为"蔼"之误,原文应为"嘉树蔼初绿"。又如引《穹林阁读张湖南七月十五夜咏叹久之因次其韵》:"南岳天下镇,祝融峰最高峰。仰干几千仞,俯入一万重。"这是一首五言诗,"祝融峰最高峰"多了一个字,竟然也没有被编辑发现!原文应是"祝融最高峰"。最令人惊讶的是,连引用的人名和书名都错得出奇,把"皮锡瑞"写成了"皮踢瑞""《诗经原始》"写成了"《计经原始》"[①]。

### 5.3.2 纠正文字性差错的条件和依据

编辑在修改稿件时,发现了文字性差错和疑点,首先要根据自己的知识积累进行合理的解决。这就要求编辑在平时勤奋学习,不断积累,逐步提高发现问题和解决问题的能力。

---

[①] 李士金:《从引文错误看"编辑"责任的失落》,《编辑学刊》2007年第3期,第65页。

在单凭自己的能力不能处理有关问题时,编辑就需要借助工具书加以解决。这个时候,如果编辑不重视对工具书的利用,遇到疑难时不勤翻检,就容易出错。

在工具书的准备和利用方面,语言文字正误的判别,以国家的语言文字各项规定为依据;字词正误的判别,以《现代汉语词典》的最新版本为首选工作范本,并适当参照以前的版本;标点符号正误的判别,以 GB/T 15834—2011《标点符号用法》为依据;数字用法正误的判别,以 GB/T 15835—2011《出版物上数字用法》为依据;知识性问题以《辞海》(1989)和《中国大百科全书》等为依据。

然而,即使准备大量的工具书,并且在主观上重视对工具书的利用,在实际运用中还可能会遇上一些麻烦。比如,编辑遇到一些错综复杂的问题,有些问题难于判断,给利用工具书带来困难;编辑工作中面对的问题是具体的、特定的,而工具书品种繁多,如何在众多工具书中进行合理选择或综合利用,以达到准确、高效地解决问题的目的,这并不容易;有些具体问题是很复杂的,而工具书在某些特定用途上有其独特性和局限性,仅仅查阅几部工具书往往不能解决问题。因此,编辑不仅要勤用工具书,还要善用工具书。

#### 5.3.2.1　分析问题,弄清解决的方法和途径

在修改稿件时,编辑碰到一个问题时,首先要问自己,这是一个涉及哪方面的问题,大致情况如何,通过什么途径可以更快、更合理地解决这个问题,如果一个方法不能奏效,接下来最好怎么办,等等。如果编辑对面临的问题本身不具备一定的常识,不能判断问题的关键所在,使用工具书时就会不知从何入手,浪费时间和精力。这就要求编辑平日注意积累知识,多方面充实知识结构,使自己成为真正意义上的"杂"家。

#### 5.3.2.2　熟悉工具书

经过分析,对问题有个大致的把握之后,编辑要清楚应该去查哪些工具书,还有就是要熟悉各类工具书的性质、特点和功用。大体上说,查字词一般利用有关的字典或词典,查机构团体一般利用机构名录,查典章制度一般利用政书,查统计资料一般利用统计性年鉴或统计资料集,查书刊论文一般利用有关的书目、索引,等等。各类工具书的查检方法,需要在平时不断摸索,在实践中逐渐熟悉,不能到用的时候再去钻研。

#### 5.3.2.3　注意工具书的综合利用

改稿时如果遇到比较复杂的问题,觉得简单地查检少数几部工具书不能解决时,可以考虑工具书的综合利用。所谓综合利用工具书,是指根据线索,依次查一系列的工具书,以寻根究底,综合各种材料以解决问题。

此外,在利用工具书时,编辑还应了解各类工具书的欠缺和弊病,以免沿袭疏舛,无端加重修改稿件的负担。

## 5.4　辞章润饰

编辑修改新闻稿件,首先需要对新闻事实和新闻的政治性进行把关,确认可用后,再对稿件的辞章进行润色和修饰。记者或通讯员在写稿时,往往是从个人的视角,根据事实的具体情况来报道新闻的。作为编辑,就应该站在媒体编辑部的角度,根据媒体的容量和风格对

稿件进行统一调整。所以,对于记者或通讯员写的新闻稿,编辑需要对其修辞、逻辑、风格以及篇幅等进行适当的修改或加工。

### 5.4.1 辞章润饰的基本内容

对稿件辞章的润饰,主要包括对稿件的逻辑、语法、修辞的润色和修饰,对稿件的内容、结构的调整和纠正,对稿件文风的审查等。

#### 5.4.1.1 检查逻辑、语法和修辞

关于逻辑、语法和修辞,著名语言学家张志公先生曾说:话的内容对不对,合不合客观现实的规律,这是属于逻辑学的范围的;句子造得通不通,合不合一般的习惯,这是属于语法学的范围的;话说得好不好,这是属于修辞学的范围的。从功能上看,三者各有不同,逻辑讲求合法,语法讲求合规,修辞讲求合情。在新闻稿件中,这三个方面的要求应该比一般文章的要求更高,因为新闻稿在这三个方面要求的基础上,还需要注意满足新闻本身的要求、媒体的特色要求以及受众对象的要求等,比如:是不是能够真实、准确、清楚地传播最新信息,有没有恰当地突出新闻的关键点,能不能对新闻的意义进行合理的解读,还要注意舆论导向、舆论监督和传播效果等问题。

(1)检查逻辑。逻辑错误,一般指思维过程中违反形式逻辑规律的要求和逻辑规则而产生的错误。稿件中不合逻辑的地方,往往是因为偷换概念、偷换论题或自相矛盾等,导致概念、判断和推理等思维方面出现错误。例如:"美国洛杉矶招聘了一些改过自新的罪犯当警察,对维护当地社会治安起到了较好的作用。""改过自新"已表明重新做人了,再称之为"罪犯"就自相矛盾了。又如,有篇消息的导语是这样的:"公元前53年的千古之谜今天终于有了答案。汉代罗马战俘城经史学家们在甘肃考古发掘,展现在世人面前。"这里的"公元前53年的千古之谜"就不合逻辑。此处的"千古之谜"只是对今人而言的,并不是在"公元前53年"就有了。可将其改为"千古之谜今天终于有了答案:公元前53年的汉代罗马战俘城,经……",或者改为"公元前53年留下的千古之谜今天终于有了答案……"就合乎逻辑了。再如:"由于条件不好,当时一些中学设在各个工厂、企业、单位里。"句中将外延大小不一致的概念并列起来,这是不恰当的。可将其改为"由于……设在各个工厂、农场或村子里"。

(2)检查语法。对稿件的语法进行检查,主要是看话说得通不通,合不合规范。在新闻稿件中,要求每一句话都要意思明确,结构清楚,让人一看就明白,否则就会妨碍读者对内容的正确领会。语法差错主要包括搭配不当、词性误用、指代不明、成分残缺、语序不当、虚词误用等方面。例如:"代表们所到之处,都受到当地群众的热烈欢迎。"这里,主语"处(地方)"与谓语部分"受到……欢迎"搭配不当。可以把"所到之处"改为"每到一处",这样主语与谓语的搭配就恰当了。又如:"她的这个很不经意的举动,带着多么惹人可爱的孩子气,以致让人觉得站在眼前的就是一个天真无邪的孩子!""可爱"是形容词,这里当动词用了,可改为"喜爱"。再如:"诗中运用对比手法,对揭露敌人本质与表现我军力量上起了重大作用。"这是介词使用不当造成的差错,"对"不能同"上"搭配,可删去"上"。

(3)检查修辞。修辞手法的运用能够使句子生动、语言丰富多彩,从而使文章富有感染力。新闻稿件注重事实真实,修辞的运用如果把握不好"度",常常会出现差错,造成表述含

混甚至不准确。检查修辞差错着重注意三点。

1）注意感情色彩。新闻报道在写"死"时可以根据不同情况采用一些修辞手法,但要注意其感情色彩是否得当,同时又要注意表达的准确性。例如:"昨天清晨4点21分,××离开了他辛勤耕耘几十年的讲台,去做永久的远行。"这里的"远行"不确切,有歧义,与讣告新闻格调不甚相符。又如:"王老师教导我们要像驴子一样勤恳地工作,才能每天过得很充实。"句中的喻体"驴子",通常情况下都含有贬义的色彩,这是不恰当的,可将"驴子"改为"老黄牛"。

2）词义运用是否准确。这方面常见的错误,是没有把握住一些成语、典故等词语的本来意义,而是望文生义或主观臆断地信手使用。例如:"在这次人才交流会上,教育成了'热门',应聘者趋之若鹜。""趋之若鹜"形容像鸭子般成群而往,用来指人们对教育事业的热爱显然不妥。

3）修饰语是否得体。例如,在某些词前面动不动就用"著名的""深刻地""极大地""最""很"等虚张声势的词语,影响了新闻语言的准确性。

#### 5.4.1.2 检查内容的表达和结构的安排

与一般稿件相比,新闻稿在内容的表达和结构的安排方面还有一些特殊的要求。

(1) 在内容的表达方面,要注意以下七点。

1）要以事实为主体内容,其他内容要紧紧围绕事实来展开。

2）内容的表达,要有利于展现事实的本来面貌,便于事实信息的传播。

3）传播者和受众总是依据新闻价值来取舍新闻,所以,没有新闻价值的内容应该剔除。

4）新闻需要取信于受众,所以它应该提供充分的事实信息,让受众对新闻事实有一个真实、完整、清楚的把握。

5）新闻的要素应该交代清楚,其中关键的要素需要适当展开。

6）细节展现真实,新闻最忌"假话""大话""空话""套话",所以,新闻在展示"面"的同时,最好要提供和突出具体、实在的"点",简言之,新闻宜用细节说话。

7）对信息的解读,有时比信息本身更重要,因此,新闻不能仅仅满足于提供信息,对于一些重大的、受众关注的新闻,需要从内涵到外延进行多角度、多层次、全方位、立体化的解析和扩展,充分挖掘其新闻价值,使新闻更加可读、易读、耐读,使信息更具指导性和实用性。

(2) 新闻结构,即新闻作品内部的组织构造和总体安排,也有一些需要注意的特点。新闻的结构包括新闻素材之间的内在联系,以及新闻素材的取舍和详略安排等。结构设置得好,就会增强新闻作品的表达效果,反之,就会削弱作品的表现力。结构的安排要注意以下四个方面。

1）新闻一般由标题、导语、主体、背景和结尾组成(也有些新闻没有背景或结尾)。

2）新闻的标题是对新闻内容的形象概括,分为单一型标题和复合型标题两种,根据不同情况可以制作一行、两行或三行标题。标题要准确、凝练、传神。常见的标题差错有:文字错误、题文不符、表述不准确、数字错误、虚实不当等。例如这样一则标题:"国务院南水北调办公室将开展商业贿赂专项工作",显然,这则标题所表达的意义与新闻主旨相反。后改为"国务院南水北调办公室将专项治理商业贿赂",这样标题就不会有歧义。

3）新闻导语一般由最新鲜、最重要的新闻事实或依托新闻事实的精辟议论组成,要求把新闻中最基本、最核心的内容用最简明的话在开头一段中加以表述,让读者一目了然地了解整个新闻的情况,这是新闻区别于其他文体的特殊格式。新闻导语担负的使命是:以极俭省的笔墨反映出新闻的要点,使读者一见即知其主要传递的是何种信息;导语为整篇报道定下基调,往往直接影响到新闻其余部分的写作方向和舒展程度;吸引读者的注意,最大限度地激发读者阅读的兴趣。

4) 常见的几种新闻结构有:①倒金字塔式结构,把最重要的内容放在新闻的最前面,随后按重要性依次排列其他内容,它的优点是能迅速地把最新鲜、最重要的事实,开门见山地告诉读者,使读者一目了然,节省阅读时间;②金字塔式结构,它把最重要、最精彩的内容放在后面,按时间顺序,依次叙述;③菱形式结构,即"两头小、中间大"的结构,因新闻的主要内容比较复杂,导语中容纳不下,也不能概括表达,适于在主体中分段叙述;④车辐式结构,即以一个中心事件或事物为纲,其他事实像车轮上的辐一样辐射出去,它宜于报道比较散的事件;⑤并列式结构,即把众多主要事实并列叙述,这种结构适合报道事实各部分的重要性相等或相似的新闻,多见于公报式新闻。

#### 5.4.1.3 审查稿件的文风

文风是指人们在写文章、说话时表现出来的风格和风尚。新闻文风是新闻工作者在新闻写作上的具体反映,是编辑、记者在运用新闻报道手段时表现出来的格调、情趣和作风。

《文心雕龙·宗经》篇提出"六义",即"一则情深而不诡,二则风清而不杂,三则事信而不诞,四则义直而不回,五则体约而不芜,六则文丽而不淫"。刘勰在这里所强调的,正是文风的基本要义。

1942年"延安整风"后,当时的中共中央机关报《解放日报》,发表了题为"报纸和新的文风"的社论,认为"建立新的文风,是整风中的一件大事,是报纸和有关一切工作者应当倡导的事情。新的文风要有新鲜的内容,生动活泼的语言,打破固定的写作公式,才能为群众喜闻乐见"。进而对健康的新闻文风做出如下界定:"1. 真实、实在。不仅报道的事实要完全真实,而且在文字表达上要朴实、客观,不讲假话、大话和套话。2. 简洁、明了。新闻作品要求篇幅短、段落短、句子短,使读者一看就明白。选择群众关心的事,用群众喜闻乐见的形式和语言来表达。3. 尖锐、泼辣。要求观点明确,旗帜鲜明;重要的新闻报道要提出问题,分析问题,解答问题;明确表示赞成什么,反对什么。4. 生动、活泼。新闻作品形式多样,语言丰富多彩,饶有兴味。"

新闻实践中的新闻文风主要存在以下四个问题。

(1) 思想僵化,缺乏创新意识。有些报道观念滞后、手法僵化,充斥公文式和程式化的写作风气。

(2) 贪大求长,没有实际内容。不少新闻越写越长,却没有什么实质性内容;有的报道长于渲染,堆积诸如"硕果累累""突飞猛进""成绩显著""日新月异"之类的溢美之词,华而不实,令人生厌。

(3) "假""大""空""套",拒人于千里之外。有些报道,好摆弄"假话""大话""空话""套话",居高临下、脱离群众,不能反映实际生活,更无法解决实际问题。

(4) 盲目炒作,扰乱新闻秩序。有的媒体喜跟风、好造势,完全不顾新闻价值、受众心理和传播效果,扰乱新闻秩序,给整个社会造成不良影响。

### 5.4.2 辞章润饰的常用方法

辞章润饰的方法多种多样,比较常用的方法概括起来主要有压缩、增补、改写、分篇、综合。应该注意的是,有些新闻稿件的修改,常常需要几种方法同时使用。

#### 5.4.2.1 压缩

压缩,就是对稿件进行删意、删句和删字,使原稿在内容上更加重点突出,在章节上更加紧凑,在表述上更加精练。删意,即对稿件中多余的内容或非重要的内容进行删节,使稿件主题鲜明、突出,信息精练,符合读者需要。删句就是对稿件中表达多余的或不当的语句进行删削,使稿件顺畅、精练。删字,即对稿件中重复啰唆、拖沓的文字进行删节,使新闻的语言简洁、准确、鲜明、生动。

新闻稿件之所以要压缩,主要原因大致有以下四点:①稿件在表达上不分主次轻重,非重要信息过多,冗长累赘;②原稿本身并不存在冗长累赘的问题,只是由于媒体容量的限制,容纳不了太长的稿件,不得不进行压缩;③稿件中存在前后重复的情况,如导语与标题重复,即导语中的内容全部是对标题所述内容的展开,成为对标题的解释;④根据稿件之间的各种关系,比如对若干稿件进行组合与搭配时,稿件中相互重复的内容需要压缩。

压缩稿件主要包括以下三个方面。

(1)压缩新闻导语。导语又称新闻的"窗口",它在新闻中位置靠前,是新闻中最重要的部分,即新闻的纲领和中心所在。导语一般可以分为硬导语和软导语两类。硬导语是对新闻关键内容的概括,如新闻的"六要素",软导语则从渲染气氛或对某个人物的介绍开始。硬导语回答的是"有什么新闻",而软导语回答的则是"有什么人物、故事"。

导语对新闻主体内容有概括和导向作用,受众可以从导语中得到新闻的总印象,所以从具体操作上说,首先应注意对新闻导语的压缩。新闻导语要求以最简要的文句,把最重要、最新鲜或最富有个性特征的事实或观点概括出来,揭示新闻要旨,吸引读者阅读全文,那些次要的、可有可无的、信息含量小的内容必须删去或者移到后面正文中说。通常情况下,导语部分除时间、地点(报道具体时间、具体地点的动态新闻要有时间、地点要素)外,其余要素可根据需要适当保留。

导语的句子必须简洁、明快,用字必须简单、有力而且具体。国外有些媒体甚至对导语的字数进行了严格限制,要求不超过35个单词。然而,目前不少撰稿人忽视了导语的字数限制和写作要求,以至于新闻编辑们总是抱怨:现在的记者越来越不会写导语了,导语变得越来越长了。实际上,压缩导语已经成了压缩稿件中最繁重的工作了。

某则新闻的导语是这样的:

本报北京7月17日电 按照国务院第四次大督查总体安排,在各地区开展全面自查的基础上,7月16日,国务院派出18个督查组,对贯彻落实党中央、国务院重大决策部署情况开展实地督查。各督查组统一在实地督查地区天津、河北、山西、内蒙古、吉林、黑龙江、江苏、浙江、山东、河南、湖北、湖南、广东、重庆、贵州、云南、陕西、甘肃开通督查热线电话,接受群众反映涉企收费、民间投资、创新创业、企业和群众办事、民生保障等方面政策措施不落实、政府管理服务不到位问题线索,以及对政府完善政策、改进工作的意见建议。热线电话号码以公告形式在当地政府门户网站和主要新闻媒体发布。目前,各地已陆续接到群众来电,引起良好反响。

这条报道国务院派出督查组的消息,导语长达230字。作者把与新闻事实有关的要素,不分主次地统统放在导语里介绍,使导语显得文字冗长、内容复杂、主次不分。实际上,导语中没有必要将所有要素都进行介绍,完全可以只写出一两个富有概括力、感染力的要素,将其余的要素放在主体中加以展开。原导语可改为:

本报北京7月17日电　按照国务院第四次大督查总体安排,在各地区开展全面自查的基础上,7月16日,国务院派出18个督查组,分赴天津、内蒙古、湖北等18个省(区、市),对贯彻落实党中央、国务院重大决策部署情况开展实地督查。

有这样一条新闻导语:

新华社柏林7月6日电　"熊猫与世界——中国大熊猫保护文化艺术成就展"5日在德国柏林开幕。中宣部常务副部长黄坤明在开幕式上致辞表示,本次展览时值中德两国领导人出席了柏林动物园大熊猫馆开馆仪式,从不同角度展现中国大熊猫保护、文化、艺术等各方面所取得的巨大成绩,将向德国人民打开一扇认识中国、了解中国的窗口,将为中德人文交流搭建一座新的平台。希望通过大熊猫这一友好的桥梁和纽带,不断推动中德两国的友谊向更深层次、更广领域拓展。

这条导语用了一些长句子,表达上也很不简洁,用了230字,将实质性的内容给淹没了。其实把它压缩到几十个字就足以表达清楚主要事实了,可改为:

新华社柏林7月6日电　"熊猫与世界——中国大熊猫保护文化艺术成就展"5日在德国柏林开幕。中宣部常务副部长黄坤明在开幕式上致辞表示,本次展览将为中德人文交流搭建一座新的平台。

新华社曾有一则新闻《泰森:85秒卫冕成功》,其导语是:

85秒!拳王泰森击败挑战者。85秒!历史上最短的拳王卫冕战。85秒!1300万美元尽入腰包。

这条导语虽然十分简短,信息量却很大,把这次比赛的主要内容和重要特色全部概括了出来:拳王击败了挑战者;比赛仅用85秒;这是历史上的拳王战中用时最短的比赛;此次胜利为拳王赢得1300万美金的巨款。

这条简洁而精彩的导语,其原稿是这样的:

世界重量级拳王迈克·泰森今晚以85秒钟的时间,击垮挑战者卡尔·威廉斯,创造了历时最短的一场拳王卫冕战。

原导语共45个字,循规蹈矩,无可指责,因而也平平常常。它用了7个字来交代"85秒"这个事实,而新导语中重复三次"85秒",也仅有6个字。更重要的是,导语用了3个简短的"85秒",使其他句子有如诗一般凝练,和用叙述句相比,它节省了用作交代的、过渡性的内容。这样,整个导语的字数减少了,动感、节奏感反而加强了。

来看新华社的另一则新闻:

**默克尔:不为德国接收难民数量设置上限**

新华社柏林7月17日电(记者任珂) 德国总理默克尔近日接受德国一家电视台采访时重申,不会为德国接收难民的数量设置上限。

在德国电视一台播出的采访中,默克尔表示,限制接收难民数量"不是未来的方向"。她认为可以通过制定相关规定,并采取措施避免难民潮出现。

德国是欧洲国家中接收难民最多的国家。据德官方统计,2015年欧洲难民危机爆发以来,共有100多万难民涌入德国。随之而来的财政负担增加和引发的社会问题导致德国一些民众对现行难民政策的不满。不过随着德国政府从去年以来收紧接收难民条件,今年以来德国新增难民人数已显著下降。

默克尔的态度与其领导的基督教民主联盟(基民盟)的姊妹党基督教社会联盟(基社盟)的态度截然相反。基社盟曾威胁说,如果不为每年德国接收难民数量设定上限的话,基社盟将不会继续支持默克尔竞选连任下届总理。

德国将于9月迎来大选。最新民调显示,基民盟以比较大的优势领先其主要竞争对手社会民主党。

这则新闻的导语只交代了"何人""何事",而把"何地"这一要素移入了主体。这样写,佩里讲话的内容就更为鲜明、突出。

毛泽东一生撰写和修改了大量的新闻稿,他撰写和改定的新闻导语最短的只有7个字,最长的也不过20多个字,却能够集中反映具有历史意义的重大事件,而且气魄宏大。例如:

(新华社延安1945年7月25日电) 关中消息:爷台山战事扩大。

(新华社27日17时急电) 由沈阳进至辽西的蒋军五个军,已全部被我军包围和击溃。

(新华社长江前线4月22日2时电) 英勇的人民解放军21日已有大约三十万人渡过长江。

(新华社长江前线4月22日22时电) 人民解放军百万大军,从一千余华里的战线上,冲破敌阵,横渡长江。

(新华社北平24日6时电) 在人民解放军百万大军攻击下,千余华里国民党长江防线全部崩溃,南京国民党反动政府已于昨日宣告灭亡。

有时候,新闻导语与标题的内容重复,这如何处理呢?其关键在于区别二者的功能,"标题者,新闻之缩影,事实之骨髓",而导语"立片言以居要,乃一篇之警策"。据此可以对标题和导语进行分工,对导语进行压缩,如有一篇稿件《××省安监局局长××指出,怕得罪人的别干安全》的导语是:

本报讯　近日,在××省安监局长座谈会上,面对着一百多名与会人员,××省安监局局长××指出,干安全就得六亲不认,怕得罪人的别干安全。

这条新闻的标题与导语在新闻点的选择上是一致的,就是××局长的那句话;再从事实要素和事件细节的选择上看,标题基本就是导语的缩写,导语没有提供有价值的新的兴奋点;最后从表现手法的选择上看,标题与导语一样,都用的是叙述。总而言之,这篇稿件的标题、导语是互相重复的,其结果是既浪费了版面,也使读者阅而无趣。

(2)压缩新闻背景。新闻背景,即作者在行文中,对新闻事件产生的相关条件和有关知识所做的必要的交代和介绍。

在新闻报道中,为了使消息深化、增加信息量,使受众明了消息中所报道的事实,就必须交代背景。胡乔木说:"你得在你的新闻里,每一次供给他详细的注释,纵断面和横断面的背景,色、香、声、味、呼之欲出,人证物证一应俱全。这样你的新闻就叫作'立体化'了,就叫作让人明了了。"① 美国记者沃尔特·福克斯在《新闻写作》一书中写道:"迄今为止,'背景材料'一词都用于表示那种为读者完全理解一篇报道所需的事实信息。它从基本的信息,如新闻事件所涉及人物的姓名、年龄、职业和住址等,一直到与此前内容相关的各种信息——记者只要提出正确的问题一般差不多肯定可以获得的信息。"

尽管背景有它的重要价值,但它在消息中毕竟是"宾"而不是"主"。它必须紧扣主题,做到言简意赅,不宜长篇大论,而且要尽量巧妙地穿插在报道中,力求灵活、自然。

压缩背景可以从以下两个方面进行。

1)留取理解报道所必需的材料。稿件作者在采访中要广泛占有背景材料,如所要报道的新闻事件为什么会发生,发生的内外部原因是什么,这些背后的新闻与刚发生的新闻构成了什么联系等。但广泛占有并不等于要全部采用,这时候,一定要去粗取精、由表及里,仔细筛选,把那些在读者理解报道时所"必需"的背景信息精选出来,再精练地写出来。2015年1月6日,《人民海军报》在头版刊出了消息《我首批自主培养舰载战斗机飞行员拿到"海天通行证"》,导语如下:

本报讯(本报见习记者梅云龙)　1月3日,某舰载航空兵部队举行总结大会,庆祝海军首批舰载战斗机飞行员成功着舰,并对任务中表现突出的先进个人进行表彰。从两年前试飞员首次着舰,到今天首批自主培养的飞行员全部一次性取得资质认证,标志着我航母战斗

---

① 中国社会科学院新闻研究所:《中国共产党新闻工作文件汇编》(下卷),新华出版社1980年版,第226页。

力建设取得实质性进展。至此,中国成为继美、俄之后世界第三个自主培养舰载战斗机飞行员的国家。

"两年前试飞员首次着舰,到今天首批自主培养的飞行员全部一次性取得资质认证,标志着我航母战斗力建设取得实质性进展"。如果没有这个精练的背景介绍,读者就不明白我国首批培养的飞行员全部一次性取得资质认证具有的重要意义。

2)背景应该配合报道主题。背景就是背景,它的任务是配合报道的主题,不能对其大肆渲染,否则就会喧宾夺主,淹没最新的、主要的事实。2015年1月27日,陕西《榆林日报》在头版刊出的消息《榆林860万亩流沙全部得到治理 标志着陕西告别"流沙"时代》荣获第二十六届中国新闻奖,导语是这样写的:

距离榆林城区20多公里的榆阳区大纪汗村,地处毛乌素沙漠边缘,过去常年黄沙漫天,一片荒芜。如今,这里的荒沙经过整治,已变身万亩良田,成为现代农业示范区。类似的奇迹在塞上古城榆林随处可见。1月26日,市林业局传来喜讯:我市境内最后50万亩流动沙地全部得到固定和半固定,这标志着陕西省所有的流动沙地全部得到治理,榆林沙区林业生态建设取得重大突破,实现"沙进人退"到"人进沙固"的历史性转变。

"过去常年黄沙漫天,一片荒芜"。这一句话背景传递出了丰富的信息,榆林生态环境建设得到了很大改善,对榆林、对陕西甚至对全国的生态环境改善都具有重要意义。评委会在作品评析中说:"在榆林,一部生态建设史就是一部植树造林和防沙治沙史。从黄沙漫天到绿荫葱葱,从徒手造林到科技造林,榆林的森林覆盖率从0.9%到33%的蜕变,全市生态状况实现由'整体恶化'向'整体好转、沙退人进、局部良性循环'的转变,实现经济、生态的协调发展。该消息题材重大,写作灵活。榆林960万亩流沙全部得到治理,这是我国沙化土地封禁保护试点成功的典型,对我国推进荒漠化防治工作、促进生态文明建设,具有重要的现实意义。"

(3)压缩新闻主体。新闻主体是指新闻稿中除导语和背景材料之外,主要报道新闻事实和观点的部分,在新闻稿中所占篇幅最长,也被称为"正文"或"展开部分"。

主体在新闻报道中的任务,一是解释和深化导语,二是补充导语所没有涉及的事实,因此,对导语所涉及的内容,主体部分应该进一步提供必要的细节和有关材料(包括背景),以便受众对新闻事实有更清楚、更具体的了解。另外,导语一般只涉及最重要和最新鲜的事实,而且简明扼要,有时只突出新闻六要素中的一两个要素。这就要求主体补充导语尚未涉及而展开事实又必需的内容。

由上述主体在新闻报道中的任务,我们可以概括出压缩新闻主体的方法。

首先,新闻主体对导语的解释和深化,不宜重复导语的内容。新闻是讲究字斟句酌、惜墨如金的,刚在导语里说的话,又在主体里重复出现,无形中使消息变长了,却没有增加一点信息量,因此,导语如果概括了所报道的事实,主体就不应该再使用概括性的语言;导语如果渲染了事件的气氛,主体就可以直接表述事实;导语如果已经对一个人物做了简单介绍,主体中对人物的详细介绍就只能是上文介绍的补充。

其次，新闻主体在解释、深化和补充导语的事实时，要围绕新闻的主题选材。具体做法是，先将新闻的主要事实和主要观点根据其重要性以及与新闻主题关系的紧密程度进行"等级"划分，然后把最重要、最能反映主题的内容保留下来。当然，这时候往往需要对这些内容进行适当的过渡和衔接。

另外，对于综合性新闻，压缩时可以保留原稿内容的基本框架，删除具体事例或细节。因为这类稿件往往集中了大量的事例报道某一个主题，所选用的材料不只是某一件事或某一个人的，也就是说新闻主体部分是由若干同等重要的、相并列的部分组成的，压缩时应该根据报道的主题，保留能够比较充分地反映报道主题的基本事实。

不管用什么方法压缩新闻稿件，都需要掌握下面四点原则。

第一，稿件的长短与新闻价值大小相适应。对于具有较高新闻价值的事实可以适当写得详尽一些，对于新闻价值较低的事实要尽量写得简略，对没有新闻价值而且与主题无关的事实则要删掉。

第二，如何压缩要与媒体的风格、特色相结合。每种媒体都有自己特定的读者对象、传播宗旨和目的以及发行区域等，压缩稿件时要注意选择报道的侧重点，要顾及媒体长期以来形成的风格和特色。

第三，尊重原稿，不过分损伤原意。删削的目的是为了简练、精警，更好地突出新闻主题，因此，在删削赘余的同时要注意保存原稿的精华，不要把稿件压缩得支离破碎，更不要把有意义的内容删掉。

第四，珍惜原稿的细节。在压缩稿件时，要认识到细节的重要性，尽量保留有典型意义的细节，如人物表情、动作、对话等；对稿件主题有重要表现意义的细节，在删节时更要慎重，注意适当保留。

#### 5.4.2.2　增补

新闻稿件的增补，就是根据稿件的需要，增添或补充原稿中没有交代、交代不足或交代不清的内容，使新闻的意义和价值更彰显，以帮助受众更清楚、更全面、更深刻地了解新闻的内容及其意义。

（1）增补新闻。增补新闻，就是对稿件中遗漏的新闻要素进行增补，对某些重要新闻事实的细节加以补充，或增补新闻事件的最新信息。

有时，由于记者或作者没到现场、晚到现场，或者现场条件有限等，往往会导致稿件内容不完整或者过于简单。例如，有些记者或作者因为疏忽大意，把新闻的五个要素，即何人、何时、何地、何事及何故等中的一个或几个给漏掉了，以致受众不能完整、清晰地了解和把握新闻事实。有些稿件在介绍地名时，只提到了小地名，没有提到大地名，结果受众还是搞不清楚新闻事实的发生地。容易漏掉的还有时间，例如，有篇《公交二厂方便市民扫墓，清明开设定点专车》的报道：

本报讯　为了方便市民在清明前后扫墓，本市公交二厂在运营任务紧张的情况下，于日前新辟了四路直达公墓的定点专车。

这四路定点专车是：小海地（307路终点站）至程林庄公墓；人民大楼（1路终点站）至北仓公墓；体院（9路终点站）至北仓公墓；体院北（9路终点站）至程林庄公墓。

该消息是为市民扫墓提供相关信息的,但消息中没有提到新辟的四路定点专车的开车日期、开车时间、每条专线有几班车以及返程时间等。这时,编辑就应该安排记者或亲自打电话到公交部门了解确切的信息,以补充报道的不足,满足受众的需求。

(2)增补前况。增补前况也叫"回叙",是指在报道最新的新闻事实时,对该事实的前况即近期已经报道过的该事实的相关情况,进行必要的简单复述。它大多用于连续性报道。

在连续性的新闻报道中,记者和编辑要考虑到受众不一定都知道以前报道过的新闻,或者即使以前知道,现在可能已经记不清楚了,因此在后续报道中,就需要对已经报道过的内容加以简要的复述,帮助受众更全面地了解事件的发展情况,更好地理解新闻。例如,2015年1月6日到3月23日,《解放军报》推出的"中国军队援非抗击埃博拉系列报道"荣获第二十六届中国新闻奖一等奖。其中有一条消息如下:

### 我军援塞抗埃医疗队圆满完成任务

3月21日,我军第三批援塞医疗队最后回国的21名队员搭乘专机抵京,随即进入为期21天的医学观察和休养调整,目前所有队员身体健康、状态良好。至此,我军医疗队圆满完成援助塞拉利昂抗击埃博拉疫情任务,实现了打胜仗、零感染的目标。

我军援塞医疗队由302医院独立抽组。其中,第一批31人于去年9月16日出发,第二批41人于去年11月15日出发,第三批43人于今年1月14日出发。在西非疫区接力奋战的185天中,115名队员坚决贯彻党中央、国务院、中央军委和习主席决策部署,把自己当成国家的"代表队"、军队的"仪仗队"和完成任务的"战斗队",直面生死,忘我工作,始终坚持零距离观察治疗。

据了解,在疫区执行任务期间,我军医疗队成功将中塞友好医院从综合性医院改造为烈性传染病专科医院,并把留观中心拓展升级为留观诊疗中心,先后收治疑似患者773例,其中确诊285例,排除488例,埃博拉患者治愈率为51.23%,这一数据在世界各国驻塞留观诊疗中心中名列前茅。医疗队还为当地培训医护人员500余人次。

我军援塞医疗队全体队员以实际行动彰显了"不畏艰苦、甘于奉献、救死扶伤、大爱无疆"的援外医疗队精神,向世界展示了中国国家和军队的良好形象,赢得了世界卫生组织、塞拉利昂政府和民众的高度赞誉。塞拉利昂副总统苏马纳说:"中国医疗队员的工作效率很高,有助于更快地切断埃博拉疫情的传播链,他们饱满的工作热情给我留下了很深的印象。"

在这条消息的第二自然段,记者加入了援塞医疗队的援助过程,让读者更加清楚援助的总体情况。作品评析中说:"这是新中国成立以来,我军最大规模的海外卫勤援助行动,备受国际舆论关注。《解放军报》刊发的中国军队援非抗击埃博拉系列报道,内容翔实、题材多样、数据权威、故事感人,既有发布宏观信息的消息,也有笔法细腻的特写,还有进行深度解读的通讯,很多稿件文字精短,且均是独家新闻,从不同角度展现了中国军医的精湛医疗技术和过硬战斗作风,展示了中国军队和平之师、文明之师的良好形象,也在世界舞台展示了一个东方大国的责任担当。"

又如,2016年8月22日《人民日报》在头版刊登了大幅照片《中国女排奥运夺冠:超越金牌不忘初心》,并加以文字说明:"当地时间8月20日,在2016年里约奥运会女子排球决赛中,中国队以3∶1战胜塞尔维亚队,夺得冠军。这是中国队球员朱婷在比赛中进攻。"接着,当天的奥运特刊进行了详细报道,用多幅新闻照片的方式展现了中国女排的夺金之路,以使读者对这次大奖赛中国女排的取胜有一个较为全面的了解。

在对网络新闻进行编辑时,增补前况有时可以运用链接等形式,供不了解前况的网民浏览,这样就可以避免过多、过频的信息干扰网民对重要新闻的注意力。此外,还可以在编排上有所分类,把当前新闻和新闻前况分门别类地摆放,便于网民的选择和浏览。

(3)增补资料。增补资料是指对新闻稿件中应该交代而没有交代的相关人物、事件,以及知识性、技术性内容进行资料性的补充和说明。其目的是通过介绍与新闻相关的信息,利用资料潜在的信息价值,帮助受众更清楚地了解新闻事实,进一步认识新闻的意义和价值。

《纽约时报》的记者阿尔比恩·罗斯十分强调资料的运用,他指出:"任何事件的新闻价值全在于通常被称为背景材料的上下文之中。"

例如,2015年4月3日,《西藏日报》刊出了消息《融入物流"大通道"打通进出口"高速路"我区将加入丝绸之路海关通关一体化改革》,荣获第二十六届中国新闻奖二等奖。导语如下:

本报拉萨4月2日讯(记者 常川) 5月1日起,拉萨海关将与丝绸之路经济带沿线10个海关联手,启动丝绸之路经济带区域通关一体化改革。这一举措将打破地域限制和海关关区界线,使沿线9个省(区)的10个海关形成"十关如一关"的通关一体化格局,不仅将使我区进出口企业拥有更多选择权,可自主选择申报口岸、通关模式和查验地点,打造低成本、高效率的通关环境,同时将进一步助推我区融入"一带一路"国家发展战略和"丝绸之路经济带"重大战略规划,服务我区外向型经济发展。

从这段介绍可以看出,该新闻涉及了诸多地区,从地域跨度来说比较大,所以编辑紧接着加入了背景介绍:

据了解,为落实"一带一路"国家发展倡议,顺应经济新常态和贸易发展新业态,尊重企业的自主选择与物流运作规律,海关总署决定,在西藏、山东、山西、河南、陕西、甘肃、宁夏、青海、新疆9省(区)内的拉萨、青岛、济南、太原、郑州、西安、兰州、银川、西宁、乌鲁木齐10个海关启动丝绸之路经济带海关区域通关一体化改革。

这样读者对涉及的区域就有了一个清晰的了解。
背景材料常常以"旧"显新,使受众认识到主要新闻事实的意义和价值。例如:

新华社电 66年前李鸿章从外国买的一台造纸机,现在还在生产,每天生产的纸张比它年轻的时候要多三倍半。

该新闻运用了"66年前李鸿章从外国买的"这一背景材料,不仅增加了新闻的知识性、趣味性,而且十分生动地说明了改造老设备的潜力是很大的,揭示了在工业生产中利用现有设备进行创新的重要意义。

另如:

中国女子排球队今天上午在东京举行的第三届世界杯女子排球赛中,以三比零击败了苏联队。三局的比分是:十五比四,十六比十四,十五比零。

如果为这条消息加上恰当的背景介绍,即在"苏联队"前面加上"曾八次获得世界冠军的"十个字,就不仅使受众了解了苏联女排的历史情况,而且使受众通过对比苏联队的实力,想象到这场比赛的紧张程度和我国女排健儿的顽强拼搏精神,这对突出主要新闻事实更能起到很好的强化作用。

在专业性和历史性较强的新闻报道中,编辑、记者往往需要从资料中摘引相关的知识性材料来补充稿件。在重大的新闻报道中,往往还需要配发相关的资料性专稿,以使读者对所报道的事件有纵深的了解。

(4)增补消息来源。消息来源,也称新闻源或信息源,是一则新闻中所涉及的事实和观点材料的出处,它表明事实、观点和背景材料从何而来,由谁提供。

西方新闻界有这样一句话:没有一个记者能超出他的消息来源。可见,消息来源对新闻报道具有重要意义。在新闻中恰当使用消息来源,可以提高新闻报道的可信度,增强新闻报道的权威性,有时候还能有效地避免责任和麻烦。

消息来源可分为三个等级:第一个等级是记者(包括摄像师),这类消息来源被新闻界公认为最好的消息来源。第二个等级是实名消息来源,即可以确认身份和具体出处的消息来源。这类消息来源需要记者设法确认其可靠性。第三个等级是匿名消息来源。此类消息来源的身份或出处往往难以确认,相对来说,它的可靠性最低,容易产生虚假新闻。

为了增强新闻的可靠性,新闻报道最好以记者或摄影师作为消息来源,其次是使用实名消息来源,而慎用匿名消息来源。有时,新闻报道需要直接来源和间接来源交替使用,互相补充和佐证,以保证新闻事实的真实、完整。当新闻报道的消息来源交代不清、互相矛盾,或者一味滥用匿名消息来源时,编辑就需要做"溯源"的工作,对报道内容进行验证和核实,在确认了消息来源后还要将其增补出来。

需要注意的是,新闻的主要事实和重要情节及观点应该交代消息来源,那些公认的事实、常识性的材料以及记者亲历的内容,则不必交代消息来源。

编辑在运用增补手法修改稿件时,需要注意以下四点:①所补充的资料要真实、新鲜、权威,要有确实可靠的根据和来源;②应该尽量征得作者的同意,使他们了解增补的情况与具体内容,如一时与作者联系不上,稿件又急用,编辑可通过电话采访或实地采访等方法,对稿件内容进行增补;③对资料的运用,应该根据新闻事实的客观需要,用得少而精,不能喧宾夺主;④对通讯社的新闻稿一般不能自行增补,如需增补,可以采取在文前或文中加"编者按"的方式。

#### 5.4.2.3 改写

改写就是在原稿的基础上重写,是改稿中难度最大、操作最复杂的修改方法。

改写通常是因为稿件选材不当、材料安排不当、观点和材料不统一、内容与体裁不协调、结构杂乱以及导语欠妥等,需要重新组织材料、选择体裁、提炼观点、安排结构、锤炼导语,对稿件进行"改头换面"的工作。

(1)修改主题。修改主题就是重新确立新闻的主题即中心思想,使原稿的主题更新颖、更确切、更鲜明。修改主题是对原稿的重大改动,一般需要征求作者同意或请作者亲自修改。修改主题主要有两种方式:①深化主题,如果原稿主题基本正确,但不够深刻、有力,就要进一步提炼;②改变主题,如果原稿的主题不够确切,就要做较大的改动,甚至重新确立主题。

有这样一篇稿件,其主题反映的是在市场经济条件下,仍然有进行传统教育的必要性。内容主要写某单位领导如何用过去的英模、荣誉之类的例子对青年进行传统教育,鼓励年轻人继承和发扬优良传统,为改革开放多做贡献。改稿时,编辑觉得这种内容在媒体上早有报道,主题已不新鲜了,但又发现稿件中提到领导结合形势采用新的形式开展传统教育的内容,虽然着笔不多,这一点却有现实意义。于是编辑把原稿的主题改为:革命传统教育要充实新内容,创造新形式,才能使老传统发扬光大,焕发新的活力。修改后的主题就显得新颖而具有现实意义,也就使新闻有了更大的报道价值。

(2)改变角度。改变角度就是对稿件重新进行开掘,改变表达新闻主题的切入点、立足点或侧重点,把意义相对重大的内容放在主导地位来写,从最有利于表现事物特征的方面来写。

事物都有多面性,同一事物可以从不同的角度去观察、反映。在新闻稿中,同样的事实,选取的角度不同,使用的材料和突出的重点也就会不同,新闻的价值随之相异。

改稿中常见的角度改变有:从领导的角度改为群众的角度,从介绍经验的角度改为报道成果的角度,从会议角度改为解决问题角度,从工作的角度改为生活的角度,从一家媒体的角度改为另一家媒体的角度,等等。

例如新华社的一篇稿件《华东肥鹅在西藏饲养成功》,原稿为:

拉萨市农牧所的科技人员克服高原缺氧和气压低等不利因素,用人工方法孵化白鹅成功。刚孵出的雏鹅在幼小时喂些糌粑、麸皮等饲料,很快就可以食草。今年三月孵出的第一批雏鹅目前已长到四公斤左右。

世居长江口附近的太湖白鹅在"世界屋脊"上已生活了两年。它们生长良好,母鹅产卵正常。

这一试验成功,为在西藏高原水草丰盛的河滩、沼泽地上大量饲养水禽,增加当地人民的肉食、蛋类、羽毛供应创造了条件。

这是一条科技新闻,短小精悍,通俗易懂,突出了主要新闻事实,结构也完整。但编辑却对它的角度进行了改写。修改稿如下:

华东一种肥鹅,它的羽毛与西藏的白雪媲美,现已在这个自治区饲养成功。这种世居江苏太湖的白鹅,即将成为西藏人民肉食、蛋类和羽毛的新来源。

两年前,这种白鹅引进西藏,但高原缺氧使白鹅孵化产生困难。现在,拉萨市农牧所克服困难已成功地孵化出小鹅,今年三月孵出的第一批雏鹅目前已长到四公斤左右。

经过角度转换,修改稿大为增色:

首先,原稿是报道成绩的写法,从科技专业角度入手,着眼于报道科技上解决了一个问题,创造出一项新成果。这就陷入"指导工作"的窠臼,多少显得有些枯燥,不易引起一般受众的兴趣。修改稿则改变了平实的写法,从报道一件新鲜事的角度入手,展开联想的翅膀,把华东肥鹅的洁白羽毛与西藏的白雪联系起来,巧妙地交代了西藏孵化白鹅成功的新闻事实,因为贴近生活、贴近群众,富有文采和情趣,可读性也随之大增。

其次,原稿采用先因后果的写法,先介绍事件的成绩,接着介绍背景,最后才说出此事的意义,而修改稿则是把这三点都压缩在第一段里,突出了新闻的最重要、读者最感兴趣的事实。

另外,修改稿压缩了一些受众不必要了解的过程,更显简洁、紧凑、严密。

需要注意的是,编辑必须根据事实的原貌、本质及其蕴含的意义来选择更好的角度,而不要根据"风向"来主观地强拧角度,把事实当面团一样随便搓揉,那样反而会歪曲事实,必将导致新闻失实。

(3)改变体裁。改变体裁,即为了突出原稿中的某一特定内容,将体裁和内容不相协调或结合不紧密的新闻稿由一种体裁改写为另一种体裁,以使稿件能够获得最佳传播效果。有时,媒体编辑由于本媒体的需要,把其他媒体已经发表的新闻经过改写再用于本媒体,也会用改换体裁的办法,如将通讯、经验总结、调查报告、讲话、文件、公告等改为消息,将通讯、消息改为述评、简讯、花絮、标题新闻等。应注意的是,改变体裁,一般都是由信息含量较大的体裁改换为信息含量较小的体裁。

下面是一则新闻的原稿:

金秋十月,"京东第一山"——盘山的景色显得格外秀丽。在爽人的秋风里,群峦竞秀,众石争奇,松涛翻滚,云海缥缈,清泉淙淙……堪称步步有迷人景色。

昨天,我们在盘山游览区管理处,听该处负责人李克安饶有兴致地介绍:这里正在修建三处新景观,以便让游人领略更多的美景。

"三处新景观是什么?"

"牌楼、山门和释迦佛大殿。"李克安脱口而出。

在交谈中,我们又得知:抗日战争时期,盘山遭到严重破坏,几十座寺院和离宫毁于战火。从1978年开始,有关部门先后在这里修复入胜小区、天成小区、云罩寺小区和环翠亭等风景点。到1982年春季,这里正式对外开放,一批批中外游人蜂拥而来,既被美丽的自然景色所倾倒,又因风景点少而感到不满足。于是,盘山游览区管理处又修起这三处新景观。

新景观的牌楼和山门建在盘山的入口处——入胜小区。牌楼为明式建筑,高10米,长14米,琉璃瓦顶的龙头、剑柄和小兽栩栩如生,红柱下面的汉白玉底座雕有精细花纹;山门为清式建筑,黄瓦、红墙和拱门,不仅典雅,而且庄重。

释迦佛大殿,建在离入胜小区3.5千米的未修复的万松寺小区。万松寺建于唐代,因唐代名将李靖曾在此处舞剑,最初名为"李靖庵""卫公庵",清代康熙年间,改称"万松寺"。当年,万松寺有三层依山而建的大殿,一层比一层高,十分壮观。释迦佛大殿,就是其中的第一层大殿。如今,这里仍保留着石碑、石刻、骆驼石以及卧龙松、凤翘松、伞盖松等。

在这里修复的释迦佛大殿,面积为588平方米,是一座气势不凡的古典建筑物。大殿的灰瓦顶、青砖墙和雕梁、画栋、飞檐、红柱等,莫不给人以古朴的感觉。大殿建成后,还将修复"香路",重现昔日香火鼎盛的情景。

"三处新景观什么时候竣工?"我们问。

李克安仿佛早看透了我们的心事,立即回答:"今年底完成主体工程,明年清明节前夕全部竣工,并开始接待游人。"

到那时候,这三处新景观一定会成为游人向往之地。

这篇稿件运用了不少材料,但是有新闻价值的,就是盘山正在修建三处新景观。盘山的历史、风景等,早已是旧闻了,尽管加了一些背景材料及人物对话,但仍然构不成一篇通讯的条件,像"李克安仿佛早看透了我们的心事,立即回答"的话纯属多余——别人问话,他必然要回答,况且这又算不了什么心事。稿件中的材料,只适合写成消息,可将其改写如下:

本报讯 记者昨日在盘山游览区管理处获悉,这里正在修建三处新景观,以便让游人领略到更多的美景。

这三处新景观是二牌楼、山门和释迦佛大殿。它们将于今年底完成主体工程,明年清明节前夕全部竣工,并开始接待游人。

(4)修改导语。修改导语就是在原导语的基础上,根据表现新闻的最佳主题和角度,把消息中最重要、最吸引人的内容用精练的文字重新写成导语。

导语处于"立片言以居要"的位置,需要用简洁、生动的语言突出新闻的主要内容,从而达到吸引受众兴趣的效果。有的稿件不注意导语的写作,或烦琐冗长,或呆板乏味,影响人的阅读兴趣,甚至会葬送整个新闻。因此,编辑常常要进行导语的改写,做好对消息的第一步"推销"工作。

修改导语,应根据媒体不同的读者群的需要和兴趣去突出该强调的内容,但总的要求是简明扼要。例如下面这条导语:

本报讯 中共北京市委积极发挥党外人士参政议政作用,在过去的一年中,党外干部在市委、市政府担任领导职务的人员大量增加,党外人士参政监督作用得到较大发挥,他们对重大问题的意见和建议得到尊重和采纳,中国共产党领导的多党合作的生动局面在全市上下已经形成。

这个导语虽不算长,但是所容纳的内容过多,每个句子就是一层意思,竟达五个方面,很

难让人抓住要领。这个导语可改写成:

本报讯　中共北京市委积极发挥党外人士参政议政作用,使全市的多党合作呈现出生动局面。

这样简洁干脆,突出精要,有助于读者把握新闻的要旨。其他内容,放到主体部分再详细解释。

有些学者甚至认为导语不得超过50个字,最好是一句话导语,最多不能超过两句话。如2000年10月31日《人民日报》一篇新闻《海南,洪水卷过说启示》的导语原稿:

10月中旬,北方冷空气与热带低气压云团在海南岛上空拉锯相持,形成强降雨云团。13日至16日,大雨暴雨普降海南,导致一场百年不遇的特大洪灾。

这个导语运用了专业术语,令一般读者读起来费力,而且"启示"的主题也无须对洪水本身着墨过多。请看修改稿:

10月13日至16日,一场百年不遇的特大洪灾突袭海南。

当然,要让受众迅速而顺利地抓住新闻的要旨,生动形象而吸引人的手法是很必要的。例如下面一条导语:

今天,数千名东德难民进入西德。

如果再加上一些具有强烈色彩的富于动感的词汇,会更为生动、引人。如可改为:

今天,数千名东德难民——欢呼着、欢笑着、哭泣着——涌进了西德。

再如一条导语:

星期二上午,一家饭店被抢劫了62美元。

经修改后为:

星期二上午,一位老妇用一把小刀抢走了一家饭店的62美元,她解释说,她需要钱给孙子孙女买圣诞礼物。

修改后的导语强调出人意料和富有人情味的细节描写,具有较强的吸引力。

导语的修改是一项复杂的工作。导语虽然位居新闻报道开篇之首,但是它的形成往往是总揽全篇材料和内容之后概括和提炼的结果。编辑的这种概括提炼的功夫和能力,需要长期积累才能获得;只有在敏锐的挑选和捕捉新闻的能力支持下,才能写好导语,才能写好新闻。

(5)改变结构。改变结构就是将原稿的结构进行调整,使之脉络清晰或富于变化,更好地表现新闻的主题。调整结构时要特别注意消息和通讯两种不同体裁的特殊要求。

需要改变结构的情况一般有三种:①稿件结构紊乱,条理不清,需要对材料进行重新组合,使之通顺;②稿件的主题或角度等改变了,其结构也随之需要调整;③稿件的结构本身没什么毛病,只不过平铺直叙,缺少变化,为了使稿件变得有起有伏、富有波澜而做结构变换。

比如,一篇新闻的原稿为:

## 北京市外来人口普查
## 今天零时起进入具体实施阶段

新华社北京10月30日电　北京市外来人口普查今天零时起进入具体实施阶段。

今天零时,北京市共出动四万余人,在全市近万个普查区,对不便填写普查表和居无定所的外来人口进行全面清点,即只清点人数和性别,不进行问卷登记。

在北京举行的中国首次大规模外来人口普查的标准时间点为11月1日零时。普查将通过入户登记、全面清点和流量清点三种方式进行。

此次北京市进行大规模外来人口普查主要目的就是要通过普查更加准确地掌握北京市外来人口的总量、地区分布、结构、素质、职业等内容,从而为政府有针对性地做好外来人口管理工作提供科学的依据。

因此,为了全面准确地掌握全市外来人口的数量,确保对外来人口的统计无遗漏,北京市外来人口普查办公室于今天零时起首先对部分外来人口进行全面清点。

在京所有的外籍和港澳台人员都包括在今天凌晨的清点范围之内。

同时,所有滞留在火车站、飞机场、长途汽车站等处的外来人口及监狱、拘留所、劳教劳改场所内的全部外来人口和在京居无定所的外来人口都在今天普查的清点范围之内。

另据了解,作为此次外来人口普查工作的另一组成部分的流量调查,也将于明天(31日)0时至20时进行。

届时,中国民用航空公司华北管理局、中国联合航空公司、北京铁路分局以及与天津、河北接壤的北京市十个远郊区县的外来人口普查办公室将对进出北京市地域各交通路口、民运机场港口、客运火车站的人口进行流量调查。

据北京外来人口普查领导小组办公室常务副主任顾兖州介绍,为保证流量调查工作的顺利,10月17日,北京市十个远郊区县已经对全市近百个路口进行了摸底,并绘制了地理位置草图。

10月31日当天,北京市将出动2000人,分成三个时间段即0时至8时,8时至18时,18时至24时对进出北京市的人次、机动车与非机动车的车次进行全面统计。

作为普查的主要方式,从11月1日至8日,北京市六万多名普查员将陆续在18个区县对所有外来人口进行逐一的入户普查登记。

修改稿为：

## 北京市外来人口普查开始实施

新华社北京10月30日电　北京市外来人口普查今天零时起进入具体实施阶段。

在北京举行的我国首次大规模外来人口普查的标准时间点为11月1日零时。普查将通过入户登记、全面清点和流量清点三种方式进行。今天零时，北京市共出动四万余人，在全市近万个普查区，对不便填写普查表和居无定所的外来人口进行全面清点，即只清点人数和性别，不进行问卷登记。清点范围包括在京所有的外籍和港澳台人员；所有滞留在火车站、飞机场、长途汽车站等处所的外来人口及监狱、拘留所、劳教劳改场所内的全部外来人口和在京居无定所的外来人口。

作为此次外来人口普查工作的另一组成部分的流量调查，将于31日零时至24时进行。届时，中国民用航空公司华北管理局、中国联合航空公司、北京铁路分局以及与天津、河北接壤的北京市十个远郊区县的外来人口普查办公室将对进出北京市地域各交通路口、民运机场港口、客运火车站的人口进行流量调查。

作为普查的主要方式，从11月1日至8日，北京市六万多名普查员将陆续在18个区县对所有外来人口进行逐一的入户普查登记。

北京市外来人口普查领导小组办公室常务副主任顾宪州说，此次北京市普查的主要目的是要更加准确地掌握北京市外来人口的总量、地区分布、结构、素质、职业以及在京外来育龄妇女的生育状况等内容，为政府有针对性地做好外来人口的管理工作，为外来人口服务提供科学的依据。他希望广大在京的外来人员和北京市民解除顾虑，真实反映情况，协助市政府圆满完成普查工作。

修改稿将原稿的段落和层次进行了重新组织，把原稿中的第五、第七、第十三自然段删除，并把其余九段或合并或调整。修改稿全文共有五个自然段，每段作用明确，衔接自然，环环相扣，使新闻的层次清晰、中心突出，又能够吸引着读者顺利看完全文。

#### 5.4.2.4　分篇

分篇，就是把一篇稿件改写成相对独立的多篇稿件来发表。有的稿件内容很重要，涉及的方面较多，篇幅也较长，如果全文刊登，主题不突出，也占据大块版面甚至是一两个版，读者望而生畏而不去阅读，即便硬着头皮读了，也会因内容太多而记不住各方面的精要。此时，就可将原稿分成若干篇，每篇冠以标题，集中谈一个问题。这样，每篇稿件篇幅短小，重点突出，读者可按不同需求和兴趣，查阅十分方便，也容易留下印象，同时又可起到活跃、美化版面的作用。

2017年7月2日，《解放日报》第二版刊登了习近平主席庆祝香港回归祖国20周年大会暨香港特别行政区第五届政府就职典礼并发表重要讲话的新闻。因为原文比较长，编辑采取了分篇的方式，在当天头版刊出了四篇小文章——《庆祝香港回归祖国20周年》《始终依照宪法和基本法办事》《始终聚焦发展这个第一要务》《始终维护和谐稳定的社会环境》，每篇文章只有300多字，从而使得读者对习主席的讲话精神有了更好的把握和理解。

2017年3月15日《人民日报》推出"两会特刊",主要采取了分篇报道的方式,对"两会"进行了全息报道。编辑在按语中写道:

2017年全国两会今天结束,民主、务实、开放、节俭给人们留下深刻的印象:会场布置更简朴了,会风会纪更严格了,代表委员讨论更热烈了……

会风连着作风,反映党风政风,关乎民心民意。相信全国两会的清新之风,在今后能够化作改革发展的实干之风,让广大群众感受到越来越多的获得感。春的气息越来越浓,2017我们已经出发。

《实:报告实审议实,更要抓落实》《热:群众最关心的,讨论最热烈》《深:深入调研,深度思考》《精:以精取质,以精求效》《俭:行程紧凑了,会场简朴了》《严:会纪抓得严,履职更专心》,六篇短篇稿件报道了会场情况。《稳中求进加油干》《深化改革更有力》《多措并举扩内需》《集聚发展新动能》《增强百姓获得感》五篇短篇稿件报道了代表访谈。《四川雅安市汉源县"天梯村"索道建起来  致富路更宽》《浙江万安科技股份有限公司财务人员企业减了负  研发添动力》《湖南长沙市开福区89岁的余幼琪老人养老在社区  期盼便利多》《辽宁沈阳市从事智能制造的企业  用好互联网  转型信心足》《河北廊坊市固安县公众踊跃绿色出行蓝天保卫战  大家都参与》《新疆吉木乃县奥夏尔拜村村民关注两会福利大礼包  越来越暖心》,七篇稿件报道了两会与民生的紧密联系。这些稿件,短的二三百字,长的六七百字,主题突出,层次清晰,条理清楚,不同的读者可根据标题的提示去阅读,既节约时间,又便于理解领会。

对稿件进行分篇处理,原稿一般须具备两个条件:①内容非常重要,各方面都很有价值,如果采用压缩的方法,就会遗漏一些重要内容;②内容非常丰富,由若干个报道重点构成,它们相互联系又相互独立,分成若干篇分别表述,也不会影响受众对新闻内容的理解。

#### 5.4.2.5 综合

综合,就是将若干条内容相同,但反映范围和角度略有不同的稿件重新组合成一篇报道,使稿件取各家所长,相互补充,信息量加大,而占用的版面却很经济,以便读者通过一篇稿件看到某一事物的全貌和发展状况。采用合并的改稿方法,往往出于以下情况:①多篇稿件的材料与一个共同的主题相关,但又各有欠缺,单用难如人意,或不能同时都用,需要在每篇中选择可用的材料重新组织改写;②某些主题相同的稿件,反映的时空关系、所涉单位或强调的方面不同,为了突出这一主题,需要把同一事物、同一问题、同一活动在各条稿件中反映的不同情况,集中编辑为一条综合消息;③在一段时间内,把同一主题的连续报道综合成篇;④正反对照的稿件也可综合成对比式的综合报道,使矛盾暴露得更充分。合并时应该把原来稿件提供的信息抽象出新的、更深刻的内涵,提炼出新的主题。

2017年7月3日,《人民日报》编辑在梳理各地扶贫攻坚的新闻稿件时,把这3篇稿件综合成一篇,标题为"服务群众第一线  脱贫攻坚最前沿  党组织牵头  老百姓无忧"。文中分别用了3个小标题:"上海:一条龙  一起干  区域化党建新活力""广西:党旗下  卖山货  电商扶贫新平台""马鞍山:网格点  解难题  党组织活动新探索"。最后注明"(本报记者曹玲娟、刘华新、谢振华、朱思雄、韩俊杰、徐靖报道)",表示这是一篇综合稿。读者可以从这篇报道中了解各地扶贫攻坚所取得的成绩。

【新闻编辑实务训练】

请熟练使用下图中的文章修改符号。

| 编号 | 符号名称 | 符号形态 | 符号说明 | 用法示例 |
|---|---|---|---|---|
| 1 | 改正号 | | 表明需要改正错误,把错误之处圈起来,再用引线引到空白处改下 | |
| 2 | 删除号 | | 表明删除掉。文字少时加圈,文字多时可加框打叉 | |
| 3 | 增补号 | | 表明增补。文字少时加圈,文字多时可用线画清增补的范围 | |
| 4 | 对调号 | | 表明调整颠倒的字、句位置。三曲线的中间部分不调整 | |
| 5 | 转移号 | | 表明词语位置的转移。将要转移的部分圈起,并画出引线指向转移部位 | |

| 编号 | 符号名称 | 符号形态 | 符号说明 | 用法示例 |
|---|---|---|---|---|
| 6 | 接排号 | | 表明两行文字之间应接排，不需另起一行 | 本应用文书，语言通畅，但个别之外…… |
| 7 | 另起号 | | 表明要另起一段。需要另起一段的地方，用引线向左延伸到起段的位置 | 我们今年完成了任务。明年…… |
| 8 | 移位号 | 或 或 | 表明移位的方向。用箭头或凸曲线表示。使用箭头，是表示移至箭头前直线位置；使用凸曲线是表示把符号内的文字移至开口处两短直线位置 | 锦州印刷厂 锦州 印刷厂 |
| 9 | 排齐号 | | 表明应排列整齐。在行列中不齐的字句上下或左右画出直线 | 认真提高 提高质量印刷质量，缩短出版周期 |
| 10 | 保留号 | △ | 表明改错、删错后需保留原状。在改错、删错处的上方或下方画出三角符号，并在原删除符号上画两根短线 | 认真搞好校对工作 △ |

| 编号 | 符号名称 | 符号形态 | 符号说明 | 用法示例 |
|---|---|---|---|---|
| 11 | 加空号 | ∨∨ / ＜ | 表明在字与字、行与行之间加空。符号画在字与字之间的上方；行与行之间的左右处 | ∨∨∨∨∨∨<br>要认真修改原稿<br>加强市场调研<br>＞提高产品质量 |
| 12 | 减空号 | ∧∧ / ＞＜ | 表明在字与字、行与行之间减空。符号使用方法同上 | ∧∧<br>校对 须 知<br>＞＜校对书刊应<br>注意的问题 |
| 13 | 空字号 | ⊞ ⊟ ⊟ ⊟ ⊟ | 表明空一字距；表明空1/2 字距；表明空1/3 字距；表明空1/4 字距 | ⊞<br>第一章应用写作概述 |
| 14 | 角码号 | ▯⌒○ | 用以改正上、下角码的位置 | $CO_2$ ⌒ ² <br> $16=4^2$ ⌒ ² |
| 15 | 分开号 | Y | 用以分开外文字母 | HowYare you |

## 【思考题】

(1) 事实差错的几种表现形式是什么?
(2) 文字差错的表现形式是什么?
(3) 纠正政治性差错需要注意哪些问题?
(4) 辞章的润饰都包含哪些方面?
(5) 压缩需要注意哪些问题?
(6) 改写的方法有哪些?

## 【学习参考书目】

[1] 艾丰. 新闻写作方法论[M]. 北京:人民日报出版社,2010.
[2] 丁柏铨. 新闻采访与写作[M]. 北京:高等教育出版社,2009.
[3] 李启瑞. 我们错了[M]. 北京:商务印书馆,2011.
[4] 张骏德,周红丰,魏少华. 新闻写作学[M]. 北京:化学工业出版社,2010.
[5] 周雷. 深度写作:新闻叙事修辞学例话[M]. 福州:福建人民出版社,2009.

# 6　稿件的配置与配合

## 导言

**本章学习目标**

通过本章的学习,要求能够全面了解稿件的配置与配合的内涵、意义和种类。

**本章难点**

稿件的配置　稿件的补充配合方式

本章难点之一是稿件的配置方式,主要有同题配置、专栏配置、多主题配置、专版配置和相关配置。

本章难点之二是稿件的补充配合方式,主要有配评论、加按语、配资料、配新闻和配图片。

在报纸上刊发稿件,通常是把若干篇稿件集中在一起。这种集中是按照一定的报道意图,根据稿件之间的相互联系将稿件搭配、组织成有机的整体,使其对社会生活的反映集中、全面,对某一主题的反映充分、深刻,使报道有序易读,便于受众对报道的认识和理解。一般来说,对稿件进行搭配、组织的方式主要有两种:一种是稿件的配置,一种是稿件的补充配合。

这种情况,不仅在报纸上运用得较为广泛,在当前的新闻网站页面也是如此。由于网络的海量信息、多媒体传播以及超文本超链接的内容表达方式,网络媒介的新闻产品不仅具有平面媒介上新闻稿件可以区域集中、时间连续的特点,在稿件的编排和整合上还会采用更加复杂多样的方式,如每年的两会、重大突发事件和重大纪念日等,各大媒体所做的专题策划,都是多个角度、多种体裁、多种表现手法的新闻报道内容的整合,2018年《人民日报》所做的两会特刊(图6.1)就是新闻稿件配置的典型案例。

图6.1 2018年3月6日《人民日报》两会特刊(局部)

因此，新闻编辑在对新闻稿件进行了选择和修改之后，还需要根据稿件内容的相关性或内在联系，进行组织搭配或者补充扩展，使其成龙配套，形成相对完整的系统，为报纸版面的整体设计打好基础。

新闻传播通常是将若干篇新闻集合起来刊播的。对单篇新闻稿件的编辑工作完成以后，报纸编辑还需要思考如何将这些单稿组织成不同形式的稿群，并通过版面视觉形象传递给受众。从单稿到稿群就是一个稿件配置的过程和结果。

## 6.1 稿件的配置与配合的意义

文稿和图片组成了若干个版面，这种组成如果是随意的、自然的，那么所组成的版面就是紊乱的、无序的，就不能成为对读者有吸引力的统一的阅读单元。如果这种组成是着意的、有序的，就能很好地发挥版面的功能，成为方便和吸引读者的阅读单元。要使版面的文稿和图片井然有序且能体现编辑的意图和特点，就必须首先着手对版面的内容进行配置。这种配置分为两个层面：一层是稿件与图片等的配置，也就是各种不同表现形式的搭配，包括稿件与图片的数量、性质等；另一层则是稿件之间的搭配，包括稿件的数量和内容的搭配或分置等。

具体来说，稿件的配置与配合的意义有以下四点。

### 6.1.1 消除单稿的局限性

一个版面通常要刊登多篇稿件，但就每篇稿件，即单稿来看，都可能存在某种局限。这种局限表现在以下两个方面。

一方面，单稿是不充分的。每一篇稿件在组版之前都要进行精心的选择、修改和加工，使它尽可能达到稿件的最好面貌，但是，无论内容再丰富、形式再完美，毕竟只能是有限的内容，只能是一种表现形式。因此，从一个版面来看，单个的稿件表现总是不充分的，表达也是不完整的。任何一篇单稿在说明事物的时候，都要受到内容、体裁、篇幅等方面的限制，比如，它只能在一定的篇幅内，采用一种体裁，选择一定的角度，表现一个主题，不可能把所反映的对象的所有情况、问题等和盘托出。再比如，当读者得知一位科学家获重大科学成果奖之后，不仅需要了解有关这个事件本身的一些情况，如科学家的名字、科学成果的具体内容，以及获奖的时间、地点等，而且想一睹科学家的风采，了解科学家的成长道路，科学家的家庭生活，以及这一科学成果将对社会产生什么影响，这一科学成果的获得对于人们有什么启示等。一篇新闻显然不可能对以上问题全部做出回答。在这种情况下，单篇稿件的有限信息容量与读者多方面的认识需求就会形成矛盾。解决这个矛盾的方法，就是配置相关的稿件，组成一组稿件，使反映的内容得到扩展和深化，从而满足读者多方面的认识需求。因此，组版时对版面的内容进行配置就十分必要。

另一方面，单稿是孤立的。报社收到的稿件来自四面八方，出自不同作者之手，这些稿件都是作者在一个特定的时间内，采取特定的角度对特定事物所做的反映。因此，从反映事物的方式上看，各篇来稿都是孤立的、分散的。事实上，若对稿件加以分析，就会发现这些孤立的、分散的来稿往往存在着千丝万缕的联系。因为它们不管出自何人之手,均是现实中的人和事的真实体现,而现实中的人和事本身具有的联系性,甚至相似性,决定了新闻稿件的内在联系。比如,不同地区、行业的稿件,可能反映相同或相关的事件、问题;不同内容的稿件,可能反映的是同一领域、同一行业的事,或者在反映对象、地点、时间上具有相同的因素等。

编辑在配置版面稿件时,如果不考虑稿件内容之间的联系,将每一篇稿件分散地、孤立地刊登出去,让读者通过自己的思考和分析,去发现稿件之间可能存在的联系,就势必花费读者较多的时间和精力,甚至部分读者会放弃对这种联系性的认识和理解,新闻稿件的价值就得不到充分发挥;而如果编辑在配置稿件时,发掘出稿件之间的联系,并根据需要进行有意识的组合、补充、排列,以统一的形式刊登,这样组织起来的版面,读者就比较容易把握稿件之间的联系,对稿件所反映的内容也就容易有统一、全面的理解,使新闻的整体效应得到发挥。

### 6.1.2 增加组合效应

系统论原理告诉我们:"整体大于孤立部分之总和。"因为整体能发挥各组成部分之间的关系所蕴含的潜能,这是各孤立的组成部分所不具有的。一个版面由若干稿件所组成,如果能将多篇稿件结合成整体,也就可产生孤立的单篇稿件相加所不能具有的传播效果。这种组合效应的取得,有赖于编辑精心配置稿件,使稿件在与其他稿件的配合中获得思想内容和表现力的提升。2010年12月5日,四川和贵阳发生草原大火和网吧爆炸这两起火灾事故,若每篇稿件单发都可以,但在12月6日,多家报纸却将它们进行组合编排,其效果更令人警醒。

新华网贵阳12月5日电(记者江毅、党文伯) 记者从四川甘孜藏族自治州人民政府应急办了解到,12月5日12时30分左右,位于甘孜道孚县鲜水镇孜龙村呷乌沟突发草原火灾。目前已造成22人死亡,1人重伤,截至记者发稿时为止,火势仍暂未扑灭。

新华网贵阳12月5日电(记者李忠将、杨洪涛) 5日,贵州省凯里市网吧爆炸事件的原因已初步查明,为网吧隔壁一出租屋内存放的危险化学品发生爆炸引发。目前,这起爆炸事件已造成6人死亡,38人受伤,其中9人重伤。

### 6.1.3 凸现版面个性和特点

报纸每个版面都是报纸的一个局部,每个版面在报纸总的编辑方针指导下,对自身的内容、任务、特点等均有明确的规定。正是这种规定,使一个版面能与其他版面区分开来,表现出自身的个性。各个版面的个性不仅需要通过具体的一篇篇稿件来体现,而且需要通过稿件之间的配置来表现。因为只有通过版面稿件的配置,才能使分散、孤立的稿件组织起来,丰富起来,从而使一个版在整体上而不仅仅是在局部上显示个性。

报纸的新闻版面不止一块,有要闻版,还有本地新闻版、国内新闻版、国际新闻版和体育新闻版等,它们按照一定的结构组合成报纸最重要的部分,而进一步看,版面也不是最小的元素,因为版面里面还有栏目,有稿件。新闻稿件才是组成新闻产品的最小的元素。新闻稿件的组织结构和组织方式不同,表现出的版面风格、专栏特色也就不同。

### 6.1.4 突出新闻传播的时代特点

在现代社会,随着科学技术的日益综合化和信息日益社会化,人们的认知特征和认识手段愈来愈注重整体性,即从整体上去认识和把握事物,这必然给现代的读者带来对新闻传播的新的要求。因此,在现代新闻传播中越来越重视配置传播的方式,特别是合理的、优化型的配置传播,已成为现代新闻传播的重要形式。所以,对版面内容进行配置是现代传播的重要形式,是现代传播不可缺少的工作。有人称这个工作为版面"策划"。

新闻稿件配置与配合主要由稿件的配置和稿件的补充配合两方面组成,下面将对这两个方面分别加以介绍。

## 6.2 稿件的配置

稿件的配置,就是把存在着某种联系的若干篇稿件在版面上进行集中编排。

对于一个版面来说,这种组织包括两个方面:一是局部的组织,二是全版的组织。

前者是要使一个版面相关的稿件配置成统一的稿群,使相关的稿件之间的联系能凸现出来,增强稿件间的凝聚力,同时也与其他单稿或稿群区别开来。2015年2月19日《河北日报》头版头条用"新春走基层·京津冀共团圆"这一栏题组织四篇稿件。设计者以四个1/4圆的图片组合结构视觉中心,呼应报道内容,将"河北人在天津""河北人在北京""天津人在河北""北京人在河北"四篇稿件有机整合;四个1/4圆的外弧巧妙交错避免了整圆设计的呆板,体现着设计者对细节的把握,整篇报道图文并茂,占据版面的近2/3(图6.2)。

后者是使全版形成统一的稿群,从总体上得到有序化的表现。2017年8月1日,《宁夏日报》第五版用整版报道为庆祝建军90周年7月30日在朱日和训练基地举行的阅兵活动,设计者在版面的上下部各刊发一幅阅兵的全景图,又在版面的中部分别配发空军、陆军、海军的图片,气势恢宏,令人领略到人民军队的崭新风采(图6.3)。

图6.2 局部的配置

图6.3 全版的配置

### 6.2.1 同题配置

同题配置，也叫同题集中，就是将相关的若干篇稿件放置在同一个标题之下，作为一个整体集中发表。

#### 6.2.1.1 同题配置的方式

同题配置，其明显的表现形式就是几篇稿件共有一个标题。同题配置的稿件原来每篇都有自己的标题，运用同题配置时一般不再将每条标题单独列出，而是以一条标题统领所有的稿件，这样可以突出稿件之间的共同的主题。稿件之间的相关性包括同一主题、同一内容、同一对象等多个方面。正是因为稿件之间存在多方面的相关性，相应的也就有了以下四种配置方式。

（1）联合。即把围绕报道同一内容或同一主题的几篇稿件放在同一个标题下面发表。运用这一种配置方式，目的是为了突出其中同一的方面。如几条分别报道几个地方欢度同一节日的稿件，就可以放在同一个标题下面发表。这样就可以使分散的稿件集中起来，使欢度节日这一内容突出出来，更易引起读者的注意。如果把几条内容不同的稿件放在同一个标题下发表，则必须能从这些稿件中提炼出一个共同的主题来；如几篇分别报道几个地方有的抗旱有的抗洪的稿件，则可以提炼出"与天灾做斗争"的主题来，把它们进行同题配置，更容易使读者了解到各地群众不怕困难不惧艰险与天灾做斗争的情况。运用这种配置方式，稿件安排的顺序一般是相对重要的在前，相对次要的在后。

（2）连续。即把围绕报道同一事件不同发展过程的几篇稿件放在同一个标题下面发表。这一配置方式，使读者容易了解事件发生、发展的全过程从而形成一个完整的印象，以帮助读者理解新闻的内容。新华网2017年5月25日刊发了下面一组新闻报道。

**这五年，习近平的扶贫足迹**

从黄土高坡到雪域高原，从西北边陲到云贵高原，他风雪兼程，几乎走遍全国14个集中连片特困地区。他对贫困群众念兹在兹、心有牵挂。

近五年来，30多次国内各地考察，几乎每次都提到扶贫，超过25个重要场合对扶贫开发工作做出重要指示。

党的十八大以来，以习近平同志为核心的党中央把脱贫攻坚作为关乎党和国家政治方向、根本制度和发展道路的大事，扶贫开发成为实现全面小康社会的底线目标。

编辑安排了13篇稿件，盘点了习近平主席从2012年到2017年的扶贫足迹，分别报道了习近平主席到河北阜平县、湖南湘西花垣县十八洞村、内蒙古兴安盟阿尔山市伊尔施镇、贵州遵义县枫香镇花茂村、江西井冈山市茅坪乡神山村、安徽六安市金寨县花石乡大湾村、宁夏银川市永宁县闽宁镇原隆移民村、青海海东市互助土族自治县五十镇班彦村、河北张家口市张北县小二台镇德胜村等地考察扶贫工作，并且配发多幅新闻照片，使得整个报道条理分明，清晰完整。

(3) 评述。即把围绕报道某一事件以及对这一事件反映的几篇稿件放在同一个标题下面发表。几篇稿件都围绕同一事件,如2017年当地时间10月1日晚,美国拉斯维加斯一音乐节发生枪击事件。事件发生后,人民网以《美国拉斯维加斯一音乐节发生枪击事件》为大标题,后面配置了多篇稿件,分别为《习近平就拉斯维加斯枪击事件向美国总统特朗普致慰问电》《美国枪手女友:我对他策划拉斯维加斯枪击案毫不知情》《本网记者专访美枪击案亲历者:以为自己下秒就死了》《献爱心帮助受害者!美国赌城枪案募捐超98万美元》《特朗普下令美国降半旗致哀 并赴拉斯维加斯探望》《美枪击案后假新闻满天飞 获脸书推广、登谷歌重点新闻》等,从多个角度报道这一事件产生的结果或影响。

(4) 对比。即把围绕报道具有可比性或参照性内容的几篇稿件放在同一标题下面发表。具有可比性,是指几篇稿件虽然反映的内容、事件不同,而且具有矛盾性质,但可以提炼出一个共同的主题。把它们配置在一起,使其矛盾性质更加突出,对比更加鲜明,具有更强的说服力。如两篇分别报道某单位负责人××廉洁奉公受到本单位群众广泛赞扬,和某单位负责人××因贪污受贿受到法律严惩的稿件,即可以配置在一起,一褒一贬,对比鲜明,引人深思。具有参照性,是指几篇稿件虽然反映的是同一事件,但消息来源不同。把它们配置在一起,互相参照,便于读者从各个角度了解这一事件,并发现它的真相,以做出正确的判断。运用这一配置方式,稿件安排的顺序一般是肯定(表扬)的在前,否定(批评)的在后。

#### 6.2.1.2 同题配置的评价

需要强调的是,同题配置的方式具有明显的优点。

一是能够增强稿件的表现力。各篇稿件从不同的角度,集中反映一个统一的主题,通过标题把这个主题揭示出来,并通过标题反映稿件之间的内在联系,使读者对报道内容之间的联系一目了然。

二是避免重复,节省版面。如果单发,每条新闻一般都要有单独的标题,如果是报道同一件事,标题就有可能重复,这样就会占据较多的版面。采用同题组合的形式,不仅可以避免重复,所占的版面也少,而且也有利于充分利用版面。

三是便于阅读理解。内容有联系的稿件放在一个标题之下,稿件之间的凝聚力就大大增强了,有时竟可以把它们视为一篇稿件,或者是一篇稿件的扩大或延长。标题将它们之间相互联系的一面清楚地揭示出来,读者就可以连接地来阅读,避免因分散编排而造成阅读的中断,阅读比较方便;同时,读者在阅读时还可以相互参照,且有标题的引导,对稿件反映的内容容易获得完整的理解。

四是报道主题得到升华。在没有适合头条地位的单篇稿件时,把若干篇主题相关的稿件归并在一起,同样可成为一组较有分量的报道,起到撑起整个版面的作用。

同题配置可以通过稿件的巧妙配合,以及标题的点睛,而使稿件的表现力得到升华。但应该说明的是,并不是内容有关联的所有稿件都要同题配置,因为同题配置虽有它的长处,在某种情况下也有其缺陷。

一是它将若干篇稿件集中编排,每篇稿件的重要性因此不能充分体现。所以,几篇同样十分重要的稿件就不宜合编在一起,而宜单发。

二是多篇稿件连排,篇幅易长,版面容易显臃肿。同时,标题相应减少了,版面也会因此而缺少变化,显得呆板。所以,运用同题配置稿件的方法,要注意对配置的稿件进行必要的压缩,将相互重复的内容删去。

总之,是否采用同题配置的形式,应视具体情况而定。

### 6.2.2 专栏配置

专栏配置是以专栏的形式对稿件进行合理配置,是充分利用稿件间的内在联系,最大限度发挥稿件潜能的重要手段。

专栏同头条、言论一样,是支撑报纸版面的三大支柱之一。一些著名的专栏往往能成为报纸的标志。一家报纸的巨大影响力往往同在广大读者中享有盛誉的专栏紧紧联系在一起。《人民日报》的《今日谈》、《北京晚报》的《燕山夜话》、《羊城晚报》的《街谈巷议》、《新民晚报》的《未晚亭》、《河北日报》的《杨柳青》、《中国青年报》的《冰点》等影响深远,为其载体起着增光添彩的作用。所以,办好专栏,对于创造并保持报纸的特色、扩大报纸的影响具有重要的意义。

#### 6.2.2.1 专栏的概念

人们对专栏的认识通常有两种:一种认为专栏是由若干具有共同性的稿件所组成的自成格局版面;另一种认为专栏是一组具有共同性的稿件,通常占据局部版面且自成格局。两者的着眼点不同,一个在版面,一个在稿件,但在构成专栏的要素问题上两者又是相同的。我们认为,专栏是由若干具有共同点的稿件所构成的自成格局的局部版面。利用专栏这种形式组织稿件,是目前我国报纸经常采用的一种编辑方法。

一般而言,专栏有三个显著特点。

(1)组成专栏的稿件之间必有共同性。组成专栏的稿件存在着共同一致的地方,这种共同性有多种表现,比如具有相同的主题、相同的内容、相同的视角、相同的特征、相同的新闻要素、相同的体裁等。总之,这些稿件一定是在某种共同性下组织起来的。

同一主题,如《人民日报》的《人民论坛》专栏,每期一篇稿件,均是及时、紧贴现实而挖掘深刻的评论稿;《中国青年报》的《冰点》栏目,均是通过一个独特的视角写普通而不平凡的人和事。

同一体裁,如《光明日报》的《光明论坛》专栏,均是时新及时、紧贴现实而挖掘深刻的评论稿;《人民日报》的《今日谈》专栏,每期一篇,都是小言论。

同一来源,如各家报纸大都设有的《读者来信》专栏,稿件来自报纸的广大读者。稿件的共同性,是组成专栏的首要条件。

(2)专栏在整个版面中自成格局。专栏在版面上相对独立,其特征是有栏目或总标题。栏目即专栏的名称,像《今日谈》和《读者来信》等。

总标题是专栏中所有稿件的共同的标题,它与同题组合不同的是,专栏中的稿件除了有共同的标题之外,一般另有各自的标题,各篇稿件相对独立性较强。同题组合中的稿件除了共同的标题之外,不再有各自的标题,相对独立性较弱。

栏目或总标题可以同时存在,也可以单独存在,但是二者必居其一。专栏的周围要用围框、勾线等形式,自成格局,将专栏同其他稿件的版面区别开来,有时一些连续性专栏在版面的位置相对固定。比如,《人民日报》的《今日谈》通常放在头版的下半版。同一版其他稿件的位置是不固定的,而这个专栏的位置是相对固定的,这就很明显地与其他稿件显示出区别来。如果不自成格局,即使是一组有共同性的稿件,也不能称其为专栏。

其他媒体的专栏其编排形式也各有各的特点。比如中央电视台《焦点访谈》栏目从1994年开播以来,播出时间固定在每晚19点的《新闻联播》之后,定位于"时事追踪报道、新闻背景分析、热点社会透视、大众话题评说",其舆论监督报道深受广大受众好评。又如人民网的《强国论坛》以主题鲜明、言论活跃而著称,被誉为"最著名的中文论坛"。

（3）专栏是版面的一个局部。从版面上说,专栏只是版面中的若干栏,是版面的一个局部。如果一组有共同性的稿件占据的不是局部版面,而是整个版面或绝大部分版面,这就是专版,而不是专栏。

#### 6.2.2.2 专栏的分类

专栏按照不同的分类标准,可以划分为不同的类型。

按内容分,有专一性的专栏、综合性的专栏。前者只刊登某一方面的内容,如只刊登新闻,只刊登言论,或只刊登知识性稿件;后者是多种内容兼收并蓄,往往集新闻、议论、知识性稿件等于一个专栏。

按传播方式分,有单向告知式专栏、双向问答式专栏、多项讨论式专栏。单向告知式专栏是作者单纯向读者传播事实或观点,稿件之间并无直接的联系。双向问答式专栏是针对读者关心的某些问题,有问有答,如刊登读者来信来电,同时刊登专家的解答,一些报纸上的《读者信箱》就是此类专栏。多项讨论式专栏是针对某些有争议的话题,同时刊登各种不同意见的稿件。利用专栏讨论当前的迫切问题,既有利于引导舆论,又为读者所喜闻乐见。这种形式正被愈来愈多的报纸所采用。

按刊期分,有连续专栏,也有非连续专栏。前者可以连续几天,也可以连续数月甚至更长的时间;后者则只见报一次。

按作者分,有固定专栏,也有非固定专栏。比如,"文化大革命"前《北京晚报》的著名专栏《燕山夜话》,是由马南邨（邓拓）一人撰写的,《人民日报》的著名专栏《长短录》,则是由夏衍、廖沫沙、唐弢、吴晗、孟超五位老作家执笔的。近年来,我国报纸上个人署名的固定专栏日渐增多,有的已成为报纸的名牌产品。有的专栏的作者是不固定的,如《人民日报》的《今日谈》专栏就是如此。专门撰写专栏文字的作者,在国外被称为"专栏作家"。

按专栏存在的时间来分,可分为固定性与临时性（非固定性）专栏两种。固定性专栏一般有固定的名称、固定的版面位置、固定的见报周期和固定的编排形式,前面列举的专栏都属于这一类。这里所说的固定是相对的,而不是绝对的。有时,它会随着稿源情况和实际需要的改变而改变其周期、位置或形式,甚至撤销。它一般存在一个较长的时期或相伴报纸于始终。如《人民日报》的《今日谈》,从1980年开办以来,一直不间断地出现在报纸上,至今仍然是该报的一个重要专栏。临时性专栏主要是根据稿件情况和报道意图组版时临时编排设置。它可以存在一个较短的时期,也可以只出现一次。如《各地欢度元旦》这样的专栏,只在元旦期间存在。

按专栏的稿件构成分,可分为单一性专栏和集纳性专栏两种。前者只收一篇或两篇稿件,而后者则收多篇稿件。

单一的专栏是一栏一文式的,每期只发一两篇稿件,具有连续性（定期或不定期）和稳定性,稿件的共同性在连续中显示出来,栏目的设置较为固定,必须从长计议,不能临时设置。许多大报的言论专栏多属此类。如《人民日报》的《今日谈》《人民论坛》、《中国青年报》的《求实篇》《青年评论》、《光明日报》的《光明谈》《光明论坛》等。

集纳专栏是由多篇稿件集合而成。集纳专栏又可分为连续性与非连续性两种。

连续性的集纳专栏,共同点是通过集纳和连续两个方面表现出来,它兼有单一专栏的特点,其设置也必须从长计议。这种专栏一般在报纸策划时就已经确定了,它在报纸版面上的位置相对固定,是报纸风格和特色的一个重要表现。比如《新民晚报》专栏已经成为该报的显著标志,如《今日论语》《未晚潭》《蔷薇花下》《月下小品》《社会故事》等由来已久,在某种程度上成为读者百看不厌的"老面孔"。

非连续性的集纳专栏,共同点是在集纳中表现出来。一般较灵活多变,视稿件的具体情况随时设置。这类专栏一般都是报道型专栏,是日常组织稿件的一种重要形式。如《中国青年报》在2017年7月19日设置的《知新》专栏,容纳了三篇稿件:《大公司耍小计谋》报道了谷歌直接参与论文撰写,资助了329篇学术论文;《老敌人有新动向》报道了世界卫生组织在全球77个国家开展调研,发现51个国家开始出现头孢治疗淋病失效的案例;《黑科技治白血病》,报道了6岁的美国小女孩艾米丽·怀特海德接受基因改造疗法治疗白血病。这三篇稿件包含科研、卫生、医疗等领域新闻,配置在一起,内容丰富,信息含量比较大。又如2017年10月4日是中秋节,《人民日报》次日头版设置了《花好月圆 家国兴盛》这一临时性专栏,该专栏包含两张图片、两篇报道和一篇评论,两张图片分别是舞龙队成员在江苏南通市啬园进行传统民俗舞龙表演与河北唐山市丰润区来自英国、印度、孟加拉国的外教老师和当地的孩子们一起制作月饼,两篇报道分别是《月圆人团圆 情是中秋暖》《双节喜相逢 旅游新体验》,一篇评论是《当"中国节"变成"世界节"》,既是综合性,又是临时性的集纳专栏。

我国新闻界为了区别单一性专栏与集纳性专栏,有时称前者为"小专栏"。

不论分类方法有多少,作为报纸编辑,需要了解并掌握各种专栏的特点,以便在编排版面、配置稿件时能够熟练运用。

#### 6.2.2.3 设置专栏应该注意的问题

(1)栏目或总标题要与稿件内容相一致。固定性专栏一般是根据栏目对内容的要求去选择稿件;临时性专栏一般是根据稿件的内容确定栏目或制作总标题。栏目或总标题同稿件必须做到"题文一致"。

"题文一致"在这里的含义是:栏目或总标题必须涵盖所有稿件的内容,并且所有稿件的内容一定要满足栏目或总标题涵盖面的要求,如栏目或总标题定为"科技之花",那么所有稿件的内容就应该是科技成果一类;如果栏目或总标题定为"科技之窗",那么稿件的内容就应该包括科技成果及科研动态;同时,确定的栏目,要能准确表达报纸编辑的意图,且含义明了,能帮助读者加深对稿件内容的理解,否则就起不到栏目应起的提示和引导作用。另一方面,要实现"题文一致",除对栏目的内涵准确把握外,还要避免所定栏目不宜太"专"太"宽"。专栏空间的过度窄小,会造成稿件难选,稿件内容极易突破栏目的包容度。专栏空间过度空旷,会使稿件不符合专栏的本来含义,还容易造成"小孩穿大衣服"的怪现象。所以,专栏应既具有"专"的特点,又有适当宽的包容度。

(2)一般说来,专栏中的所有稿件必须短小精悍,没有长篇大论,切忌长短悬殊。专栏在版面上只是一小部分,在集纳性专栏中又要容纳数篇稿件,因此不允许长篇存在;而且就其重要性来看,一般都是相对次要的稿件,也不适宜篇幅太长。所以每篇稿件都要简短,只有三五百字甚至几十个字,没有多方面的铺陈,不交代来龙去脉,一般只是写出最能反映实质的一点或一个片断。

(3)非特殊情况,内容重要的稿件不宜安排在专栏之中,时效性强的稿件不宜放在专栏之中。专栏由一组稿件构成,并且每篇都短小精悍,在版面上只占一小部分区域。虽然它有时能够担当头条的重任,但其声势和力量是由其整体显示出来的,因此,内容重要的稿件如果放在专栏之中,只能作为整体中的一部分存在,不易突出出来。一般来说,组织专栏要等待稿件,尤其是见报周期较长的固定性专栏,还要等待见报时间。所以,时效性较强的稿件如果放在专栏里,会失去其新闻价值而成为"明日黄花",因此,内容重要的稿件、时效性强的稿件要单独发表。

(4)对集纳性专栏的稿件的选择,要有同有异。即是说,在保证具有某一方面共同性的基础上,在其他方面如体裁、角度、内容等方面尽量做到多种多样。比如上述的《中国青年报》的《新知》专栏,体裁多样、角度新颖、内容丰富,对读者很有吸引力。

### 6.2.3 多主题配置

多主题配置的外部特征与同题配置大致相似,也是几篇稿件集中在一起。不同的是,同题配置的几篇稿件共有一个标题,主题一般只有一行,用以突出重要内容,另有辅题用以兼顾各篇稿件内容;多主题配置的几篇稿件,虽然所有标题放置在一起,形同一个标题,但是每个标题都有相对的独立性,而且没有主次之分(如果稿件篇幅较多,个别次要稿件也可不设立标题或者几篇稿件共用一个标题)。在版面上表现为字体、字号相同,而且字数一般也相等。

多主题配置的条件,依然是稿件之间的某种共同性。不过,它对共同性的要求,不像同题配置那样严格,但一般是同一类事件或同一事件。如几篇稿件各报道一个事件,而且发生地也不同,但反映的属于同一类事件,即可运用多主题配置方式编排。2013年8月16日《人民日报》头版头条推出多主题配置新闻,用一个大标题《狠刹奢靡风 各地在行动》统领四篇稿件,每篇稿件都有自己的标题,并且这四个标题的字体、字号相同,字数相等。

**狠刹奢靡风 各地在行动**

**不请大腕 不放焰火**
**十二运开闭幕回归体育**

本报沈阳8月15日电(记者孙健、何勇) 记者从第十二届全运会组委会获悉:将分别于8月31日和9月12日举行的第十二届全国运动会开、闭幕式,均不请一位明星大腕、不燃放一支焰火;按惯例举行的大型团体操也将取消。开、闭幕式总预算仅为原预算的1/10。

辽宁省政府有关负责人介绍,中宣部等五部门联合发出通知,制止豪华铺张、提倡节俭办晚会,辽宁将在第十二届全国运动会开、闭幕式中严格贯彻执行,开创一个节俭办会的新风。

十二运开、闭幕式负责人说，本届开幕式放在白天举行，取消了文艺演出和焰火燃放环节，突出群众体育、全民健身理念，从设计到呈现都以"回归体育""回归群众"为主题。据悉，十二运开幕式只有2个小时，比以往大大压缩。传统的代表团入场、点燃火炬等程序不变，展演部分只有23分钟，四个节目全部是全民健身展示，包括行进队列、太极武术、广播体操和健身操，均为在校大学生，每一部分团体演出不超过1000人；中间还将穿插轮滑、踢毽、独轮车等群众体育表演。

取消晚会　简化仪式<br>广西钦州合办四大活动

本报南宁8月15日电（记者王明浩、庞革平）"今年的中国·钦州蚝情节，我们决定取消开幕式文艺晚会，不邀请'大腕''明星'参加，并将四大活动合并举办。"8月15日，在钦州蚝情节新闻发布会上，广西钦州市委常委、宣传部长、副市长徐贵宣布这一决定。

中央提出反对"四风"的要求后，特别是中宣部等五部门联合发出通知后，钦州决定取消开幕式文艺晚会，代之以10多分钟简短而隆重的仪式。钦州还决定"蚝情之夜"系列活动，与第五届中国美术陶瓷技艺大赛、中国—东盟（钦州）船艇展和2013亚洲水上摩托城市公开赛中国·钦州总决赛四大活动一同举办，可节省嘉宾邀请、接待等费用100多万元。

钦州蚝情节节省下来的400多万元资金，将用于民生工程项目和文化惠民项目。目前，全市979个行政村已建成村级公共服务中心文化综合楼164栋、文艺舞台164个、篮球场424个，组建农民篮球队234支、农民文艺队190支，建有农家书屋979家。

省去形式　增加内容<br>长春农博会无开闭幕式

本报长春8月15日电（记者刘文波）　8月16日开幕的第十二届中国长春国际农业·食品博览（交易）会取消了开幕式，10天后也不会有闭幕式，不举办招商引资项目说明会暨签约仪式，而把更多资源投入展会本身，使展会更为实际和丰富，参观的市民和农民朋友将有更多便利和收获。

"本届农博会取消了开闭幕式，邀请的嘉宾数量也大大减少。"长春农博园副主任肖建伟说，这并不意味着农博会质量和档次下降，与上届相比，本届展会新增设台湾特色农产品展、国内外名优企业展、全国地标性农产品展，吸引国内近300家大型农业企业、农业产业化企业，西班牙、泰国、巴基斯坦、缅甸等国外40多家企业。展会期间还将组织专家咨询、科普大讲堂、农业科普知识大赛等相关活动。展会取消了招商引资项目说明会，但通过其他各种途径和方式组织了更多的商家参会，实际上促进了农博会的经贸活动。

缩减经费　因地制宜<br>张家界音乐周精打细算

本报张家界8月15日电（记者于洋）　山水为背景，田园为舞台。由文化部和湖南省人民政府联合主办的"2013张家界国际乡村音乐周"将于8月31日举行，本着"简朴隆重、影响深远"的原则，该音乐周因地制宜，充分利用张家界天然的山水和现有的舞台等为场地和背景，大幅减少搭建舞台等方面的开支；同时精减一些花钱多但又影响小的活动项目，大大降低成本和开支。

该音乐周是在我国举办的唯一国际性乡村音乐盛会,创办于2009年,每两年举办一届。为贯彻中宣部等五部门节俭办晚会的要求,本届音乐周在财政支持的经费上较上一届大幅缩减近2/3,并提出降低接待标准和接待费用等要求,让音乐周真正贴近市民和游客。据了解,本届乡村音乐周将有32支国内外音乐团队参加演出,而节约办会、简朴隆重也将成为本届音乐周的一大特色。

### 6.2.4 专版配置

专版配置是利用稿件间的相互关系对稿件进行组合配置的一种方式。它同专栏组合极其相似,都由一组具有共同性的稿件所组成,也有栏目(专版的名称,也可叫作版目)或栏题。所不同的是,它占据的是整个版面,更易发挥整体优势,有较大的声势和力量,而专栏则占据版面的局部。

专版是由若干有某种共同性的稿件所组成的,在一期报纸上具有相对独立性的整个版面,也称专页。

常见的专版往往用于表示版的分类,如国际问题专页、读者来信专页、美术作品专页等,这种是比较固定的,多数还是定期的。有的专页是以某一事件、问题为共同点进行组织的,多因时而作,不是固定的,通常是一次性的。

在报纸上经常运用的专版,主要有两种类型:固定性专版和临时性专版。固定性专版,有固定的名称、固定的版面、固定的见报周期和固定的形式。固定性专版是为配合报社在某一较长时期的报道需要而设置,一般存在一个较长的时期。相对于专栏来说,专版容纳的稿件更多,所占的版面更大。所以,设置固定性专版,必须经过认真的研究和缜密的考虑。而临时性专版,有的只出现一次,有的存在一个较短的时期。存在一段时间的临时性专版,一般是为配合当前宣传中心而设置,往往用带有鼓动性的通栏标题作为栏题。《人民日报》在2016年里约奥运会期间,增设了临时性专版《奥运特刊》,收到了很好的效果。

近年来,随着新闻事业的迅速发展,各大网站纷纷设立专题报道。网络专题是网络媒体的一种重要表现形式,它通常围绕某一特定主题,设计固定的专题页面,进行图片与文字、即时新闻与相关资料(有时会有音视频)的全方位的集中报道。由于网络专题在内容上能对某一主题做较全面、详尽、深入的反映,在形式上可以集中网络媒体的各种表现手法、技法之大成,因而它被认为是具有网络媒体特色,最能发挥网络媒体优势的表现形式。网络专题充分调动了各种资源,是稿件组合配置的集大成者,对新闻编辑的能力要求也相应提高。

### 6.2.5 相关配置

相关配置是通过版面手段体现稿件之间相互关系的一种对稿件的编排方式,它也是设计版面时运用最为广泛的一种稿件配置方式。具体来说就是,根据稿件间的外在或内在联系,将稿件集中在版面的某个局部、某个版面、一期报纸或一个时期的报纸上发表。这里说的外在联系指的是,同一体裁如消息、通讯、言论等,或同一来源如国际、国内等;内在联系指的是,同一内容如工业、农业、文教、卫生等,同一主题如抗洪救灾、改革调整等。

稿件较少,可以安排在版面的某一局部,如2017年1月2日《光明日报》第三版国际新闻版的左上区域,配置了《土耳其跨年夜发生严重恐袭事件》《新年恐袭枪声的警示》《多国谴责土耳其跨年夜恐怖袭击》三篇稿件,让读者对土耳其的这次恐怖袭击事件有一个比较全面的了解。如果稿件较多,可以用专版或专刊的方式处理,2017年3月3日,《人民日报》推出两会特刊(第九~十四版),各个版面的报道主题分别是"总书记两会声音""清风扑面看两会""满怀信心抓落实""两会关系你我他""两会融传播 唱好好声音""两会融报道 满目新装备""说说我的融故事",从而有助于读者更全面地了解两会的信息。

有时按照报道计划,在一段时间内重点报道某一内容或宣传某一主题,那么在这段时间的报纸上可以对这类稿件集中安排,如《人民日报》从2017年8月7日开始在工作日的第九~十六版推出《砥砺奋进的5年 迎接党的十九大特别报道》,截至9月19日共推出32期256个版的专版报道,内容权威、版面鲜活,融媒体元素吸引读者关注。

需要注意的是,这些稿件之间虽然存在某种联系,但是各自都有较强的独立性,一般不做专栏配置或同题配置处理。

## 6.3 稿件的补充配合

稿件的补充配合,也叫发展稿件,是根据稿件内容和实际需要,补充新的稿件与原有稿件配合发表,用于对原稿的内容进行论证、补充或解释。

做好稿件的配合是丰富、深化版的思想内容,提高版的可读性的重要手段。配合稿件的目的有两个。

(1)为了深化、强化报道。一篇单独的稿件主要向人们提供事实的表象,若配上一篇评论则可说明事实发生的原因,揭示事实所蕴含的社会意义,并引导人们正确对待它。配上资料,可让读者了解事件的来龙去脉、历史背景。若配上图片,则可为读者提供生动直观的形象。一组稿件的配合,不仅可以深化报道,还能形成版面强势,使传播效果得到强化。

(2)为了帮助读者理解。稿件中有些内容,如专业性很强的术语、一个陌生的地名等,往往需要借助于解释、补充,读者才能完全理解,没有这些解释、补充的材料,读者阅读就会有一定的困难,通过配合稿件提供各种材料,就可以帮助读者消除这种困难,使读报变得容易些。

### 6.3.1 配评论

配评论,就是为重要的新闻稿件配发简短的言论,配合新闻稿件的评论要根据报道内容立论,并且要起到深化报道主题的作用。

新闻是对最新变动的新闻事实的报道,新闻报道的长处在于能够叙事,短处在于难以说理。评论的长处恰恰在于说理。它通过分析、论证的方法来揭示隐含于事实之中的思想、道理和规律。因而,配评论可以补新闻之不足。

评论在各类新闻媒介上都是经常被运用的一种文体。它们有些是单独发表的,有些则是配合新闻发表的,后者称作配置评论,这种评论的优势在于:评论的主题直接来自于同时发表的新闻,是借新闻发挥观点,就事实说明道理,做到了虚实结合、事理相济,读者有新闻事实做参照,对评论的观点就比较容易理解和接受。

经常与新闻报道配合发表的评论包括社论、本报评论员文章、短评、编者按、编后、个人署名评论等。

社论是直接代表报纸发言的,是报纸的旗帜。在评论的各种形式中,它属于"重武器"。评论带有方向性、根本性的重大问题,往往配发社论。

本报评论员文章是不写具体人名的署名评论,形式上不直接代表编辑部发言,但实际上表述的是编辑部的观点和态度,其权威性仅次于社论,篇幅可长可短,议题上比较自由,通常是用来评论一些具有重要意义的事件或问题。

短评代表编辑部发言,篇幅短小,内容单一,通常为一事一议,阐明一个道理或一个观点,属于评论中的"轻骑兵",在与新闻的配合上运用得最为普遍。

编者按是最短的评论,也是代表编辑部而非代表编者个人发言,但以"编者"的身份出现,既具有一定权威性,又具有一定灵活性。编者按与社论、短评等不同,一般不展开论证,而只是点出问题的实质、症结和需要读者注意的问题。编者按没有标题,置于题下文前,也可穿插于文中,就文中的某一段甚至某一句话发表评论。当然,这里所说的编者按是指评论性编者按,编者按除了评论性的之外,还有说明性的、解释性的。

编后,就其写作形式而言,是介于编者按与短论之间的一种评论形式。可以有题目,也可以没有题目。它有所论证,但极其简明。编后往往侧重于从新闻中提出一些值得深思的问题,使读者在阅读新闻之后能举一反三,获得某种启示和教益。

个人署名评论,其写作比较自由,议题可大可小,篇幅也可长可短。个人署名评论的特点是评论者的身份是个人而不是报纸编辑部,因此具有更多的灵活性。

配哪一种形式的评论,要视具体情况而定,很难规定一个固定的模式。

什么样的新闻需要配发评论呢? 关键是看新闻是否具有评论价值。所谓"评论价值",是指一件事或者一种现象所蕴藏着的足以构成评论的各种特质(政治性、新闻性、指导性、群众性)的总和。一般来说,一条新闻是否需要配评论,可以从两方面来考虑:一是看新闻报道所提供的事实是否具有普遍性、代表性,是否受到党和政府的高度重视,为人民群众普遍关心。二是看新闻报道自身的需要,如新闻报道自身已能较好实现传播意图,就没必要再浪费口舌了。

具体而言,新闻报道配发评论要注意以下三点。

(1)新闻评论要立足于新闻报道。配发的评论要根据报道的内容来立论,评论的分析说理要以报道中的事实作为根据和例证。即评论需要从报道中借题。借题最重要也是最难之点在于要知道从何立论。这需要编辑具有大局意识,能以与稿件内容相关的事物的全局、社会的全局作为参考系来考察、判断事物的性质和意义。没有大局意识,目光局限于稿件本身,判断缺少依据,就难免失准。

(2)新闻评论要深化报道。评论要就实论虚,要依托于报道但不能局限于报道,而要有所深化。怎么深化? 评论的特点在于说理,而要说理就离不开分析,分析的目的在于使人们不仅知道这一事实,而且认识这一事实。为此就需要通过历史的或逻辑的分析进一步揭示事实的性质、地位、意义,说明事物的因果关系并指明人们应该采取的态度。具体来讲,这种分析可以从全局的角度,分析评价报道中的事实,可以从历史的角度来分析事物的现状,也可以从理论的角度来分析事实的本质。

(3) 配发的评论篇幅不宜过长,一般情况下不应长于它所依托的新闻报道。

现在,许多报纸为新闻配发评论,不但见报频率高,而且纷纷推出各式各样的小专栏,如《经济日报》经常对头版头条新闻配发《编辑短评》,在第二版还经常对头条新闻配发《今日话题》,这两个小栏目都是版面编辑对新闻稿进行深化、发展的"用武之地"。

[案例一] 2015年是中国人民抗日战争暨世界反法西斯战争胜利70周年。新华社于2015年9月10日发表了评论,原文如下。

**中国故事,更精彩的书写还在后面**

九月的阳光,洒在中国大地上,也照进爱好和平人们的心里。

时光飞逝中,历史新的书写已经开始。回望刚刚结束的纪念抗战胜利70周年的国家盛典,历史将会记住什么?是铁流滚滚、战鹰呼啸的胜利日大阅兵,还是中国裁军30万的铿锵宣示?是抗战老兵微微颤抖的军礼,还是国歌响起时中华儿女心中涌起的波澜?无数的瞬间与场景,无数的掌声与感动,汇成了一个个精彩难忘的中国故事,写在了我们心灵深处,凝结成新的集体记忆。铭记历史、缅怀先烈、珍爱和平、开创未来,此刻的中国,无比坚定地向前行进;此刻的世界,倾听着来自东方的讲述。

这是一个民族复兴的故事。天安门广场,长安街,浓缩一部中国近现代史。在这里,曾闯入八国联军的队列,曾踏进日寇的铁蹄;在这里,也迸发出"外争国权,内惩国贼"的呐喊,发出了新中国成立的庄严宣告。落后与挨打,抗争与奋起,高耸的华表见证这一切,红墙黄瓦又承载多少兴衰成败。

历史,何尝不是饱含感情的回忆?这些天,有两幅颇具深意的图片在网上流传甚广,令不少国人观之泪下:一是周恩来总理站在天安门城楼上的历史图片,一是邓稼先、钱学森等亮相大阅兵的假想画。有网友配文:"这盛世,如你所愿。"这是怎样的一个宏愿?只有重温甲午"四万万人齐下泪"的剧痛、柳条湖的惊天一爆、卢沟桥畔的枪声,我们才能深切感受70年前神州沸腾、喜极而泣的胜利喜悦;才能深刻理解,一个饱受磨难的民族,一个在现代化进程中奋起直追的民族,为何如此渴望独立与富强,为何如此不懈追求文明与进步。

100多年前,两位法国摄影家拍下了天安门广场的第一张彩色照片:残破的城楼下,一辆人力车冒着寒风,匆匆而过。今天,那个积贫积弱的旧中国早已远去,一个日益繁荣昌盛的新中国挺立于世界东方。漫步在游人如织的天安门广场,感怀巨变,仰望苍穹,人民英雄纪念碑上赫然刻着:"由此上溯到一千八百四十年"。沿着无数先烈铺筑的复兴之路前行,那豪迈的宣言——"中国人民从此站起来了"依然让人热血沸腾,那不变的呼声——"愿相会于中华腾飞世界时"依然让人热泪盈眶。

这是一个和平与正义的故事。14年抗战,中国人民执干戈以卫社稷、洒热血以捍尊严,既为了"中华民族永存世界上",也为了拯救人类文明、保卫世界和平。那场关系中国命运、世界走向的大决战,昭示了正义必胜、和平必胜、人民必胜的伟大真理。古往今来,中国乃至人类发生的无数次战争中,从未像这场战争这样深刻地决定了现在、影响着未来。

"战争是一面镜子",它照鉴一个国家如何回首走过的路、如何开启前行的路。历经战火摧残,中国从中感悟的不是弱肉强食、穷兵黩武,而是更坚定地珍爱和平、维护和平,义无反顾选择和平发展道路。一个国家的强大,靠的是实力;一个国家的伟大,凭的是胸怀。"相互尊重、平等相处、和平发展、共同繁荣,才是人间正道。"天安门城楼上,中国声音再次传遍世界,打动了无数企盼和平、向往正义的心灵。一个崇尚"协和万邦"的文明古国,一个走向世界、海纳百川的现代中国,一个你中有我、我中有你的当代世界,从未如此紧密地融为一体。千百年来,诗人们畅想"安得壮士挽天河,净洗甲兵长不用",哲人们期盼"永久和平"的降临。今天,"人类命运共同体"的理念与实践,和平发展的浩荡潮流,让人们看到了希望的曙光。和平的阳光下,中国正与各国一道携手前进;中国的发展壮大,必将是世界和平力量的发展壮大。

七十年过去,当年的孩童,已是古稀老人。"周虽旧邦,其命维新。"正是在这70年中,中国的变化"天翻地覆慨而慷"。当中国从危亡走向复兴,重新回到世界舞台的中心,读懂中国故事、思考中国奇迹,日益成为一个世界性议题。

观察和理解中国,民族精神始终是一个重要维度,这正是中国故事的根与魂。1941年,海明威来到中国,看到10万农民唱着号子建造机场的壮观场景不禁感叹,中国人民有勤劳勇敢、不怕艰难牺牲的精神,必将取得最后胜利。硝烟散尽,精魂永存。气壮山河的抗战精神,早已融入雄壮激昂的旋律——"我们万众一心,冒着敌人的炮火,前进!"就是在这旋律中,我们赢得了抗战胜利,我们举行了开国大典,我们开始了改革开放,我们创造了中国奇迹,我们迎来了港澳回归、北京奥运、上海世博等百年盛事,我们和世界分享着胜利日的荣光。不论时代如何变幻,以爱国主义为核心的伟大民族精神,永远是中国人心灵的灯塔,总能汇聚起磅礴的力量,照亮民族复兴的光明未来。

历史不会终结,我们仍在路上。中国故事远未结束,更精彩的书写还在后面……

这篇评论通过场景、细节、故事等方式诠释"正义必胜、和平必胜、人民必胜"的伟大真理,讲出了一个令人喜闻乐见、深受启发的中国故事。

[案例二] 2015年4月8日《人民日报》第17版"民主政治周刊"发表了一篇评论,原文如下。

### "怎么证明我妈是我妈!"

"该怎么证明我妈是我妈!"这是北京市民陈先生的一句感慨。听起来有些好笑,却是他的真实遭遇。

陈先生一家三口准备出境旅游,需要明确一位亲人为紧急联络人,于是他想到了自己的母亲。可问题来了,需要书面证明他和他母亲是母子关系。可陈先生在北京的户口簿,只显示自己和老婆孩子的信息,而父母在江西老家的户口簿,早就没有了陈先生的信息。在陈先生为此感到头大时,有人指了一条道:到父母户口所在地派出所可以开这个证明。先别说派出所能不能顺利开出这个证明,光想到为这个证明要跑上近千公里,陈先生就头疼恼火:"证明我妈是我妈,怎么就这么不容易?"而更令陈先生窝火的是,这一难题的解决,最终得益于向旅行社交了60元钱,就不需要再去证明他妈就是他妈了。

陈先生的遭遇,并非孤例,很多人在办事过程中遇到过类似令人啼笑皆非的证明:要证明你爸是你爸,要证明你没犯过罪,要证明你没结过婚,要证明你没有要过孩子,要证明你没买过房……这样那样的证明,有的听起来莫名其妙,办起来更让人东奔西跑还摸不着头脑。

为什么需要这么多的证明?近日,本报在《关注改革"最后一公里"·聚焦社区治理》的报道中一针见血:证明过多过滥,除了审批事项太多外,还因为原本应由相关职能部门之间相互核实,但同级职能部门之间却互相推诿。说白了,就是要审批的事项很多,可谁也不愿担责。笔者办事就曾遇到过"部门A说需要部门B的证明,而部门B说没有部门A的证明我用什么来证明",就像是你要给我蛋,才能孵出鸡,而我说你要给我鸡,才能生下蛋。这样的僵局,往往托人能打破。

然而当我们对一些证明感到不可理解,去问工作人员为什么要这个证明,得到回答往往是"就是这么规定的"。诚然,必要的证明是应该的,但花点钱、找找人就行,或者在没有知情权的社区盖个章也行,这也从一个侧面说明,其实不少证明并非非要不可。因此,各级政府部门有必要结合简政放权的时代要求,与时俱进地对需要当事人提供的材料事项进行梳理,能免的就免、能简的就简,从源头上减少对证明的需求。

让数据多跑路,让百姓少跑腿,信息化为现代社会治理提供了这样的可能和便利。解决证明过多过滥问题,当务之急需要打破政府各职能部门之间的信息"壁垒",通过一定的规则和权限设置,让公民基本情况实现共享。这样,老百姓就不会再为各种证明四处跑腿,更不会出现"需要证明我妈是我妈"的尴尬。

这篇评论针对各种奇葩证明、循环证明现象,击中了人们办事难的社会痛点,引发了其他媒体和社会民众的广泛关注与共鸣,传播效果极好。同时,还引起了李克强总理的关注,2015年5月6日,李克强总理在国务院常务会议上,讲述了"证明我妈是我妈"这个故事,并说:"这怎么证明呢?简直是笑话!"从而为推动实际工作起到了很好的作用,成为推动简政放权、治理证明过多过滥、方便群众办事等工作的重要抓手。

[案例三] 2017年9月18日,《光明日报》头版发表了报道《四大资智聚汉工程(引题)让武汉每天不一样(主题)》,编辑为其配发了一篇评论。

一个"聚"字,意味深长

创新发展,人才是第一资源。习近平总书记高度重视人才作用,反复强调,要把我们的事业发展好,就要聚天下英才而用之。

一个"聚"字,意味深长。聚是一种储备,更是一种效应,用一贤人而群贤毕至。人才资源的重要特征,就在于更倾向于向人才密集区流动,越聚越多、越用越多。

践行创新发展理念,武汉首先把着力点放在聚才上,谋划实施"四大资智聚汉工程",抓住了创新发展的关键。武汉的思路和改革创新举措,值得借鉴。

聚天下英才而用之,要有开放的视野。"泰山不让土壤,故能成其大;河海不择细流,故能就其深。"一个国家一个地区的开放,首先必须是对人才的开放。武汉的"四大资智聚汉工程",聚才对象包括新毕业大学生、分布在全国和世界的校友、海内外高层次人才,针对不同对象,推出相应的开放政策,既充分发掘自身优势,又坚持广揽博用。

聚天下英才而用之,要有创新的良方。武汉成立"虚拟机构、实体运行"的招才局、科技成果转化局,推出最宽松的大学生落户政策,与在汉高校合作举行"校友资智回汉"专场活动。武汉的这些聚才良方,针对的是人才工作体制机制的痛点,抓住的是人才最关心的问题,真诚地尊重人才、爱护人才、服务人才。

聚天下英才而用之,必须"在创新实践中发现人才、在创新活动中培育人才、在创新事业中凝聚人才"。聚是前提,用是目的。聚而用之,用而更聚之,就会形成良性循环。让人才在经济活动中展现才华,把人才优势转化为发展优势,武汉敏锐地提出"打造新民营经济集聚地"、聚力发展"菁英经济、校友经济、院士经济、海归经济"。这样,人才来了就有舞台,就能融入创新实践创新事业,就能实现价值。

功以才成,业由才广。聚天下英才而用之,一个城市必然充满活力,蒸蒸日上。

这篇稿件主要报道武汉市紧抓在汉大学生和在汉高校校友两大关键群体,提出"四大资智聚汉工程"。怎样在有限的篇幅内充分阐释这个事件的意义呢?编辑为此配发了600多字的评论,围绕"聚"人才的意义与如何"聚"人才展开论述,从而深化了报道主题。

### 6.3.2 加按语

加按语,就是编辑对所发表的稿件所加的简要的批注或说明。什么情况下需要加按语?一般来说,新闻中有需要点明而未点明的道理,又不需要以独立成篇的评论形式阐述,或者新闻中有需要读者明了而未说明和解释的问题及生僻的词语时,需要配发按语。按语主要有评论性按语、说明性按语、注释性按语三种。

评论性按语是对整篇稿件或者稿件中的某一部分发表意见,以引起受众的注意和思考。配发评论性按语与配发评论的不同在于,按语更加简短,一般没有标题,如2017年9月29日,《新华每日电讯》头版刊发了报道《锻造巡视监督利剑 探索自我净化路径 推动全面从严治党向纵深发展(主题) 党的十八大以来中央巡视工作综述(副题)》,配发了编者按,点明党中央巡视工作的重要意义。

编者按:党的十八大以来,以习近平同志为核心的党中央坚持党要管党、全面从严治党,取得了重大的历史性成就。党中央把巡视作为加强党内监督的战略性制度安排,纳入全面从严治党总体部署,深入推进巡视工作理论创新、实践创新、制度创新,不断赋予巡视制度新的活力,探索了一条实现党自我净化的有效路径,彰显了中国特色社会主义民主监督制度优势,丰富了治国理政新理念新思想新战略,为坚持党的领导、加强党的建设、全面从严治党提供了有力支撑,为统筹推进"五位一体"总体布局和协调推进"四个全面"战略布局提供了坚强保障。

说明性按语是编辑对稿件所加的用以说明或提示的文字,主要向读者交代稿件的背景、稿件的来源、刊载或转载的目的及作者的身份等有关情况。在策划性选题的报道中,编辑经常采用说明性按语对整个报道的背景和宗旨加以说明。另外,在推出新的专栏(专刊)时,也往往采用《编者按语》《开栏的话》《发刊词》等来向读者说明开辟此栏的宗旨和目的,顺带向读者约稿,如2017年1月4日《中国青年报》开设《国学·书院》专刊,编辑为此配写了《发刊词》,向读者说明了稿件的背景和稿件的来源情况。

### 青春国学与青春中国

中国的文化自信来源于五千年的优秀文化传统,尤其是在人类"轴心时代"出现的先秦诸子,以其辉煌磅礴的思想、博大精深的智慧,为我们植下了光芒万丈的文化之根。《国学·书院》的办刊宗旨,就是想从今天的现实支点出发,在上下五千年的中华优秀传统文化中"寻根",以批判、选择、继承和弘扬的态度,去寻找我们民族充满生命力量的文化之根。

复兴伟大的中华文化大树,必须深植于中华伟大的文化之根;作为《中国青年报》创办的《国学·书院》专刊,我们将以时代的担当去努力,以现实的呼唤去寻根,以文化的自信建设自信的文化,以青春国学为青春中国提供精神动力。

我们将从家庭伦理系统、公民价值系统和国家治理系统等维度出发,遵循科学严谨的学术精神,从人生观、伦理观、价值观和世界观的高度,以叙述性、细节性和故事性文字,去追寻五千年中华优秀传统文化中那些生动的案例、卓越的人事、贵重的德性、凛然的风骨、鲜活的智慧与深刻的思想,并激荡起今天的时代浪花,以期助益于重建我们民族伟大的文化理想。

同时,我们礼请海内外相关领域深具造诣之大德明家,传学弘道,以中华文化之思想智慧,从不同维度探讨新时代中国与世界文化/文明之历史、现状与未来,探寻生命本质、人生意义,探求人类安身立命、持久幸福之道,倡导向上向善好的活法,积极引导青少年践行社会主义核心价值观。

注释性按语主要是为稿件中读者不熟悉的某些事情或词语做出解释。2009年北京时间2月20日,北美时间2月19日,英国女演员凯特·温斯莱特(Kate Winslet)同时登上了美国版、欧洲版、亚洲版和南太平洋版最新的《时代》杂志(*TIME*)封面。《时代》刊发了报道《年度最佳女演员——这是凯特·温斯莱特的时刻》,编辑使用文中按语的形式对凯特·温斯莱特的事业、家庭情况进行了简要介绍,既不影响文章的整体性,又帮助读者加深了对她的了解。

她具有国际化的表演空间(虽然出身于英格兰雷丁一个职业演员的中产阶级家庭,但她现在定居于纽约,并且已经以扮演了三个美国人、两个英国人和一个德国人获得了6次奥斯卡奖提名),她有着非常强的职业精神,并设法在工作和家庭生活之间取得了平衡(她和门德斯有一个5岁的儿子乔,另外温斯莱特上一次婚姻留给她一个现在已8岁的女儿米娅,大部分日子里,她接送孩子们上学)。

按语可以针对一组文章加,也可以针对一篇文章加(这一类运用次数最多,在报纸上可以经常看到),还可以针对一篇文章中的几段话、一段话或一句话而加。按语的位置比较灵活,可放在文章的前面,也可以放在文章的中间或后面。因为所放位置的不同,也把它们分别称作"文前按语""文中按语"和"文后按语"。

加按语一般不需要标题,报纸编辑过去大多是在按语前注明"按:",或者在按语后注明"——编者",甚至什么也不标,但用其他字体标出来放在文首或文后,读者心领神会;也有一些报纸在推出新的专栏以《开栏的话》《开篇的话》等作为按语的标题,但从内容上看,它其实还是《编者按》。

### 6.3.3 配资料

配资料,就是新闻编辑为新闻稿件补充配发相关的资料,是对新闻报道的一种"扩展"。

新闻报道一般注重表现最新的变动和状态,但对某些新闻报道,读者总想对背景多一些了解,以便更全面而深入地把握新闻报道的外延和内涵;还有一些新闻报道涉及某些专业的知识或术语,这给读者带来阅读和理解的障碍,因此,编辑就需要在"正文"之外配发相关的资料,以满足读者扩展了的新闻欲求,帮助读者顺利阅读和理解新闻。资料是新闻报道的扩展和延伸,是发展新闻的重要手段。

#### 6.3.3.1 配资料的方法

(1)今天向昨天延伸——纵的发展。任何客观事物的变化都有一个过程。新闻反映客观事物的变化时,一般不是反映变化的全过程,而是侧重反映事物发展的今天,即事物的最新变化。但是,事物发展的今天,事物发展的最新变化,是与事物发展的昨天、过去的变化相联系的。读者对于某些新闻仅仅了解其发展的今天(最新变化)也就满足了,但对于某些重要的事物、比较复杂的事物、饶有兴味的事物,往往不满足于了解事物的最新变化,还想了解事物发展的过程。在这种情况下,介绍事物发展的过程,使事物的今天向昨天延伸,以昨天补充今天、说明今天,就是配资料的一个重要方法。

在一些新闻中,记者对事物发展的昨天已有所介绍,对于这类新闻当然无须再另配资料。一般说来,在新闻中介绍事物发展的昨天都比较简略,而资料对事物的昨天的介绍,则可以较为详细。因此,如果认为新闻中有关资料过于简略,也可删去改为另配资料的方法。

(2)由点向面的扩展——横的发展。新闻对客观事物的报道,往往只是摄取其中的某一局部,甚至某一点。这样报道是完全必要的:它可以使新闻做到精粹,使读者能用最少的时间获得最有价值的信息,并且有利于新闻的迅速传递,也正是这一点,使配资料有时成为必需。当读者对新闻所写的某一局部或某一点感到极大兴趣,而又迫切需要了解与这一局部、这一点相关的其他情况时,新闻就显得单薄,难以满足读者的需求,而不能不求助于资料的补充。一般报社都有比较完备的资料库,编辑遇到这种情况,可以以新闻所提供的局部或点为中心编写有关资料,使点向面扩展,从而丰富新闻报道,最大限度地满足读者的需求。

(3)符号向知识转化。在新闻报道中不可避免地包含一些专门知识、经验和术语,而报纸的读者不可能都是专家学者,这就有可能出现这种情况:读者虽然认得表述这些专门知识的文字符号,却不了解这些文字符号的含义,这无疑会削弱报纸的可读性。当一个读者遇到几处这种费解的文字符号时,不仅会使他无法理解它们的内容,而且会降低阅读整个报道的兴趣。因此,使符号向知识转化就是配资料的一个重要方法。这种方法要求为这些专门的知识、经验、术语等做出通俗易懂的解释,使读者无须求助于别人就能顺利而正确地了解新闻内容。

#### 6.3.3.2 资料的种类

报纸经常采用的资料有:新闻背景、新闻人物与组织、新闻地理、科学知识、词语解释、数据统计等。

(1)新闻背景。新闻背景是指新闻事件的背景资料,介绍新闻事件的历史渊源和发展过程。新闻背景资料有两类:一类是介绍事件本身的历史,这是对新闻做纵深式的发展,让读者了解此事的前因后果,加深了该新闻的深度。如2017年4月1日,中共中央、国务院决定设立河北雄安新区。《新京报》在4月2日A3版用整版篇幅刊发这一消息,在其版面右半部分配发相关新闻背景资料《为何选址在雄县、容城和安新?》《如何理解与浦东、深圳相似定位》《如何承载北京非首都功能疏解》,进一步为读者解疑释惑。另一类是介绍同类事件的历史,既为读者提供一种纵向的了解,也为读者提供一种横向的参照,以扩大读者的新闻背景知识,增加对新闻的理解,如2017年10月1日,大家进入十一小长假,河北广播电视台旅游文化广播频道《旅途故事会》栏目特意汇总了从汉朝以来古人的放假制度,给听众介绍不同朝代的放假制度,趣味性十足,令人耳目一新。

(2)新闻人物与组织。新闻人物与组织指新闻中重要人物的生平资料和重要组织的基本情况介绍,比如,外国总统来访,新当选的国家、政府领导人上任,除了报道事件本身以外,通常要对这些人物的生平做简要的介绍。在新闻报道中如果涉及一些非常重要的组织、机构和社会团体,读者不一定了解全面情况,也需要进行简要介绍。新闻人物资料主要包括个人简历、家庭情况、个人爱好、与报纸读者的关系等方面。新闻组织资料主要包括组织的创建与发展历史、工作或经营范围、主要业绩,以及负责人等方面。

(3)新闻地理。新闻地理指新闻中涉及的重要地点的地理知识介绍。新闻事件的发生往往与地区有密切关系,新闻中的人物往往也以一定地区为其活动舞台,"何地"是新闻的要素之一,因此,对新闻地理的介绍,往往能使读者增加对新闻内容的理解和兴趣。

(4)科学知识。科学知识即介绍新闻报道所涉及的有关自然科学和社会科学方面的知识,一般是对读者不易理解或不熟悉的内容做出通俗的解释,既为读者清除了阅读的障碍,又使读者获得了知识,如《东江时报》2017年5月19日A15版刊登了消息:

**全球第一 中国南海可燃冰试采成功(主题)**
**可以替代石油天然气 100升可燃冰预测可让汽车跑5万公里(副题)**

国土资源部中国地质调查局昨日在南海宣布,我国成功在南海完成一种超级能源的试验开采工作。我国也由此成为世界第一个实现稳定开采海洋超级能源的国家!

编辑配发了背景资料:

### 什么是可燃冰？

可燃冰，又叫天然气水合物，分布于深海沉积物或陆域的永久冻土中。由天然气与水在高压低温条件下形成的类冰状的结晶物质。因其外观像冰一样而且遇火即可燃烧，所以又被称作"可燃冰"或者"固体瓦斯"和"气冰"。

可燃冰中甲烷含量占80%～99.9%，燃烧污染比煤、石油、天然气都小得多，而且储量丰富，全球储量足够人类使用1000年，因而被各国视为未来石油天然气的替代能源。

但因绝大部分埋藏于海底，所以开采难度巨大。目前，三十多个国家和地区已经进行"可燃冰"的研究与调查勘探，但都因种种原因未能实现或未达到连续产气的预定目标。

(5) 词语解释。词语解释是指对新闻稿件中比较难懂的名词如专业术语、成语、典故、方言、外来语等进行解释。比如，人民网2015年12月30日刊登的一篇新闻《跟主席学国学：习近平2015年讲给世界的15个典故》，其中写道：

2015年9月22日，习近平在华盛顿州当地政府和美国友好团体联合欢迎宴会上发表演讲时说："去年，两国双边贸易额、双向投资存量、人员往来总数都创历史新高。我们围绕伊朗核、朝核、南苏丹、阿富汗、中东等国际和地区热点问题，以及抗击埃博拉病毒、打击恐怖主义等全球性问题保持密切沟通和协调。'桃李不言，下自成蹊。'这些成果丰硕的'跨越太平洋的合作'，有力展现了中美关系发展的蓬勃生机和巨大潜力。"

接着编辑进行了解释：

"桃李不言，下自成蹊。"出自《史记·李将军列传》，原意是桃树不招引人，但因它有花和果实，人们在它下面走来走去，走成了一条小路。比喻人只要真诚、忠实，就能感动别人。

(6) 数据统计。数据统计是指与新闻有关的由权威机构提供的各种统计资料。这一类资料有较高的权威性，一般作为证明材料存在，可以增强新闻的说服力，如《中国青年报》2017年7月20日第7版刊登了消息：《83.2%受访者表示遇到老人摔倒会去扶（主题）55.1%受访者坦言"扶老人反被讹"新闻给人们留下了刻板印象（副题）》。近年来，"扶老人"的话题被炒得太热了，引发社会广泛关注。《中国青年报》进行了调查，在报道中配发了调查资料，原文如下：

前不久，最高法发文再谈"彭宇案"，称一审法院认定彭宇与老太太相撞并无不妥；时隔多年后，彭宇自己也承认当年确实和老太太发生过冲撞。但是10年来，"彭宇案"成了"不扶者"的"挡箭牌"，路人对遇险者坐视不管、老人撒泼讹人的新闻不断在各地上演，"扶不扶"成为困扰人们的难题。

上周，中国青年报社社会调查中心联合问卷网，对2003名受访者进行的一项调查显示，77.4%的受访者平时会关注"扶老人"一类的新闻，55.1%的受访者认为一些新闻给人们留下了关于老年人的负面的刻板印象,63.4%的受访者期待司法审判更加公开透明,争取当下、早到的正义。

受访者中,"00后"占1.2%,"90后"占23.2%,"80后"占52.1%,"70后"占17.1%,"60后"占5.3%,"50后"占1.0%。

资料的写作要注意两点:①与新闻密切配合,既要有所呼应又不要很多重复,既要有所补充又不要离题太远;②重在记叙,文字要简洁朴实。

以上六种形式是平面媒介常用的稿件的补充配合形式,网络媒介除此之外还可以配发音频、视频、Flash、H5等多媒体形式。H5技术是集图片、音乐、链接等于一体的全新新闻传播技术,同传统传播媒体有所区别,H5技术通过运用大量具有视觉冲击力的图片、音乐以及动画等为用户带来全新的阅读体验,强化了新闻传播者与受众之间的交流,激发读者产生情感共鸣,强化用户的代入感。如2017年9月10日,《人民日报》通过微信圈推出的H5作品《致敬教师节 为您写诗》获得了受众的喜爱,纷纷为自己的老师献上诗歌以表示敬意。此外,还有直播、VR全景、动画图解等新技术新手段都层出不穷,它们在创新新闻产品的同时,也在丰富受众的阅读体验,但技术都是为产品服务的,形式是为内容服务的,在实施的过程中,一定要把握好报道的主题。

### 6.3.4 配新闻

配新闻是对新闻稿件中新闻事实的一种"发展"。新闻编辑在处理一些意义重大或内容复杂的新闻稿件时,越来越多地运用配新闻的手法来扩大报道的信息量,帮助受众全面、深入地了解事物的全貌,准确把握事物的本质。

配新闻主要有两种情况:

一种是通过配新闻来体现所报道的客体与其他相关事物之间的联系,从而使受众看清事物发展变化的客观环境和客观动因。马克思主义唯物论告诉我们,任何事物都不是孤立存在的,与某一变动事实相关的往往还有其他的变动事实,这些事实相互联系,相互影响,构成复杂的事物整体。因此,新闻报道要全面地反映事物,单篇新闻稿件有时难以胜任,新闻编辑有必要对相关的事物进行补充,这种补充可以直接添加在原来的新闻稿件中,即采用改稿的基本方法之一——增补,也可以另写一篇独立的新闻稿,配在原来的新闻稿件之旁,形成一主一辅相搭配的稿群,这就是这里所说的"配新闻",如2017年1月24日《人民日报》第二版刊登了消息《去年城镇新增就业1314万人(主题) 今年高校毕业生数量再创新高,预计达795万人(副题)》,报道了我国就业局势保持总体稳定的情况,编辑在这篇消息的右下角刊登了一条消息,从而起到了补充的作用,原文如下:

**去年新增290万高技能人才**

本报北京1月23日电(记者赵兵) 人力资源社会保障部23日举行2016年度第四季度新闻发布会,新闻发言人卢爱红表示,人才队伍建设取得新进展。

技能人才队伍建设不断加强。为弘扬"工匠精神",人社部隆重表彰了30名中华技能大奖获得者和299名全国技术能手;制定技工教育"十三五"规划,企业新型学徒制试点取得成效,各类技能竞赛规模扩大,全年新增高技能人才290万人。

另一种情况是对稿件中新闻事实的最新发展,或者由这一事实引发的相关结果进行补充报道,这种补充报道以新闻稿的形式配发在原稿旁边。按照辩证唯物主义的观点,任何事物都不是静止的,总是在发展变化之中。新闻是对变动的新闻事实的报道,但具体到某一条新闻稿,却只能是对新闻事实发展变动的某一点或某一阶段的报道,记者的稿件完成了,报道客体的变动并没有结束。因此,编辑在处理新闻稿件时,应该考虑到这一因素,注意补充事物发展变化的最新信息。2017年7月2日《经济日报》第六版刊出深度报道《去产能、脱困、转型升级同步推进——(引题) 煤炭产业发展仍面临双重任务(主题)》,报道了截至2017年5月底,全国已退出煤炭产能9700万吨左右,完成年度目标任务65%。为了及时传递相关的最新情况,编辑在这篇稿件的左下角配发了一条"链接",原文如下:

### 天津滨海新区2019年将全面取缔散煤

据新华社电(记者毛振华) 记者近日从天津滨海新区发改委获悉,《滨海新区2017年散煤清洁化治理专项整治行动方案》日前出台。围绕改善空气质量,今年滨海新区计划完成1万户改造,到10月份基本完成无烟型煤替代和清洁能源替代改造任务,实现城市地区清洁能源全替代,农村地区无烟型煤全覆盖。到2019年,新区将全面取缔散煤使用,在全域范围内实现清洁能源全替代。

针对城市地区的家用散煤,除城市建成区以外及列入2017年棚户区拆迁改造区域的居民家中用煤可由洁净煤替代外,其他全部由电、天然气、液化石油气等清洁能源替代,实现"无煤化";商业活动散煤、企事业单位散煤,将全部由清洁能源替代。

针对农村地区,商业活动散煤、企事业单位散煤将由无烟型煤等洁净煤替代。今年滨海新区将在有条件的地区鼓励使用电、气等清洁能源替代;对未纳入今年清洁能源替代范围的农村生活散煤,推广先进民用炉具替代。

配新闻在报纸、广播、电视和网络媒介的报道中都已经大量运用,所配的新闻一般比原来的稿件要短而精,与改稿中"增补"不同的是,配新闻是独立刊发另一条新闻稿,因此在编排处理时能够比较突出。2017年7月17日《中国青年报》第11版刊登了一篇新闻调查《45.82%的大学生暑假仅给自己放10天假》,报道了中国高校传媒联盟面向全国高校646名大学生进行问卷调查,结果显示91.49%受访者选择在暑假参加实习、学习、志愿服务、社会实践等活动,45.82%受访者给自己安排的休息时间为1~10天。编辑在刊发这条新闻时,同时配发了7幅新闻照片,拟定标题为《镜头说话》,报道了各地大学生的暑期活动。

### 6.3.5 配图片

文、图是报纸进行报道的两种最基本形式。图片与文字稿一样,是独立的报道样式,可以单发,也可以配合发表。二者配合发表,相互补充,往往具有很好的报道效果。

#### 6.3.5.1 图片种类

目前报纸上经常采用的图片种类很多,常用的配合文字稿的图片有三类:新闻照片、绘画、图示。

(1)新闻照片。新闻照片在报纸所采用的图片中所占比例通常最大。新闻照片最重要的特点是它的纪实性。新闻照片反映的是客观存在的事物或现象,而绘画反映的是艺术的真实,其中融合着作者的想象。配合文字稿时,是采用新闻照片,还是采用绘画,决定于报道的需要,决定于能否充分发挥图片或绘画的特长。

需要注意的是,新闻照片的说明文字不可缺少,只有通过说明文字对新闻人物或事物一瞬间的照片的解释、补充,才可能使读者明白。不过说明文字不能喧宾夺主,应力求言简意赅、通俗易懂。照片说明文字包括两个方面:①读者应该知道,但照片无法传递的信息;②有关照片来源或照片拍摄者的文字说明。

(2)绘画。一般情况下,报纸多用新闻照片配文字,但在有些情况下,用绘画配文字效果可能会更好。比如,一些具有突发性或秘密性的活动和事件,当时是不可能被摄影的,就不要勉强采用新闻照片去配合,因为这种照片只有靠补拍和摆拍才能取得,违背生活的真实,给读者以虚假感。这种照片由于完全失去纪实性的特征,是读者所不需要的。在这种情况下,配以绘画会更自然,更令读者信服。还有一些规模宏大的场面,表现黑夜的活动等,因照片表现的局限,也可以绘画来替代。

不过,绘画作为一种艺术表现形式,它在报纸上的作用并不仅是照片的替代品,它还有自身独到的魅力,它反映的生活可以比照片更典型、更集中,在似与不似之间诱导读者得到更多的联想和美的享受。

新闻报道所配的绘画以漫画最多。漫画的特点是以高度夸张、风趣幽默的表现手法揭示社会生活中的问题和现象,激发读者的兴趣,引导读者联想和思考。漫画的评议,既可以表现讽刺,也可表现歌颂。为新闻报道配漫画,可以起到配评论的作用,使读者在微笑中得到教育和启迪,所以,漫画可以说是带微笑的评论。

(3)图示。图示包括统计图表、示意图和新闻地图三类。统计图表就是将统计数字制成表格图,便于读者集中阅读,一目了然。示意图不但将统计数字集中绘制成图,而且用形象化的手法表示这些数据所说明的意义,如用曲线图、柱状图表示一段时间中数据的变化走势,使数字的类比或对比更加鲜明生动。新闻地图则是根据标准地图,将新闻发生地的地理位置绘制成更加简洁明确的地图。

#### 6.3.5.2 图片与文字稿配合的方式

(1)图片同文字稿是从同一角度反映同一对象。这种配合方式最为常见,如文字稿反映的是运动员夺得比赛冠军,图片画面是运动员夺冠的瞬间或者是颁奖的场面。

(2)图片从另一角度反映文字稿所反映的对象。这种配合方式可以将报道对象从不同角度不同侧面向读者展示,便于使读者形成较完整的印象,如新华社2015年9月3日刊发了消息《我们的队伍向太阳(主题)——中国首次以盛大阅兵纪念抗战胜利70周年(副题)》,配发了一系列照片,有中共中央总书记、国家主席、中央军委主席习近平同外方领导人一起登上天安门城楼的照片,有领队机梯队飞行在北京上空的照片,还有抗战老兵史保东在天安门城楼上观看空中梯队的照片,等等。当天,新华社派出摄影部、央采中心、31个分社的108名摄影记者组成官方摄影队,全方位记录纪念大会,后方全体编辑上岗编发稿件。从检阅方队出发地至阅兵核心区,远至上清桥,近至距离方队只有1~2米,从长安街两侧地面到天安门城楼、升降车高点,在景山天坛、地标性建筑如国贸CBD、国家大剧院等处,立体化安排点位,确保不留死角。这些从领导人到抗战老兵的全景式阅兵组照,全方位记录了大阅兵的恢宏气势,获得了广泛的社会影响力和巨大的传播效果。由此我们可以看到,文字稿件和图片的主题是一致的,所不同的是选用角度的不同,这样就使得新闻得到了延伸,读者形成的印象更加完整全面。

(3)图片所反映的不是文字稿件所报道的对象,只是与文字稿件属于相近的题材,围绕同一主题,用于扩大报道范围。如《新华日报》2015年9月28日第2版刊发了一幅漫画,题为《大活人"自证活着"是何方规矩》,荣获了第二十六届中国新闻奖一等奖。9月27日,有媒体报道:

家住西安市大学东路22号建行家属院的王老太说有一肚子的憋屈。一个大活人拿着自己的身份证不算数,还要开个证明自己还"活着"的文件,这确实让人难堪。这其中有的是因为个别民政工作人员作风问题,有的也是出于无奈。毕竟,冒领现象也客观存在,有时还很突出。解决这个问题,"软"的来说,要靠各方诚信;"硬"的来说,一旦公民征信等基本信息都联网了,证明问题就不是问题。

通过这条新闻,可以看到需要开具的证明太多,甚至一个活人去办理高龄补贴,还得证明自己还活着,这样的荒唐事在社会生活中一再发生。编辑为新闻巧妙地配发了漫画,对证明过滥的社会现象做了辛辣讽刺,现实针对性强。漫画刊载后,新华网、新浪网、网易新闻等网络纷纷转载,收到了很好的传播效果。

#### 6.3.5.3 为文字稿配发图片的作用

(1)向读者提供视觉形象,增强直观性,加深读者的印象。读者阅读报纸,也可以根据文字稿件中的叙述描写,感受到事物的形象。它是通过联想产生的,是间接的。图片提供的形象是直观的,形成的印象更直接、更清晰、更深刻。如体育比赛的新闻报道往往配发夺冠者的图片,让读者一睹冠军风采。

(2)烘托气氛,抒发感情,增强感染力。通过图片的形象,读者可以感受到现场气氛以及人物的喜怒哀乐。它同文字稿件配合发表,能够产生较强的感染力。如每到春节,各大报纸都会刊登各地人民欢度春节的新闻,再配上喜庆的画面,采用彩色印刷,营造一种喜悦祥和的氛围。

(3)以具体形象,做通俗注释。有时要报道某一事物,仅靠文字解释,需要好多笔墨,甚至还不能解释清楚。如果配发图片,不需要多做解释,便可以使读者一目了然。如某农民报报道了一位农民发明节柴灶的事迹,目的是向农民推广。可是,节柴灶是什么样子,如何仿造,报道中没有能够说明白。但是通过配发的《节柴灶构造示意图》,读者对节柴灶的各个部位的尺寸即可了解得清清楚楚。

(4)提供证据。这里需要注意的是,能够作为证据的图片必须是新闻照片,唯有现场拍摄的新闻照片才具有纪实性。有时报道某一事件,有些人可能因闻所未闻而不敢相信,有些人可能因利害攸关而不愿承认。如果配发新闻照片,便可成为有力的证据。

(5)吸引读者阅读新闻。在版面上,图片比文字更易引人注意,这是图片所特有的优势。为文字稿配发图片,以吸引读者阅读新闻,往往能收到较好的效果。

为文字稿配发图片的作用,除了上述几点之外,还有美化版面等作用。因为能起美化版面作用的图片,不仅只是为文字稿配发的图片,也包括单独发表的图片。

**【新闻编辑实务训练】**

请选择一篇消息,为其配发编后。

**【思考题】**

(1)稿件的配置与配合有什么意义?
(2)稿件的配置和稿件的补充配合的区别是什么?
(3)什么是专栏?有哪些特点?
(4)什么情况下需要配评论?

**【学习参考书目】**

[1]白贵,彭焕萍.当代新闻写作[M].北京:中国人民大学出版社,2013.
[2]高宁远,蔡罕.新编现代新闻采访写作教程[M].杭州:浙江大学出版社,2010.
[3]刘海贵.中国新闻采访写作教程[M].上海:复旦大学出版社,2008.

# 7 新闻标题

## 导言

**本章学习目标**

通过本章的学习,要求能够对新闻标题的概念、特点、作用、分类,以及制作新闻标题的要求全面了解,并且能够充分认识新闻标题的价值。

**本章难点**

新闻标题的作用　不同新闻体裁标题的特点　新闻标题的制作要求

本章难点之一是新闻标题的作用。新闻标题的作用主要有以下几点:帮助读者选择新闻,向读者传递简要的信息,帮助读者归纳新闻类别,吸引读者阅读新闻,引导读者理解新闻内容,带给读者视觉美感和视觉冲击力。

本章难点之二是不同新闻体裁标题的特点。本章主要讲解新闻标题、通讯标题、调查报告标题、读者来信标题、纪实文章标题和新闻评论标题的不同特点。

本章难点之三是新闻标题的制作要求,包括准确、鲜明、简洁和生动。

新闻标题是放在新闻前面的用以提示、评价新闻内容,引导受众准确理解新闻含义的一段最简短的文字。这一定义严格说来是对现代新闻标题的界定,并不适用于早期的新闻标题。我们要研究现代新闻标题,就不能不对新闻标题的沿革做一下简略的回顾。

## 7.1 新闻标题的发展历史

我国有记载的最早的"报纸"是唐朝的邸报。唐人孙樵在《经纬集·读开元杂报》中说,邸报"系日条事,不立首末"。开元是唐玄宗李隆基的年号,自公元714年至741年。"系日条事,不立首末",也就是按日罗列事件,没有标题和结尾。至于宋、元、明几代,因袭唐制,虽经数百年时间,邸报在根本性质上仍无多大变化。这时的邸报主办者为官方,读者也只是少数上层统治者,而且手工抄写简单新闻,只是一种报纸的"雏形",还不属于严格意义上的报纸。作为提示、评价新闻内容的标题,此时尚无产生的条件和必要。

西方最早的"报纸",是公元1世纪恺撒大帝创办的《每日纪事》,又叫《元老院官报》或《国民议会官报》。它写于立在官厅之前的涂有石膏的石板上。《每日纪事》上抄写的有经济消息(各省税收)、政治消息(选举情况)、社会消息(婴儿诞生)等。根据记载,我们基本上可以知道,《每日纪事》同我国古代的邸报大致相似,也没有标题出现。

在我国,报纸运用活字印刷始于明末崇祯年间。到了清朝初年,《京报》出现。《京报》比过去的邸报,增加了内容,改进了印刷技术,扩大了发行量。因为有民间报房的出现,读者也不再限于少数上层统治者。这时,由于条件的逐渐成熟,新闻标题开始出现。

### 7.1.1 新闻标题的初级阶段:类题

这是新闻标题的萌芽时期。约从光绪初年起,《京报》不再是"系日条事",而是开始使用一种词条式的标题,如"宫门抄""上谕""奏折"等,把本来杂乱无章的内容划分为几个门类。这种标题后人把它称为"类题",这也是现代新闻标题的胚胎状态。后来,这种类题在《时务报》《时事新报》《申报》等近代报纸上有了进一步的发展,如《时务报》的《奏折录要》《京外近事》等,《时事新报》的《时评》《北京专电》《各国电讯》等,《申报》的《上林春色》(北京)、《鸳鸯渔唱》(嘉兴)、《羊城夕照》(广州)等,已经比先时的分类更细了一些,或按新闻内容分,或按新闻来源地分,等等。这一时期,是类题统治编排的时期。

在国外,始于1566年的威尼斯"手抄新闻"是最早的近代化报纸。从威尼斯"手抄新闻"开始,一直到19世纪中叶,报纸刊载的内容虽然已大幅度增加,但保守的编排方式仍无多大改进,标题也仍停留在类题阶段。

类题同无标题相比,无疑前进了一大步。它对新闻的分类,为读者的阅读提供了不小的方便。直到现在,报纸上仍保留着它们的痕迹,如专栏的"栏头"、专刊的"刊头"以及单篇稿件除标题之外另加的"类题"。不过,因为它的过度概括与笼统,仍不能算作严格意义上的标题。随着印刷技术的不断进步、信息来源的扩大及信息交换的加速,类题已不适应时代的要求。新闻标题发展史上的一个新的突破——严格意义上的标题产生也就水到渠成了。

## 7.1.2 新闻标题的发展阶段:单行题与多层题

新闻标题的"雏形"——单行题的出现,约在类题还在盛行的19世纪70年代。创刊于1851年(咸丰十一年)的《上海新报》,是外国人在中国办的第一批中文报纸之一。它在1870年开始使用单行题,如《刘提督阵亡》《种树得雨》等,突破了在每堆新闻之前用"中外新闻"字样的习惯做法。到19世纪末,梁启超主办的《时务报》上,也出现了单行题。同一时期,官方主办的报纸上也出现了类似的单行题。

西方国家近代化报纸的出现比中国早200年,因此,在使用标题方面也比中国先行了一步。从19世纪30年代起,美国报纸就突破了类题的束缚,对重要新闻多采用多层式标题。多层标题是将一些重要新闻排列在一起,每一条新闻都有各自的标题,把这些标题也依次排列在一起,各标题间用横线隔开,放在所有新闻之前。这里说的一层,是一个独立的部分,即一条新闻的标题,可以是一行也可以是多行。这种多层题同中国的单行题一样,仍然固定在一栏之内,所以它有时可以占到整栏高度的一半甚至更多,如下面的标题:

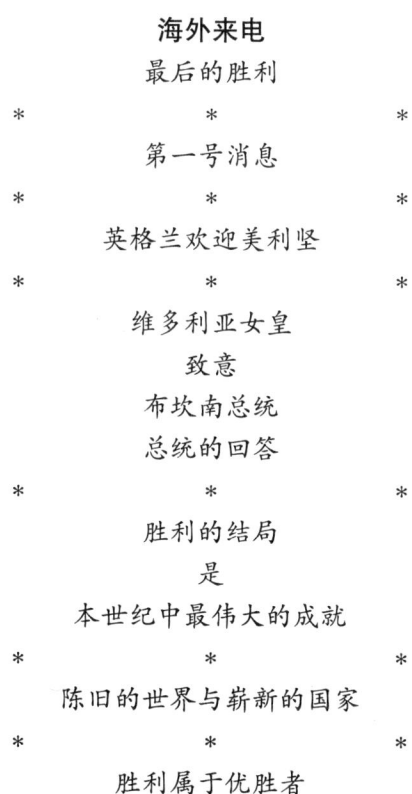

这个标题有9层13行,虽然过于铺张,但对新闻内容的突出毕竟比类题前进了一大步。

任何事物的发展变化都有一个新旧交替的过程,新闻标题也是一样。在相当长的一段时间内,报纸上依然是几种标题并存,因为对报纸的版面编排仍然没有脱离模仿书籍版式的束缚。

### 7.1.3　新闻标题的成熟阶段：现代标题

美国学者哈罗德·埃文斯（编者注：Harold Evans，原为英国人，后加入美国国籍）在他的著作《新闻标题》中指出："使用多栏标题是版面上的又一次突破，它比多层标题的使用更为重要……威廉·R.赫斯特为'圣法克斯克大火'所作的两栏标题，成为标题史上值得庆贺的新起点，它几乎比这条新闻本身更引起轰动。"①他这里说的多栏标题的出现是在19世纪70年代前后，此时副标题也开始使用。黄色新闻的创始人赫斯特又首先倡导使用"通栏标题"，即标题"与首页同宽"且字体加黑，字号加大。在他的影响下，一向以严谨审慎著称的《纽约时报》，在1894年也采用了通栏标题。

在中国，开始实施"别刊大字，择要标题"新方针的，是20世纪初创刊的我国历史上存在时间最长的《申报》。从此，标题字号与正文字号相同的规矩被打破，标题被突出了出来。该报对主要内容还特别实行了"要闻大字排印"，这也是一种特殊的"标题"手法。到1919年五四运动以后，副题、引题也时常在版面上出现，当时由邵飘萍主办的《京报》上，出现过一则消息用10行标题的情况，它由1行引题、1行主题、下列8行副题组成，而且字体、字号都有变化。到了20世纪30年代以后，4栏以上的标题已流行起来，它不单是对新闻内容的简单摘录，对内容的评价以及对读者的引导作用也明显起来。

五四运动前后，也出现了对标题技术及作用的系统研究，如被当时新闻界誉为"新闻教育第一位大师"和"新闻学界最初的开山祖"②的徐宝璜在他的《新闻学》中设了专门章节《新闻之题目》；著名进步新闻工作者邵飘萍写的《实际应用新闻学》中也有专门研究标题的章节《新闻大小标题之注意》等。

至此，新闻标题摆脱了类题的束缚，打破了栏的界限，出现了辅助标题，成了一种独特的版面语言。这标志着新闻标题现代化的改革已经完成，现代新闻标题已趋向成熟。

## 7.2　新闻标题的作用

新闻标题通常是新闻最主要信息的浓缩，是新闻最传神的部分，因此被比喻为"新闻的眼睛"。安岗在《点睛的艺术》中说："好的标题，不仅对读者会直接发挥鼓舞作用，而且具有潜移默化的感染力，能够深深刻印在读者的脑海里，久久不忘。"③因此，要想让新闻报道能够有效地吸引受众的"眼球"，就必须重视新闻标题在新闻传播中的特殊作用。

### 7.2.1　帮助读者选择新闻

读者阅读新闻，首先要浏览标题，以更快捷地选择自己需要的新闻。面对全方位、多角度反映整个生活的众多新闻，读者不可能也无必要对每篇新闻认真阅读。

---

① 郑兴东，陈仁凤：《中外报纸编辑参考资料》，中国人民大学出版社1987年版，第204页。
② 见黄天鹏为《新闻学纲要》一书所作的序。
③ 郑兴东，陈仁凤：《中外报纸编辑参考资料》，中国人民大学出版社1987年版，第206页。

2017年出版的报业蓝皮书《中国报业发展报告2016》指出:"根据 MBR 监测,截至2015年11月,全国304家主流报纸拥有微信公众账号,在2015年1月至11月份在微信平台各类报纸总发布新闻篇数超过30万篇""125家的都市报微信号总发布篇数为13万""59家党报总计发布新闻篇数为5万多",可见读者对新闻选择的余地有多大!而且,每位读者因为职业、年龄、爱好等方面的不同,对各类信息的需求也有所不同:一位教师,对有关教育方面的新闻会比较注意;一位农民,对农业技术信息会更感兴趣。每位读者都是经过选择才去阅读的,而帮助读者选择新闻的向导正是标题。所以,新闻标题提示新闻内容的一个重要作用,就是帮助读者选择新闻。

### 7.2.2　向读者传递简要的信息

标题提示新闻内容的另一个作用,是向读者提供简要的新闻信息。这一点对于报纸尤其重要。有些新闻,某位读者通过浏览标题,认为无必要阅读。但是就在做出这一决定的同时,也接受了标题所传递的信息。对一个时间紧张的读者来说,粗略浏览一下标题,也可以大致了解国内外发生的重要新闻。

当今时代,随着科学技术的突飞猛进和经济的高速发展,信息传递也空前活跃。人们如果不能接受外界的大量信息,与世隔绝,势必跟不上时代的步伐。虽然新闻标题提供的信息极其简略,浏览标题也可成为获得有用信息的一个重要途径,同时,因为标题的简短、凝练,能使读者用较少的时间,获得尽量多的信息。

标题向读者传递信息的功能应该受到重视,但过分强调这种功能,在制作标题时贪大求全,使其成为新闻的内容提要,是违背标题的制作规律的。

### 7.2.3　帮助读者归纳新闻类别

以报纸为例,翻开报纸,我们可以看到版面上有栏目(专栏标题)、刊头(专刊刊题、专版栏题)、大标题,以及多题配置中的"多题"。它们分别是标题沿革过程中,初级阶段的"类题"与发展阶段的"多层题"在现代报纸中的运用。"类题"和"多层题"的作用,就是将众多的、杂乱无章的新闻,根据其内在的或外在的某种关系进行归类。如现在许多报纸上的专刊刊头《经济生活》《理论研究》等,即是用来对新闻进行归类的。大标题"学习抗洪英雄　弘扬抗洪精神"统领数篇报道抗洪英雄先进事迹的稿件,与栏题的作用基本一样,只是声势更大一些。这种大标题,一般用以对报道中心的配合。"多题"主要是对同类且新闻价值基本相同的稿件进行集中(具体作用将在后面"多题配置"中详细讲述)。

这些类型的标题,可以帮助读者归纳新闻类别,扩大了解范围,以更准确、更深刻地理解新闻的含义。

### 7.2.4　吸引读者阅读新闻

一条新闻能否吸引读者阅读,除了新闻的内容是否重要、标题对内容的提示是否正确之外,标题的表现形式如何,也是一个重要的因素。我们看报也会遇到这种情况:对某篇新闻本不计划仔细阅读,但因为标题新颖别致,便产生了认真阅读的欲望。一则策划成功的广告,可以有效引导消费者的消费行为。标题也是一种广告,是向读者"推销"新闻的广告。标题制作得简洁明快、生动优美,会吸引读者阅读新闻。

2017年8月17日,《人民日报》头版刊发了一条消息,报道黑龙江省2016年普通高校毕业生共有近11.5万名留在本省工作,占高校毕业生总数的53.03%,同比提高2.1个百分点,创三年来最高。如何形象地突出这一可喜变化?编辑制作了标题:

**去年过半高校毕业生省内就业,比例创三年新高(引题)**
**黑龙江"孔雀"不再东南飞(主题)**

又如:《新民晚报》2015年12月31日刊登了一条消息《野生动物园 又添8个"熊孩子"》,报道的是"上海野生动物园新引进8头均为3岁左右的棕熊"。标题制作得生动活泼,比"上海野生动物园新引进8头棕熊"等直白表述的标题更能引起读者注意。

### 7.2.5 引导读者理解新闻内容

标题对读者的导向作用是通过对新闻内容的评价进行的。标题对新闻内容的评价,可以进一步揭示新闻的本质,引导读者认识新闻价值的大小,了解新闻的真实含义,正确理解新闻的内容。

标题对新闻内容的评价是通过这样几种方式进行的:①通过对新闻事实或其要素的选择进行评价;②通过把事实安排在标题中的不同位置进行评价;③通过对新闻事实的直接议论进行评价;④通过特定的表达方式和表现手法进行评价。这些内容在本章后面还要涉及,这里不做详细解释。

### 7.2.6 带给读者视觉美感和视觉冲击力

现代文化正在进入视觉文化时代,其最显著的特征是视觉化,即把本身非视觉性的东西视像化。在媒体文化方面,视觉传播日益成为媒体传播的主导方式。

作为新闻"眼睛"的标题,其视觉传播功能尤其应该得到媒体设计者的关注:一方面,随着人们生活节奏的加快,"读题"已成为大多数受众的习惯,视觉协调、有一定视觉冲击力的新闻标题,能够有效吸引和引导读者的阅读行为;另一方面,受众的媒体阅读行为,正在由理性主义向感性主义倾斜,新闻标题的审美功能日益突出,受众在信息认知的同时,也在努力获取美感享受。

新闻标题是在读者的"一瞥"中展示自己的魅力的,要让这"一瞥"变为"永恒",就需要对标题进行视觉化操作。其一是标题本身的视觉化设计。在视觉传达中,文字作为画面的形象要素之一,具有传达感情的功能。对标题文字的笔画以及字与字之间的关系进行协调,对标题字体、字号和色彩的设置,强调一定的节奏与韵律,能够造成视觉上的美感,给读者带来美的享受。其二是标题在版面、页面上的视觉化设计和排列。实现报纸版面、网页页面等美化的诸因素中,标题是最重要的因素。设计得体的标题,能够使版面或页面的各个局部层次分明、错落有致。

标题的视觉功能,在"报纸编辑"一章中还将讨论,这里不再详细说明。

## 7.3 新闻标题的特点

一般来说,所有体裁的文章标题的共同特征是准确、鲜明、生动。准确是指标题能准确地概括文章的内容,或者准确地揭示文章的含义;鲜明是指标题态度明朗,褒贬分明;生动是指标题生动、传神,为读者所喜闻乐见。新闻标题除具有这些特征之外,又有自己的特点:

(1)以新闻中的具体事实为其内容。这是与其他体裁文章的标题最显著的区别。有时,其他体裁文章的题目也可能包含文章中的具体事实,但没有硬性要求,也可以不标出具体事实。

(2)一般有主题和辅题,结构比较复杂。新闻标题按构成分类,可以分为两类:单一型标题和复合型标题。单一型标题,只有主题没有辅题;复合型标题,既有主题又有辅题。因为辅题又包括引题和副题,复合型标题可以引题、主题、副题全有,也可以只有引题和主题或主题和副题。即使是只有主题的单一型标题,从其使用的字数及包含的内容来看,一般也比其他体裁的文章题目要复杂得多。

(3)通常是一个完整的句子,有确定的含义。

(4)态度鲜明,同时表明编者的意图。其他体裁的文章的题目也可以表达鲜明的态度,但它一般代表的是作者的态度;新闻标题所表明的包括编辑的态度,为某些重要新闻所制作的标题,同时还表明编辑部的态度。

上面所说的几个方面,指的是新闻的标题。为了充分展示新闻标题的特点,下面把主要几种新闻体裁标题的特点做一些简单的对比分析。

### 7.3.1 消息标题

消息主要是概括地叙述新近发生的事实,以报道事实为主,一事一报,简洁明快,有时伴有少量的白描或议论,及时地反映新情况、新成就、新问题。所以,消息的标题,侧重于表现动态事实,即使是虚实结合的标题,也必须以摆事实为基础,如下面两则标题:

**静止轨道气象卫星观测系统成功换代**(引题)
**风云四号交付使用**(主题)

(《人民日报》2017年9月26日第二版)

**融入物流"大通道"打通进出口"高速路"**(引题)
**我区将加入丝绸之路海关通关一体化改革**(主题)

(《西藏日报》2015年4月3日第一版)

第一则标题,引题、主题都在摆事实。主题交代主要事实,而引题交代具体事实,两者有密切的联系。第二则标题属于虚实结合的标题。主题交代了具体事实,引题是虚题,用描写的方式概述事实。

### 7.3.2 通讯标题

通讯,同消息一样,是两种主要新闻体裁之一。它包括人物通讯、事件通讯、工作通讯、概貌通讯等几种类型,或者着力刻画人物的精神面貌,或者完整地叙述某个有典型意义的事件,或者比较系统地介绍某项典型经验,或者借描述某一项活动或事件的基本面貌抒发观感。

通讯的标题与其内容相适应,或者讲述一种道理,或者抒发一种感情,或者提出某种疑问,一般不硬性要求把新闻事实写在标题之中。如:

**一对80后"羊倌"的辩证人生观(主题)**
——记晴隆草地中心畜牧师刘树军、伊亚莉夫妇(副题)

(《贵州日报》2015年5月29日第一版)

**马氏"兄弟"跨越二十年的诚信**

(《河南日报》2015年2月15日第一版)

**在这里,找到患者信任的理由(主题)**
——上海长征医院肾内科血液透析中心夜间服务探访记(副题)

(《文汇报》2015年10月29日第一版)

**班家小镇谱耕读新篇**

(《河南日报》2017年6月15日第一版)

这几则标题只点明是什么人、什么精神、什么情况,都未交代具体事实。由此可以看出,消息与通讯标题的主要区别有这样三个方面。

第一,从包含的新闻要素来看,消息标题强调要有必要的新闻要素,通讯标题则不宜过多强调新闻要素。消息标题要起到提示或评价新闻内容、引导读者正确理解新闻内容的作用,就必须给读者一个十分明确的含义。要做到这一点,就需要具备必要的新闻要素,何人、何时、何地等要准确无误,不能产生歧义。

**女环卫工6年拽回5名轻生者**

(《楚天都市报》2015年12月15日A3版)

这则标题对时间、地点、人物、事件等几个要素都做了具体交代,含义十分明确,报道了武汉市环卫工涂晓珍在长江大桥上清扫马路6年时间,共拽回5名轻生者的事实,展示了一位只知拉一把、救一把,而不求任何回报的人物形象,这是一种对"善"的追逐与向往,让人感动和震撼。

通讯标题比较灵活,可以是对事实的抽象概括,也可以是对某一种道理、意义的含蓄提示。因此,通讯的标题一般不宜太实、太露、太直,要给读者留出想象和回味的余地。

　　第二,从辅题的使用上看,在复合型标题中,消息标题可以有引题或副题,或者二者兼有,副题用于对主题进行补充、印证或注释;通讯标题一般不用引题,副题的作用也与新闻标题中的副题不同,一般只用来对主题做出解释,帮助主题交代新闻的来源和要素等。关于新闻标题中引题、主题和副题各自的作用,在后面还要详细讲述,这里不再举例说明。

　　在通讯标题中,也有运用引题的特殊情况。

**本市连续实施 20 项民心工程(引题)**
**把好事办到百姓心坎上(主题)**

(《今晚报》2016 年 5 月 10 日第一版)

**"学"中筑牢思想根基　"做"中彰显团员本色(引题)**
**内蒙古共青团:"一学一做"变出新花样(主题)**

(《中国青年报》2017 年 7 月 19 日第一版)

　　第三,从状态上看,消息标题一般呈现为动态,告诉读者的是"正在发生着什么事";通讯标题则一般呈现为静态,告诉读者"是什么"(什么人、什么精神、什么情况等)。

　　消息中所叙述的事实虽然大多是已经发生的,但在标题中所表现的却是正在进行的状态,告诉读者事物有哪些变化,变化进展如何等,所以它的标题是动态的。通讯,则大多是在事件发生以后,向读者提供更详细的事实和背景材料,以细致的描写、生动的形象和曲折的情节来感染读者,因此,它不要求强烈的时效性,其标题也不要求表现事物正在进行的状态,一般表现为静态。

　　消息标题:

**厄瓜多尔 7.8 级强震死亡人数升至 246 人**

(《羊城晚报》2016 年 4 月 18 日第 A06 版)

　　通讯标题:

**旅长原本是师长**

(《前进报》2015 年 12 月 11 日第一版)

　　上面的消息标题告诉读者的是"厄瓜多尔 7.8 级强震死亡人数升至 246 人",呈现的是一种动态。通讯标题只是告诉读者"是什么",呈现的是一种静态,通过讲述改革强军过程中,面对个人进退去留,师长不计个人利益得失,主动申请当旅长的感人故事,通讯视角独特、事例典型、立意新颖,深刻回答了我军高中级领导干部如何带头支持改革、拥护改革、投身改革的时代课题。

　　消息标题与通讯标题的三点区别,只是相对的,不是绝对的。有时,因为特殊情况或某种需要,在制作标题时,会打破这些界限,或者为通讯制作消息标题,或者为消息制作通讯标题。

为通讯制作消息标题,要么在标题中涵盖比较多的新闻要素,要么使标题呈现一种动态。这种标题虽然不够含蓄与曲折,但读者却可通过它直接了解通讯的基本内容,非常便捷、易读。

为消息制作通讯标题,一般只是对篇幅短小且内容相对次要的消息,方可采用这种方式。这种标题往往无法提示、评价新闻内容,不利于引导读者正确理解消息的含义,所以一般不宜多用,对于比较重要的新闻,更要慎用。

### 7.3.3 调查报告标题

调查报告是指对具有典型意义的客观事物进行周密调查之后,运用调查研究的成果,写出来的系统阐述事物发生、发展的过程,总结出具有普遍意义的经验或教训,回答现实生活中迫切需要解决的问题的书面报告。它是新闻报道的一种特殊形式,也是运用比较广泛的一种新闻体裁。

调查报告,因其反映的内容不同,可以分为四种类型:总结典型经验的调查、研究问题和揭露问题的调查、介绍新生事物的调查及对社会情况的调查。在形式上,调查报告与工作通讯、工作总结相接近,只是内容更为广泛,容量更大,更具有完整性。它侧重于用事实说明问题,通过对典型材料的分析、归纳,透过现象揭示事物的本质和规律,提出带有方向性的问题,对实际工作有极强的针对性和指导性。

同其内容相适应,调查报告的标题,也大致分为两类:一类是直接提出调查研究和需要探索的课题,如《湖南农民运动考察报告》《行政官员执法能力调查》《90年代生人文化传承调查》等。再一类是直接点明调查研究后形成的结论。

**83.2%受访者表示遇到老人摔倒会去扶(主题)**
55.1%受访者坦言"扶老人反被讹"新闻给人们留下了刻板印象(副题)

(《中国青年报》2017年7月20日第七版)

上面这则调查报告的标题,是用主题和副题都直接点明调查研究形成的结论。

在形式上,调查报告的标题与通讯的标题十分相似,有单一型的也有复合型的。复合型标题一般采用主题、副题搭配的方式,副题只用于交代调查的地点、对象和范围等。

有时,因为特殊需要,也把调查报告的标题制作成引题、主题搭配的形式。

实习、深造、旅行、做志愿者,中国高校传媒联盟一项调查显示——(引题)
**45.82%的大学生暑假仅给自己放10天假(主题)**

(《中国青年报》2017年7月17日第十一版)

在这则标题中,引题既是内容提要,同时又交代调查的主体机构,主题则点明了调查研究的对象和结果。

## 7.3.4 读者来信的标题

读者来信在报纸上出现,已经有较长的历史。随着社会舆论监督的规范化和经常化,读者来信越来越受到媒体的重视和读者的欢迎。几乎所有的报纸都辟有专栏来发表读者来信,内容重要的来信一般要单独发表。

读者来信也具有自己的个性,都是采用第一人称"我"或"我们"来写,因此,有人把读者来信称为一种新的新闻体裁。但是,严格说来,读者来信尚不能称作一种独立的新闻文体。因为其内容或者是"我"的亲身经历,或者是"我"看到的事实,或者是"我"体验到的感受,或者是"我"的意见、愿望和要求。所以,读者来信有的属消息,有的属通讯,有的属言论,有的属书信。同内容相适应,它的标题也就多种多样。如《人民日报》第五版有一个《来论》专栏,长期向读者征稿,2017年6月15日刊登的两则读者来信的标题分别是:

**别让中间环节"狐假虎威"(主题)**
**城市创建要"有里有面"(主题)**

2017年7月7日刊登的两则读者来信的标题分别是:

**怎样的品格就有怎样的未来(主题)**
**"笑气"监管莫待病入膏肓(主题)**

这些标题一方面是直叙其事,直接把读者的所见所闻及意见、呼声、要求反映出来;另一方面,它们均为单一型标题。

读者来信的标题绝大多数为单一型标题,也有个别内容重要或提出的问题具有较强的普遍性和指导性的来信使用复合型标题的。

**地铁上经常有人占据爱心专座　遇老弱病残孕不礼让(引题)**
**爱心专座考验乘车文明(主题)**

(《今晚报》2017年7月19日第二版)

有读者向《今晚报》反映,市区地铁车厢中设有爱心专座,这是为老弱病残孕等特殊人群所设,然而经常有人占据这些专座,遇到老弱病残孕人群也不礼让。这些细节看似小事,其实考验乘车文明,不应被忽视。对此,编辑将读者反映的情况进行了梳理,归总了几个方面的意见,加大正面宣传引导,强调小细节体现大素养,从而有利于城市整体文明素养的提升。

## 7.3.5 纪实文章的标题

纪实是介于通讯和调查报告之间的一种边缘文体。与通讯比较,通讯使用范围比较广泛,纪实则一般用于重大典型或读者比较关心的热点、难点问题的报道。与调查报告比较,调查报告侧重于对事实的分析、归纳和总结,并提出带有指导性的意见、办法,纪实则比较讲求时效,侧重于通过叙述、描写,真实、完整地反映事实,让读者通过了解事实领会文章的深刻含义。所以,时效性、纪实性、文学性是纪实文章的三个显著特点。为了解纪实标题的特点,我们来看下面几则纪实的标题。

标题一:

用"互联网+"推动教育变革(主题)
——浙江省中小学教师信息技术应用能力提升工程纪实(副题)

(《光明日报》2017年7月8日第八版)

这篇纪实报道了浙江作为全国首个将提升工程从中小学教师扩展到幼儿园教师的省份,走出了一条分层分类、公开公平、顺应"互联网+"时代教育发展的特色道路。标题如实地概括了浙江省中小学教师信息技术应用能力提升工程的实施方式。

标题二:

共享地球的"心跳"(主题)
——中国地震局地震科学数据共享平台开放发展纪实(副题)

(《光明日报》2017年7月5日第八版)

这篇纪实源于记者从一次召开的全国科技创新大会上得到的消息,自2006年以来,中国地震局探索通过地震科学数据共享平台,将累积的地震数据资源360TB(1TB相当于万亿字节)悉数向社会开放共享,这些来自地下的神秘信号从此不再神秘,成为地球物理、海洋、重大工程等领域研究的有力支撑。标题形象生动地揭示了报道的内容,立意新颖,令人眼前一亮。

标题三:

风雨更映党旗红(主题)
——江西省党员干部抗洪救灾纪实(副题)

(《光明日报》2017年7月9日第六版)

2017年6月下旬以来,暴雨肆虐、洪水侵袭。受持续强降雨影响,江西省89个县(市、区)417.34万人受灾,农作物受灾面积334.11千公顷,转移群众49.56万余人,倒塌房屋8605间,直接经济损失86.67亿元。编辑以抒情式标题赞扬了无数共产党员在洪灾中亲力践行,为群众扶危解困,充分展现了先进性和先锋模范作用!

标题四:

为国家立心　为民族铸魂(主题)
——十八大以来党中央推进和深化社会主义核心价值观建设纪实(副题)

(《人民日报》2016年2月5日第一版)

党的十八大以来,党中央大力推进、持续深化社会主义核心价值观,并且以马克思主义科学理论为指导,以当代中国社会主义实践为基石,以历久弥新的优秀传统文化为滋养。标题气势磅礴,彰显出日益强劲的中国精神、中国价值、中国力量。

标题五:

**知识分子的价值在于为国为民(主题)**
——科技界学习黄大年同志先进事迹座谈会纪实(副题)

(《光明日报》2017年7月12日第四版)

2017年7月11日,中国科学技术协会举办了科技界学习黄大年同志先进事迹座谈会。这篇纪实报道了黄大年,这位把家中在伦敦开的两家诊所卖掉,自费购买昂贵科学仪器,带着家人回到祖国,为我国叩开"地球之门"做出卓越贡献的国际著名航空地球物理学家。标题鲜明地指出知识分子应该有以科研报国的赤子之心,并且很好地诠释了新时代科技工作者对祖国的大爱,令人动容!

标题六:

**为人民做学问(主题)**
——全国高校贯彻落实习近平总书记哲学社会科学座谈会讲话精神一周年纪实(副题)

(《光明日报》2017年5月23日第一版)

这篇纪实发表于习近平总书记哲学社会科学座谈会讲话精神一周年之际。编辑使用了号召式标题,倡导高校作为我国哲学社会科学的重要阵地,要积极为党和人民述学立论、建言献策。

以上几则纪实标题在形式上与通讯标题、调查报告标题非常相似,多采用主题、副题搭配的形式。所不同的是,纪实的标题更加灵活,可以呈现为动态,也可以呈现为静态;其主题可以是对事实直接进行概括(标题一),也可以采取适当的修辞手法报道事实(标题二),可以反映一种精神(标题三),可以通过抒情烘托气氛(标题四),可以对记叙的事实进行评价(标题五),可以提出号召(标题六);其副题一般只用来对主题做出解释,交代采写范围。

## 7.3.6　新闻评论标题

新闻评论是新闻性与政论性相结合的一种新闻体裁,主要是针对社会生活中新近发生的、具有普遍意义的新闻事件和迫切需要解决的问题发表议论、阐述道理。新闻评论与新闻报道是新闻宣传的两种最基本的形式。新闻报道首先是传递信息,借助所传递的信息表现态度和观点,所以它向社会发言的方式是间接的;新闻评论是对重要新闻事件或重大问题直接进行分析议论,明确表明意见和看法,所以它向社会发言的方式是直接的。

因此,新闻评论的标题的主要特点是:具体、鲜明、生动。

**重塑文艺评论的"剃刀"精神**

(《中国文化报》2015年4月21日第四版)

这篇评论针对当前大量文坛"捐客"和文艺"鼓吹手"大行其道,文艺批评的锋芒日益钝化、锐气逐步缩减的现象,从"评论界官本位风气盛行""文艺评论滑向无效演说和思维空转""文艺评论缺失质疑和针砭功能"三个方面评析了造成文艺批评失语的成因和症结,道出了这个行业的软肋,抓住了全国文艺座谈会讲话的机遇,显得格外具有针对性以及现实意义。标题立意新颖,观点鲜明,令人耳目一新。

### 别拿屠呦呦说事儿
(《科技日报》2015年10月8日第一版)

中国中医研究院终身研究员兼首席研究员,青蒿素研究开发中心主任,药学家屠呦呦获得诺贝尔奖的消息令国人欢欣鼓舞。但是同时,出现了一些质疑声音,许多人将目光集中在屠呦呦无博士学位、无留洋背景、无院士头衔的身份上,并以此彻底否定现有的人才和学术评价体系。这篇评论根据这一现象亮出了观点:我们的人才和学术评价体系确实存在弊端并亟待完善,但其一定是理性改良的结果,而不可能在情绪化的宣泄中完成。标题观点明确,语言生动,在社会上引起了强烈反响。

### 谁将是"历史竞争"的胜利者?
(《人民日报》2016年2月4日第三版)

近年来,中国以令世人刮目相看的硬实力和软实力日益走近国际舞台中心,"战略焦虑"更是成为西方"中国论"挥之不去的底色。美国知名学者弗朗西斯·福山(Francis Fukuyama)在文章《哪种模式会胜出,中国或美国?》中提出:"随着2016年的到来,一场发展模式——即促进经济增长战略的历史竞争已经上演。这场竞争的一边是中国,另一边是美国和其他西方国家。尽管这场竞争鲜为大众所知,但其结果将决定未来几十年欧亚大陆的命运。"这篇评论以提问的方式,从各个方面进行了论述,提出了明确的观点:①无论是出于偏执狭隘还是不自信,刻意炒作改变不了中国经济的真实面貌和发展前景,更不会对"历史的答案"产生丝毫影响;②人类正结为休戚与共的命运共同体,各国人民福祉的公约数越来越大。一个国家以其文化积淀、不懈奋斗和包容胸怀在"历史竞争"中成为胜利者,并不意味着其他国家就将是失败者。

### 凝聚当代中国的价值公约数(主题)
——论培育和践行社会主义核心价值观(副题)
(《人民日报》2015年4月20日第一版)

这是一篇署名任仲平的文章,是《人民日报》在社会主义核心价值观培育与践行中,推出的一篇重磅之作。这篇评论,着眼于核心价值观对当代中国的特殊意义来定义社会主义核心价值观,做到了准确、透彻、简洁,既写出了价值共性,也凸显了中国特色。标题采取复合形式,较全面地反映了文章的内容。

新闻评论的标题,可以是复合型的也可以是单一型的。

这里需要特别强调的是,上面对各种新闻体裁标题特点的分析探讨,目的在于更好地掌握标题制作的基本规律,而不应成为制作标题的框框。而且,各种新闻体裁之间并没有绝对的界限,因而它们的标题之间既有区别又有相同的一面。随着新闻事业的发展,一些体裁的原有模式不断被突破,其标题也在不断地发展变化。所以,制作各类新闻标题,要在深刻理解其特点的基础上,做到灵活运用。

## 7.4 新闻标题的种类

新闻标题比较复杂,因此,对新闻标题有多种分类方法。下面我们对几种主要的分类方法分别进行简要的介绍。

### 7.4.1 依据作用分类

依据新闻标题在新闻中所起的作用,可将其分成这样几种:引题、主题、副题、分题、提要题、大标题。

#### 7.4.1.1 引题(眉题、肩题或上辅题)

把新闻标题中的引题叫作眉题、肩题,是习惯上的叫法,已经为大家所接受。严格来说,这种叫法是不准确的。应该说,在标题横排时,引题处于主题的上方,才能称作眉题;在标题竖排时,引题处于主题的一侧,才能称作肩题。

引题位于主题之前,主要用于引出主题。引题文字较少,一般为一行。它可以是一个完整的句子,也可以只是一个词语或一个词组。它必须与主题搭配才能存在,协助主题共同完成标题的任务。

引题的具体作用,主要有以下五个方面。

(1)通过交代背景、原因,引出主题。

民意调查显示(引题)<br>
逾九成群众对反腐败工作成效满意(主题)<br>
(《人民日报》2017年1月8日第一版)

消息报道了受中央纪委委托,国家统计局于2016年10月底至11月底开展了全国党风廉政建设民意调查。引题交代了这个新闻背景,同时也明确了消息的来源,增强了权威性。

元旦假期雾霾来袭,公安部提示(引题)<br>
如遇拥堵　您别"路怒"(主题)<br>
(《人民日报》2017年1月2日第四版)

2017年元旦来临之际,全国公安交管部门累计出动警力25万人次,警车6万多辆次,设置临时执勤点1.1万余个,启动交通安全劝导站2万余个,全国共查处超速、酒驾、超员等违法行为23万起。同时,北京、天津、河北、山东、山西、河南、陕西、新疆等地出现了严重雾霾和降雪等恶劣天气。这篇消息的标题活泼生动,提醒大家心态平和,出行平安,欢乐过节,引题交代了原因。

(2)通过说明目的、意义,引出主题。

为了黄土高原奔跑的动车(引题)<br>
2分42秒的坚守(主题)

(《人民日报》2017年1月16日第三版)

消息报道了西安铁路局延安工务段高家河工区的工作人员的感人事迹。虽然延安动车通过该工区维护区段的时间仅有2分42秒,但是这些工作人员不怕工作环境艰苦,正如消息中所报道的:"初到土窑,'邻居'不少,老鼠遍地跑,臭虫见人咬。更愁人的是夏天整月断水,冬天烧炕不暖,还停电,买个菜要往二十里外集镇赶。"他们为了确保动车行驶安全,365天,天天这样守候,令人感动至深!引题起了说明事件目的的作用。

脱贫致富电视夜校效果好(引题)<br>
海南　扶贫先扶志与智(主题)

(《人民日报》2017年1月8日第一版)

海南在扶贫工作中采取了怎样的方式,取得了怎样的效果呢?引题向读者进行了比较详细的说明。

(3)运用鼓动、抒情等手法烘托气氛,以引出主题。

粉墙黛瓦若水墨,棕木色门窗古雅素朴,院落精致明亮,小桥流水重现韵味(引题)<br>
青村老街70岁旧公房"返老还童"(主题)

(《解放日报》2017年2月2日第一版)

(4)通过叙述事实,引出主题。在引题中叙述事实,又分为四种情况。

1)叙述主干事实的起始部分。

离开北京抵达苏黎世(引题)<br>
习近平开始对瑞士联邦进行国事访问(主题)

(《人民日报》2017年1月16日第一版)

2)叙述主干事实中的次要部分。

3月15日新规实施(引题)<br>
网购要退货　可以这样做(主题)

(《人民日报》2017年1月12日第二版)

3）概括叙述事实。

云南推进长江流域湿地保护（引题）
**环境好不好　鸟儿说了算（主题）**

（《人民日报》2017年1月11日第二版）

4）叙述具体事实。

歼-10首批女飞行员余旭训练中不幸牺牲（引题）
**致敬！蓝天"金孔雀"（主题）**

《人民日报》(2016年11月14日第二版)

（5）通过疑问或议论，引出主题。

从20多年前的立法"禁燃"到"限燃"又回到前年的"禁燃"，原因何在？（引题）
**成都：放不放火炮儿不再纠结（主题）**

（《解放日报》2017年2月1日第二版）

只要有信心　黄土变成金（引题）
**阜平创富（主题）**

（《人民日报》2017年1月21日第一版）

第一则标题的引题提出问题，第二则标题的引题发表议论。

有时，引题在新闻标题中兼有上述几个方面的作用。另外，上面我们说过，引题多为一行，这是指一般情况。这种习惯模式正逐步被突破。有时为了突出某一方面的作用，引题可增加到两行、三行，甚至一段话，这种情况在报纸上已屡见不鲜。

#### 7.4.1.2　主题（主标题或主标）

主题是整个标题中最主要的部分，用于说明新闻中最重要、最引人注意的事实或思想。在标题中主题所用字号最大，地位最突出。

四川省通江县柳林村李国芝——（引题）
**不想再戴穷帽子（主题）**

（《人民日报》2017年1月22日第一版）

这一标题中引题和主题各交代一部分事实。对于读者来说，当前最重要和最值得关注的是脱贫致富的情况，因此，主题在这里报道了地处四川省通江县高寒山区柳林村的村民李国芝渴望脱贫致富的心声，令人印象深刻。

主题一般为一层，有时两层，不宜过多。这里所说的"层"，指的是一层意思，有时在主题中需要同时表现两个或两个以上的意思或事实,就会出现两层或两层以上的主题。

中共中央政治局召开会议(第一主题)

决定设立中央军民融合发展委员会　审议《中央政治局常委会听取和研究全国人大常委会、国务院、全国政协、最高人民法院、最高人民检察院党组工作汇报和中央书记处工作报告的综合情况报告》(第二主题)

中共中央总书记习近平主持会议(第三主题)

(《人民日报》2017年1月23日第一版)

这篇消息中,主标题反映的是既有联系又相对独立的三层意思,它们都是这篇消息的重要内容。

有时,主题虽然反映的是一层意思或一件事实,但因字数太多,受版面编排的制约,需要排成两行或多行。

**习近平在中共中央政治局第三十八次集体学习时强调(引题)**
**把改善供给侧结构作为主攻方向**
**推动经济朝着更高质量方向发展(双行主题)**

(《人民日报》2017年1月23日第一版)

这则消息的主标题字数多达28个,且内容重要,运用字号较大,所以在版面上以两行形式出现,但它仍属于一层主题。

#### 7.4.1.3　副题(子题或下辅题)

副题放在主题之后,同引题一样协助主题完成标题的任务,对主题起补充、解释和印证的作用。它与主题的分工大致包括以下四个方面。

(1)如果主题概括事实或揭示思想,副题则交代具体事实或做出解释。

**"中国脑""中国心"高科技高铁动车亮相(主题)**
**将驰骋宝兰线　耐高寒抗风沙　国产化率90%以上(副题)**

(《中国青年报》2017年7月7日第二版)

消息报道了2017年7月7日上午10时,一组从中车长春轨道客车股份有限公司生产下线的CRH5G型技术提升动车组抵达西安动车段,这是该型号动车组在我国首次亮相。标题中概括了这个主要事实,在副题中增补了一些具体事实,从而使得这条消息的标题信息更加全面完整。

**这是传统文化课,也是大学精神教育课(主题)**
**——陕西师范大学坚持十一载手写录取通知书(副题)**

(《光明日报》2017年7月21日第五版)

2017年7月15日,陕西师范大学2017年录取通知书的书写工作如期开始。文占申、吕九如、符有堂等20余位退休教师、校友代表,用尖细的小楷狼毫笔蘸上墨汁,仔细对照着录取名单,在录取通知书上,郑重地写下新生的姓名、专业。陕西师范大学连续十一年坚持手写录取通知书,引发社会关注。标题中,主题赞叹了这种大学精神,副题补充具体事实加以说明。

（2）如果主题叙述事件,副题则交代事件的结果。

**湖南发生洪灾　115县403万人受灾**（主题）
**直接经济损失60亿元长沙启动防汛最高级别应急响应**（副题）

（《中国青年报》2017年7月3日第一版）

消息报道了2017年湖南省的洪灾情况。在标题中,主题概述了洪灾情况,副题交代了洪灾造成的巨大经济损失,以及当地的防汛情况。

（3）如果主题交代主要事实,副题则补充次要事实。

**七部门专项"体检"四百余个国家级自然保护区**（主题）
**违规开发问题将被全面排查**（副题）

（《中国青年报》2017年7月21日第一版）

消息报道了2017年下半年,全国446个国家级自然保护区将接受一次来自环保部等7个部门的联合"体检"。主题交代了主要事实,次要事实放在副题之中。

（4）如果主题提出疑问或论断,副题则做出回答或证实。

**是强制学生实习　还是专业实践课程**（主题）
**沈阳城建学院"暑期教学实习"被辽宁省教育厅叫停**（副题）

（《中国青年报》2017年7月21日第三版）

消息报道了2017年7月18日起,沈阳城市建设学院多名大二学生通过微博、QQ等网络渠道发声维权,称被学校强制前往富士康（烟台）科技工业园进行长达3个月的实习并被强迫签署三方协议。学校的这一做法已经被辽宁省教育厅叫停。标题中,主题提出了疑问,副题不仅交代了事件结果,也回答了主题的提问。

**心有大我,山一样的巍峨**（主题）
**——追记著名地球物理学家、国家"千人计划"专家黄大年**（副题）

（《中国青年报》2017年7月12日第一版）

2017年1月8日,地球物理学家黄大年逝世。这篇通讯报道了黄大年——国家"千人计

"划"专家,吉林大学地球探测科学与技术学院教授,当今中国不可多得的战略科学家的感人事迹。标题中,主题表达了黄大年的高尚品格,副题用具体事实进行了补充说明。

副题对主题的补充、解释和印证的作用,并不都是单独存在的,有时是几种作用兼有。所以,在制作标题时要灵活运用。

受副题的作用所决定,副题一般比较具体,而且内容较多,文字大多长于引题和主题,可以是一句话也可以是一段话。副题有时需要包含两层或数层意思,可做成两层副题或多层"副题组"。

**庆祝香港回归祖国20周年大会暨香港特别行政区第五届政府就职典礼隆重举行(主题)**
习近平出席并发表重要讲话(副题一)
香港特别行政区第五任行政长官林郑月娥及特别行政区政府主要官员等宣誓就职(副题二)
习近平强调,"一国两制"是中国的一个伟大创举,是中国为国际社会解决类似问题提供的一个新思路新方案,是中华民族为世界和平与发展做出的新贡献,凝结了海纳百川、有容乃大的中国智慧。坚持"一国两制"方针,深入推进"一国两制"实践,符合香港居民利益,符合香港繁荣稳定实际需要,符合国家根本利益,符合全国人民共同意愿。中央贯彻"一国两制"方针坚持两点,一是坚定不移,不会变、不动摇;二是全面准确,确保"一国两制"在香港的实践不走样、不变形,始终沿着正确方向前进(副题三)

(《人民日报》2017年7月2日第一版)

2017年是香港回归20周年,7月1日上午,庆祝香港回归祖国20周年大会暨香港特别行政区第五届政府就职典礼在香港会展中心隆重举行。标题中,主题概括事实,副题多达271字,并分成相对独立的三层意思,形成了庞大的副题组。

#### 7.4.1.4　分题(插题或小标题)

分题是穿插在文章中间,用于概况或评价每一大段落内容的题目。它一般用在篇幅较长的文章之中,对全文的标题起补充和说明的作用,帮助读者更好地阅读和理解文章的内容。在长篇文章中,插入几个分题,也有助于版面的活泼或美化。

分题的制作要求不十分严格,但经常采用统一的格式,即相同的句式和大致相同的字数,以使其形式整齐、美观,并力求简短、醒目。

2017年7月3日《光明日报》第四版刊登了通讯《修好党史这门必修课——中共党史研究取得新进展》,文中使用了三个分标题:

更好地记载和反映党的奋斗历程(分题一)
更好地服务党和国家工作大局(分题二)
更好地让党的光辉历史深入人心(分题三)

2017年7月8日《光明日报》第二版刊登了通讯《把党建融入中小学教育全过程》,文中用了三个分题:

学校发展如何做到心有方向行有定力——
"学校建到哪里,党组织就建到哪里"(分题一)

教育如何服务学校发展和师生成长成才——
党建工作从点滴开始,从细微入手(分题二)

面临方方面面的压力与困难,教育改革如何推进——
坚强的组织为改革提供坚强保障(分题三)

2017年8月29日《南方都市报》第十版和第十一版刊登了通讯《二孩时代:"计划生育"的自我改革之路》,全文4000余字。文中写的是二孩时代计划生育在人员、理念、工具、考核、环境等五个方面的变化。文中用了五个分题:

人员之变——曾经的乡村计生干部:登门探孕,劝说"上环"(分题一)
理念之变——计划生育从控制生育到家庭计划(分题二)
工具之变——村计生干部进入互联网时代(分题三)
考核之变——多地取消政策外多孩率等考核目标(分题四)
环境之变——湖北全省实施基本生育免费政策(分题五)

这几个分题是对该通讯标题准确的说明和印证,结构方式大致统一。

制作分题要力求简短,但也要视具体情况灵活把握,有时,文章中段落的层次较多,往往不宜用较少的文字表达,小标题就需要长一些。总而言之,分题的句式与长短,要以能准确地概括和表达各个段落的内容和含义而定。新闻写作中,也经常运用字数较多的分题。2017年7月2日《解放日报》第二版刊出消息《习近平主席香港之行为"一国两制"实践行稳致远指引航向(引题) 擘画保持香港繁荣发展光明前景(主题)》,文中使用习近平主席的讲话作为分题,形式新颖,表意明确。

引领"一国两制"新实践(分题一)

"满足香港居民对美好生活的期待,继续推动香港各项事业向前发展,归根到底是要坚守方向、踩实步伐,全面准确理解和贯彻'一国两制'方针。"——习近平

夯实香港发展新基础(分题二)

"香港同胞不仅完全有能力、有智慧把香港管理好、建设好、发展好,而且能够继续在国家发展乃至世界舞台上大显身手。"——习近平

有时,每个分题的内容较多,还可以分行排列。2017年7月18日《中国青年报》第五版刊发了通讯《"真的打起仗来,我们还能像前辈一样视死如归吗"》,包含三个分题:

"我们进攻方一个班一个班地'牺牲',但没有人放弃"(分题一)
"老前辈们流血牺牲都不怕,咱们这点困难算什么"(分题二)
"我们要一不怕苦,二不怕死,做一个大无畏的人"(分题三)

2017年是中国人民解放军建军90周年。"八一"前夕,中国青年报社派出多路记者,奔赴平型关、珍宝岛、法卡山等昔日战争发生地,寻访战场遗迹,探访驻守在那里的部队,讲述官兵们"当兵打仗、练兵打仗、带兵打仗"的强军故事。主标题提出了疑问——"真的打起仗来,我们还能像前辈一样视死如归吗?"文章中的三个小标题给予了肯定的回答,彰显了中国人民解放军可歌可泣的精神!

在制作分题时,如果过分追求整齐划一就会失之于呆板、单调;如果没有一个大致的格式,又会失之于凌乱、眉目不清。因此,制作分题不应强调固定的模式,应以能准确地反映内容、表明思想、简练醒目为宜。

#### 7.4.1.5 提要题(提示题或纲要题)

提要题是用于对新闻的主要事实、做法、经验、问题等摘要或提示的一段文字。

提要题常常用在比较长或重要的文章中,比一般标题的内容稍微详细,其作用近于副题或编者按语。其内容或者摘录新闻的要点(事实、做法或经验),或者提出值得认真思考的问题。

传统的提要题其位置一般在主题或副题之后、新闻之前,并用线条四面围框(也可不围框,有时用其他方式表明),以区别于引题和副题,其内容仅限于对新闻的要点进行摘录。虽然这种传统的提要题在报纸上仍占有主要位置,但是一种新的提要题使用的频率逐渐高了起来。这种新的提要题,在内容和形式上不限于传统模式。试比较下面几则提要题:

●普通话普及率73%左右 ●72个外语专业
●511所孔子学院 ●语言服务行业年产值2800亿元(提要题)
**语言文字事业发展报告首次发布(主题)**

(《光明日报》2017年7月19日第六版)

我国有多少人会普通话?高校开设了多少个外语专业?海外有多少所孔子学院?2017年7月17日,在教育部、国家语委首次发布的《中国语言文字事业发展报告》进行了说明。因为内容比较复杂,编辑以提要题的形式放在了标题的前面,占据了引题的位置,并且用"●"加以注明,使得读者一目了然。因为这一提要题所起到的作用相当于引题,所以也可以叫作引题式提要题。

**今后我们更有责任保护好这片净土(主题)**
——申遗成功为进一步保护可可西里提供新契机(副题)

"可可西里申遗成功,对我们来说,是特别荣耀的事情。同时,我们的责任也更重了。"才仁桑周是土生土长的可可西里人,20年的巡山经历,对这里的山山水水充满了感情,当听到可可西里申遗成功的消息,他和同事们相拥而泣,激动不已。

7月7日,青海可可西里在联合国教科文组织第41届世界遗产大会上成功列入《世界遗产名录》,成为我国面积最大、平均海拔最高、湖泊数量最多,并延续了大型哺乳动物大迁徙景观的世界自然遗产地,实现了青藏高原世界自然遗产"零"的突破。

"申遗不是目的,保护才是根本。"青海省住房和城乡建设厅党委书记、厅长姚宽一说,申遗的过程,是对可可西里进一步深化保护的过程,可以唤起更多人关心和参与其中。青海人民在喜悦的同时也感受到了

世界遗产保护的重任和压力。(提要题)

(《光明日报》2017年7月13日第五版)

2017年7月7日、7月8日,中国青海省可可西里、中国福建省鼓浪屿先后获准列入世界自然遗产、世界文化遗产名录。至此,中国已拥有52处世界遗产,成为名副其实的"世遗"大国。提要题别具风格地用"核心提示"的方式直接概括文章的内容,同时也提醒大家要保护好这一方净土。

**上海市住房发展"十三五"规划发布(引题)**
**租赁住房用地将大幅增加　2020年形成购租并举体系(主题)**
　　■本市住房用地供应总量将明显增加,预计供应5500公顷,其中商品住房用地稳中有升,租赁住房用地大幅增加,保障性住房用地确保供应
　　■新增住房供应总套数170万套,其中,商品住房约45万套,以中小套型普通商品住房为主;租赁住房约70万套;各类保障性住房约55万套(提要题)

(《解放日报》2017年7月8日第一版)

2017年7月7日,《上海市住房发展"十三五"规划》正式发布,明确提出"十三五"期间上海市城镇住房供应总量以及住房用地供应总量将显著增加。编辑以提要题的形式放了主题的后面,占据了副题的位置,并且用"■"加以注明,使得读者一目了然。因为这一提要题所起到的作用相当于副题,所以也可以叫作副题式提要题。

#### 7.4.1.6　大标题

大标题可分为两类:一类是类题,一类是通栏题。

(1)类题。类题是对两篇或两篇以上有某种共同性又各自独立的稿件所加的共同标题。类题主要用于概括各篇稿件的内容,或揭示由各篇稿件所提炼的共同含义,或点明各篇稿件的某一共同要素,起着组织稿件、突出稿件和帮助读者理解新闻实质的作用。

2017年9月11日《中国青年报》第五版以《脱贫攻坚进程中的乡村力量》为类题,下面安排了四篇稿件:《一场属于乡土青春力量的"接力跑"》《一场"分离"再"重组"的乡村变革》《搬出深山:在去留挣扎中突围》《人回来了机遇在哪儿?》。

(2)通栏题。通栏题,在形式上是贯通一个版面所有栏的特大标题,在版面上字号最大,最为醒目。它多用于强调和突出某个时期的中心工作和指导思想,或反映群众的要求,或推荐某种经验,或倡导某种精神。

2017年7月13日至14日,中国共产党上海市第十一届委员会第二次全体会议在世博中心举行。会议强调,下半年将召开党的十九大,这是全党全国各族人民政治生活中的一件大事,对党和国家各项事业发展意义重大、影响深远。2017年7月15日,《解放日报》头版刊发消息对会议的主要内容进行了摘录,并且制作了通栏标题。

**贯彻落实市第十一次党代会工作部署　以优异成绩迎接党的十九大胜利召开(引题)**
**增强四个意识　真抓实干落实"四个新作为"(主题)**

十一届市委二次全会举行　审议通过《中国共产党上海市第十一届委员会第二次全体会议决议》(副题)

通栏题具有较强的指导性、鼓动性和显著性,往往作为口号使用,所以,在制作时一定要慎重,不得乱提口号,力求准确、全面。

类题与通栏题的区别,不应只局限在形式上,更主要的是在其性质上。类题一般只占几栏,但有时类题也会占据通栏位置。

### 7.4.2　依据构成分类

新闻标题依据构成分类,可分为单一型和复合型两类。关于单一型和复合型标题的主要特征,在"新闻标题的特点"一节中已经做过解释,这里不再重复。

我们已经知道,复合型标题由主题和辅题构成。一般情况下,虽然主题和辅题都具有相对的独立性,但是又共同组成一个有机的整体,它们之间的"纽带"就是逻辑关系。所以,准确把握主题与辅题间的逻辑关系,对于正确安排标题的结构十分重要。

一是因果关系。即一件事情的发生导致另一件事情的发生,且在时间上有继起性。这种类型的标题通过对事实进行有步骤的叙述,达到揭示事实间因果关系的目的。

孩子拾到钱包　母亲据为己有(引题)
**一时贪念　锒铛入狱**(主题)

(《今晚报》2017年7月1日第五版)

在这个标题中,引题概括了原因,主题点明了结果。整个标题有因有果,表述简洁,意思完整。

二是手段与目的关系。这种逻辑关系经常运用于由引题和主题构成的复合型标题中。引题叙述手段,主题点明目的。

改革管理体制　营造良好环境(引题)
**让院士回归学术**(主题)

(《人民日报》2017年7月21日第一版)

2014年6月,中国科学院和中国工程院在两院院士大会上审议修订了新章程,拉开了改革完善院士制度的大幕。2017年是章程修订后的第二个院士增选年。这篇报道认为"流水不腐",在一个健康的学术圈里,合理的人才流动是保持科技创新活力的重要条件。

三是前提与结论关系。存在这种逻辑关系的标题一般采用虚实结合的方式。实题用于陈述事实、提供前提,虚题阐明一种思想或观点,对实题陈述的事实进行议论、评价或点出结论。

春节期间,部分人在享受美景美食的同时,却把脏乱和不便留给他人——(引题)
**假日里的不文明太煞风景**(主题)

(《今晚报》2017年2月1日第五版)

春节假期以来,天津市的游客猛增,特别是在古文化街、意式风情区及海河沿岸景区,每天都是游人如织,不文明现象也随之增多。引题简要说明了这种情况,主题对引题陈述的事实进行了议论,发人深省。

**百度阿里等大平台均存在大学生实习证明买卖(引题)**
**"纸上实习"不觉浅 "履历镀金"套路深(主题)**

(《中国青年报》2017年9月8日第八版)

引题陈述了一种事实,主题对引题陈述的事实进行了议论,令人深思。

四是呼告与应答关系。这类标题经常采用疑问句式提出问题,随后做出回答。

**一边是各路资本竞相追逐 一边是社会管理问题引发争议(引题)**
**分享经济风口已过还是风头正劲?(主题)**

(《今晚报》2017年7月21日第三版)

经历了初期"跑马圈地"后,"分享经济"是"风口"已过还是风头正劲?下一个"风口"在哪里?对此,记者采访了相关专家、学者,他们高度认同:分享经济毫无疑问将是我国经济发展的一大趋势。"哪里有痛点,哪里就有共享的空间。"展望下一个"风口",教育、医疗、知识、物流、技能等众多领域都有很大的共享空间。

**地震新闻孩子该不该看?(主题)**
**专家表示:灾难是生命教育最好的教材(副题)**

(《佛山日报》2017年8月17日B4版)

标题中有问有答,对事件的发生及原因都做了清楚的交代。

主辅题之间存在的逻辑关系,除上述几种外,还有递进关系、总分关系等,这里不再一一举例说明。需要注意的是,虽然主、辅题间存在着某种逻辑关系,但是,标题要求简洁明快,所以一般不用"因为……所以……""不但……而且……""虽然……但是……"等关联词语。

正确把握主、辅题间的逻辑关系,必须避免以下六种情况。

第一种,表意不统一。即主、辅题表述的事实或观点互相矛盾,语义冲撞。

**我省建筑大军兵强马壮(主题)**
**平均年龄34岁 文化水平低(副题)**

显然这则标题的主、辅题叙述是相互抵触的,"文化水平低"是对"兵强马壮"的否定。产生这一错误的原因,在于编辑对新闻事实既有肯定判断又有否定判断,违背了形式逻辑的反矛盾律。

第二种,表意不清晰。即标题不能提供一个准确的信息,语义模糊。

卫生部人士郑重辟谣(引题)<br>
临床用血不进口(主题)

因"辟谣"一词指向模糊,主题陈述的事实究竟是谣言的内容,还是卫生部的声明?在标题中不能得到确认。按照新闻中的意思应改"辟谣"为"声明"或"宣布"。产生此类现象的原因主要是词语的选择、搭配不当。

第三种,语意断裂。即主、辅题各自陈述一个事实或说明一个观点,互不联系。

陕西记者赛前探营(引题)<br>
南京球迷"护主心切"(主题)

记者探营与球迷护主之间有什么联系?从标题中很难了解到真相。新闻报道的是记者探营遭球迷阻挠,被迫交出录像带等事情。

第四种,主语转移。复合型标题中允许出现双主语,甚至多主语,但每个主语应有相应的动词对应,否则会造成逻辑混乱。如下面两则新闻的标题:

夜半掘墓去盗金(引题)<br>
疑犯一句话骗倒仨干部(主题)

毒品塞进黄瓜　心奸(引题)<br>
给百元难溜走　心静(主题)

第一篇新闻中说,仨干部被疑犯一句话所骗,夜半去掘墓盗金,因此,引题的主语应是"仨干部"。标题中随意省略句子成分,造成主语转移,违反了同一律。第二篇新闻的内容是,陕西省武警二支队七中队战士常玮执勤时,发现一青年在为其在押"亲属"送的黄瓜中有毒品(鸦片),该青年掏出100元钱给常玮,常玮拒绝并将其交有关部门处理。从新闻内容来看,将"毒品塞入黄瓜""给""溜走"的主语都是这个青年,"心静"的主语是常玮。因为标题中主语省略不当,造成句子成分残缺不全,导致语意混乱,而且,用"心静"表现常玮不贪图私利、敢于同违法行为做斗争的思想境界,也是不恰当的。

第五种,强调错误。主题是标题中最突出的部分,负责表现新闻中最重要的事实或观点,具有"第一导向"的作用。有时由于对事实的选择错误,把不应突出的事实放在了主题之中,造成错误的强调。

为了促销,一整水器公司在广告中称——(引题)<br>
"生活用水"有污染(主题)

这里将一个错误判断写入主题,很容易使读者产生误解,这与新闻的原意是矛盾的。

第六种,顺序混乱。主辅题间的语意顺序颠倒或混乱,会导致逻辑关系错误。

**唤起群众警觉艾滋病(主题)**
京九沿线预防艾滋病宣传活动结束(副题)

这一标题的主题和副题之间是目的与手段的关系,但是用"结束"作为手段达到"唤起"的目的,显然,逻辑关系是不正确的。

为保证结构关系正确并易读、易懂,应该注意分行要自然合理,尽量使每部分意思相对完整,否则,易产生歧义或为阅读制造障碍。如某报为一条消息制作的标题是:

**打击走私及假冒香烟**
**违法活动取得成效**(双行主题)

这一标题本来是一层完整的意思,这样断开,读者虽然不会理解成"违法活动取得成效",但是阅读起来总感到别扭,若仔细推敲,这则标题也是不通顺的。

再如某报刊发一篇一千余字的稿件,在版面上占据了25行高、4栏宽的位置,正文以基本栏编排,8个字的标题却分成四个部分:王增礼、困境、创、辉煌,这四个部分高低不齐、字号大小不一地分别放在一个栏中,均嵌在正文中间。读者必须先浏览文章占据的全部版面,再把几个单个词语拼接在一起,方能领略其标题的含义。如此分行过滥,无疑为读者阅读增加了障碍。

### 7.4.3 依据表现重点分类

依据表现重点,新闻标题可分为实题和虚题两类。

实题在新闻标题中是叙述事实的部分,着重表现具体的人物和事件。虚题在新闻标题中是发表议论的部分,着重说明道理、原则、愿望等。

**七十年,内蒙古奔腾向前(主题)**
如今,全区农牧业正迈向产业化专业化规模化市场化,工业形成六大优势产业,城镇化率高于全国平均水平(副题)

(《人民日报》2017年5月2日第一版)

1947年5月1日,中国共产党领导的第一个民族区域自治地区——内蒙古自治区在乌兰浩特正式成立。2017年是内蒙古自治区成立70周年。如今,一个繁荣昌盛、生机勃勃的现代化内蒙古屹立于祖国的北部。这个标题中主题是虚题,副题是实题,虚实结合,反映了内蒙古70年来的巨大变化。

实题可以单独使用,而虚题必须与实题配合才能使用。配合使用时,虚题依托实题而存在,实题借助虚题得到升华。

当然,也不是所有的新闻标题都需要采用实题、虚题配合方式。什么情况采用实题,什么情况采用实题、虚题配合方式,要视具体情况而定。一般来说,如果新闻重在反映事实本身,重在让读者了解发生了什么样的新闻事实,则可以仅用实题;如果新闻重在通过报道某一事实来反映某种道理或思想,则宜用实题、虚题配合的方式。

在复合型标题中,一般情况下,引题、主题可以是实题,也可以是虚题,副题则多为实题。

## 7.5 制作标题的要求

制作标题的基本要求主要包括两个方面:一个是绝对要求,一个是相对要求。

### 7.5.1 制作标题的绝对要求

制作标题的绝对要求包括准确、鲜明两个方面。新闻标题如果不能满足这两个要求,就不能称为真正意义上的标题。

#### 7.5.1.1 准确

人们常说,真实是新闻的生命,对于标题来说,它的生命就是准确。在这里,准确的含义简言之就是题文相符。标题来源于新闻,因此它必须准确地反映新闻的主要内容和思想。

要使标题达到准确这一要求,应该注意以下七个方面。

(1)标题所揭示的事实,必须是新闻中本来就有的,不能无中生有、随意虚构。也就是说,标题引用新闻事实,必须严格掌握分寸,丁是丁,卯是卯,不能随意夸大或缩小,更不能有虚假成分,否则会造成标题的"失实"。

**专家献策团第三次恳谈会妙语连珠(引题)**
**省领导鼓励科技人员献良策(主题)**

看过标题,读者一定会认为在专家献策团第三次恳谈会上,专家们以幽默风趣的语言侃侃而谈,提出了不少利省利民、加速经济建设的妙计良策,省领导出席了会议并做了鼓励性发言。其实不然,整篇新闻全是几位省领导的长篇讲话,根本没有专家们的"妙语连珠"。"妙语连珠"纯粹是标题制作者"合理想象"出来的。而且,用"妙语连珠"表现专家们发言的热烈、意见的中肯也不确切。

再如一篇报道美国农业研究局成功培育出一系列抗根瘤线虫玉米新品种的新闻。新闻中说,美国农业研究局专家估计:"这些玉米具有超强抗虫害能力的原因之一,可能是这些植物在受到线虫攻击时分泌出一种能杀死线虫的天然蛋白。"一家报纸在刊登这一新闻时制作的标题是:

**玉米新种分泌蛋白　根瘤线虫格杀勿论(主题)**

不难看出,这一标题显然夸大了事实,将"原因之一"说成是唯一,且将"可能"说成了肯定。

（2）标题从新闻中选择事实，必须准确地反映事实的全貌。如果标题选用事实时"断章取义"，势必误导读者，影响读者对新闻整体内容的理解。

张北县组织群众脱贫的经验（引题）
培育"生长点"弥补"贫血症"（主题）

张北县组织群众脱贫的成功经验究竟有哪些？读完新闻会发现，张北县的经验有三点：一是培育"生长点"，以主导产业覆盖贫困乡村；二是借助外力强身，弥补"贫血症"；三是厂村挂钩帮扶带，企农结对拓富路。而且在整篇新闻中，介绍"厂村挂钩"内容的文字几乎占了1/2，可见"厂村挂钩"是主要经验之一。标题中却只选择了两点，好像就只有这两点是成功经验。显然，标题没有反映出事实的整体面貌。"弥补'贫血症'"这一提法在语法上也值得推敲。

普京说俄没有理由不成为北约成员

俄罗斯一直反对北约东扩，看了这则标题，读者肯定会为俄态度的转变感到惊讶。事实上，新闻中说："俄代总统普京表示，'俄没有理由不成为北约成员'，但是，这'只能在西方国家将俄看作是平等的伙伴时'才能实现。"标题只选取了普京的一部分谈话，犯了"以偏概全"的毛病，虽然增强了吸引力，却与新闻的原意相去甚远。

（3）标题引用的事实，必须是所有事实中的精华部分。这里所说的"精华"，是指新闻中最新鲜、最重要、最吸引人、最能反映事物本质的事实。如有一篇消息报道如下：

国家统计局2017年7月6日发布的数据显示，2016年全国居民人均可支配收入23 821元，与2010年相比实际增长62.6%，为2020年实现居民收入比2010年翻番的目标打下坚实基础。

城乡差距持续缩小。2016年，城镇居民人均可支配收入比2012年增长39.3%，年均实际增长6.5%；农村居民人均可支配收入比2012年增长47.4%，年均实际增长8.0%。农村居民人均可支配收入年均实际增速快于城镇居民收入增速1.5个百分点。

基尼系数下降。2016年全国居民人均可支配收入基尼系数为0.465，比2012年的0.474下降0.009，居民收入差距总体在缩小。

2017年7月7日，有两家报纸头版都刊出了这篇消息，但是他们制作的标题不同：
标题一：
十八大以来我国居民收入差距不断缩小（主题）

标题二：
2010年→2016年　居民收入实际增六成（主题）

第一则标题交代了居民收入差距缩小这个事实,报道的时间是"十八大以来",即 2012 年 11 月 8 日党的十八大召开至今。第二则标题交代了居民收入的具体增长幅度"六成",并且交代了具体的时间段儿,即 2010 年至今,这样就比第一条新闻提前了两年。通过消息可以看出,国家统计局的统计数字是与 2010 年进行对比的。因此,第二则消息的标题显得更加准确。

需要注意的是,就一篇新闻来说,大多时候新闻中的某一事实会集几"最"于一身,即既是最新鲜的事实,又是最重要、最吸引人、最能反映事物本质的事实。但有些新闻中的某一事实,新鲜但不重要,或吸引人但不能反映事物的本质,有时重要的、吸引人的、反映事物本质的事实隐藏在众多的事实之中而不易被发现。遇到这些情况时,对事实的选择就较难把握,这就要求编辑认真权衡轻重,恰当地进行取舍。

(4)新闻事实中的精华部分,要安排在标题中的重要位置。在复合型标题中,因为各部分所承担的任务不同,所以其位置也有主、次之分。主题的位置相对重要,辅题的位置就相对次要。所以,为了准确地反映新闻的本质,新闻事实中的精华部分就应尽量安排在主题之中。

2017 年 6 月 30 日晚,国家主席习近平出席香港特别行政区政府欢迎晚宴并发表重要讲话。2017 年 7 月 1 日,各大报纸纷纷在头版刊出了这条消息,其中很多报纸制作的标题是:

**习近平出席香港特别行政区政府欢迎晚宴并发表重要讲话**

读者通过标题,对习主席的讲话内容不能理解。《解放日报》在标题中,直接把习主席讲话的主要内容进行了概括,不仅方便了读者阅读,还使得该报在众多媒体中脱颖而出。原题如下:

**习近平指出"一国两制"是中国伟大创举。前人用超凡勇气探索突破,后人要以坚定信念实践发展(引题)**

**"一国两制":初心不会改变　决心不会动摇(主题)**

(5)标题对新闻事实的表述要准确清楚,不能出现歧义。如果表述含混笼统,或遣词造句不当,会使标题的表达与新闻的含义不符或相反。

**五羊杯手摇三轮车赛　伤残人士可报名参加**

从标题看,举办的是非伤残人手摇三轮车赛,残疾人士也可以报名参加。消息中说的却是举办残疾人手摇三轮车赛,从某日起即可报名。一个"可"字运用不当,使标题的含义与新闻的含义大相径庭。

**伊院"鸡尾酒"治艾滋病见成效**

报道中说:"伊利沙伯医院艾滋病专家,试用鸡尾酒混合治疗,积极为二十位病情严重的病人进行治疗,使七至八成病人服药后,病情稳定了下来,免疫功能显著提高。"可见,新闻所报道的"鸡尾酒疗法"与标题所说的"鸡尾酒"可以治疗艾滋病,原来并不是一回事。

澳科学家有惊人发现——(引题)<br>
树龄1.5亿年　堪称活化石(主题)

一棵树能生长1.5亿年,确实惊人。但消息中却说,一片松树林持续生长时间已达大约1.5亿年。编辑没有认真分辨,把"树林持续生长时间"当成了"树龄",也让读者产生了误解。

(6)标题中的论断要严格符合客观实际,在新闻中要有充分的依据。这里所说的论断,或者是以新闻事实为论据推理出的结论,或者是新闻事实所蕴含的思想意义,或者是对新闻事件的发展、结果等做出的判断,都必须与新闻事实有严密的逻辑关系,都必须经得起实践的检验,否则,其论断就会出错,例如下面两篇分别刊登在两家报纸上的新闻:

让百姓吃上"放心肉"(主题)<br>
市政府采取四项措施控制肉价(副题)

本报讯　今天,市政府出台四项措施,控制猪肉价格,让群众真正吃上"放心肉"。

自猪肉定点屠宰以来,一些不法商贩乘机哄抬物价,使猪肉价格上扬。老百姓呼吁加强市场管理,真正控制肉价,让大家吃上"放心肉"。市政府决定采取以下措施,将猪肉价格控制在定点屠宰前的水平:一、对猪肉价格实行差率控制,规定了毛白猪差价率、批零差价率等,并定时分别在各农贸市场及报纸、电台、电视台公布猪肉价格。二、从今天起由物价局组织物价检查人员分片包市场进行价格检查,对不按规定价格销售猪肉者一律进行处罚。三、市政府要求商业和食品部门发挥国营主渠道作用,把国营摊点建立起来。四、要求食品公司加大屠宰总量,保障群众生活需要。

让百姓吃上"放心肉"(主题)<br>
双鸽集团春供严把质量关(副题)

本报讯　新春佳节即将到来,省会最大的肉类联合加工企业双鸽集团采取多项措施,严把产品质量关,保证消费者吃上"放心肉"。

该集团所属的肉联厂一切工作围绕"放心"两字转。活猪入厂时,由市动检站、公司质检处专业人员进行严格检疫。他们首先察看送宰户是否持有活畜产地动检部门签发的有效检疫证以及车辆消毒证;其次,仔细对活猪进行外观检查,发现病、死猪及时隔离处理。肉联厂还将初查合格的活猪编号入圈静养。除本厂饲养人员外,任何人不得入内,杜绝了圈内作弊现象。

活猪屠宰从开始到结束均有20余名检验人员分别对猪体的头部、心脏等部位进行寄生虫、传染病、肉品品质的检验。整个检验过程是在市动检局全程监督下完成的。

据悉,1月11日到19日,双鸽集团所属的两家定点厂共屠宰生猪8293头,检出猪瘟、黄疸等病害猪217头,全部进行了无害化处理,杜绝了一切病害肉出厂。

两篇新闻的标题基本相似,主题完全相同,都是在对新闻事实归纳的基础上得出的结论。对照两篇新闻不难看出,第一篇新闻的标题,其结论明显是错误的。百姓不放心的是什么?应该是猪肉的质量,而不是价格。"控制肉价"是针对"一些不法商贩乘机哄抬物价,使猪肉价格上扬"而采取的措施,目的是为了使百姓吃上"平价肉"而不应是"放心肉"。第二篇新闻的标题是正确的,新闻中报道的一系列事实都是为了把好质量关,解决的是猪肉的质量问题。

（7）标题提出的问题,在新闻中要能找到答案。制作标题有时可用设问或反问句式,无论用哪一种句式提出问题,其答案必须在新闻中能够找到,不能给读者留下没有答案的疑问。

是公然藐视?还是另有苦衷?（引题）<br>为啥企业拒绝抽验产品?（主题）

新闻只是报道了一系列的抽验结果,标题中一连串的提问,在新闻中却找不到任何答案。企业拒绝抽验产品的原因究竟是什么?读者无法领会。这明显是题文不一致的表现。

#### 7.5.1.2 鲜明

鲜明指的是态度明朗,褒贬分明。因为,编辑制作新闻标题,往往不只是纯客观地向读者传递某一信息,有时还要依据信息传递思想、观点,这也是实现标题正确导向的主要手段。

新闻所反映的事实,有的值得肯定、支持,有的需要否定、反对,有的则不宜或不需表示态度。所以,编辑通过标题对新闻事实所表现的态度包括:肯定的态度（支持、表扬、歌颂）、否定的态度（批判、批评、讽刺）、既不肯定也不否定的态度。当然,不表态也是一种含蓄的表态。编辑通过新闻标题表态,一般包括以下五种方式。

（1）通过对新闻事实的选择来表态。一篇新闻的内容,可能包含多个事实。标题如何选择事实,对表态来说很重要。标题选择的事实,自然是编辑认为重要的、需要读者重点了解的内容,是需要强调的内容;未选入标题中的自然认为是次要的或不值得读者重点了解的内容。

如一篇报道邓小平会见日本来宾的新闻,其主要内容是邓小平谈到中国的经济改革时,强调了两点:一点是重申中国执行开放政策是坚定不移的,另一点是首次提出改革是中国的第二次革命。当时在改革过程中出现了一些问题,中央正在采取措施加以纠正,国内外一些人对此产生了误解,担心改革开放的方针会变。有的报纸的编辑认为,第一点对解答读者的疑问更直接、更具迫切性,读者会直接、明了地了解到我国的开放政策不会变,这是整篇新闻的精华所在,所以在标题中选择了第一点。有的报纸的编辑认为,读者从第二点中不但能理解到这场变革的深刻性和重大历史意义,同时也能消除疑问,这一点应是新闻中的重点,所以,标题中选择了第二点。这两种选择,反映了编辑对两点内容重要程度的不同认识,侧重不同,对读者认识新闻意义的引导也不完全相同。

需要注意的是,标题通过选择事实表态,如果不能抓住最重要、最典型的事实,而是选择了次要的、不足以反映事物本质的事实,这种表态则是不准确的,势必影响读者对新闻含义的理解,甚至会产生误导。

下关西部一点红　苍耳啤酒滇西香

这是一则报道建在云南下关西部的大理啤酒厂生产销售状况的消息标题。消息的主要内容是:该啤酒厂生产的苍耳啤酒深受国内外消费者欢迎,畅销滇西地区及四川、西藏等省区,并远销缅甸等东南亚数国。标题只是从众多的事实中选择了一小部分而且是次要事实,忽略了主要事实。本来,打开国际市场比打开其他省、市市场,更比打开本地市场意义重大得多。但是,标题反映的态度却是重视本地市场而轻视其他省、市市场和国际市场。事实选择不当,导致表态不当,降低了新闻的价值,影响了读者对打开国际市场重要性的认识。

需要注意的是,选用事实要严格掌握分寸,不能随意夸大或缩小,更不能有虚假成分;必须顾及事物的全貌,反映事物的本质,不能片面强调某些内容或故意回避某些内容,否则会出现错误表态,产生误导。

(2)通过把新闻事实恰当地安排在标题中的不同位置来表态。在复合型标题中,主题的位置是最主要的,辅题的位置则相对次要。在不同的位置安排不同的新闻事实,可以含蓄地表示编辑对各事实的态度,引导读者认识和理解各事实的不同含义。

如上文提到的邓小平会见日本来宾的报道,某报制作的标题是:

尽管有风险但必须这样做(引题)
邓小平:改革是中国的第二次革命(主题)

出现一些问题并不可怕,我们自己的心里是踏实的。我们的方针是:胆子要大,步子要稳。我们不是收,而是继续放,也许今后要放得更大。(副题)

主题中放入第二点,即改革是中国的第二次革命,显示了中央改革的决心之大,对当前及今后的工作都有重要的指导意义,强调了这是一个新的论断,告诉读者这是新闻中最重要的内容。第一点内容放入副题之中,直接解答了人们的疑问,也是第二点内容的论据和补充。读者通过标题,会对我国的改革开放形成一个全面的认识:改革的方针不仅现在不会变,而且还要继续下去,并逐步走向深入和全面。

如果事实的主次与标题中位置的主次不相适应,势必影响新闻内容的表现力,降低新闻的价值,影响读者的认识和理解。

**我国成功发射一组空间物理探测卫星(主题)**
这是我国首次用一枚运载火箭发射三颗卫星(副题)

新闻中最新鲜、最重要、最有特点的事实——"首次用一枚运载火箭发射三颗卫星",未放入主题之中,而相对次要的事实——"成功发射一组空间物理探测卫星"却占据了主题的位置,形成了主次倒置,这不利于读者正确认识新闻的意义。

(3)通过对新闻事实的议论来表态。运用议论来表态,是标题表态最直接的方式。新闻事实所表现的美与丑、善与恶,可以通过标题的议论直接告诉读者,引导读者对事件做出正确的认识。

一男子网上筹集赌资被引入圈套——(引题)<br>
网上受了骗　竟有样学样(主题)

(《今晚报》2017年2月3日第五版)

标题中的议论所表达的观点,必须符合马克思主义及党的路线、方针、政策,要能经得起实践的检验,在新闻中要有充分的依据。否则就会产生片面性,歪曲新闻的本质含义。

天灾人祸躲不过(引题)<br>
盘点意外死亡的明星们(主题)

这是某网站的一则标题。这些逝世的明星们,有的是因为遭遇车祸,有的是因为整容失败,有的是因为疾病等。标题中的议论"天灾人祸躲不过",不符合辩证唯物主义的观点,绝对化地否定了人在大自然面前的主观能动作用。天灾人祸有些确实难以躲过,但有些经过人们的主观努力是可以部分或完全避免的。另外,标题中的议论所表现的态度,缺乏对伤亡人员应有的同情,且似乎有漠然视之甚至幸灾乐祸之嫌。

(4)通过选用能够恰当表述事实的词语来表态。词语选用恰当,有助于增强标题对新闻内容的表现力,也有助于标题的正确表态,否则,就会影响标题对内容的提示和评价作用,影响对读者的正确引导。

**西藏"大哥大"价格确实够大**

**十四岁结婚生子　十五岁法庭离婚**

第一题中"够大"何意?似乎是抱怨价格太高。新闻的实际内容是,"大哥大"在西藏的销售形势极好,电信部门对其原价格短期内不做低调整。一个"够大"歪曲了新闻的原意,易使读者产生误解。

第二题中"结婚""离婚"的提法明显有误,十四岁"结婚"违反我国《婚姻法》规定,且新闻中明白写的是非法同居。仅为猎奇而乱用词语,不但不能对违法行为表示批评,还可能引导一些人产生糊涂认识。

所以,选用词语要认准适用对象,严格区分不同词语的表达功能和效果。

(5)通过设问、反问句式的运用来表态。标题运用设问,能够强调新闻的重点或突出对某个问题的看法以及引导读者的注意力。

《巴黎协定》，美国真要"归队"吗？（主题）
尽管美方对此态度"暧昧"，分析人士认为可能性不大（副题）

（《南方都市报》2017年9月19日A15版）

这则标题运用了设问的修辞手法，据事发问，然后跟着作答，分别将新闻的重点和对问题的看法突出了出来。

有时因特殊需要或受字数限制，设问只是引导读者的思路，不在题中作答，至于对事实的态度则需读完新闻才能完全领会。所以，这种表态方式，是一种不完全的表态。

**10岁的孩子懂那么多真的是好事吗？**

（《中国青年报》2017年8月30日第二版）

这则标题只提出问题而不作答，让读者带着疑问到新闻中寻找答案。

反问也是设问的一种，它是用反问的句式表示肯定的态度，答案在问句的反面。以反问手法制作的标题，对于强调新闻的重点、突出新闻的本质含义、表达编辑的态度、引导读者对新闻的认识，均有较强的效果。

### 7.5.2 制作标题的相对要求

制作标题的相对要求包括简洁、生动两个要素。标题的简洁和生动，必须依托于准确和鲜明而存在。准确和鲜明解决的是能否成立的问题，简洁和生动解决的是是否"完美"的问题，即是说，相对要求完成的是"锦上添花"的工作。所以，一则标题只有在既满足绝对要求同时又满足相对要求时，才能算作成功的标题。

#### 7.5.2.1 简洁

简洁即简明扼要，不拖泥带水。标题要求简洁，从根本上说，首先是新闻传播本身的要求。作家老舍也曾说过："世界上最好的文字，也是最简练的文字。简单、经济、亲切的文字，才是有生命的文字。"新闻文体，更要求内容凝练，篇幅要"短些，再短些"。作为新闻内容结晶的标题，就必须简洁、洗练、言简意赅。

标题要求简洁，也是适应读者心理的要求。1860年10月1日，恩格斯在写给马克思的信中提出："我认为，标题愈简单，愈不费解，便愈好……"对阅读心理的相关研究表明：简洁的标题容易被受众感知。不移动视线获得的印象比移动视线获得的印象更深刻，也可以减少视觉的疲劳，激发和延长阅读的兴趣。所以，标题越长，阅读越不方便，给受众的印象就越模糊，而且会降低阅读的兴趣；标题越简短，就越能激发受众的阅读兴趣并形成鲜明的印象，达到预期的效果。

一般来说，造成标题过长的原因不外乎这样几个方面：或者是选择事实不分主次、事实附带成分多，形成容量过大；或者是应该容纳的内容太多，又缺乏精辟的概括；或者是缺乏锤炼，可有可无的字、词大量存在。所以，要使标题简洁明了，就应该做到善于压缩，善于概括。

（1）善于压缩。压缩是使标题实现简洁的主要手段之一，它包括压缩内容和压缩字、词两个方面。

1)压缩内容。对内容的压缩,主要是解决标题容量过大的问题。标题容量过大,又有这样三种情况。

一是有时新闻中包含了数个事实,如果都安排在标题之中,势必导致标题过长。

刺腹饮消毒水复跳楼　压伤推木头车老翁(引题)
**曾拥有数部的士男子跳楼亡(主题)**
卖的士做生意亏损殆尽　不堪近期的士牌价急升刺激(副题)

这是香港某报的一则标题。在标题中,只需表明案件因果,即男子因的士牌价急升、生意亏损而自杀身亡即可。至于自杀手段及压伤他人、"拥有数部的士",则无入题的必要。显而易见,只保留主要事实,压缩次要事实,是使标题简洁的重要手段。

二是因为标题一般是一个完整的句子,向读者传递的信息是确定并完整的,所以,有时在标题中强调新闻要素及其他附带成分过多,致使标题冗长。

中国医大一叙利亚留学生伤害致人死亡(引题)
**沈阳市法院判处卡玛尔十五年有期徒刑(主题)**

标题中除没有时间要素外,其他新闻要素全部包含,而且引题、主题都是各种成分一应俱全的完整句子。如果省略"中国医大""叙利亚""沈阳市法院""十五年有期"这些成分,只保留主要要素和主干事实,便可实现简短:

伤害致人死亡(引题)
**留学生卡玛尔被判刑(主题)**

或制作成单一型标题:

**留学生卡玛尔伤害致人死亡被判刑(主题)**

三是有时新闻中的事实具有明显的倾向性,标题只陈述事实即可褒贬分明,如果再有过多的议论,就会导致标题冗长,如1984年7月在洛杉矶奥运会上,许海峰首开纪录,夺得第一枚金牌,有家报纸报道这一消息时,制作的标题是:

奥运会上首次夺得金牌,我体育运动揭开历史新篇章(引题)
**东方巨人起步　实现"零"的突破(主题)**
许海峰获自选手枪冠军,曾国强获52公斤级举重冠军(副题)

这是一条重要新闻,标题制作得大一些,将新闻的意义点明点透是应该的。但其中重复的、读者司空见惯的议论太多,影响了标题的简洁明快。《羊城晚报》为该新闻制作的标题是：

许海峰挥手破零蛋<br>中国人首次夺金牌（双行主题）

与上题比较，该题字数压缩了三分之二，省去了过多的议论，同样点明了新闻的价值。可见，要使标题简洁，压缩不必要的议论是重要途径之一。

2）压缩字、词。过去有一首《制鼓歌》，其原来的内容是："紧紧蒙上皮，密密钉上钉。晴天和下雨，打起一个音。"有人认为其中有些字无用，将其改成："紧紧蒙，密密钉。晴和雨，一个音。"后来，又有人将其改为："紧蒙密钉，晴雨一音。"这样由原来的20个字改为8个字，意思没变。可见，要使文章简练，删除可有可无的字、词，是非常必要的，同样，删除可有可无的字、词，也是使标题简洁的一个行之有效的方法。

陕西省多方面筹集资金建造宾馆

如果改为"陕西多方筹资建宾馆"，删除"省""面""集""金""造"5个字，内容未受任何损害，还可使标题更加简练。

标题重复使用的字、词，有些是不必要的，应当删除。

在亚奥区足球预选赛中（引题）<br>中国和伊朗足球队二比二踢平（主题）

引题已点明"足球"赛，主题中"足球队"一词就没有使用的必要。

压缩字词的另一种方法，就是尽量不用或少用助词，如"的""之""吧""啊""了"之类，如某报为一篇报道制作的标题是：

认真查处经营管理中的严重官僚主义，推动管理体制改革和领导作风的改变

《人民日报》在转载时，压缩了上题中的两个"的"字，比原来的标题更紧凑简洁了。

压缩助词，尤其是结构助词，必须以不损害原意为前提。

盖俊和女儿结婚不收礼

只看标题，岂不荒唐？新闻的内容是盖俊和在其女儿结婚时不操办、不收礼。原来在"盖俊和"后面少了一个"的"字。

（2）善于概括。把新闻中的主要内容放在标题之中，有时虽然经过压缩，主要内容仍然过多，致使标题繁杂冗长。这时可以用概括的方法，以使标题简洁明快。所谓概括，正如徐铸成在《报海旧闻》中所说的："要以尽可能简练的一句话，概括说明这条新闻的主要内容和

实质。"

煤炭工业要边调整边把生产、建设搞上去（主题）

煤炭部领导同志发表谈话指出，为适应整个国民经济调整后对煤炭更多的需要，煤炭战线的广大职工要两副重担一肩挑（副题）

煤炭工业要骑在马上调整（主题）

煤炭工业部领导同志对记者发表谈话，强调指出必须在调整中突出前进精神（副题）

两则标题相比，第二题更简洁明快，原因就是它做了比较准确的概括。"骑在马上调整"不仅包含了"边调整边把生产、建设搞上去"全部内容，而且更加生动。第二则的副题也比第一则的副题简练。

由以上两则标题可以看出，善于概括，是使标题实现简洁的必不可少的方法。

运用压缩和概括手法制作标题，有两个问题需要注意：

1）简练要以明快为前提，不可使读者"费解"。且看下面两则标题：

牢记党的宗旨实施"鱼水工程"（引题）<br>市直党政机关"三三三一"活动全面展开（主题）

平昌县技术监督局敲定明年工作目标（引题）<br>推出一、二、三、四、五计划（主题）

应该说，这两则标题的制作都运用了高度概括的手法。标题的主要功能之一，是提示新闻内容，向读者传递信息。但是，"'三三三一'活动"和"一、二、三、四、五计划"究竟是指什么？恐怕很少有人知道。如此概括，违背了标题的宗旨。

2）不可为追求简练而生造词语。如某报为一篇报道大学生就业情况的新闻制作的标题是：

不恋"天南海北"主动申请到"新西兰"

不看正文，很难理解到"天南海北"是指天津、南京、上海和北京，"新西兰"是指新疆、西藏和甘肃。

#### 7.5.2.2 生动

这里说的生动，就是使标题生动活泼，为读者所喜闻乐见。因为，新闻标题不但要为读者提供信息和观点，还应该给读者美的享受，以提高读者的阅读兴趣，增强传播效果。所以，新闻标题不仅需要准确、鲜明、简洁，还需要做到生动。使标题生动的方法很多，概括来说，就是要准确地运用各种表现手法，如用好修辞手法、成语、俗语和诗词佳句等。下面分三个方面简单解释一下。

(1)修辞手法的运用。恰当地运用各种修辞手法,可以使标题表达更加生动、形象、有力。

1)比喻。比喻就是打比方,即用人们所熟悉的、具体的、浅显的事物(喻体)来说明和表现人们生疏的、抽象的、深奥的事物(本体)。比喻的表现形式有甲像乙、甲是乙和乙代甲三种,即明喻、暗喻和借喻。采用比喻可以增强标题的表现力,帮助读者理解新闻的含义。

标题一:

招贤榜似春风吹皱了一潭死水(主题)

四平市张榜招贤以后,二十多天就有八百多名省内科技人员应招(副题)

标题二:

时间就是金钱　效率就是生命

标题三:

专家眼中的理想房子 VS 百姓眼中的理想房子(引题)
蜗牛在找最好的壳(主题)

标题四:

请"南郭先生"让位(主题)
大定堡乡辞退 13 名不合格教师(副题)

题一中主题用的是明喻,"春风"喻"招贤榜"。题二用的是暗喻,"金钱""生命"分别喻"时间"和"效率",本体、喻体之间用"是"关联。题三的主题用了借喻,借"蜗牛"喻包括"专家""百姓"在内的人们,"壳"喻房子。"壳"对于"蜗牛"来说,必不可少却又是沉重的负担。题四的主题用了引喻,"南郭先生"比喻不合格的教师。比喻既形象又深刻,无疑会帮助读者对新闻内容的理解。

2)排比。排比是将三个或三个以上结构相似的词句排列在一起,表达同一性质或同一范围的内容,使表述语气连贯,铿锵有力。

洞耳河村——(引题)
**想法子　找路子　赚票子(主题)**

**腰包鼓　文化多　身体棒(主题)**
体育增强人民群众获得感(副题)

以上两则标题中排比的结构相同,用三个短句来排比。

3)比拟。比拟就是将人与物倒置描写,有拟人、拟物两种。采用比拟可以使人或物的形象更加鲜明。

天然气为何"上气不接下气"

后仓"老鼠"大如斗　前店豆浆淡如水

以上两则标题,上题的主题用了拟人手法,用人的状态"上气不接下气"形容天然气的时断时续,既生动又形象;下题用了拟物手法,把盗窃店里黄豆的那些人当作经常暗地里活动、人人喊打的"老鼠"。

4)对偶。对偶就是把结构相同、意义相对或相关的两个语句排列在一起。对偶根据所对的内容分为正对、反对和串对,根据结构形式分为工对和宽对。采用对偶可以使标题形式整齐、语调和谐,更富有感染力。

标题一:

回故乡含泪祭祖先　盼统一反对搞"台独"(引题)
国民党副主席访大陆(主题)

标题二:

言之凿凿说关停　门里传来机器声(引题)
张家口三毛治污阳奉阴违(主题)

标题三:

一江春水向东"刘"　百米跨栏任我"翔"

标题一的引题中两句的意思相近且对仗工整,属正对与工对。这一对偶的运用,抓住了感情的线索,极易引起读者盼统一的感情共鸣。标题二的引题意思相反,属反对与宽对。其语调流畅,对比强烈,把张家口第三毛纺厂在治理污染方面阳奉阴违的做法准确地表达了出来。标题三中"刘"本应是"流",与"翔"一起暗合刘翔的名字,很有情趣。

5)借代。借代是不直接把人或事物的名称说出来,而是用一个跟它有密切关系的名称或事物来代替。采用借代可以更好地展示事物的特征,引发读者的联想。

网上觅佳偶　条件太苛刻(引题)
小"骆驼":不要抽烟的女人(主题)

这篇新闻的内容是:生产"骆驼"牌香烟的美国第二大烟草公司雷诺士公司的"太子爷"帕特里克在互联网上征婚,因为他是美国最具影响力的反吸烟人士之一,所以在他的征婚广告中,最重要的条件是女方不能有不良嗜好,尤其是不可以吸烟。标题中用"小'骆驼'"代替帕特里克,既可以省略对帕特里克背景的说明,又增强了对读者的吸引力。

残疾人用品市场(主题)
鸡肋乎? 鸡腿乎? (副题)

副题中的"鸡肋"是借用《三国演义》中曹操以"鸡肋"为令,而杨修道破"食之无肉,弃之有味"玄机的典故,借指对残疾人用品市场前景的展望,生动形象,能调动读者的阅读兴趣,引发读者的联想。

6)设问、反问。采用设问、反问,可以起到吸引读者注意和思考的作用。设问是故作无疑之问,可以随问作答,也可以不作答。

杜甫的真墓在哪里?(引题)<br>专家考证后认为在河南巩县(主题)

反问是用疑问的形式表示肯定的意思,答案在问句的反面。

书籍有错何时了!

7)双关。双关就是用同一词语关顾两种不同的事物,产生表、里双重意思,即明指此,暗指彼。采用双关,表意深刻而且具有幽默感。

三美女库尔尼科娃、辛吉斯、德曼蒂耶娃进入四强(引题)<br>总决赛多么漂亮(主题)

标题中的"漂亮",语意双关,既指女子网球总决赛运动员技术水平高,比赛一定激烈异常,可看性强,又指进入四强的三位选手长相漂亮,美女们比赛会为观众带来愉悦的视觉感受,既生动又形象。

8)顶真。顶真又称联珠,就是把前一句的末尾部分作为后一句的起首部分,互相连接,递接而下。采用顶真,可以准确地表现事物之间的递承关系,且使语气明快流畅。

人养猪　猪养地　地养人(主题)<br>大冲大队养猪上圈肥多粮丰(副题)

主题采用了顶真手法,准确、明白地表现了人、猪、地之间的关系,语言一气呵成、简洁流畅。

当官就不要发财　发财就不要当官

这是一篇评论的标题。评论号召广大党员干部以廖俊波同志为楷模,就要以人民忧乐为忧乐、以人民甘苦为甘苦,怀忧民爱民之心,思利民惠民之策,禁伤民害民之举,真心实意为人民造福。

9)呼告。呼告就是用直接与第三者对话的方式,表达激动的心情,以增强感染力。

伪造者,请"上榜"(主题)
一批劣质手机及手机充电器被曝光(副题)

大熊猫奖获得者呼吁国人——(引题)
管住自己的嘴(主题)

垃圾扔地上　盆景搬回家(引题)
素质,注意素质!(主题)

新闻标题还可以运用反语、回环、拈连、反复、引用等修辞手法,这里不再一一列举。需要知道的是,很多时候,在一个标题中可以同时运用两种甚至多种修辞手法。

自古一江春水东逝去　今日万股心泉向西流(引题)
为了百万盼水妈(主题)

这则标题共用了四种修辞手法:引用、对偶、比喻和借代。引题采用了对偶手法,从内容和形式两方面看,属于反对和宽对。"一江春水东逝去"是对南唐亡国君主李煜的诗句"恰似一江春水向东流"的化用,是修辞手法引用中的意引,即引其原意,愁多得像东去的一江春水无穷无尽,用来表现西部人民无水、盼水的急切心情。"心泉"一词运用了比喻的手法,用来比喻北京人民送给西部人民的一片心意。"盼水妈"是指《龙江颂》中一位盼水盼瞎双眼的老妈妈,用来代指盼水的西部人民,这是借代的手法。

(2)成语、俗语的灵活运用。成语是人们长期以来习用的、简洁精辟的定性词组或短句。俗语是指通俗并广泛流行的语句,它简练而形象,大多数是劳动人民创造出来的,反映人民的生活经验和愿望。这里所说的俗语,也包括广大劳动人民口语化的语言。成语、俗语灵活入题,不仅可以使标题简练、具有文采,且通俗易懂,富有表现力。

两万元巨款不动心　贫寒清洁工完璧归赵

别让中间环节"狐假虎威"

从"羊煤土气"到扬眉吐气(主题)
——以"呼包鄂"协同发展带动自治区产业转型升级(副题)

曾经,如皋农村"宁穷一年不穷一天",而今婚丧嫁娶却重"简单实在"(引题)
移风易俗:从"比排场"到"比文明"(主题)

盗车贼撞上细心民警,栽了!

**醉驾上高速　男子胆忒大**（主题）
**以身试法被交警依法查处**（副题）

（3）诗词佳句的灵活运用。诗词佳句灵活入题，用于叙事、议论或抒情，可以使标题既耐人寻味又富有感染力。诗词佳句在标题中的运用比较普遍，一种是以原句入题，用其原意，一种是衍化入题，即对原句稍加变化后运用，使读者感到似曾相识又耳目一新。

**李白早就说过："遥看瀑布挂前川"，一青年偏要"亲临其境"，结果……**

"遥看瀑布挂前川"出自李白的《望庐山瀑布》，古诗全文如下：

日照香炉生紫烟，遥看瀑布挂前川。
飞流直下三千尺，疑是银河落九天。

**乱云飞渡仍从容**（主题）
——外交部部长王毅谈习近平主席访问瑞士、出席世界经济论坛2017年年会并访问在瑞士的国际组织（副题）

"乱云飞渡仍从容"出自当代毛泽东的古诗作品《七言绝句·为李进同志题所摄庐山仙人洞照》，古诗全文如下：

暮色苍茫看劲松，乱云飞渡仍从容。
天生一个仙人洞，无限风光在险峰。

**"以义方训其子，以礼法齐其家"**（主题）
——从全国文明家庭看家风里的文化密码与道德力量（副题）

"以义方训其子，以礼法齐其家"出自司马光的《温公家范》，这是一部比较完整地反映我国传统家庭道德关系的伦理学著作，主要宣扬了儒家的修身、齐家、治国的思想。

**【新闻编辑实务训练】**

(1)请为下列消息拟定标题,要求有引题、主题和副题。

中共中央　国务院　中央军委对天舟一号飞行任务圆满成功的贺电

载人航天工程空间实验室飞行任务总指挥部并参加天舟一号飞行任务的各参研参试单位和全体同志：

在天舟一号飞行任务获得圆满成功、空间实验室飞行任务实现完美收官之际,中共中央、国务院、中央军委向参加天舟一号飞行任务的全体科技工作者、干部职工、解放军指战员,表示热烈的祝贺和亲切的慰问！

天舟一号飞行任务的圆满成功,突破和验证了空间站货物运输、推进剂在轨补加等关键技术,标志着我国载人航天工程第二步胜利完成,对于实现不懈追求的航天梦,具有十分深远的意义。这是工程全线紧密团结在以习近平同志为核心的党中央周围,坚决贯彻创新驱动发展战略和军民融合发展战略,在建设航天强国和世界科技强国的历史征程中取得的新成就,将激励全党全军全国各族人民进一步增强"四个意识"、坚定"四个自信",以时不我待的紧迫感、舍我其谁的使命感,统筹推进"五位一体"总体布局、协调推进"四个全面"战略布局,不断开创中国特色社会主义事业新局面。你们为党和国家事业发展做出了卓越贡献,祖国和人民感谢你们！

星空浩瀚无比,探索永无止境。以这次任务圆满成功为标志,我国载人航天工程进入新的发展阶段,后续任务更加艰巨、使命更加光荣。希望你们更加紧密团结在以习近平同志为核心的党中央周围,高举中国特色社会主义伟大旗帜,全面贯彻党的十八大和十八届三中、四中、五中、六中全会精神,以邓小平理论、"三个代表"重要思想、科学发展观为指导,深入学习贯彻习近平总书记系列重要讲话精神和治国理政新理念新思想新战略,大力弘扬"两弹一星"精神和载人航天精神,撸起袖子加油干,开拓创新攀高峰,以优异成绩迎接党的十九大胜利召开,为实现"两个一百年"宏伟目标、实现中华民族伟大复兴的中国梦而不懈奋斗！

中共中央<br>国务院<br>中央军委<br>2017年4月27日

4月27日19时07分,天舟一号货运飞船与天宫二号空间实验室成功完成首次推进剂在轨补加试验,标志天舟一号飞行任务取得圆满成功。突破和掌握推进剂在轨补加技术,填补了我国航天领域的空白,实现了空间推进领域的一次重大技术跨越,为我国空间站组装建造和长期运营扫清了能源供给上的障碍,使我国成为世界上第三个独立掌握这一关键技术的国家。

4月22日12时23分,天舟一号与天宫二号完成交会对接后,天舟一号关闭交会对接设备,进行对接通道复压和检漏,以及设置组合体运行状态,并由天宫二号控制组合体转入天宫二号在后、天舟一号在前的飞行姿态,做好推进剂补加试验相关准备工作。

此次推进剂在轨补加持续约5天,先后进行了补加管路检漏、天宫二号贮箱气体回收、推进剂输送、推进剂吹除等关键步骤。在地面操作人员精确控制下,整个在轨补加过程由天舟一号与天宫二号共同配合完成,其中,天舟一号负责贮箱增压、补加管路检漏,并向天宫二号输送推进剂;天宫二号负责贮箱气体回收,并接收货运飞船输送推进剂。

按计划,天舟一号将在6月中下旬开展第二次推进剂在轨补加试验,进一步巩固取得的技术成果。

此次天舟一号飞行任务,是载人航天工程空间实验室飞行任务的收官之战,对于空间站工程后续任务顺利实施具有极为重要的意义,取得圆满成功标志着我国载人航天工程第二步胜利完成,也正式宣告中国航天迈进"空间站时代"。

(2)请为下列评论拟定标题,要求有主题和副题。

胡适曾在《差不多先生传》中写过一个寓言故事。有一天,"差不多先生"为了一件要紧的事,要搭火车到上海去。他从从容容地走到火车站,迟了两分钟,火车已开走了。他白瞪着眼,望着远远的火车上的煤烟,摇摇头道:"只好明天再走了,今天走同明天走,也还差不多。可是火车公司未免太认真了。八点三十分开,同八点三十二分开,不是差不多吗?"

办要紧的事,却因为一贯的"差不多"思想而误了火车。同样,在推动改革发展的各项工作中,如果我们的党员干部沾染了"差不多先生"的习气,也满足于"差不多",那么,再好的规划、再好的部署、再好的项目、再惠民的承诺,也都有可能成为镜中花、水中月。

现实中,的确也有一些"差不多干部",他们干工作低标准、低要求、打折扣,"只求过得去,不求过得硬"。比如,对党的理论方针政策,"差不多干部"也学习,但往往只限于"抄抄写写、勾勾画画",能记住几个新名词、说出几个新要求,对精神实质却一知半解,不甚了了;比如,对群众反映的热点问题,"差不多干部"也回应办理,但只是"打打电话、问问情况、层层转交";比如,对上级布置的工作,"差不多干部"也推动,但要么虎头蛇尾,一阵风刮过,就没了下文,要么松松垮垮、敷衍了事,"只求面子上过得去";比如,对当地的发展,"差不多干部"也在抓,但缺眼界缺心劲缺实招,不求增比进位,只求跟得上趟儿……

"差不多"真的是"差得不多"吗?工作中各种"差不多"造成的危害究竟有多大?对此,企业界用于产品质量控制管理的一个公式或可形象地说明:需要一百道工序完成的产品,如果每一道工序都允许有0.1%的不合格率,那么,所有流程结束后,产品的合格率仅为36.6%!我们的工作和事业,也是由一个个具体的环节和步骤所组成,如果允许每一个步骤或环节都可以有一个因"差不多"而导致的"损耗值""偏差率",那么这里短一寸、那里短一寸,最终的成效注定就会"差很多"。一个又一个"差不多"加在一起,会让许多工作半途而废。"差不多"危害之重,不可不察,不可不防。

根除"差不多"思想,一个直接有效的办法,就是把细致、精致、极致的标准贯穿于每项工作的每个环节。要关注细节、注重细化,在"细"中体现执行力;要精心部署、精准发力,在"精"中追求最佳工作成效;要竭尽所能、追求卓越,在"极致"中力求尽善尽美。时时用细致、精致、极致的尺子量一量自己的实际工作,让细致、精致、极致的标准内化于心、外化于行,不折不扣、不留死角地干工作、抓落实,我们所办的每一桩事,都能取得"办就办好"的实际成效。

1986年1月28日,美国的"挑战者"号在升空73秒后爆炸,7名宇航员全部遇难。根据事故调查结果,爆炸是由一个O形密封环失效所致。一个小小的O形密封环的疏漏,竟然引发一起巨大的灾难,令人扼腕叹息,更让我们深刻地理解了"小细节关乎大成败"的道理。我们的党员干部应当牢记:"差不多",其实差得很多;干工作、抓落实、创事业,必须"锱铢必较","办就办好"。

## 【思考题】

(1) 新闻标题的定义是什么?
(2) 新闻标题的特点有哪些?
(3) 消息标题和通讯标题的区别是什么?
(4) 新闻标题的分类标准有哪些?
(5) 新闻标题制作的绝对要求是什么?
(6) 如何通过新闻标题来进行表态?
(7) 制作新闻标题时应该注意什么问题?

## 【学习参考书目】

[1] 郭光华.新闻写作[M].2版.北京:中国传媒大学,2014.
[2] 黄炜.新闻采访写作[M].上海:上海大学出版社,2005.
[3] 彭朝丞.新闻标题制作[M].北京:中国广播电视出版社,2007.
[4] 蒋晓丽.现代新闻传媒标题艺术.成都:四川大学出版社,1998.
[5] 桑义磷,樊葵.新闻报道学[M].2版.杭州:浙江大学出版社,2004.

# 8 报纸编辑

## 导言

**本章学习目标**

通过本章的学习,要求能够对报纸版面的定义、特点、功能、要素,以及制作报纸版面的步骤进行全面了解,比较熟练地制作报纸版面。

**本章难点**

报纸版面的制作步骤　报纸的版面语言

本章难点之一是报纸版面的制作步骤,大概有三步:通读稿件,统筹全局;计算篇幅,绘制版样;检查修改,调剂余缺。

本章难点之二是报纸的版面语言,基本形式包括三种:版面空间、版面要素和版面构图。

在报纸编辑工作中,组稿、选稿、改稿都是十分重要的工作流程,关于这些,我们在前面已经分别做过详细的讲解,因此,在本章主要对报纸版面编辑进行阐述。

## 8.1 版面的功能

版面是见报稿件依据一定的意图和原则,经过编排所形成的布局整体。版面的功能具体表现为以下三个方面。

### 8.1.1 评价新闻的重要手段

对新闻稿件来说,版面不仅是提供空间,也是评价新闻的手段。报纸编辑在设计版面时,对各个稿件的安排所采用的形式的依据,是编辑部对新闻内容的评价,也就是说,版面是编辑部评价新闻内容的一种表现和发言形式。

版面对新闻内容的评价是通过这样两种途径实现的:一是通过稿件在版面上的不同地位表现稿件的不同意义。稿件在版面上的不同地位是由所处版位的主次、标题的大小,以及与其他稿件的不同组合来决定的。二是用各种版面组成要素的恰当运用表现某种特定的意义或特定的感情,如线条、色彩的运用等(版面的组成要素在下文还将详细讲述)。所以,读者可以通过版面,感受到报纸对各个稿件的态度和感情,并自觉或不自觉地受到它的启发和感染。从这个意义上说,版面是一种特殊的评论,是一种借助于版面空间、版面要素、编排形式等完成的特殊评论。

2015年9月4日《解放日报》采用打通要闻一、四版二连版的处理方式,成功呈现了抗战胜利70周年大阅兵的恢宏气势,将版面形式与版面内容完美地结合起来,做得十分到位,保证了重要信息的传递和版面视觉冲击力。该版荣获第二十六届中国新闻奖一等奖,版面编辑和版式设计人员朱爱军、陈煜骅、倪佳在参评简介中写道:"版面从当天'海量信息'中抓'最主要的'呈现。视觉传递上精心:打通头版、四版意在突出处理通版大底图'岸舰导弹方队通过天安门'的恢宏气势;彰显大阅兵主题。内容表达上用心:精心选择习近平重要讲话'正义必胜!和平必胜!人民必胜!'作为主打标题;精心选择习近平阐述的'人间正道'作为点睛之题;精心选择'裁军30万'作为中国的重要宣示。"

版面对新闻内容的评价,同编辑工作其他流程,如选择稿件、修改稿件、制作标题等相比,有其自身的特点。首先,这是对新闻稿件的一次总的评价。在设计版面之前,编辑所面对的大多是单篇稿件,选择、修改、制作标题等过程及对某篇稿件的轻重的权衡,只是针对单篇稿件;而设计版面时,编辑面对的是多篇稿件,每一个单篇稿件都是作为整体的一部分而存在的,都是在同其他稿件的比较或组合中权衡其轻重的。这种评价既可以肯定原来的评价,也可以对原来的评价进行否定。其次,这是对新闻稿件的最后一次评价。版面对稿件的评价一经确定,就失去了改变的机会。编排出版后出现的文字差错尚可以更正,但如果版面编排出现不妥,是不适合更正的。

### 8.1.2 吸引读者阅读新闻的重要手段

报纸能不能吸引读者,稿件内容所起的作用自然是主要的,但是首先起作用的却是版面。读者阅读报纸最先开始于注意,引起注意才能进入阅读过程。读者最先感知的是版面,版面给读者的"最初印象"能够吸引读者,读者才有可能阅读新闻内容。

报纸所要反映的内容涉及社会生活的各个方面,所刊载的文章的体裁形式也是多种多样,各个稿件以其内容和形式上的不同而相互区别,又以其内容和形式上的某种共同的特点而相互联系,报纸某一版面的各个局部和各个版面就有了适当的分工,如要闻、经济、文教、卫生、理论、副刊等。因此,面对内容纷纭繁杂,形式多种多样,关系错综复杂的众多稿件,版面要吸引读者,就需要遵循视觉规律,调动版面的所有组成要素,突出最重要、最精彩的内容,并使整个版面做到主次分明、条理清晰、疏密相宜。

1989年1月3日,《北京青年报》在国内率先推出了极具视觉冲击力的新型版式,以粗黑线分割版面,以招贴式处理照片,使报纸版面呈现出"黑脸膛(色调重)、粗眉毛(大标题)、大眼睛(大照片)、轮廓分明(粗线分割和围框)"的风格。曾经有人用建筑术语形象地将其版面特点概括为:"粗题短文多板块,钢筋结构大窗户。"这种新颖而又大胆的版面风格使《北京青年报》在市场上先于其他报纸进入读者的视野,明显起到了吸引读者的作用,从此"浓眉大眼"也成了《北京青年报》最通俗的标识。对此,它的版式设计者王友身在接受记者采访时说:"我的版式设计首先是服务于读者阅读理解新闻,同时版式对读者又起到了一种对新闻的导读和解构。《北京青年报》的版式其实也是报纸内容的组成部分。这是《北京青年报》版式设计的最大特点。"①

总之,版面是吸引读者阅读报纸的重要手段。一个好的版面不仅能引起读者的注意,并使读者的注意力延续下去,而且能形成一种特定的氛围,帮助读者信其实,明其理,进而增强报纸的传播效果。

### 8.1.3 展现个性的重要手段

一张报纸应该有自己的个性,有个性才能与其他报纸区别开来。一张报纸,构成其个性的因素包括内容、发行地域、读者范围等多个方面,版面的特色是其重要因素之一。不少报纸,即使不看报头,仅从版面上我们也可以分辨出是哪家报纸,这便是版面特色的视觉冲击力,如《人民日报》的版面简洁明快,端庄大方;《光明日报》的版面朴素平实,舒展秀气;《文汇报》的版面清新典雅,眉清目秀;《中国青年报》的版面表情丰富,生气勃勃;《北京青年报》的版面浓眉大眼,主次分明。

报纸的版面虽然具有能动作用,但它毕竟是报纸内容的外在表现形式,因此,必定受到内容特性的制约。版面的特性必须适应内容的特性,也只有在版面的形式与内容达到一致时,版面所展示的个性才是报纸的真正个性。

版面具有评价内容、吸引读者和展示个性的多种功能,因此,版面的编排设计绝不是无关轻重的雕虫小技,而是编辑工作流程中的一个重要组成部分。版面主要是通过版面空间、版面要素和版面构图这三种基本形式,组成版面语言来传递丰富的新闻信息。版面语言就是指报纸版面特有的表现手段,基本形式包括版面空间、版面要素和版面构图。

---

① 王帗:《北青报版式设计"狂飙突进"浓眉大眼表达新闻》,《北京青年报》,2011年7月5日。

## 8.2 版面空间

版面空间就是能够体现报纸编排思想的一定大小的纸张所提供的空间。报纸内容总是借助一定大小的纸张所提供的空间来安排的。从对报纸版面的设计角度来看，编辑就是在这一定大小纸张所提供的空间之内，依据一定的编排思想，通过对见报稿件的编排，完成对版面的总体设计，将新闻稿件用赏心悦目的编排形式提供给读者。所以，只有充分认识版面空间的性能与局部间的差异，才能取得版面编排的自由。

### 8.2.1 版序

现代报纸的版面幅面主要有两种规格：一种为对开，如《人民日报》《光明日报》等；另一种为四开，如《环球时报》《参考消息》等。所谓对开、四开，是对一张报纸纸张大小的称呼：相当于一个标准张白报纸一半的报纸，叫对开报纸；相当于一个标准张白报纸四分之一的报纸，叫四开报纸。所以，有时人们也称对开报纸为大报，称四开报纸为小报。2000年后，报纸纷纷改版变成了"瘦报"。"2001年12月3日起，《北京青年报》改成'瘦报'，版心宽度由33厘米改为32厘米，高度由50.5厘米改为52厘米，与原来的报型相比，变得更加修长，但版面容量不变。报纸变'瘦'后，其视幅反而更宽，不仅便于在拥挤的餐厅、候车（机）室、车厢等公共场所展开阅读，而且更便于携带。改为'瘦报'后，版式设计更为简洁，气势更加流畅，更符合网络时代人们的阅读习惯"[①]。

就我国报纸来说，在实行经济改革之前，每张报纸一般是四个版。随着经济改革和社会发展的需要，大多数报纸都进行了扩版，在大报中，每期出版八个版、十二个版的占了绝大多数，有些增到了十六个版、二十四个版，甚至更多。国外报纸，版数更多，多者达几百个版。为了区分和方便使用各个版面，各家报纸都对版面进行了先后排序，排序方法各家报纸也不尽相同。如每期出版八个版的报纸，有的把刊有报头的一张排为第一、二、三、四版，另一张排为第五、六、七、八版；有的则把刊有报头的一张排为第一、二、七、八版，把另一张排为第三、四、五、六版。这种表示各个版面先后的次序，叫自然版序。

编辑在设计版面时，既重视自然版序，也重视版序。版序是各个版面依据强势大小所排列的次序。强势是指各个版面、版面的各个局部或是通过版面组成要素的使用使其呈现出的引人注目的状态。在报纸的若干个版面中，按照读者的阅读习惯，第一版最先映入读者的眼帘，故第一版强势最大，所以，国内报纸均把第一版作为要闻版。除要闻版外，其余各版因为各有分工，如时事、经济、文教、卫生等，所以其强势的大小很难区分。在几个版面中，只有第一版即要闻版显示出与众不同的强势，而且每天需要见报的稿件中，重要的内容又相当多，所以，各家报纸都把如何充分利用要闻版，作为编辑部的一项极为重要的工作来抓。下面是编辑工作者在长期的工作实践中创造出的几种行之有效的编排方法。

---

[①] 王帏：《北青报版式设计"狂飙突进"浓眉大眼表达新闻》，《北京青年报》，2011年7月5日。

#### 8.2.1.1　文转其他版

文转其他版,即标题及部分正文安排在要闻版,其余正文安排在其他版面上。运用这种方法的好处是,既让稿件上了要闻版,突出了其重要性,又节省了要闻版的版面,以便容纳更多的新闻稿件。这种方法运用最为普遍,每家报纸都在用,而且几乎天天在用。

文转其他版的方法也有其无可回避的缺点,把一条新闻分放在两个版面上,给读者的阅读增加了困难,尤其在报纸的版面增多之后,寻找下文更是不易,而且在一个版面上有时出现数篇文章转版的情况,也不利于保持版面与新闻的完整性。因此,运用这种方法应该注意的问题是:转文以少为好,特别是重要的新闻尽量不转;转入下版的文字不宜过少,以免增加翻找的困难。

#### 8.2.1.2　题、文分版安排

题、文分版安排,即标题安排在要闻版上并注明正文安排的版次,全部正文安排在其他版上。运用这种方法的好处是,要闻版只放置标题,能更多地节省要闻版的版面,同时也能显示出该新闻属于放在要闻版的新闻,如 2017 年 6 月 10 日《人民日报》头版报道了上海合作组织成员国元首理事会第十七次会议,刊登了四幅照片和一条消息。但是还有很多重要消息需要刊登,因此编辑在头版的报眼位置,对相关的四条消息采用了题、文分版安排的处理方式,只是刊登了标题,正文转到第三版。

习近平会见塔吉克斯坦总统拉赫蒙
习近平会见印度总理莫迪
习近平会见西班牙国王费利佩六世
习近平会见土库曼斯坦总统别尔德穆哈梅多夫

(第三版)

题、文分版安排的方法也存在着明显的缺点,即在编排上有一定难度,因为只刊登标题,容易与相邻稿件混淆给读者增加困难,所以在编排时需要有明显的区分标志。因此,这种方法比起"文转其他版"来,运用要少得多。

#### 8.2.1.3　摘要、全文分版安排

摘要、全文分版安排,即在要闻版摘发要点,全文安排在其他版面上。运用这种方法的好处是,既可以节省要闻版版面,又可以使读者从摘要中了解新闻的主要内容。这种方法一般用在重要而篇幅较长的新闻的安排上。它的不足之处是,就整张报纸而言,标题以及部分内容有重复,占用版面增多。因此,除非十分必要,这种方法尽量不用。

#### 8.2.1.4　设置分报头,增加"头版"数量

设置分报头,增加"头版"数量,即在一期报纸上,变一个报头为几个报头,变一个头版为几个"头版"。如上海《解放日报》把十二个新闻版分成三个版块,每个版块的内容相对集中。第一版块(第一、二、三、四版)为要闻、国内要闻、国际要闻,突出报道国内外大事、党和国家的重大决策、中央和上海领导机关的重大活动;第二版块(第五、六、七、八版),分别为热点追踪、教科文新闻、社会新闻、体育新闻,突出热点并具综合性;第三版块(第九、十、十一、

十二版),分别为经济新闻、投资金融、股市行情,突出经济特色。在每个版块的开头(第一、五、九版)各设置一个报头,变一个报头为三个报头,变一个头版为三个"头版",很好地提升了相关版面的"新闻效应"。

### 8.2.2 区序

在一个版面上安排稿件,编辑首先要根据每一篇稿件的内容的重要程度排列出前后顺序,然后安排在版面的相应区域里,于是便出现了"头条""二条""三条"……之分,亦即版面空间的区域划分。

每一个版面可以分为若干个区,每个区在版面上所占的位置,叫作版位。不同的版位具有不同的强势。如果把一个版面横截成上下相等的两半,版面则分成上下两个区域,即上半版和下半版(图8.1)。从强势上来看,无论是横排报纸还是竖排报纸,上半版要大于下半版。如果把一个版面用垂直线条平均分开,版面则分为左右两个区域,即左半版和右半版(图8.2)。从强势上来看,横排报纸的左半版要大于右半版;竖排报纸的右半版要大于左半版。这样的强势次序,是依据读者的阅读心理决定的。对于横排报纸,我们的阅读习惯是自上而下,自左而右;对于竖排报纸,上下顺序相同,而左右顺序是相反的。如果把一个版面横竖分成大小相等的四个部分,版面则分为上左、上右、下左、下右四个区域(图8.3)。就横排报纸来说,这四个区域依据强势大小所排列的次序依次是上左、上右、下左、下右;就竖排的报纸来说,其次序则是上右、上左、下右、下左。这样,版面的各个局部依据强势的大小所排列的次序,就叫作区序。

图8.1 区序(1)　　图8.2 区序(2)　　图8.3 区序(3)

在这里,我们对版面分成的四个区域的各区的强势大小进行排列,实际上版面上区域的划分是无形的,只是读者心理上的一种"感觉",不同的阅读习惯会产生不同的"感觉"。比如对横排报纸下左和下右两个区域的强势大小排列,一些新闻学家认为:根据一般读者读报时视线的自然移动来看,都是看了上左再看上右,然后自然下滑至下右,这要比把视线移动至下左较为省力,所以下右的强势要大于下左。可见,对下左、下右两个区域的强势大小的排列存在着不同的看法。这说明,不同的阅读习惯会产生不同的"感觉";同样也说明,下左与下右的强势大小的差距很不明显。

区序应该说是固定的,但是,如果有了版面组成要素的参与,各区域的强势大小就会发生变化。若把放在强势较大区域的稿件进行弱化处理,像减小标题字号、缩小所占空间等,其引人注目的程度就会降低;若把放在强势较小的区域的稿件进行强化处理,像加大标题字号、四面围框等,其引人注目的程度就会上升。作为一名编辑,既要充分认识不同区域的不同强势,有效地利用版面为编排思想服务,又要避免把区序当作束缚手脚的枷锁。所以,编辑在设计版面时,一定要敢于发挥主观能动性,借助版面各区域的不同强势,调动各种版面组成要素,设计出成功的版面来。

### 8.2.3 栏序

我们知道,版面上安排稿件的正文并不是一行一行文字从左边排到右边,而是用线条或空白把它们隔成几个部分。这种用线条或空白把版面隔开的部分,就叫作栏。横排报纸是纵向分栏,竖排报纸是横向分栏。这些线条或空白是栏与栏之间的分界线,叫作栏线。栏线通常占据一个正文字的宽度。栏是安排稿件时对版面划分的基本单位。版面的分栏是相对固定的,版面上相对固定的栏叫作基本栏,又称基础栏、短栏、单栏。依据有利于读者阅读、有利于版面设计的原则,经过对多年来办报实践经验的总结,报纸基本栏的设置逐步固定了下来。就横排纸而言,对开报纸一般分为八栏,四开报纸一般分为六栏或七栏。基本栏的先后次序是从左至右依次排列的,这种表示基本栏先后的次序叫作自然栏序。因为各个栏占据着版面的不同位置,所以各个栏的强势大小也不相同。根据区序可以知道,越靠近版面左边的位置强势越大。各栏的强势也是这样,距离左边越近,强势越大;距离左边越远,强势越小。这种各个栏依据强势大小所排列的次序叫作栏序。栏序与自然栏序是一致的。因为在版面上,一篇稿件往往不只占据一栏的位置,所以,编辑在设计版面时重视的是版序与区序,并不特别重视栏序。

阅读报纸时我们会发现,版面上的许多栏的宽度与基本栏的宽度并不一致,这些栏是由基本栏变化而成的。在基本栏的基础上变化出来的栏叫作变栏。由基本栏成倍合并而成的栏叫作长栏,如两栏合并为一栏,称为二并一;三栏合并为一栏,称为三并一。由基本栏非成倍合并而成的栏叫作破栏,如三栏破为二栏,称为三破二(图8.4)。

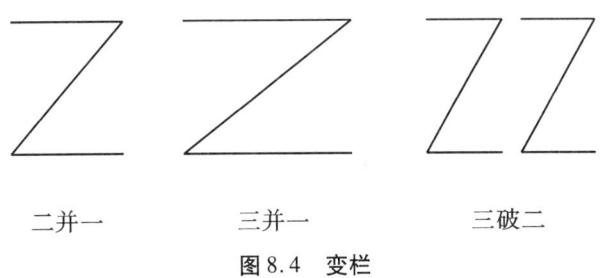

二并一　　　　　三并一　　　　　三破二

**图8.4　变栏**

采用变栏的主要作用有:①增大强势,在基本栏旁边安排长栏,长栏部分就显得突出,容易引起读者的注意;②表现感情色彩,用长栏编排稿件显得庄重,如用宽度较小的栏编排稿件,显得活泼;③节约版面,如编排每行字数较少的诗歌,可选用宽度较小的栏,既便于阅读,又可以有效地利用版面;④美化活跃版面,如果在一个版面上所有稿件都用同一种栏编排,会显得单调呆板,适当采用一些其他宽度的栏,会使版面增加变化,产生美感。

### 8.2.4 报头、报眼、报缝、版心

任何一张报纸都有自己的名称,如《人民日报》《光明日报》《文汇报》《河北日报》等,都

用大字刊登在第一版的相对固定的位置上。这些用大字刊登在第一版相对固定位置上的报纸的名称,叫作报头。报头是报纸的主要标志,一般安排在版面的上端,可以居左,可以居右,也可以居中。报头所占据的位置是相对固定的,如果遇到特殊的新闻报道或重大节日、事件等,因版面编排的需要,报头的位置也可以做适当的变动。伴随着报纸的名称刊登在报头之中的内容,一般还有出版日期(公历和农历)、期数、刊号、出版单位或机构,以及气象预报等。报头所占的版面空间,因报纸的大小不同而不同。对开报纸的报头所占面积通常是16至18行高、4栏宽,约占整个版面的1/15;四开报纸的报头所占面积通常是12至15行高、3栏宽,约占整个版面的1/12。近几年来,随着新闻改革的深入,一些报纸为了创造并展示出一种新的形象,这种常规也在不断被打破。

报眼是报头旁边约与报头等高的在整个版面中具有一定独立性的一小块版面。只有用横报头的版面才有报眼。报头若居于版面的左上部,报眼则在报头的右边;若报头居于版面的中上部,报眼则在报头的两边。若报头移至版面的下部,报眼即自行消失。报眼是报头的附属物,通常报头的下部加一条通栏线条,使报头与报眼游离于主要版面之外。报眼经常刊登的内容有重要的简明新闻,或当日报纸内容提要,或新闻图片、广告等。报眼由于高居于版面的顶部,位置突出,因而具有较大的强势。

报缝指的是放在整张报纸同一面的两个版面间的中间部分,也称中缝,如《人民日报》的第一版与第四版之间、第二版与第三版之间。有些报纸为了庄重与美观,报缝中不安排内容;有些报纸尤其是四开报纸,为了更有效地利用版面,经常在报缝中安排广告、电视节目、知识小品等。对报缝利用的另一种形式,是打破版面空间固有的界限,取消报缝,将报纸同一面的两个版面合编为一个版面,成为通版。这样做的优点是可以安排数量众多的同类稿件,也可以采用比原来大的标题和图片,增加强势;但因阅读不便,使用很少。

版心是版面上刊登文稿、图片等信息的部分。一个版心容纳字数的多少,取决于纸张幅面、正文字的大小以及分栏多少,因而各报不尽相同,如大报版面的尺寸一般是 390 mm(宽)×540 mm(高),左右边空各为 20 mm,上下边空各为 25 mm,版心尺寸为 350 mm(宽)×490 mm(高)(图 8.5)。版心四周的边线叫作版线。版心左右边的版线一般不用;版心上下端的版线,分别称作版面的天线和地线。除第一版之外其他版面的天线上边空白处叫作报眉,常用于标明报名、出版日期、版次和表示版面内容的版别(或版面标志),以便读者检索。末版地线下边空白处叫作报脚,用于标明报社地址、邮编、电话号码、广告许可证号码、定价、开印时间等内容。

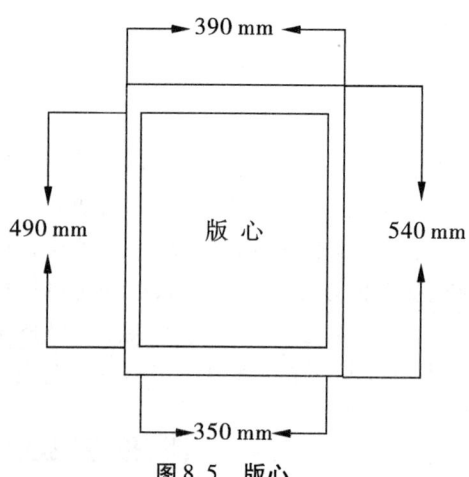

图 8.5　版心

## 8.3 版面要素

版面的编排设计,概括来说,就是在版面空间内通过字符、线条、图片和色彩的恰当运用,形成完整的版面。这些字符、线条、图片和色彩,是构成报纸版面的基本成分,故统称为版面要素。作为版面要素,它们各有自己的特点和性能,了解并掌握版面要素的特点和性能,对于编辑来说,是十分必要的。

### 8.3.1 字符

字符即文字符号,它是报纸版面的最主要元素。

字符有不同的字号,以区别文字的大小。表示字的大小,有这样几种方式:一种是号数制,即以不同的号数表示字的大小。如六号、小五号(新五号)、五号(老五号)等。号数越大,字越小。一种是点数制,即以点数的不同表示字的大小,是 1958 年 6 月国家文化部出版事业管理局鉴于号数制的缺点,规定的改以点为活字和字模的计量单位,每点为一英寸的 1/72,约为 0.35 mm,如五号字为 10.5P,小五号为 9.00P,六号为 8.00P(点又称为"磅",点数越大字越大)。还有是随着电子排版增加的级数制,即以 0.25 mm 为一级,级数的大小与字的大小成正比例。目前我国对开报纸正文常用的字为小五号字,一个基本栏可容纳 13 个小五号字;四开报纸正文常用字为小五号或六号字,分为 7 个基本栏的每栏可容纳 10 个小五号字。标题字可根据需要选用任何字号的字。但需了解的一点是,文字过大会降低版面的利用率;文字过小,会给阅读增加困难。

字符的号数不同,其强势也不同。因为字符越大,越引人注目,强势越大;反之,字符越小,强势也越小。所以,对于特别重要的稿件,无论标题还是正文均可选用比其他稿件所用字符稍大一些的字符。

字符有不同的字体。目前我国报纸上最常用的字体有四种。第一种是宋体,字形横平竖直,笔画直粗横细,取法于宋刻,定性于明朝,因而有些地方又称之为"明体"。第二种是黑体,按照日本的黑体活字仿制,间接采用了西方字母的等线体,笔画粗重,横竖一致,字形方正,因而又被称为"方体"。第三种是楷体,又称活体、正体,笔锋洒脱,近似手写体,是清朝普遍采用的字体,所以在日本被称为"清朝体"。第四种是仿宋体,笔画清瘦,横竖相近,成形于 20 世纪初。其他还有隶体、圆体、姚体、魏体等也经常运用。报纸的正文一般用宋体字;为了有所区别,评论文章与图片说明文一般用楷体字。

不同的字体具有不同的强势和风格色彩。如相同字号的宋体、黑体字的强势要大于其他字体字的强势。从风格色彩上看,宋体字庄重,黑体字雄浑,楷体字活泼,仿宋字纤丽。所以,选择字体要尽量做到使字体的强势与风格色彩同稿件的新闻价值与风格色彩相一致。

### 8.3.2 线条

在报纸版面上经常运用的线条可分为两大类:一类是水线,一类是花线。水线是平滑的直线;花线是带花纹的线条。水线的式样有多种:纤细的水线叫正线,也叫文线;粗重的水线叫反线,也叫武线;一细一粗的叫正反线或文武线;两细线叫双正线或双文线;两粗线叫双反线或双武线。花线也有多种样式:成波纹形的花线叫曲线;由点组成的花线叫点线;等等。

不同类型的线条具有不同的强势。一般来说,水线的强势要大于花线;反线的强势要大于正线。不同类型的线条具有不同的风格色彩。一般来说,正线纤细清丽,反线沉重严肃,曲线生动活泼,点线朴素平实,刻有竹节的花线幽雅高洁,由灯笼组成的花线则喜庆热烈……所以,编辑在设计版面时需要根据稿件的内容特点来选择运用线条。

线条在版面上的作用可以概括为以下六个方面。

(1)增加强势。重要的稿件可以借助线条增加其强势。在稿件的四周加框或天、地线,或给标题加框,或文内行间加线,都使该稿件因与其他稿件的不同,容易引起读者的注意。

(2)表示界限。在稿件与稿件之间,尤其是篇幅短小的几篇稿件之间分别增加线条,可以使稿件与稿件间的界限分明,方便阅读。

(3)组合稿件。如果几篇稿件存在某种共同性,在它们的四周围框,就会使这几篇稿件在整个版面中形成一个相对独立的整体,使它们的共同性更加突出,同时与其他稿件可以更清楚地区分开来(对专栏的围框处理就属这一种情况)。

(4)表达感情。因为不同的线条具有不同的风格色彩,所以选用线条要根据稿件的内容决定。如对内容比较严肃庄重的报道,应该饰以水线;对内容生动活泼的报道,应该饰以花线。这样可使内容特征通过线条的运用表达出来,起到表达感情、烘托气氛的作用,更好地感染读者。

(5)美化版面。在版面上适当使用线条,可以增加版面的变化,避免呆板,使版面显得生动活泼。

(6)创造特色。不同的报纸对线条的运用有自己的习惯:有的用得较少,有的用得较多;有的多用水线,有的多用花线;有的多用正线,有的多用反线;等等。无论哪一种习惯用法,都鲜明地表现着自己的特色。

这里需要说明的是,随着版面设计的不断创新,线条在版面上的运用越来越普遍。一些报纸的版面在每篇稿件的四周都围以线条,而且多用粗重的水线,甚至每个线条占去两个或更多字的宽度,这无疑会增加整个版面的气势,但是有时由于稿件篇幅短小,围框粗重,而使读者产生形式冲淡内容、形式淹没内容的感觉,并且也造成版面的浪费,因此,对线条的运用要以稿件的内容及各种线条的功能为标准恰当地选择运用。

### 8.3.3 图片

图片与文字相比,不仅可以传递信息而且在吸引读者注意、增强版面强势,以及美化活泼版面方面具有更大的优势。因此,现代报纸发展的一个重要趋势就是报纸上的图片越来越受到重视,图片的增多与加大也是现代报纸的一个重要标志。

图片在版面上的具体形式有:新闻照片、艺术照片、绘画、刊头、题花、尾花等。

### 8.3.4 色彩

设计版面离不开对色彩的运用。过去的报纸版面上仅有黑白两色,随着印刷技术的不断进步,彩色以及黑白之间多种过渡色在版面上的运用也越来越普遍。彩色及黑白之间的过渡色的运用,更加有利于增强版面的表现力与版面的美化。对于新闻照片来说,彩色更能真实地反映事物的本来面貌。不同的色彩具有不同的强势。一般来说,黑色的强势要大于白色的强势,深颜色的强势要大于浅颜色的强势。当然,各种色彩的强势的大小是相对的,而不是绝对的,它是同版面空间的大小紧密联系在一起的。若整个版面大多部位颜色较深,但某一区域却留有大片空白或某一新闻的标题四周留有较多的空白,这一区域或这一新闻势必引人注目。因此,色彩的运用要与新闻价值相吻合。

不同的色彩会引起读者不同的情感反应,如黑色会给人以沉重、严肃的感觉;红色会给人以兴奋、愉悦的感觉。因此,色彩的运用也要同新闻内容的感情色彩相吻合。

具体来说,色彩在版面上的作用有如下四种。

(1)增加强势。如整个版面大部分区域颜色较浅,某一版位用较深的颜色,或用大字号标题,或安排图片,或加底网,或版面的某一版位套用彩色等,这些版位就会显得分外醒目。

(2)分清层次。整个版面可以用颜色的浓淡含蓄地向读者展示新闻内容的层次,如有些报纸经常在标题下面铺设底网,这些底网可以根据新闻价值的不同,相应地选择深浅不同的颜色,以表现新闻价值的层次。

(3)烘托气氛。色彩的运用可以使版面增加特定的气氛,如红色常用于庆祝春节、"五一"国际劳动节、"十一"国庆节等节日或欢庆胜利的报道,可使版面增添喜庆欢乐的气氛,以引起读者感情的共鸣。

(4)美化版面。深浅不同的颜色尤其是套色和彩色印刷,可以使版面出现多种颜色的变化,使版面更加绚丽多姿,从而取得更好的审美效果。

## 8.4 版面构图

版面构图要讲求灵活变化,是版面形式美的重要表现形式。换言之,讲求版面构图的统一,也必须讲求版面构图的变化。只有统一而无变化,版面势必僵化而毫无生气。既有统一又有变化的版面才是具有审美价值的版面。

版面构图主要包括标题、栏和布局结构三个方面。

### 8.4.1 标题的变化

标题是版面的眼睛,最引人注意。标题是活跃和美化版面的主角,它既可以使版面层次分明,条理清楚,又可以使版面生动活泼,丰富多彩。因此,注意标题的变化对于创造版面的美有着特别重要的意义。标题的变化可以分为以下四个方面。

#### 8.4.1.1 字号的变化

标题字号的大小,不但表现稿件新闻价值的大小,而且是实现标题变化的一个重要组成部分。就一个标题来说,引题、主题、副题的字号要有变化。大字号比小字号醒目,更具强势。因此,主题所用字号要大于引题和副题所用字号。就一个版面来说,各个标题的字号也要有所变化,因为各条新闻价值大小不同,标题的字号也就不同。一般来说,头条新闻的标题所用字号最大,其余各条也依据价值的大小分别适用小于头条字号的各种大小字号。

这里需要注意的是,标题字号的适当变化是实现版面美化的重要手段,但是,字号的各种变化,都必须与新闻的价值相吻合,必须以有利于新闻内容的表达和吸引读者为前提。如果背离新闻的内容,片面追求字号的变化,不仅有损于内容的表达,甚至会歪曲新闻的内容。

#### 8.4.1.2 字体的变化

我们要求标题的字体要有变化,包含两层意思:一是同一个标题中,引题、主题、副题的字体要有变化,如主题用色彩浓重的黑体,引题和副题则宜用色彩较淡一些的字体,像宋体或楷体。二是同一个版面中,各条新闻的标题也要有变化。即一个版面上的标题应该用几种字体,如黑体、宋体、楷体等同时运用。安排标题,除了注意字体的变化外,还要重视方、长、扁各种字形的变化,使版面的标题浓淡相间,眉目清楚。

这里需要注意的是,我们要求标题的字体要有变化。但是,变化又不宜过多,如果每条新闻的标题各用一种字体,势必造成版面的零乱。

#### 8.4.1.3 位置的变化

这里所说的标题的位置,是指标题相对于正文所处的位置。标题是新闻的一个重要组成部分,在版面上,标题与正文构成一个统一体,但是标题在这个统一体中所处的位置却是灵活多变的。标题应安排在什么位置,是由新闻的新闻价值、风格色彩、标题大小、标题字数多少、版面形式以及同相邻稿件的关系决定的。因为标题在版面上有横题和竖题两种形式,所以标题的位置变化也就分为两类:一类是横题的位置变化,另一类是竖题的位置变化。

(1)横题的位置变化。盖文题(如图8.6),即标题横排在正文的上部,标题的长度与正文所占宽度相等。

 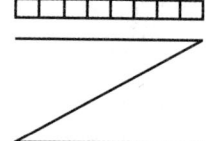

图8.6 盖文题

串文题(如图8.7),即标题占据了正文整栏的一部分,在标题的一端或两端排有非整栏的文字。

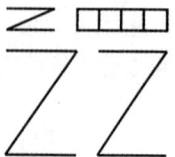 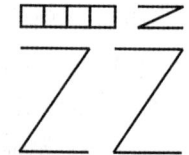

图8.7 串文题

眉心题(如图8.8),即标题放在正文的上中位置,在标题的两端各有等宽、同数量、整栏的文字。它与串文题的不同点是,标题的一端或两端安排的正文的宽度与标题下部正文所用的栏的宽度是相等的,而串文题标题的一端或两端正文的宽度则不等于标题下部正文所用栏的宽度。

文包题(如图8.9),即标题居于正文的中间,四周被正文包围。

图8.8　眉心题　　　　　图8.9　文包题

对角题(如图8.10),即一篇文章或一组文章有两个标题,两个标题分别安排在正文与标题在版面上所形成的四边形的平面图形的对角位置。

旗式题(如图8.11),即标题的长度超过正文在版面上所占的宽度,标题与正文所形成的平面图形像一面旗帜一样。

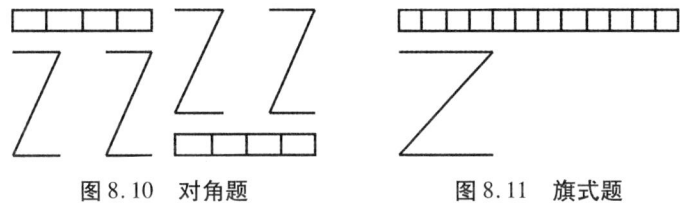

图8.10　对角题　　　　　图8.11　旗式题

上面几种变化形式是最常采用的几种,其余还有上左题、上右题、腰带题等形式,这里不再详细解释。

(2)竖题的位置变化。等高竖题,即标题的高度与正文所占的高度相等。它又分为两种形式:一种是左等高竖题(如图8.12),标题安排在正文的左边;另一种是右等高竖题(如图8.13),标题安排在正文的右边。

图8.12　左等高竖题　　　　图8.13　右等高竖题

串文竖题(如图8.14),即标题的高度小于正文的高度,标题占据了正文整栏的一部分,标题的一侧是整栏的文字,一侧是非整栏的正文。

竖题的变化形式也很多,还有文包竖题、上中心竖题、下中心竖题、对角竖题等。

这里应该注意的是,尽管标题位置的变化多种多样,但必须遵循的原则是一定要体现标题对正文的统领作用,并方便读者阅读。如果不顾题文关系,不考虑读者的需要,仅仅为变化而变化,是不宜提倡的。

图 8.14　串文竖题

#### 8.4.1.4　形状的变化

这里所说的标题的形状,指的是标题编排上版面之后,由标题的各个部分所形成的整体形状。在我国报纸上经常采用的有以下几种方式:单行式,即一行式;均列式,即多行标题的两端对称编排;斜列式,即多行标题呈阶梯形式编排;齐头式,即多行标题的一端整齐编排(图 8.15)。

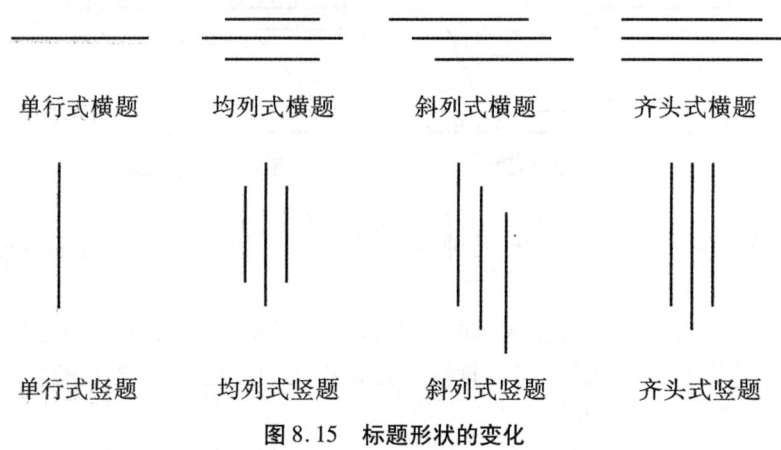

图 8.15　标题形状的变化

### 8.4.2　栏的变化

正文所排的栏,不能只局限于某一种栏,应该是基本栏、长栏、破栏交替运用。

### 8.4.3　布局结构的变化

版面布局结构的变化主要有两种形式:一种是排列,即各个稿件经过编排之后在版面上所形成的平面图形呈规则的四边形,排列整齐;另一种是穿插,即一些稿件在版面上所形成的平面图形呈多边形,它们同其他稿件互相穿插、交错。这里需要注意的是,排列形式整齐、严肃,但缺少变化,易使版面呆板;穿插形式虽富有变化,显得生动,但运用不当,又易显得零乱并给阅读增加困难。此外,还要注意版面构图中色彩的变化、线条的变化以及各种装饰的变化等。

## 8.5 版面的编排原则

版面的编排原则是指设计版面必须遵循的基本规律和要求。版面编排绝不是对见报稿件的随意堆砌，而是根据各篇稿件内容的特点，按照一定的意图，赋予它们一定的表现形式。这种一定的表现形式包含着对稿件内容的评价，这种评价所反映出来的政治态度和思想倾向，是版面编排的自身价值的体现，也是版面编辑的一种发言手段。要实现版面编排的自身价值，必须遵循版面的编排原则。

版面的编排原则主要包括以下一些内容。

### 8.5.1 版面形式服务于宣传党的路线、方针、政策的原则

版面形式服务于宣传党的路线、方针、政策的原则，即是报纸的办报方针、编辑方针在版面编排方面的具体体现。报纸编辑应时刻谨记服务于宣传党的路线、方针、政策的原则，坚持正确的舆论导向，为党和人民的事业而服务。

2004年7月14日，《人民日报》编辑人员将原本打算刊登在七版的国际新闻《美国〈财富〉杂志公布全球企业500强》，安排在一版头条位置，并将标题改为"我国又有四家公司进入全球500强"，这就是既考虑这条消息的新闻价值，又考虑其宣传价值而做出的选择。因为这样处理有利于从正面宣传我国的社会主义建设成就，起到团结、稳定、鼓劲儿的良好作用。① 此类做法在《人民日报》中较常见，又如2017年7月21日，《人民日报》头版头条刊出了消息《网上受理简流程 审批改革提效率（引题）江苏 办事可以"不见面"（主题）》，报道了南京市栖霞区从申请营业执照到执照办好寄出仅需20分钟，全部在网上办理，根本不用跑腿办事，从而提高了办事效率，创新了创业活力。

版面编排要准确地服务于宣传党的路线、方针、政策的原则，要依靠对党的路线、方针、政策的深刻理解，依靠对当前国内外形势的正确分析，依靠对全局的恰当把握，依靠对实际情况的深入了解。《人民日报》版面内容是由六大部分组成的："第一，党和国家重要会议、重要外事，党和国家领导人国内重要活动、重要文稿新闻及评论。第二，重要节日庆典，重要事件、重要人物纪念活动，大型文艺体育新闻及其评论。第三，重大专题、重大典型、重大建设成就、重大案件及其评论。第四，重大突发事件新闻及其评论。第五，台港澳新闻及其评论。第六，党、国家、军队领导人逝世，知名人士逝世，特殊人士逝世新闻。"②因此，我们编辑人员在做版面编排时对每篇稿件，都要站在全局的高度，用马克思主义的立场、观点和方法认真做具体分析，以确定或褒或贬，或扬或抑的鲜明态度。

### 8.5.2 内容与形式相统一的原则

内容与形式相统一的原则，是指稿件的内容要和版面形式相一致，不同的内容要赋予不

---

① 王武录等：《报刊理论与实践研究》，石油工业出版社2012年版，第159页。
② 同①，第158页。

同的表现形式。这里包括三层意思：

第一层意思，不同的报纸要赋予不同的表现形式。不同的报纸因其性质和特点不同，对稿件的内容要求也不同，所以版面的编排形式也不应相同。如各级党的机关报，强调的是政治意识、大局意识，要求稿件的内容具有典型性和指导性，因此，版面的风格基调就应庄重、严肃、大方；而属于娱乐性、服务性的报纸如晚报、都市报等，要求稿件的内容具有娱乐性、知识性、趣味性，因此，版面的风格基调应该生动、活泼、轻松。如果二者相反处理，就不能准确体现各自报纸的个性，就会损害报道意图和传播效果。

第二层意思，不同的版面要赋予不同的表现形式。一张报纸往往有众多的版面，每个版面因为承担的任务不同，如要闻、政法、经济、科技、文体、教育和社会新闻等，内容也不同，其编排设计也应有所不同。一般来说，要闻与政法等版面稿件的内容以庄重、严肃的居多，版面编排宜持重，不宜花哨；而文艺、体育和社会新闻版面，稿件的内容以轻松活泼的居多，版面编排则应生动活泼，不宜呆滞。如果二者相反处理，就会抹杀各自的特性，妨碍新闻报道的可信性或可读性。

第三层意思，不同价值、不同特点的稿件要赋予不同的表现形式。同一版面上的稿件有价值大小之分，特点也各不相同。价值大的稿件，应该进行强化处理；价值小的稿件，应进行相对弱化处理。内容严肃的稿件，要安排得庄重；内容热烈喜庆的稿件，要安排得生动活泼。如此，才能发挥版面的正确导向作用，才能产生较强的感染力。

### 8.5.3 重点突出、层次分明的原则

安排在同一版面上的稿件，要有主次、轻重之分。版面编排的主要责任就是：分清主次，权衡轻重，让每篇稿件在版面上各得其所，也就是要做到重点突出，层次分明。

重点突出，首先有利于体现报纸的报道思想，强化典型性、指导性；其次也有利于加大版面内部各稿件之间的反差，以更好地吸引读者的注意，加深读者的印象。突出重点可以采用多种手段，或者将重点放在强势大的版位，或者制作大标题并加大标题的字号，或者采用线条围框、设置底网、使用长栏等。对于特别重要的稿件，可以多种手段同时运用。

突出重点，关键在于对稿件的重要性能做出准确的判断，如1985年3月8日晚，新华社播发了两篇重要稿件，一是邓小平同志在全国科技工作会议上的讲话，题为"一靠理想二靠纪律才能团结起来"；二是中央整党指导委员会召开工作会议，讨论第二期整党工作，当时的党中央总书记和国务院总理等都参加了会议（以下简称"中指委"稿）。新华社同时发出"公鉴"，要求各报第二天将"中指委"稿放头条。新华社过去发"公鉴"的情况是很少的，这说明"中指委"稿很有来头。按照惯例，"中指委"稿也应该放头条。但是，《人民日报》的同志在对两稿认真研究以后认为，邓小平同志的讲话在当时更有针对性，因此果断决定将其放头条，并在编排上加以强化：第一，大标题（引题、主题、副题加起来共四层），直放五栏半，左右宽19字；第二，正文排四号字，比同版其他文稿大了两号，此举极为罕见；第三，文前配发邓小平同志讲话的新闻照片；第四，全文加花线框。"中指委"稿则安排在二条位置。第二天全

国各报几乎都将"中指委"稿放在了头条。事后,中央有关领导同志认为《人民日报》的处理是对的。①

主与次、轻与重都是相比较而存在的。重点有赖于一般的衬托,重点的突出有赖于对一般的淡化处理。因此,在一个版面上,重点宜少不宜多;重点过多,强化处理过多,反而会失去重点。

层次分明,即版面编排要有层次,有条理。早在1894年上海创办的《时报》就曾提出"编排务求秩序"。层次分明,包含两层意思:

第一层意思是主次要分明。即在突出重点的同时,对内容相对次要的稿件,要有意识地进行弱化处理。

第二层意思是要根据稿件内容的类别和感情色彩的异同进行大致分类,同类稿件在版面上要适当集中。不加区别,互相混淆,会损害版面的逻辑性和表现力,甚至造成误解或差错。如2016年中国新闻奖入选作品中,有一篇广播电视作品的原文写道:"在祖国和香港绝大多数民众理解和支持下、香港2017年普选必将遵循既定方针政策顺利实现,成为全体中国人民一起实现努力中国梦的又一里程碑。"评委会指出了这篇稿件存在的错误:"'祖国'和'香港'之间是涵盖关系,不是并列关系。"可见,对稿件的归类问题并不是小事,应当受到重视。

## 8.6 版面的类型

版面类型是指报纸版面在长期的发展变化过程中,通过对版面空间、版面要素和版面构图的运用,所形成的具有某些共性的相对固定的表现形式。每一种版面类型,都有其自身相对固定的特点。所以,报纸编辑必须熟悉各种版面类型,并认识各版面类型的特点,才能设计出符合内容要求,并有利于表现内容的版面形式。

报纸版面虽然多种多样并千变万化,但基本类型我们可以归纳为这样几种:对称式、齐列式和交叉式、平衡式。以下介绍前三种。

### 8.6.1 对称式

对称式版面是指结构形式是依据版面的中轴线(中心点)左右两面,或相互对应的各个部位,同形、等量配置的版面。对称式版面又分为绝对对称式(也叫规则对称式)和相对对称式(也叫非规则对称式)两种。

#### 8.6.1.1 绝对对称式

绝对对称式版面的主要特征是讲求版面的左右对称。这种对称是工整的、完全的,是一种同形的、等量的对称。版面以垂直的均分线为中轴线,左右两边安排的稿件的形状(对称的双方包括文字稿和图片在版面上形成的平面图形),以及标题的大小、标题的字体字号、题文的相互位置、正文长短等完全相同。

---

① 沈兴耕:《报纸编辑实务》,中国广播电视出版社2000年版,第93页。

绝对对称式版面的优点是:版面形式均匀整齐,端庄大方,结构严谨,整体感很强。这种版面形式通常用于整版或占据整版绝大部分版面的稿件报道一个主题,或者是转版,或者是一组内容紧密关联的稿件。这种对称编排,有助于揭示稿件之间的相互联系,会使内容显得更加集中,易形成较大的声势和力量,给人印象更加鲜明。

这种版面形式也有其严重的缺点,主要表现在四个方面。

(1)形式往往限制内容。根据一般情况,报纸要刊登的稿件在文字的多少、标题的大小等方面很难做到完全相同。但是,绝对对称式版面要求对称的双方必须同形、等量,因此,为了符合这一形式上的要求,就不得不让内容去迁就形式,或不恰当地删削稿件,或牵强地去拉长稿件,或削足适履"调整"标题,往往会影响内容的完整性或逻辑的严密性。

(2)稿件的价值与版位的强势难于协调。见报的稿件有新闻价值大小的差别,但为了在形式上对称,在安排稿件时考虑最多的是,多大篇幅的稿件适宜安排在什么版位才能与相应的稿件对称,而不是根据新闻价值来决定。因此,在绝对对称式版面上很难完全做到使稿件的价值与版位的强势相吻合。

(3)重大新闻不宜突出。由于对称的限制,在版面的左右两边都不可能容纳三栏以上的横标题,而且对称的竖标题又不便于阅读,即使用了较大的竖标题,因两边的形式相同,强势也基本相同,所以,这样版面很难表现和突出重大新闻。

(4)变化少,易使版面呆板。这种版面虽然工整严谨,但因其变化少,如果处理不当,就极易呆板平淡、没有生气。所以,安排这种版面要认真慎重。

#### 8.6.1.2　相对对称式

相对对称式版面的主要特征是就整个版面来说要求整齐对称,但是,对对称的要求是不严格的。这种对称是一种不工整、不完全的对称,对称的双方可以是异形的,即只求相似而不求相同,不等量的即不求相等而求相近。相对于对称式版面,既可以左右对称,也可以上下对称,还可以对角对称。

(1)左右对称式。左右对称式同绝对对称式版面一样,在设计版面时仍然是以垂直的均分线为中轴线,对左右两个半版做对称编排。但是对对称的要求不像绝对对称式那样严格,只是大致对称。从整体而言,它仍属于对称式版面。

(2)上下对称式。上下对称式,即以版面的横向均分线为轴线,使版面的上半版与下半版形成对应关系,进行对称编排。因为版面的上下两个半版在强势上差异很大,在设计时要使稿件实现形状大体相似、引人注目的程度大体相近,有一定的困难。所以,上下对称式版面运用较少。

(3)对角对称式。对角对称式,即利用版面的四个角的对应关系进行对称。如上左与下右的对称,上右与下左的对称,或是上左与下右、上右与下左的同时对称,以求得版面的整体的均衡。

对角对称式版面的优点是:结构形式比较灵活,介于似对似不对之间,版面给人的整体印象是均匀而又生动。它既能使不同的稿件安排在与其相应的各个版位上,做到稿件的新闻价值与版位的强势相一致,又能使整个版面取得均衡。所以,对角对称式版面是我国报纸目前采用的一种主要的结构形式。

### 8.6.2 齐列式

齐列式版面的主要特征是所有稿件都采用整齐排列的方法,版面上的大多数稿件所形成的平面图形为规则的四边形,各篇稿件的标题的大小、题文关系,以及线条、装饰、图片等在编排形式上都采用相同或相似的方式。

这种版面的显著优点是严肃庄重、整齐统一,缺点是变化较少,缺乏生动。因此,这种版面适用于表现那些内容上具有某种共同性,同时又不需要或不应该强调它们在重要性上的差别的稿件。

### 8.6.3 交叉式

交叉式版面的主要特征是,在一个版面上,对称式、齐列式编排形式均有运用;标题、正文采取横竖相间的形式,但以横排为主,竖排为辅;经过编排后的稿件在版面上形成的平面图形四边形、多边形同时存在,稿件之间讲究穿插、咬合。

交叉式版面上各种编排形式交替运用,稿件、线条纵横交错,使版面增加了变化,而且可以化长为短,消除版面因稿件偏长产生的沉闷之感。交叉式版面适应性较强,各种稿件都能在版面上显示出各自的强势。因此,交叉式版面是经常采用的一种编排形式。这种编排形式的不足在于设计和排版花费时间较多,而且如果长稿过度穿插,会给阅读带来不便。

这里需要强调指出的是,我们虽然把版面分成了以上几个类型,但是,这些类型的划分都是相对的,各个类型之间并没绝对的界限。我国目前出版的报纸有两千余种,每天设计出的版面有数万个,但是这些版面种类的划分,目的在于使大家对各种版面类型能有一个粗浅的认识,在设计版面时作为参考,切不可把版面类型当作固定的模式。版面作为一种表现形式,虽然能反作用于新闻内容,但归根结底是为新闻内容所制约并为新闻内容服务的。所以,作为一名版面编辑,既要认真认识和掌握各种版面类型,重视版面类型的恰当运用,同时又不应被版面类型所束缚,真正使版面形式适应并服务于新闻内容。

## 8.7 设计版面的步骤

设计版面是将见报稿件在版面空间上进行合成使其直观化的编辑工序。设计版面包括三个步骤:通读稿件,统筹全局;计算篇幅,安排版面;检查修改,调剂余缺。

### 8.7.1 通读稿件,统筹全局

版面编辑拿到要安排在版面上的所有稿件后,第一步的工作就是通读稿件。经过对所有稿件通读以后,就会对稿件的字数、内容和稿件的形式有一个基本的了解,接下来就需要考虑以下五个问题。

(1)稿件的字数与版面的容量的关系。我们以对开报纸为例来说,一般一个版面至多可以容纳12 000字左右,如果稿件篇幅较短,数量较多,标题所占的版面空间会达到版面容量的1/3上下,因此一个版面能够容纳的字数也只有8000字左右。如果安排的是第一版版面,报头还要占去部分空间,则容纳字数更少。如果稿件的字数大大超过版面的容量(其中包括图片所占的版面空间),就需要采取抽掉相对次要的稿件、压缩稿件篇幅或专版的方式处理;如果稿件的字数小于版面的容量,则需要采用增加稿件或在设计版面时增加装饰等方法处理。

(2)对所有稿件按照新闻价值的大小排列顺序。编辑阅读稿件的过程也是对稿件进行再次评价的过程,这一次评价,不像选择、修改、制作标题那样只是面对单篇稿件,而是把每一篇稿件放在整个稿件群中去分析、比较,根据其新闻价值的大小,确定它在所有稿件中的分量进而确定它在版面上的位置。哪篇稿件作为头条,哪些稿件作为二条、三条,要做到心中有数。

(3)根据某些稿件之间的外在与内在的关系进行稿件的配置与配合。我们知道,对稿件进行配置和配合的条件,是稿件之间存在的外在的或内在的关系。这里所说的外在关系是指几篇稿件属于同一体裁等;内在关系是指几篇稿件内容相同或相关等。编辑通读稿件时就要把稿件大致分类,以便在安排版面时对稿件进行适当的配置或配合。

(4)调整并修改标题。通过对稿件排列顺序以及相互关系的考虑,哪些稿件在版面上应占据什么位置已经基本确定,这时就需要对各个稿件的标题再做调整和修改。对于作为头条、二条等重要新闻的稿件,要看其标题的大小是否与版面的位置相适应。如果标题过小,则应适当加大。对于作为专栏稿件或准备安排在次要版位的稿件,标题要适当缩小。如果个别稿件因与其他稿件配合的需要,而改变了角度,标题则应重新制作。

(5)考虑版面的大致轮廓。阅读版面全部稿件的过程,实际上也是考虑版面大致轮廓的过程,有人也把这一过程叫作版面的构思过程。版面编辑在熟悉和了解全部稿件内容的基础上,就应进行通盘的考虑,对版面的轮廓做一个大体的安排。晋朝王羲之在《书论》中说道:"凡书贵乎沉静,令意在笔先,字居心后,未作之始,结思成矣。"意思是说,写字重在沉静,先深思熟虑,把字的结构布局考虑好了再下笔书写。版面设计的构思也如写字一样,在具体设计之前,就要对布局结构考虑成熟:运用何种版面类型,如何突出重要稿件,相对次要稿件顺序如何排列,底网、线条等装饰如何运用。

### 8.7.2 计算篇幅,绘制版样

通读稿件工作结束以后,接下来便是绘制版样。版样是建筑施工的图纸,是具体化了的版面构思,是拼版工作的依据。下面我们对绘制版样的一些基本常识做简要介绍。

#### 8.7.2.1 画版顺序

画版顺序,归纳起来主要有以下四种。

(1)先安排重要稿件,后安排次要稿件。这里所说的重要或次要是就新闻的内容而言的。每个版面上的稿件都有重要和次要之分。重要稿件是版面的主角,是版面的重心所在。所以,对重要稿件所占的版面空间位置以及编排要素的运用等方面需要优先考虑,使其在版面中突出醒目。重要稿件安排好后,再安排次要稿件。

(2)先安排篇幅较长的稿件,后安排篇幅较短的稿件。长篇稿件在版面上所占面积较大,因而对整个版面具有什么样的风格色彩以及能否实现生动活泼起着举足轻重的作用,而且一旦安排就绪就不易改动。短篇稿件所占面积较小,可以"见缝插针"。所以,先安排长稿后安排短稿,比较方便。

(3)先安排在版面上形成规则四边形的稿件,后安排平面图形为多边形的稿件。经过编排,稿件在版面上形成的平面图形可以有多种形状,有矩形、多边形等。具体到每篇稿件,其形成的图形应该成为何种形状,要视稿件的内容而定。如内容比较庄重、严肃的稿件以及专栏、围框新闻、图片等,宜形成规则的矩形;内容比较生动活泼的稿件,则宜形成多边形。先安排成矩形图形的稿件不能被其他稿件穿插,如果放在后面安排,往往会因为没有合适的位置而难于处理。

(4)先安排版面的四角,后安排版面的中间部位。因为一个版面整体的结构是否合理、整个版面是否大致均衡,版面的四角安排得如何起着决定性作用。如果版面的四角安排得畸轻畸重,整个版面势必失去均衡且影响合理结构。如果版面的四角安排得当,再安排其他稿件就比较容易。

#### 8.7.2.2 画版符号

为了使版样画得准确、清楚,必须熟悉画版符号。常用画版符号如下(图8.16):

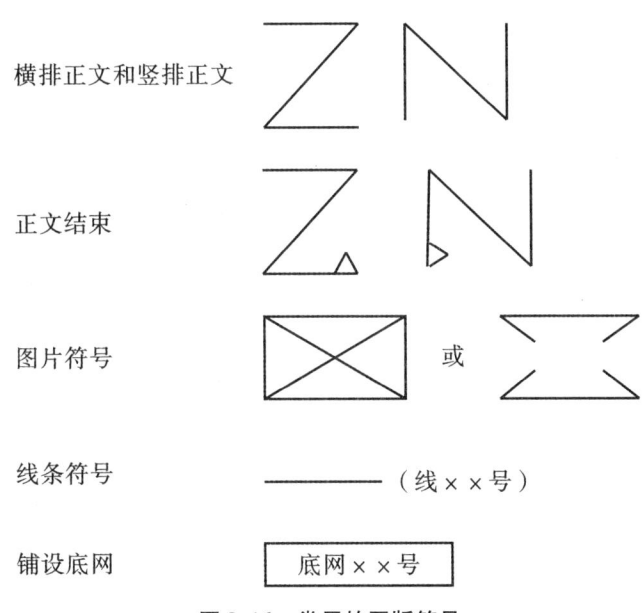

图8.16 常用的画版符号

#### 8.7.2.3 计算篇幅

绘制版样要求准确,即每一篇稿件所占版面空间的大小和稿件篇幅要完全相符。如果两者不相符合,就会给拼版造成困难。精确计算稿件的篇幅是画版准确的前提。计算篇幅包括计算正文、计算标题和计算图片。为了方便解释和理解,下面对计算正文、计算标题和计算图片分别进行介绍。

(1)计算正文。较早采用的也是最基本的计算正文的方法是,首先要数清整篇稿件的字数,然后根据要安排的栏每行容纳的字数以及栏数,计算出在版样纸上所占的面积,如在对开报纸上要安排一篇400字的稿件,且用基本栏的形式编排,因为每个基本栏可容纳13个小五号字,那么这篇稿件所占的行数则是:400÷13=30(行)……10。因为余出的字,无论多少都需要再占一行,所以这篇稿件所占的行数是31行。如果这篇稿件要分为两栏安排,而且采用三破二的形式,计算方法则是:400÷(13×3+2-1)÷2=5(行)。其中,13是每个基本栏容纳的字数,3是正文所占基本栏数,括号中的2是3个基本栏中间的栏线可容纳的字数(因为每个栏线一般占一个字的宽度),1是实际分栏后栏线所占的字数,后边一个2是稿件实际分栏数。现在各家报纸都运用微机输字和拼版,稿件都是在组版前就打成了小样,因此计算正文一般以行数为计算单位,而不以字数为计算单位。为了计算方便,可制作一种以字行为单位的计算尺,只需用计算尺量小样的行数,即可知道它在版面上的行数。

(2)计算标题。其实,计算标题所占篇幅应在计算正文前进行,因为安排一篇稿件应该先安排标题,安排完标题之后才能确定正文的位置。计算横排标题所占最小长度的公式是:标题字点数÷正文字点数×标题字数=长度。如一个8个字的标题用28点的字安排,正文为9点的小五号字,它的长度就是:28÷9×8=25(小五号字)。即是说,占去25个小五号字的长度,就可以容纳得下这一标题。但是,这一长度是容纳这一标题的最小长度,因为标题字不宜过密,字与字之间要留有适当的空白,可在最小长度的基础上再增加一定的长度,或一两个或七八个小五号字的长度不等,甚至更多。标题留白要视稿件新闻价值大小决定。对于特别重要的稿件,标题的长度是以栏数来计算的。如安排五栏、六栏或通栏等。计算横排标题所占最低高度的公式是:标题字点数÷行高(一个正文字点数+一个字行与字行之间的空白)=行数。正文字为9点的小五号字,一个字行与一个字行之间的空白一般为1/4个小五号字,即9÷4=2.25点。当然,这一空白也可以根据需要适当增大或缩小。如标题字仍是28点,其最低高度则是:28÷(9+2.25)≈2.5(行)。实际上,标题上下和主辅题之间都要留有一定的空白,所以标题的实际高度要比计算出的最低高度增加两三行到五六行不等。如果是特别重要的新闻,主题、引题、副题俱全,增加的行数还应更多。如果安排竖题,其计算方法同横题的计算方法基本一样,高度仍按行计算,宽度仍按字计算,只是标题左右以及主题与辅题之间增加的空白按字计算。

对于初学者来说应该掌握并依照这些方法去设计版面。而技术比较熟练的编辑,往往都是凭经验解决问题,只要确定了标题字用多大字号即可意识到用多高、多长的位置安排合适,而不需要计算。

(3)计算图片。有时图片以原样大小安排在版面上,但大多时候是根据图片内容的价值大小和版面实际需要对图片进行缩小或扩大。安排图片的步骤是:首先确定安排上版面后图片的大小,然后根据所需图片的大小确定原图片缩小或扩大的比例,如一张图片宽和高分别为120 mm和80 mm,宽需要扩大为180 mm,那么高即为:120∶180=80∶$X$,$X$=120 (mm)。这样就可以确定这一图片扩大后在版面上所占的面积了(这是扩大)。缩小的计算方法也相同。另一种计算方法是简单制图法,也叫"对角线"法:把原图片放在一张矩形的纸上,上边和左边要对齐;然后将直尺沿图片左上角和右下角的对角线放好,用笔把对角线的延长线画在纸上,再拿开图片,在纸上画上对角线;再用直尺作纸的左边的垂线并沿左边上下移动,找出垂线与对角线的交点,使交点到左边的距离正好是所需要的图片的宽度,那么,交点到纸张上边的距离就是所需要的图片的高度。

### 8.7.3 检查修改,调剂余缺

设计版面是一项需要认真细致对待的工作,如果版样画完之后,再做大量的改动,势必造成标示混乱,难于辨认,给拼版工作带来困难。设计版面尽管慎之又慎,但是有时还会出现计算不准确、安排不适当的情况,所以,版样画完之后,还需要进行检查修改。一般来说,在设计版面过程中容易出现的问题主要有以下两种。

#### 8.7.3.1 稿件篇幅大于版面容量

有时因为画版时计算不准确或临时增删,在整个版面全部排满之后,尚余部分文稿。遇到这种情况,需要采取压缩的方法处理。具体做法有以下五种。

(1)压缩原稿。将稿件中相对次要的内容删除。

(2)压缩或抽去相邻的稿件。如相邻的稿件篇幅较长,可进行压缩;如相邻的稿件篇幅短小且新闻价值相对较小,可以从版面上拿掉。

(3)压缩标题所占的空间。一是减小标题字号,使标题字由大变小;二是压缩标题的引题、副题,减少标题的行数;三是采取抽条的方法,减少标题上下左右及标题各部分间的空白。

(4)抽掉题花或相邻稿件的题花、尾花。

(5)如果多余的文字较少,可以将标点符号由全身改为半身。

#### 8.7.3.2 稿件篇幅小于版面容量

这种情况的出现也是由于画版时计算不准确或临时增删所致。具体处理方法同处理稿件篇幅大于版面容量基本相反。

(1)增补原稿。可适当补充一些背景材料或画龙点睛的评论。

(2)增发稿件。视空余空间的大小,挑选合适的备用稿刊登,既解决了稿件篇幅小于版面容量的矛盾,又增加了信息量。

(3)增加标题所占的空间。一是增大标题字号,使标题字由小变大;二是标题增加引题、副题,或增加标题的字数,使标题行数增加;三是增加标题上下左右及标题各部分间的空白。

(4)在稿件前后增加题花、尾花等装饰,既填补了空白,又美化了版面。

(5)如果相差文字较少,可以将标点符号由半身改为全身。

## 8.8 设计版面应该注意的问题

按照前面所说的要求和基本原则,可以设计出版面,但并不是说能设计出符合报纸要求与读者满意的版面。设计版面是一种艺术,因此要讲求艺术美。一个设计成功的版面,不仅能准确地能动地表现内容,而且能使读者在阅读新闻的同时得到美的享受。我们设计出符合美学原理的版面,就应该注意做到以下四点。

### 8.8.1 一致

这里所说的一致,包括两个方面的含义:一是注意局部与局部在构图上的一致。即表现在版面空间上,绝大多数的稿件、装饰所形成的平面图形的大小、形状等都保持相对的一致性。这种外表的一致性,表现为一种安详、稳定、清雅的韵味。这也是一种最简单、最醒目的组合方式。二是局部与整体在构图上的一致。因为整个版面是一个统一体,因此在设计时要尽量避免产生分割感。容易产生分割感的是:出现通栏,即栏线从天直通到地,会使版面分成左右两半;出现接题,即版面中间用横排大标题,或几个横排大标题相接,会使版面分成上下两半。避免出现通栏的办法是采用穿插的布局结构方式,用标题、图片等切断栏线,或者是用下辟栏横截版面。避免出现接题的办法是,将标题交错排列,使它们不处于同一水平线上。如果处于同一水平线上,就用正文或图片把它们隔开。

讲求版面局部与局部在构图上的一致需要注意的是,虽然这种外表的一致性会给人以明朗而单纯的印象和强烈的秩序感,但是也存在着明显的弱点与局限,即绝大多数稿件装饰,过多地呈现为同一种表现形式,会由于缺少变化而使版面显得呆板,使每篇稿件、每个装饰的个性被普遍性所淹没,不能对读者产生强烈的刺激:"若刺激过于齐一无变化,意识对它便将有了滞顿、停息的倾向。在意识的这一根本性质上,反复的形式实有显然的弱点……故反复的形式,一时虽觉有趣,却并没有使人持续注意的力量"[①]。

讲求版面局部与整体在构图上的一致需要注意的是,我们这里要求的一致,只是针对一般情况而言,而且这种对构图上的要求,仅是对外在形式上的要求。形式毕竟是为内容服务并受内容制约的,内容决定形式。如果安排在同一个版面的稿件,在内容上明显地分为两大部分或三大部分,版面也就自然分成了相对独立的两块或三块。当前,随着新闻改革的不断深入,版面形式也在不断创新,传统模式不断被打破,在特殊情况下对通栏有意识地运用已屡见不鲜。通栏的恰当使用,可以使各部分内容界限分明,条理清楚,容易使读者形成鲜明的印象。

### 8.8.2 平衡

平衡是版面形式美的重要因素,如果一个版面的上下、左右等各个局部畸轻畸重,就会给人一种不稳定和杂乱的感觉,也就达不到构图统一和审美的要求。我们讲求的平衡,是指版面的上与下、左与右以及对角的平衡。这种平衡表现在所安排的稿件及各种装饰的大小、浓淡、疏密上。大小不等、浓淡不一、疏密不同,在读者的心理上会产生轻重不同的联觉。具体在版面上,我们会感觉到,大号字重于小号字,标题重于正文,图片重于文字,黑体字重于宋体字、楷体字,有底网重于无底网,有线重于无线,有色重于空白等。所以在设计版面时,要考虑读者的这种联觉,使版面各个相对应的局部实现大致的平衡,如大标题、图片、装饰等,在不影响内容表现的前提下,应尽量均匀分布。

这里需要注意的是,设计版面讲求平衡,也并不是说必须绝对平衡。对于一个版面来说,绝对平衡是做不到的,而且也不符合版面及内容的要求。从版面的区序上说,上半版的强势大于下半版,左半版的强势大于右半版。因此,在设计版面时恰当地使上半版重于下半版、左半版重于右半版,是符合版面的要求和读者的阅读心理的。另外,因为安排在版面的

---

[①] 《陈望道文集》(第 2 卷),上海人民出版社 1980 年版,第 42 页。

稿件的价值不是绝对等同的,它们有相对重要和次要之分,因此在安排稿件时调动一切编排因素强化重要内容、弱化次要内容,也是实现最佳传播最佳效果的要求,而过分讲求平衡,也会影响版面的生动活泼。

### 8.8.3 节奏

这里所说的节奏是一种比喻,是一种视觉上的感受,通常称为审美通感。这种节奏是通过构成版面的各种材料,即文字、图片、线条等按各种规则排列而显示出来的。具有节奏感的版面在布局上能获得统一、和谐的效果。节奏主要表现在重复上,没有重复就没有节奏。节奏在版面上的具体体现就是同一种形式反复出现,尤其表现在标题、图形和栏上。在版面上,标题排列的形式以及字体的运用变化最多,因此更应有适当的重复,如在排列形式上应以横排为主,少用竖排,字体不宜太多。稿件在版面上形成的平面图形,应以较规则的四边形为主,适当辅以多边形图形。在栏的运用上,要以基本栏或某种特定的栏为主,变化不宜过多。

### 8.8.4 比例

比例是事物相互制约、相互映衬的一定关系,也指事物的整体与局部、局部与局部之间的数量关系。不同的比例关系所构成的整体,其审美效果有很大差异。超过一定的比例,就可能导致事物的畸形。对于一个版面来说,标题的变化最多,因此,把握标题主题和辅题字号的适当比例是重要问题之一。主题的字号要大于辅题的字号,但是不能差距过大或过小。差距过大,辅题易被其他文字淹没;差距过小,主题则不易引人注意。一般来说,主、辅题字号以相差二号为宜。遇到特殊情况,如引题或副题字数较多,或一段,或几段,主、辅题字号差距可以增大,引题或副题则可采用较小的字号。另外,也要使四边形长和宽的比例适当,如文字稿、图片或线条围框等。美学原理认为,长宽比符合黄金分割律,即长:宽=1.618:1 的四边形是最美的四边形。当然,要求版面上所有四边形的长、宽合乎一定比例,避免长、宽悬殊是应该的。因为,长、宽差距过小,会显得呆板;长、宽差距过大,或者显得过于轻浮,或者显得摇摇欲坠。

这里需要注意的是,我们要求按照适当的比例对版面进行设计,并不是说,这一定的比例丝毫不可改变。比例不应是僵死的东西,任何一种比例都不能当作固定的标准套用于一切创作之中。在设计版面时,如果每条标题中主、辅题的字号及各个围框的长、宽都严格按照某一标准,势必使整个版面因缺少变化而显得毫无生气。有时改变比例会创造出特殊的审美效果,近年来,在版面编排上超长四边形的少量运用,已经得到了人们的认同。

设计版面应该注意的另一问题是要有创新意识,既要重视一般规律,又要不受旧有模式的束缚。在有利于报纸和受众需要的前提下,要敢于并善于突破,使版面的形式和内容结合到位,设计出既富于表现新闻内容又生动活泼的版面。

**【新闻编辑实务训练】**

赏析历届中国新闻奖获奖的报纸版面,分析它们各自的优点。

**【思考题】**

(1)报纸版面的类型有哪些?
(2)报纸版面设计的步骤是什么?
(3)如何充分利用报纸的第一版?
(4)报纸版面制作需要注意哪些问题?

**【学习参考书目】**

[1]多萝西·A.鲍尔斯,戴安娜·L.博登.创造性的编辑[M].5版.傅玉辉 改编.北京:中国人民大学出版社,2009.

[2]王咏赋.报纸版面学[M].北京:人民日报出版社,2006.

[3]王武录,张晓红,刘赞,等.报刊理论与实践研究[M].北京:石油工业出版社,2012.

[4]王灿发.报刊编辑[M].北京:中国人民大学出版社,2013.

# 9 广播电视新闻编辑

## 导言

**本章学习目标**

通过本章的学习,要求能够对广播电视新闻的特性、编排思维、编排特色全面了解,比较熟悉地编辑广播新闻;要求了解电视新闻的特点,电视新闻节目的编辑,以及电视新闻栏目的编排。

**本章难点**

广播新闻的特性和编排特色　电视新闻画面的编辑　新闻栏目的编排技巧

本章难点之一是广播新闻的特性和编排特色。广播新闻的特性包括注重声音,声情并茂,注重口语,平易近人;广播新闻的编排特色包括广播新闻简短精要,广播评论轻松风趣,专题报道要有深度,访谈报道讲究交流技巧,直播节目话题是关键,现场直播"快"字当头。

本章难点之二是电视新闻画面的编辑,包括三个方面:镜头的选择、镜头长度和镜头组接。

本章难点之三是新闻栏目的编排技巧,包括突出重点、选准头条,巧用提要和回报、优化组合、有序排列,掌握"峰谷技巧",结构张弛有序。

## 9.1 广播新闻编辑

广播不同于报纸,无线电波在短时间内可以迅速地向全球传播开来;而广播新闻作为重要组成部分,在很大程度上与报纸新闻有相通之处,在这一章中,我们将简单地介绍一下广播新闻编辑。

### 9.1.1 广播新闻的特性

广播新闻就是借助无线电波或者导线,向广大听众传播声音的新闻。按照传播途径可以分为"无线电广播"(通过无线电波传送声音)和"有线广播"(通过导线传送声音)。按照播出的新闻内容,可以分为政法新闻、经济新闻、体育新闻、文教卫新闻、社会新闻等。按照广播的形式又可以分为口头报道,录音报道,广播对话,广播评论,实况广播,重要文艺、体育表演活动的实况转播等。那么,广播新闻的特性有哪些呢?

#### 9.1.1.1 注重声音,声情并茂

既然广播新闻的传达方式是靠声音,因此就要在声音上面做文章。要全面了解声音,包括其优点和缺点。早在1500多年前刘勰就在《文心雕龙·指瑕》中谈道:"管仲有言:'无翼而飞者声也,无根而固者情也。'然则声不假翼,其飞甚易……"形象地指出了容易飞翔的声音也容易消逝。如何在稍纵即逝的瞬间用声音带给听众美的体验呢?据20世纪50年代美国著名人类学家伯德惠斯勒(R. L. Birdwhistell)博士的说法,社会交际中语言的使用只占31%~35%,其余六七成都使用语言以外的其他手段。而美国加州大学洛杉矶分校的沟通研究人员[梅拉宾(A. Mehrabian)]博士的说法更为极端,按他统计,信息传递中7%靠语言,38%靠声调(高低,快慢,长短),其余的55%则靠表情。因此,在只有声音传播的情况下,声调就可以发挥其无穷魅力了。无可否认,不同的声调,可以分别表达高昂、低回、悠远、急促、哀伤、喜悦等不同情调。

(1)声音要洪亮。字的发音越响亮,使受众听得清楚,接收效果就越好。汉字的语音由声母和韵母构成。一般来说,韵母的音量比较响亮,声母的音量相对要弱些;而在发韵母时,开口大一些的字母就更加响亮,a、o、e 就比 i、u、ü 的发音要响亮。

A 组:高峰(gāo fēng)　我们(wǒ men)　额头(é tóu)
B 组:礼花(lǐ huā)　乌云(wū yún)　雨水(yǔ shuǐ)

很显然,A 组比 B 组的发音要响亮些。

(2)要注意声调。古代汉语的声调分为平声、上声、去声、入声这四声。古人所谓"声调铿锵",就是说,平、上、去、入四声可以使文章读起来朗朗上口,这也正是古汉语独有的最有魅力的格律元素。现代汉语普通话的语音,把古汉语中的平声调分为阴平、阳平,把古汉语中的入声分别并入阴平、阳平、上声、去声,仍为四声。阴平、阳平合称为平声,上声、去声合

称为仄声。四声相互配合,平仄起伏,声音和谐,有助于提高可听性。

洪亮的声音,起伏的声调,丰富的感情,构成了声音最吸引人的特色,让人百听不厌。老一辈播音艺术家夏青,素有"活字典"和"字音政府"的美称。他那黄钟大吕般的声音富有丰厚的文化底蕴,被听众誉为"祖国的声音"。2004年7月24日,夏老去世后,有网友为他留言:"我最欣赏、最怀念中央台老一代播音员夏青的播音。夏青堪称播音大师,他的水平至今无人企及。他播音时的庄重、沉稳让人肃然起敬;他播音时气息的运用,对意群、断句、抑扬顿挫的处理无可挑剔;他浑厚、富有磁性的男中音令人倾倒,听他播音是一种享受。20世纪60年代中苏论战时,本人还是一个不谙世事的少年,但当时我能傻乎乎地、一动不动地把夏青播的长达数小时的论战文章从头听到尾。"

#### 9.1.1.2 注重口语,平易近人

汉语的词汇十分丰富,同一个意思我们可以用不同的词语表达,这个问题在书面语中似乎可以忽略,但是在口语中却显得至关重要。因为口语和书面语不同,简单来说,口语是用来听的,书面语是用来看的。两者都是语言的形式。从语言的起源和发展来看,口语是第一位的,书面语源于口语,是第二位的。口语,也叫作"口头语",是口头上交际使用的语言,一般而言比书面语灵活简短。广播新闻就是书面语的口头形式。英国作家萧伯纳曾说:"有五十种说'是'的方法,有五百种说'不是'的方法,而只有一种写'是'或'不是'的方法。"可见,有声语言在传物达情上比书面语言更加有力,因此,在广播新闻时,要尽量使用口语,通俗易懂,不给听众造成疑虑。如果使用书面语播新闻,难免给人们造成"掉书袋""文绉绉""学生腔""字儿话"等印象,使传播者和听众之间产生一层无形的障碍,也无意中使双方疏远了彼此。

#### 9.1.1.3 避免长句,尽量使用短句

为了阅读需要,也为了遵循听觉规律,广播稿件一般都尽量避免长句和关系复杂的多重复句,而是尽量使用短句,进行长句短句搭配,语音平仄相间。比如,报纸语言在描述秋天时可以写:"十月的天空碧空万里,丰收的果实给我们带来了大地母亲的恩赐。"广播稿件可以进行修改:"十月里,天空一片晴朗,尝一颗红枣,品一口秋梨,我们感受到秋天的味道,接受了大地的恩赐。"

中央人民广播电台于2015年11月30日起推出了系列报道《致我们正在消逝的文化印记》,选择有代表意义的沪、粤、陕、川、徽五地的方言为题材,寻找相关的人物、场景和故事,将我国的传统文化用广播话语记录下来。在第一篇报道《上海的"腔调"》中,使用了一些短句:

这里,就是上海。
既现代又传统,既摩登又市井。
这口纯正的吴侬软语,不紧不慢,柔柔糯糯,被人们称作"腔调"。
(沪剧)台下的观众越来越老,越来越少。
(沪剧)不止观众变老、变少,连演员也难找。
上海腔调就活在他的梦想中、音乐里,从未远去。

写景叙事是这样,刻画人物也情同此理。2015年10月18日湖南广播电视台广播传媒中心的专题《青蒿变成"黄金草"(主题)——屠呦呦湘西扶贫之路(副题)》。记者将这个重大新闻题材,进行了本土落地处理,采取小切口讲述。通过深入采访屠呦呦在湘西的老友,获得了第一手记录屠呦呦与湘西朋友情谊的音视频资料,其中许多记录屠呦呦本人生活场景的录音属于首次发布。这篇广播专题在屠呦呦获得诺贝尔奖以及全国集中连片特困地区扶贫攻坚的背景下,从屠呦呦十多年前收获的"湘西情缘"说起,讲述屠呦呦不为人知的技术扶贫故事。原文中多处使用了短句:

一棵青蒿草,一腔扶贫情。
(在湘西)发展青蒿素产业,有着天然优势,划算!
(屠呦呦教授)对生活简朴将就,对工作较真讲究。
助人脱贫致富,(屠呦呦教授)自己却保持着淡泊名利,不居功自傲的品格。

#### 9.1.1.4　多一些细节描写,少一些空话套话

有经验的编辑常会发现,在广播稿件中,如果涉及具体人物的刻画描写,一些辞藻华丽的语言的表现力往往不如一些朴实无华的细节描写更能留给受众久久的回味。如前面提到的《青蒿变成"黄金草"(主题)——屠呦呦湘西扶贫之路(副题)》,作者从屠呦呦的工作生活中捕捉到住着几十平方米的红砖房,用鸡架烧汤,坐车6小时去湘西药厂进行现场指导,商量技术转让问题时只收很少的资料费等细节,以此彰显了屠呦呦严谨的科学精神和热爱人民、心系祖国发展的高尚情操。

又如,中央人民广播电台2010年4月15日的新闻专题《玉树地震:无论你在哪里我都要找到你》,原文如下:

导语:今天(15号)中午12点,中国国家地震灾害救援队在青海玉树地震灾区一处废墟成功救出了4名幸存者,这是救援队开赴灾区以来最成功的一次救援行动,中央台记者王亮记录了救援全过程。
记者:今天一早呢,中国国家地震救援队是兵分两路来展开救援,现在我跟随其中一个小分队,所处的位置就是玉树县城的有一个叫作西北牛宾馆的位置。这个宾馆现在还没有开始启用,在地震的时候,有一支施工的装潢队伍,(在这里)被掩埋了。现在呢,在半个小时之前,已经听到了里面有微弱的敲击的声音。
搜救队员1:这就是一个楼道?
群众:这是楼道。
搜救队员2:这边一个楼梯?
群众:这边楼梯。
搜救队员1:你听见他那个声音的时候,是在什么时间?
群众:今天听见,昨天我没听见。
搜救队员1:今天听见。
群众:今天早上听到了。

记者:刘队长,刚才您看这边情况是……

搜救队长:现在是有希望,但是营救难度确实是非常大,现在有一线希望就得做努力。

搜救队长:把"蛇眼""声波"都拿上来,拿上来然后具体定一下位,要真有那种敲击声,那一下就听出来。

记者:现在搜救队员开始用声波探测仪,还有蛇眼探测仪。蛇眼探测仪就是一个很长的内窥镜似的摄像设备,伸进去来寻找里边的生命迹象。

[同期声:(指挥搜救犬)坐,坐!嗅!]

搜救队员3:你看这个搜救犬非常激动。

记者:而且很兴奋。

搜救队员3:很兴奋,对对对,里边应该是有生命迹象,否则它不会反复地这么嗅。

搜救队员4:现在我们从两边,这边是打开预制板,然后这边主要是人工清理,最早先接触到下面,看下面到底是什么情况,因为现在我们也看不到下面。

搜救队员4:下面空吗,空隙大吗?

搜救队员2:下面有空隙。

搜救队员4:有空隙,拿凿岩机凿吧,准备上那个凿岩机。对,凿小孔,斜孔。

[同期声:凿岩机凿楼板的声音]

搜救队员4:好,稍微慢一点,下面可能还有幸存者。

搜救队员3:把这个支撑起来。

搜救队员2:它一倒,当作支撑,你一断,"哗"就倒过来了,这正好当个支撑,这个梁。

[同期声:(搜救队员向废墟下喊话)有人吗?好!你们几个人?四个。坚持住啊!]

搜救队员1:大概就在这个位置,慢慢扒,然后千万别整塌了,慢慢来,好吧。

搜救队员5:来来来,慢慢地,拿手捡,记得拿手捡啊,慢慢地。

搜救队员2:你先把上面这一层去掉,知道吧。

[同期声:(搜救队员向废墟下喊话)大哥,大哥,你那时候地震了,往外跑,跑到楼道这儿来了吗?就在你那个屋里边,是吧?你那个屋子是哪间啊?现在我们在这儿敲呢,你听着是不是上方,正上方?(敲击声)你在第几个房间?你在第几个房间?第几个?第一个?第一个房间。你是第几层啊?第一层?第一个房间?好勒!坚持住啊!]

记者:刚才通过您感觉,他们说话的这个力量怎么样?

搜救队员1:他的体质方面应该是非常不错,他喊出的话非常有力,说"四个人",应该是没问题。

搜救队员1:这个位置往下挖,把这个东西都挖出来之后,幸存者就在一楼一层,就在这个办公室里,有四个人,四个幸存者。好吧,开始,大家。哎,兄弟们,刚才我说的那个,注意安全,一定要记住啊,我一说"撤",你们就赶紧往安全的那个地点撤,好吧?

[同期声:来来来,上几个人,来,一、二、三!]

记者:我们这个救援的现场非常危险,它是一栋楼,一边是三层,一边是四层,都向中间倾斜,而且整体地破碎。我们是在中间挖了一个洞,一有余震的话,两边的楼就会往中间塌,搜救队员就有可能被埋在里边。我们是把一个矿泉水瓶倒立竖在旁边的这个危楼上面,一旦有动静的话,这个观察员就会让旁边的搜救队员,包括现场的记者,赶快通过逃生通道逃离出来。

[同期声:(搜救队员向废墟下喊话)老哥,我们现在马上就要挖到你们一层了,你们现在的位置是在什么位置?也就是说你这个房间,你是在中间,还是在后头,还是在门口?啊?墙角,对吧?然后你的墙角是前墙脚,出门的墙角,对吧?靠近门口,对吗?靠近门口吗?什么……]

搜救队长:好!对啦!就这个位置!上几个比较灵活一点的,现在就要动主体了,随时咱们要逃生的。

搜救队员3:这块一有余震……

搜救队长:对,余震来以后,它属于A字形的……

记者:越接近被困者越难。

搜救队长:越难,对,因为现在就和绣花一样了,真的,关键时候就这样了,就得和绣花一样了。

搜救队长:问他看见亮了没?

搜救队员2:能看见光了吗,好嘞!马上到了!

搜救队长:好嘞,稳住,稳住,安慰两句,安慰两句,你跟他说让他稳住,他有时候激动啊,一见光了,就激动了,一激动血压就升高。

搜救队员2:哎,大哥,你不要着急啊,马上就通了啊!我们是国家救援队的,相信国家救援队马上把你救出去了啊!一会儿你们在里边出来的时候把眼睛闭上,外面的光线特别强。

搜救队长:走,来劲儿了,兄弟们!担架先送上一个来!

搜救队员2:看见他了,看见他了。好嘞!

搜救队员3:马上就要出来了。

搜救队长:余震!闪开!余震!

众人:没事,没事,慢点,慢点,别动了,小心,小心。

众人:哎哟!又余震!

搜救队员:这个余震比较大的啊。

搜救队长:要创造奇迹啊,创造中国救援史的奇迹。

众人:又余震!闪开!闪开!小心啊!不要乱,不要乱!那边山塌方了……

众人:出来了,出来了!担架,担架!好!好!慢点,慢点,把眼睛挡着,眼睛挡着,把眼睛捂上!架起来,架起来,这边,这边,上担架,躺着!好,走,好!好!

众人:下一个,下一个,不要着急,队员不要撤,队员不要动。

记者:现在12点整,第一个被困的群众已经安全从洞口里边爬出来了!现在是12点02分,第二个也已经出来了,他能够自己主动地爬出来,还能够站立起来,感觉他的状态很不错。

众人:趴下,趴下,好,不错,不错啊。第三个,第三个。

记者:现在第三个群众已经出来了!现在出来的三个群众都是自己爬出来的,而且他脸上还带着微笑,还能挥手!你太棒了!

众人:别激动,小伙子!慢点,慢点,闭上眼,闭上眼。

记者:现在第四位,第四位已经出来了!

众人：担架，担架，快上担架，第四个。

记者：现在第四位被困的群众也已经救出来了，他的身体状况相对于前三个可能稍微有点差，可能是有一些受伤，现在用一个简易的担架把他固定在上面，现在他已经被成功地抬出了废墟。

今天，5个小时之前，探测到的4个活生生的生命现在已经被全部救出来了！而整个从洞口被抬出来的时间只用了5分钟，尤其是最后，马上还有3分钟就要出口的时候，一次非常强的余震，所有的人都往外撤，我们看到洞口里边拉着被困群众手的这个搜救队员非常勇敢，他心理素质也非常好，他一直待在里边，一个一个地把里边的4个被困的群众救出来，他可以说是冒着生命危险。现在搜救队员就在我的旁边，我们来让他说两句。

搜救队员6：我们在5个小时内打通了4层楼板，当我的手跟下面幸存者的手握住的那一刻，我的心情特别激动，这就是我们的职责，我为我的工作感到自豪！

这篇报道获得了第二十一届中国新闻奖的一等奖，作品评价这样写道："这是一篇由广播音响谱写成的生命的礼赞，生的尊严在作品中被大写和升华。且音响丰富，现场报道流畅，感染力强，是一篇多年来难得一见的现场新闻特写。现场报道一气呵成，细节捕捉到位，体现了记者驾驭重大新闻现场的深厚功底。"

此外，还有一些问题需要注意。例如关于时间用语。如果新闻涉及近一两天发生的时间，与其使用具体的年月日表达，不如使用前天、昨天、今天、明天等用法更能让人明白。如果涉及年时，也可用前年、去年、今年、明年等。在广播语言中，这些口语化的表达，看似简单，但更易于让听众确切了解时间概念。又如数量词的使用。如18 215万，在书面语中写成18 215万，但在广播稿中如果把它念成一万八千二百一十五万，听众听了这个数字就会感到十分费解。我们应该把它念为一亿八千二百一十五，这样就容易使人理解了。

#### 9.1.1.5 结合情境，塑造形象

广播新闻在情感上打动受众的制胜法宝就是虚拟情境——借助自然音效、同期声、音乐等来给受众营造出一个虚拟的但又似乎触手可及的情境，让受众在自己头脑中想象出事件、人物的形象，获得真实感受。

2015年中国国际广播电台推出的纪念抗战胜利暨世界反法西斯战争胜利70周年系列报道《并肩》荣获了第二十六届中国新闻奖，共有十篇报道，紧紧围绕中国军民和盟军"并肩抗战"这一主线，发掘鲜为人知的史实，被凤凰网、中国网、新浪、网易、搜狐等多家网站转发1000余次，海外华人华侨纷纷发来反馈：

美国旧金山华人招思虹女士在电子邮件中说："听完报道后勾起了本人当年采访陈纳德将军夫人陈香梅和陈纳德将军手下的几位飞虎队员的回忆。这段回忆也让我深感陈纳德将军率领飞虎队帮助中国人民抗日的故事，是中美友谊长存的故事！"

旅美华人、千人计划专家段燕文先生打来电话表示："我觉得你们的报道很好，尤其是'上海隔都'那篇报道。'二战'期间，中国人保护了犹太人，这个事件的影响还是很大的，9月3日不仅是中国人民抗日战争胜利70周年纪念日，也是世界反法西斯战争胜利70周年纪念日。你们的报道在阅兵期间播出，意义更重大。反法西斯战争是不分国家、不分民族

的,正义也是不分种族人群的。抗战时期,我们自己的同胞还深受战争的苦难之中,但是正义是相通的,人心是相通的,尽管自己在困难之中,但是爱好和平的人还是要互相帮助的,所以你们的报道还是很有现实意义的。"

祖籍广东的曾毅敏女士已经在美国洛杉矶居住多年,她在发来的电子邮件中说:"听了你们的抗战系列报道很感动,尤其是东江纵队那篇的报道。100年来,海外华侨为祖国做出了很多贡献。你们的报道很有意义,我们身在美国,感触更深!"

### 9.1.2 广播新闻的编辑方针、编排思维和编辑特性

了解了广播新闻的特性,接下来,我们了解一下如何编辑广播新闻,主要包括广播新闻的编辑方针、编排思维和编辑特性。

#### 9.1.2.1 广播新闻的编辑方针

要想生存发展,任何广播电台都需要确定办台方针,以对电台的性质、办台宗旨和新闻传播的立场、原则这些根本性的问题做出明确规定。我国的广播电台是社会主义新闻事业的重要组成部分,坚持无产阶级立场,全心全意为人民服务,就成为指导广播电台一切工作的基本纲领。这一纲领的确立,体现了马克思主义新闻思想,保证了社会主义方向,坚持了正确的舆论导向,坚如磐石,不可动摇。广播电台要紧密配合党的工作中心,"抓住机遇,深化改革,扩大开放,促进发展,保持稳定",做好喉舌工作,服务大局,维护社会安定团结。通过新闻广播,把全国各族人民的思想统一起来,坚持党中央的方针政策,团结奋斗,建设社会主义强国。

在社会主义大方向的指导下,编辑要想完成历史使命,必须遵循一定的编辑工作准则,即根据工作环境和自身条件对编辑工作做出决策,我们称之为编辑方针。《中国新闻实用大辞典》对广播新闻的编辑方针做了明确规定,"广播电视新闻的编辑方针往往反映各国政府、政党、集团的方针政策和立场观点。中国对国内的广播电视新闻,要为建设具有中国特色的社会主义事业服务,为全中国人民服务,促进物质文明和精神文明建设,提供国内外的各种信息。对国外的广播电视新闻,要实事求是地向各国听众和观众介绍中国的情况,阐述中国政府的各项政策和主张,增进各国人民对中国的了解,准确而鲜明地树立社会主义中国的形象,为全世界人民服务。同时,由于对内与对外、广播与电视以及多品种、多语言新闻节目在对象、性能、内容等方面的不同,在编辑方针上又各有差异,中国广播电视新闻的编辑工作要求:制订每个时期的宣传报道计划,正确宣传中国共产党和政府的方针政策,新闻力求真实、准确,尽可能提高时效,运用实况广播、随时插播等手段播出正在发生和刚刚发生的新闻,增加信息量,扩大报道面,充分反映各地区、各行业、各个国家的重大事件,加强针对性,对重大事件和热点问题及时发表评论,发挥舆论导向作用"。不同的广播电台,编辑方针也不同,因为涉及广播电台的受众对象、传播内容、广播水准和风格特色等内容各有不同。

中央人民广播电台是中国唯一覆盖全国的广播电台,在中国拥有听众超过7亿人,是世界上拥有国内听众最多的广播电台,现办有中国之声、经济之声、音乐之声、经典音乐广播、中华之声、神州之声、华夏之声、民族之声、文艺之声、老年之声、藏语广播、维吾尔语广播、娱

乐广播、香港之声、中国交通广播、中国乡村之声、哈萨克语广播等17套广播节目,全天累计播音354.5小时。

可以说,中央人民广播电台覆盖面之广泛、受众群之庞大、内容之丰富、特色之鲜明,在国内难逢对手。中央人民广播电台的出色之处,也是由于其高明的编辑方针。1983年,广播电视部召开第十一次广播电视工作会议。会后,中央人民广播电台确定"扬独家之优势,汇天下之精华"的编辑方针。时任中央人民广播电台台长的杨兆麟在此基础上提出:"中央人民广播电台每年要抓二至三件重大题材,做独家报道,在全国造成影响!"2011年10月8日,中央人民广播电台新闻综合频率中国之声推出新版节目,倾力打造"勇于担当责任的中国第一新闻广播",助力推升中央媒体及党和政府在新时期的公信力。此次启动的新一轮改革,中国之声将着力塑造"以责任,赢信任。中国之声,责任至上"的媒体形象,提出国家电台首席频率应担负的六大责任:以专一做新闻、专业做新闻为己任;以促政通谋人和,搭建党和政府同人民大众桥梁为己任;以追寻事实,推动国家、社会、公民进步为己任;以追求真理,构建主流价值观为己任;以服务大众,坚持人性、人本、人文为己任;以声音记录中国,建设国家级声音档案为己任。①

#### 9.1.2.2 广播新闻的编排思维

编辑在明确了新闻编辑方针之后,接下来需要解决的一个重要问题就是编排思维。何谓编排思维呢?新闻编辑在一定时期都有自己的报道任务,为了完成这一任务,需要结合党的方针政策,对自己的工作,包括从约稿到组稿、选稿,再到改稿,直至新闻节目的编排制作,提出合乎编排要求并具有创新性的见解。编排思维的正确与否,直接影响到广播新闻的质量,影响到编辑方针的实现。编排思维不是与生俱来的,而是需要在实际工作中,不断磨炼,不断打造,并且有意识地培养,逐渐形成的。它是对编辑的聪明才智、知识结构、业务能力及工作经验等综合能力的调度,集中体现了编辑的综合能力。

首先是广播新闻编排思维的创新方法。有创新的编排思维,才能够形成创新的广播新闻。创新的编排思维从何而来呢?我们可以借鉴心理学的两种方法来获得:头脑风暴法和戈登法。

头脑风暴法是一种集体开发创造性思维的方法。由现代创造学的创始人,美国学者阿历克斯·奥斯本(Alex F. Osborn)于1938年首次提出,原指精神病患者头脑中短时间出现的思维紊乱现象,病人会产生大量的胡思乱想。奥斯本借用这个概念来比喻思维高度活跃,打破常规的思维方式而产生大量创造性设想的状况。

头脑风暴法的基本程序为:首先,确定议题。会前确定一个目标,使与会者明确通过这次会议需要解决什么问题,同时不要限制可能的解决方案的范围。在这里需要注意的是,为了使头脑风暴畅谈会的效率较高,效果较好,最好在会前收集一些资料预先给大家参考,以便与会者(一般以8~12人为宜)了解与议题有关的背景材料和外界动态。然后,明确分工。推定一名主持人,作用是在头脑风暴畅谈会开始时重申讨论的议题和纪律,并在会议进程中

---

① 薛媛:《中央人民广播电台中国之声再度改版》,http://news.cri.cn/27824/2011/09/30/5311s3391176.htm,最后访问日期2018-03-14。

启发引导,掌握进程。同时还要有1~2名记录员(秘书),将与会者的所有设想都及时编号,简要记录,最好写在黑板等醒目处,让与会者能够看清。最后,掌握时间。经验表明,创造性较强的设想一般要在会议开始10~15分钟逐渐产生。美国创造学家帕内斯指出,会议时间最好安排在30~45分钟,倘若需要更长时间,就应把议题分解成几个小问题分别进行专题讨论。

戈登法是由美国人戈登创造的一种创意想法,是一种抽象的思考方法。戈登认为奥氏头脑风暴法有一缺陷,即会议之始就提出目的,易使见解流于表面,难免肤浅,因此,他采用的方法是:不让与会者(主持人除外)知道创意的真正意图和目的,而达到海阔天空的联想,以捕捉创意的火花。比如:创意目的是研制新型巧克力,对巧克力进行抽象化,就会成为饼干,再将饼干进一步抽象化,就会想到食物。会议主持者开始只提出"食物"作为议题,即进行头脑风暴式讨论,这样就由"食物"一词联想出许多事来,如味酸的食物、味甜的食物、味苦的食物、味辣的食物……主持者在这种似乎漫无边际的"食物"大讨论中,因势利导,捕捉创意的思想火花,为新型食物的创意构思服务。最后,主持者把真正的意图和盘托出。通过这种方法能够获得更多的创意。

具体到广播新闻编排,应该如何创新呢?古语说"温故而知新",广播新闻可以追溯到报纸新闻,所以二者总有相通之处,比如报纸有版面,广播能不能拥有"版面"呢?当然可以。只是广播的"版面"是无形的,看不到,摸不着,但它确实存在着。报纸的版面是属于空间传播,而广播新闻则是时间传播,如果运用得当,它也可以产生报纸空间传播的效果。如何安排广播新闻的时间传播,实际上是一门艺术,是增强广播新闻竞争力的主要途径。

在心理学中有关记忆的理论表明,记忆就是人脑对外界输入的信息进行编码、存贮和提取的过程,包括瞬时记忆(储存时间大约为0.25秒到2秒)、短时记忆(储存时间大约为5秒到2分钟)和长时记忆(储存时间从1分钟以上到多年甚至终生)。从系统论的观点看,瞬时记忆、短时记忆和长时记忆是统一的记忆系统的三个不同的信息加工阶段,而不是非此即彼的记忆种类。人们在听广播时,记忆系统也会随之启动,因此,借助这个前提,我们就可以为受众营造一个属于时间的"版面"。例如:编辑要对传递的信息进行"合并同类项",把传播内容分成单个的"新闻版块",再逐次传递给受众。按照心理学的识记与编码理论,受众在接收到信息后,会自行进行信息编码,因为所接收到的信息具有系统性和连贯性,所以识记的效果要好一些。

广播新闻的"版面"如何来吸引受众呢?

(1)版块划分要清晰。广播新闻内容上要按照某一标准进行分类,给受众留有充分选择的空间,时间上要相对固定,不要随意更改,方便读者按时收听,同时节目的时间不应过长,以免受众产生疲怠心理,最好控制在半个小时到一个小时。

(2)要突出重点。这里的重点包括两层含义:一是整个"版面"要突出重点。根据强势的大小,报纸上不同的版位可以突出新闻稿件的价值。在广播中,可以选定黄金播出时间,来突出新闻节目的重要性。比如:早上的6:00—8:00,中午的11:00—12:00,晚上的19:00—20:00为一天之中的黄金时间。二是在某个"新闻版块"中,通过对某一条新闻的强化安排,也可以突出重点。例如:中央人民广播电台早晨的《新闻报纸摘要》栏目根据新闻价值的大小,划分成不同的新闻版块,包括今日简讯、专题报道、录音报道和新闻点评。

(3)增强吸引力。报纸版面可以通过版面要素,即字符、线条、色彩和图片增强吸引力。广播新闻"版面"的吸引力如何增强呢?基于广播依靠听觉的特点,广播"版面"只有充分借助声音。其中片头音乐的作用不可忽视,片头音乐是集科技、文化、艺术于一体的一门专业传播艺术,在某种意义上它是一档新闻栏目的标志。最有代表性的非《新闻联播》片头曲莫属。这首总长仅有17秒的"新闻联播"栏目片头音乐,表现得大气、舒展、流畅,从1988年开始起至今整整30年。30年来,中央电视台对《新闻联播》片头画面部分已进行过4次重新创作,而音乐却一直保留至今。17秒的乐曲经历了30年的播放,经受了30年的考验,目前已经成为《新闻联播》不可替代的栏目音乐形象和栏目声音符号。该音乐的创作者之一,中央电视台新闻制作部主任包布和(其余两位是作曲家孟卫东和王云之)在谈到创作感受时说:"几十年的音乐音响编辑工作实践让我懂得,无论你承担并完成任何形式的电视节目音乐音响创作与编辑工作,只要你做到了全身心地投入,只要你创作出了广大电视观众所接受和喜欢的作品,不管它是大作品还是小作品,其内心的成就感和满足感是一样的。"

#### 9.1.2.3 广播新闻的编排特性

广播新闻编排工作隶属于编辑工作,因此具有编辑工作的共性,报道计划的拟订、组稿、选稿、改稿、制作标题、稿件的配置等,都与报纸相差无几。从技术角度来看,广播不同于报纸、电视和网络,具有自己的特点,折射到广播新闻自然也表现出与众不同的鲜明的个性。不同类型的广播新闻节目,如广播新闻、广播评论、专题报道、访谈报道与现场直播的制作要求各不相同。下面,我们就不同种类的广播新闻编辑工作的特性加以分析。

(1)广播新闻简短精要。简短精要可以说是广播新闻的重要特性。很多新闻报道在广播中仅占30秒到45秒,3分钟的单条新闻广播已经是长报道了。如何在短时间内使听众接收完整的信息,需要编辑在文字稿件处理上下功夫,细琢磨,精雕饰。再简短的文章也需要一个中心,围绕中心向四周发散,才能让听众掌握要点,这种方法统称为"中心法",包括中心前置、中心中置与中心后置。所谓中心前置,就是开门见山,开宗明义,立片言以居要。比如说报道某某国家领导人来我国访问,稿件开头介绍时间、地点、人物以及会谈简要即可。这种方法逻辑清晰,属于摘要类新闻,使听众了解新闻的简要信息。所谓中心中置,就是听众需要了解的事物或事实,要在稿件中用详细的具体事例来说明,尽量避免抽象化的概括议论。下面是报道同一事件的两篇报道,我们可以比较一下:

某市科技创优产品展览会昨日在某市科技展览馆正式展出。这次展览,将促进企业生产更多的优质产品,进一步推动创优活动的深入开展,使科技是第一生产力的方针更加深入人心,把企业生产切实转到科技创新的轨道上来。

这篇报道表达抽象,展览会如何创新,都有哪些新的科技成果,听众听了还是不明白。我们再看经过修改的稿件:

在展览大厅有一种一次性茶叶纸杯(隐茶杯)吸引了人们的眼球。它的表现是:

第一,使用它可以变繁为简。沏茶相当方便,只需要倒上开水即可。

第二,"隐茶杯"可根据消费者的不同口味进行自由搭配,无论是毛尖、茉莉花茶还是西湖龙井等名茶和各种饮料都能由该"隐茶杯"渗入。

第三,"隐茶杯"还可根据消费者的消费水平进行选择。有些人认为,"隐茶杯"属于高科技产品,因此它的价格也更高。其实,作为日用消费品,"隐茶杯"趋向于走平民化路线,人人都可消费得起。

第四,使用"隐茶杯"沏茶时,水面上不会漂着令人尴尬的茶叶末。这令我们尤其在接客时更加自然大方。

第五,它的价格便宜,经济实惠。"隐茶杯"的价格和市场上一次性纸杯的价格相当;选用"隐茶杯",买500克茶叶的钱您可以买400只"隐茶杯",让您经济又划算。

第六,"隐茶杯"采用的合理内部结构,便于产品套叠,极大节省了包装空间。

经过修改的稿件,用事实说话,形象生动,给人以深刻的印象。

所谓中心后置,就是有些事实蕴含着深刻的哲理,为加深听众印象,在文章最后可以简明扼要地进行升华。例如:有篇报道是一封读者来信,该读者向编辑倾诉了自己美容的经历,并以此告诫爱美女士,过度美容其实是一种病态心理,真正的美是由心而生。编辑在后面加了一段评论:

如今的整容业花样翻新,整容技术发展到几乎可以美化人的任何部位的地步,诱惑着每位爱美女性。

但是过分的整容手术会导致心理障碍。据调查,经过两次以上整容的病人29%出现心理障碍,其中大部分是年轻白领女性,诱发了"恐丑症"、怕长胖的"神经厌食症"以及自觉丑陋不愿意走出家门的"社交恐惧症"等。所以,建议爱美的女性端正心态,注重培养自己的内在气质和修养,不要过分追求外表的美丽,以免像这位女士那样陷入心理沼泽。

编辑点评,起到了画龙点睛的效果,进而提醒广大过分重视外表的爱美人士有所警戒。

(2)广播评论轻松风趣。正所谓"寓教于乐",广播评论不同于报纸评论,除了强烈的新闻性、敏感的政治性、广泛的指导性之外,还需要风趣、轻松、幽默的表现形式,这样才能吸引听众在文化娱乐中不知不觉地接受你的观点。

一是内容要生动活泼,讲究趣味性。2003年6月12日,河北人民广播电台推出《建楼读报》,这是河北省首个以主持人名字命名的读报类新闻评论栏目。主持人亦庄亦谐,嬉笑怒骂的主持风格受到了听众们的青睐,有听众说:"建楼挟一腔热血,满腹豪情,指点江山,激扬文字。把报纸上的一些披露的信息,抽丝剥茧,去伪存真,还原新闻事件背后的事实真相。针对丑陋的嘴脸,进行犀利的剖析和无情的鞭挞,让听众拍手称快,如灌醍醐,像三伏天喝了一口拔凉井水,从心底感觉到痛快。"[①]

二是形式活泼多样,丰富多彩。广播评论是有声评论,是一种独特的评论形式,如音响的使用就为评论增色不少。音响有两种:新闻现场实况音响和后期制作资料音响。前者指

---

[①] 丁晓红,董俊叶,董建楼:《由河北电台〈建楼读报〉谈如何办好广播读报类节目》,《西部广播电视》2014年第14期,第38页。

的是被报道的新闻事物所发出的真实音响及其环境发出的各种声音。在录音报道中运用实况音响可以指明环境、渲染气氛和表现烘托主题,其中那些能够直接说明主题、表现主题的音响又叫作主题音响,而另外一些音响虽不能起到深化主题的作用,但能表现新闻事件的时间、地点、环境和氛围,叫作环境音响。后者指的是对记者录音采访进行后期制作加工时人为地加入的音响,比如音乐,主要目的是烘托气氛,增强感染力。音响的运用,不仅可以使广播评论生动感人,还可以增强广播评论的厚重感。

三是语言简明扼要,通俗易懂。一些编辑认为评论需要深度,非之乎者也不能达其意,其实不然,深度不一定依靠深奥的语言。《淮南子·诠言训》说:"非易不可以治大,非简不可以合众,大乐必易,大礼必简。"把稿件中蕴含的高深的理论或问题论述得既不失规范,又明白晓畅,乃是广播评论的至高境界,也是广播评论大众化的最高目标。俗话说"真佛只说家常话",就广播评论而言,通俗化的、生活化的语言反而更能给人深刻印象。浙江广播电台2015年3月30日制作的广播评论《中国制造应该争当世界行业巨人》(荣获第二十六届中国新闻奖)。评论针对中国游客赴日本抢购马桶盖的新闻报道,引出了"中国制造"的痛点,让国人开始反思差距:"'中国制造'因为价廉物美已经在国内外闯出广阔市场,但是多数企业满足以低价竞争获取市场份额,导致产品长期处于低价、低档、低级的三低状态。这已经成为中国制造业普遍存在的问题,也是'中国制造'和世界行业巨人的第一个差距。"对此,作品评析说:"记者通过大量的采访素材,把差距归结为'企业家缺乏精品意识'、'制造工艺缺乏工匠标准'和'产品研发缺乏市场针对性'三个方面,每一段论述都涉及中国制造的大背景、企业的真实说法,以及专家的点评,逻辑严密,环环相扣。"

(3)专题报道要有深度。广播专题最大的特点是"深",深度挖掘新闻事件,包括事件的背景、过程、结果及影响,深刻揭示问题本质,包括问题的缘由、弊病、实质及其蕴含的道理,将报道向深层次拓展,做到说事论理要有深度。如何做到这一点呢?

一是选材要重大。这个重大意义有两个方面,但是都以受众为中心:一方面看其所关系的受众数量,数量越大就越重大。比如"非典""禽流感"等传染病毒,可以说关系到每个人的生命安全。另一方面是看其是否是受众关注的热点。这些问题散布在社会的各个角落,各个行业,经济、政治、社会生活等各个方面。需要注意的是,在着眼于重大的同时,也不能忽略其他的新闻因素。

2015年12月13日,黑龙江广播电视台播出了评论《丰年更忧粮安》。评论从"1.13亿吨"这个既是中储粮黑龙江分公司粮食库存总量,又是全国前11个月粮食进口量的惊人的数字巧合入手,写道:"国产粮不敌进口粮只是问题的表象,背后凸显出中国农业竞争力不足的现实。国内粮食成本过高,打开了低价进口粮长驱直入的大门……粮食安全已经不能再为生产多少论英雄,它的核心应该是具备持续稳定生产能力,低成本优势,高科技支撑,以及完善的市场调控机制,建立粮食供求平衡长效机制,这已是新时期保障国家粮食安全的当务之急。"对此,作品评析说:"本篇评论对于解决当下农业结构性矛盾、提高农产品有效供给具有很强的指导意义,尤其是'农业供给侧改革'的构想颇具战略预见性,引发了社会高度关注与热烈讨论。随后的中央农村工作会议在国家层面首提'农业供给侧改革',为2016年和'十三五'时期农业农村工作指明了出路;中央一号文件及黑龙江省农业工作会也把推进农业供给侧结构改革作为重要内容。推进结构调整,厚植农业发展新优势,成为中国现代农业改革新理念。"

二是注重使用多种报道方式。现场采访、主持人解说等的综合运用,可以增强其厚重感。1994年10月1日,中央人民广播电台新闻评论部的《新闻纵横》节目开播,标志着新时期中国广播界新闻评论性节目的开端。这是一档以舆论监督为主要特色的深度报道节目,终身享有"中国新闻名专栏"荣誉。"《新闻纵横》的新闻评论节目主要包括:一、以'问××'和'追××'为标识的追问式评论节目;二、带有舆论监督色彩的'特别声音'节目","真正彰显'追问'特色、具有深度评论色彩的选题主要聚焦于国内重大民生社会热点、经济形势与政策、重大国际时政等方面。比如,2014年2月6日报道的《'小升初'明确'免试就近入学'家长仍然不买账》,2月7日报道的《北京首都机场乘客热衷打车软件手机'插队'是否违规?》"①。

(4)访谈报道讲究交流技巧。访谈是一门说话艺术,是以借助谈话的形式来发表对客观事物的看法和观点,一般就贴近普通百姓和百姓的日常生活,请嘉宾或听众通过热线参与讨论。主持人作为整个谈话的控制者,要讲求灵活多变的谈话艺术。我国春秋时期的纵横家鬼谷子曾说:"故与智者言,依于博;与博者言,依于辨;与辩者言,依于要;与贵者言,依于势;与富者言,依于高;与贫者言,依于利;与贱者言,依于谦;与勇者言,依于敢;与愚者言,依于锐;此其术也,而人常反之。"意思是说与人谈话要看对方的情况,与聪明的人谈话,就要依靠广博的知识;与知识广博的人谈话,就要善于雄辩;与善辩的人谈话要简明扼要;与地位显赫的人谈话,就要依靠宏大的气势;与富有的人谈话,就要依靠高屋建瓴;与贫穷的人谈话,就要以利益相诱惑;与卑微的人谈话,要依靠谦敬;与勇敢的人说话,要依靠果敢;与进取的人说话,要以锐意进取为原则。

2015年12月31日,宁波电台交通广播推出访谈节目《寻找方大增(主题)——两代记者穿越时空的对话(副题)》。主创人员通过中央电视台纪录片导演、《方大增消失与重现》一书的作者冯雪松的现场介绍,以"寻找方大增的历程"为主线,展开了两代记者跨越时空的对话。下面是访谈节选:

冯雪松:现在关于方大增的说明,我认可的是这样,他是七七事变现场报道的第一人。
主持人:1937年7月10日,"卢沟桥事变"发生后的第三天,方大增只身奔赴卢沟桥。
冯雪松:方大增的生命是带着某种使命而来的。可以看出,他平时爱思考,始终有新闻人的敏感。
主持人:当时他到卢沟桥是接到了任务的指派吗?
冯雪松:他当时是自由撰稿人,去卢沟桥是属于自觉的。
主持人:在两个月后,方大增神秘失联,不为人知,时年25岁。
主持人:他的不为人知是以后的事情。在当时,他还是为人所知的。因为他是一个非常活跃的年轻的新闻人,和范长江等人同负盛名,还是一名出色的摄影家和写手。方大增在1937年9月底失联以后,他渐渐消失在人们的视线当中,随着老一辈新闻人的离世,对他知道的人就越来越少了。

---

① 张贞贞,龚险峰:《从〈新闻纵横〉看广播新闻评论节目的变身突围》,《中国记者》2016年第4期,第42页。

作品评析中说:"作品以独特的视角挖掘并记录抗战历史,让两代新闻人的信念融通起来,让传媒业的家国情怀得以传承。"对此,中国新闻史学泰斗、中国新闻史学会创会会长、中国人民大学一级教授方汉奇先生认为:"冯雪松把淹没了80多年的一位杰出的新闻工作者和摄影记者方大增推到了历史的前台,让他的名字开始为公众知晓,这是对中国新闻事业史人物研究和中国战地新闻摄影史研究的一大贡献。"

(5)直播节目话题是关键。广播直播节目是集采、编、播、控一体化的节目编排形式,时效加快,成本降低,效果显著。一档成功的广播直播节目需要嘉宾的参与,有时候还需要通过电话、短信等形式让听众参与其中,节目质量的关键取决于话题。具有吸引力的话题,就像一个大磁场,能够吸附较多的听众,大家各抒己见、畅所欲言。话题的选择就成为值得探讨的一个新课题。

一般来说,可以围绕听众关注的社会热点来选话题。2004年1月1日,中央人民广播电台新闻综合频道"中国之声"推出一档全新的互动谈话节目《新闻观潮》。最热点的新闻事件,最抢眼的新闻人物,最关注的探讨与争鸣,在这里都会有所反映。在话题选择上注重以"贴近"听众为核心的策划理念,如《留学低龄现象面面观》《春运特别节目:火车票为何如此难买》《关注未成人思想道德建设系列节目》等,吸引住了相当一批思想活跃、参与意识强的听众,均收到了很好的社会效果。

(6)现场直播"快"字当头。广播新闻现场直播兴起于20世纪80年代,综观国内各广播电台组织的新闻现场直播,多取材于听众关注程度较高,并且具有较广泛社会意义的重要题材。广播新闻现场直播对新闻事件及其发展的报道方式采取的是直接播出方式,它几乎和现场同步进行,现场特性十分突出。人们需要了解的是新闻事件发生地的情况。在报道新闻事件发展的过程时,注意进行选择性直播,不可能每个环节都具有明显的新闻价值,需要编辑和记者具有果断的临场监控能力,选择新闻事件发展的关键点,进行充分翔实的直播,以保证现场直播的时效性,突出广播新闻快的优势,做到以快制胜;同时,在事件进展的次要枝节过程中,为了保持节目的连贯性,或者穿插播出片头音乐,或者介绍相关的新闻背景资料,或者进行嘉宾访谈等,使整个节目张弛有度,也利于听众把握重点,轻松收听。2015年12月30日中央人民广播电台《中国之声》栏目直播了《山东平邑"12·25"石膏矿垮塌事故第六天发现8名被困矿工 救援加速推进》(荣获了第二十六届中国新闻奖)。作品介绍中写道:"山东平邑'12·25'石膏矿垮塌事故发生后,刚刚做完手术的记者立刻奔赴零下十八摄氏度的野外矿难现场,日夜坚守,实时报道救援进展。第六天,井下215米处发现被困人员,记者迅速报道,先于其他广电媒体,使这一'救援重大转折'的现场声音率先在中央电台播出。"记者不仅完整清晰地记录了发现被困矿工时现场的情景,还在全国广播电视媒体中率先发出救援现场的声音,时效性强。

## 9.2 电视新闻编辑

电视是当今影响人们生活最为重要的一项发明,已经成为社会政治、经济和文化生活中的重要组成部分。可以说,电视已经渗透到人们生活的各个角落,并且不断地改变着人们的生活。因此,编辑好电视新闻具有重要的意义。

什么是电视新闻编辑?首先需要对电视新闻有所了解。电视新闻是以高科技的电子手段、以声音和影像作为传播载体,向特定范围传送音像节目的大众传播媒体。电视新闻编辑指的是电视台新闻部门对电视新闻进行的编辑加工和整理新闻的工作过程,具体来说,是根据报道意图,处理好文字和画面,将素材变成新闻成品。

### 9.2.1 电视新闻的特点

与传统的报纸新闻相比,电视新闻具有哪些特殊的性质呢?其主要包括以下几个方面:传播速度的及时性、传播内容的多维性、传播方式的时序性。

#### 9.2.1.1 传播速度的及时性

电视新闻的传播以电子技术为基础,迅速及时,具有较强的时效性,尤其是随着科学技术的发展,电视能够对发生的新闻事件进行现场直播。可见,从操作层面上看,电视比传统的印刷媒体有着技术上的绝对优势,印刷媒体受印刷、运输和发行上的限制,不可能高密度地随时传递信息;而电视则不存在这种客观上的限制,它可以在传播过程中随时加入新的信息,可以通过现场直播的方式,让信息的传播与事件的发生过程同步。

2015年11月21日江西广播电视台播出《南昌西汉海昏侯墓主椁室考古发掘系列直播》(荣获第二十六届中国新闻奖一等奖),包括了2015年11月14日、11月21日、12月15日,以及2016年1月15日五次大时段的直播,时长共计320分钟。内容覆盖主椁室考古发掘工作正式启动、主椁室文物集中提取、主棺揭开第一重棺盖,以及内棺整体调运至实验室考古等重要时间节点,同时充分利用了江西广播电视台五年来跟踪拍摄的第一手素材,并且在直播中运用了4G直播、微信视频直播等手段,还把无人机航拍、头戴式GoPro直接接入直播使用,增强了直播的冲击力和感染力。作品评析说:"通过紧紧抓住兴趣点,既克服了考古类直播节奏缓慢、内容沉闷的通常弱点,又充分体现了考古工作的科学性严谨性,可以说是文化类直播的一个成功作品。这既有海昏侯这一个历史人物的故事性和墓葬完整性的基础,更体现出整个直播团队对这项重大考古发现的深入研究,对相关历史知识的扎实学习,和对各种电视直播手段的熟练掌握和准确应用。"

可见,其成功的地方就是充分体现了电视新闻强烈的现场感,给人一种身临其境的感觉。尤其是在现场,记者进行及时的报道,具有强烈的感染力。它充分发挥了电视的纪实功能,真实、形象、客观地反映了新闻事实。

#### 9.2.1.2 传播内容的多维性

电视新闻的特点,源于它与印刷媒体在传播手段上的差别。电视作为双通道的媒体,不仅可以作用于人的视觉,同时还能作用于其听觉,因此,它的传播具有多维性,可以真实地再现声音和图像,所提供的是"时间"与"空间"的综合"版面",电视观众可以通过传播者和所传播的具体对象,听其声、观其形、察其情。

具体来说,电视新闻传播内容的多维性包括以下三个方面:一是时间与空间的结合。每个新闻节目都有一定的时间长度,传播者按照一定的时间长度对新闻节目进行编码,接收者则按照相应的时长进行解码,从而实现信息的传递,与此同时,电视新闻信息通过画面所负载的空间因素进行传播,从而实现了时空合一的传播过程。二是视觉与听觉的结合。电视是声画合一的艺术,除了利用有声语言系统和音响外,还可以通过画面,立体地、交融地传播信息。电视新闻可以通过声音图像等多种表现元素逼真地再现新闻事件的现场,将新闻现场具体、可视的画面直接呈现给观众。三是多种传播符号的结合。电视是双通道甚至多通道的传播媒介,因此电视新闻的传播符号是多种多样的,不仅有文字、图片、声音,还有形象、色彩等信息,它们同时作用于观众的感官,视听结合,这种形象的报道,真实再现了新闻现场,营造出了一种现场氛围,使观众耳闻目睹,产生身临其境之感,同时大大提高了信息的可信度。

#### 9.2.1.3 传播方式的时序性

时序性是指电视的"新闻信息是存在于时间流程当中的,随着时间的推移而不断地产生和消失,既不可以凝定不变,也不可以前后颠倒。这是电视与印刷媒体在传播方式上最具根本性的区别"①。

人们在阅读报纸时,可以选择性阅读,对感兴趣的可以先读,不感兴趣的可以后读,甚至不读,而没必要按照自然版序阅读;同时,在阅读报纸时,读报的速度也可以自己控制,对不重要的内容,可以浏览,对于重要的、不好理解的内容,可以读得慢一些,反复阅读。而电视的传播方式是线性结构,电视观众必须按照电视事先安排好的顺序,按照媒介的速度追随接收,而且声音和画面都是一次性的,稍纵即逝,缺乏贮藏性和复显性,对于传播的信息无法反复研读,这必然影响信息传播的效果。因此,电视新闻在传播时一定要注意这一特点,为了保证信息的有效传播,就要求电视新闻要"浅""实""短""活""顺",即要浅显通俗、具体形象、富有实感、短小精悍、活泼有趣,听起来顺口、顺耳、顺畅。

### 9.2.2 电视新闻节目的编辑

电视新闻节目的编辑流程和报纸的编辑流程大体是相同的,也要经过策划、选择、修改和播出诸多环节,基本的要求和方法都是相似的。只是由于电视新闻不仅有文字,而且有声音和图像,因此在修改稿件时就需要注意体现电视的传播特点,以保证信息的有效传播。具体来说,对电视新闻片的编辑,除了遵循编辑新闻稿件的一般要求外,要特别注重修改辞章,主要包括新闻文字稿的修改和音像编辑。

#### 9.2.2.1 新闻文字稿的编辑

新闻文字稿是电视新闻中传达新闻事实的重要语言符号,在电视新闻中起着举足轻重的作用。由于新闻节目对传播的简明、准确的特殊要求,使得语言传达处于更为突出的地位。如果缺少了音响与影像,电视的传播效果会受到很大影响,但是绝大多数新闻节目,若去掉非语言音响、影像,其语言依然能够独立地传达相对完整的新闻信息。有关专家曾经做过这样一个调查统计:

1989年3月的前15天,连续用关掉图像的电视机听中央电视台《新闻联播》播出的528条新闻,其中除一条外,其他各条都能听懂。没听懂的一条打有字幕,用字幕代替了播音。

---

① 饶立华,杨钢元,钟新:《电子媒介新闻教程——广播与电视》,中国人民大学出版社2000年版,第148页。

在这个月的后16天里,《新闻联播》播了543条新闻,关掉电视机的声音,只看画面,结果没有一条能看懂,能猜中大致内容的也仅仅9条。①

从以上调查也可以看出,在电视中,语言绝不是音响、画面的简单重复和解释,而往往是构成新闻信息传播的主干。因此,必须重视电视新闻文字稿的编辑。

电视新闻的文字稿是用来播讲的,是让观众听的,和报纸上用来看的新闻稿件的要求就不太一样。电视新闻的文字稿就要求口语化,明白晓畅、响亮和谐,符合听的要求。

正因为电视新闻文字稿完全是供人收听的,所以编辑电视新闻文字稿时,就要考虑到声音的传播特点——稍纵即逝,不留痕迹,同时也要考虑到收听时人们的精神状态——"一心二用"、漫不经心,具有极大的随意性。因此电视新闻稿必须明白晓畅,让人一听就懂。具体说来,在修改、编辑电视新闻稿时有以下三点需要注意。

(1)口语化。所谓口语化,就是通俗易懂,朴实无华。电视新闻语言要达到口语化,就要注意口头语言和书面语言的区别,扬长避短,具体说要做到以下五点。

1)多用双音节词,少用单音节词。单音节词从书面上看得很清楚,但听起来可能就不大清楚,特别是汉字同音字很多,更容易误听,比方说"致癌"和"治癌"语音相同,意思则相反,书面表达没有任何问题,但听起来就有歧义。因此,在电视新闻稿中要求把单音节词改为多音节词,一来语言节奏放慢了,时间长了,表达相同的意思,便于听清楚;二来两个字可以互相印证,避免了同音异字的混听。比方说,上面说到的"致癌"和"治癌"如果改成双音节的词"导致癌症"和"治疗癌症",听起来就会更加清楚明白。

2)避免使用同音不同义的词。由于汉字同音字很多,因此汉语中有很多语音相同或相近但词义并不相同的词,常会读不准,听不清,容易造成误解,比如:全部—全不,走进—走近,继续—记叙,占有—战友,报酬—报仇等。对于这些容易引起误解的词,在电视新闻稿中,特别是在缺少上下文限制的情况下,要避免使用。

3)对于文言词语、简称略语、方言土语要慎重使用。电视语言是以现代汉语为规范的口头语言,不适宜使用古代汉语的词汇和句式,包括一些冷僻的成语和典故,以免晦涩难懂。比方说,"这温泉素称'灵泉',系从朱砂峰脚下的石罅中涌出",这句话中,"……系……"显然是一个文言句式,不符合人们的听觉习惯,再者"石罅"这个词用得也过雅,不如说"石头缝"更清楚。类似于这样的问题,在电视新闻稿中都要注意修改。当然,电视语言也不是一概地排斥文言词语,对于一些人们熟悉的、已经完全融入现代生活的古汉语词汇完全可以使用,比如像"信誓旦旦""辗转反侧"等。

电视语言要求简练,因此在电视语言中对一些规范化的、在社会上具有通用性的简称略语可以适当使用,比方说"五讲四美""三个代表""十九大"等。但对于一些局部地区、个别行业或少数人使用的简称略语,则不能在电视中使用,以免影响表达和理解的准确性。

有人认为在电视中使用一些方言土语,可以增加语言的口语色彩和地方色彩,拉近和观众之间的心理距离。但是,毫无疑问,大量方言的使用,也人为地设置了视听障碍,在一定程度上减少了观众,削弱了信息的传播效果。再者,推广普通话也是电视的任务之一。因此,在电视新闻中,一般情况下不要使用方言土语,除非需要如实地记载说话人的原话,即使这

---

① 吴飞:《新闻编辑学》,浙江大学出版社2000年版,第409页。

种情况下,对于说话人的一些难以理解的方言也应该给予一定的解释,保证信息传播的顺畅。

4) 多用短句,少用长句。书面语讲究严谨、完整,常常把相互关联的意思组成复杂的语句,往往通过承上启下的强调上下句逻辑关系的关联词把若干个分句组织成一个长句。长句附加成分和并列成分比较多,一般有较长的定语和状语,结构复杂,不适合收听。但短句结构简单,读起来通顺流畅,听起来易懂好记,因此电视语言要做到尽可能少用长句,多用短句。

5) 多用设问句,尽量避免倒装句。在电视语言中多用设问句,可以发挥口头语言语调生动的优势,起到提示和强调的作用。设问句自问自答,语调活泼,听起来层次分明,步步深入,引人思考,符合人们的思维和说话的习惯。

倒装句在书面表达中经常使用,而且借助标点符号,也不会产生歧义。但是在口头表达中,按照人们的思维习惯,一般都是先说原因,后说结果,主语在前,谓语、宾语在后,限定词在前,中心词在后,特别是在使用直接引语时,说话人在前,直接引语在后,只有这样才不会产生误解,避免张冠李戴的情况。因此,在电视语言中,为了避免把意思听错,一般不使用倒装语。

(2) 通俗化。所谓通俗化,就是要用群众常用的口语和易于接受的方式,深入浅出地把问题和事物说得清楚明白。电视新闻稿通俗化,也就是说,电视语言作为面向广大群众的语言,要善于用浅显明快的语言表达复杂的问题、深刻的思想、丰富的感情。

要做到通俗化,首先在内容上要通俗易懂,特别是在科技报道、经济报道中,要注意从观众熟悉的事物入手,选择人们普遍关心的、感兴趣的问题,采取由浅入深、层层深入的方法,使深奥陌生的内容变得通俗易懂,引起人们的兴趣,也容易被人们所接受。

要做到通俗化,在形式上还要求结构简单、层次分明、形式活泼,语言自然、朴素、流畅,尽量用群众熟悉的语言来叙述解释。电视新闻稿件在叙述方式上要采用顺序,少用或不用倒叙、插叙;在安排结构上,只宜用单主线,一线贯穿到底,做到脉络清楚,便于收听和记忆。

(3) 生动、形象、有趣。通俗化不是简单化、庸俗化,也不是降格以求,真正的通俗应是雅俗共赏的,有健康向上的品位。正如有一位电视新闻研究者所说的:"当你为电视台写新闻报道时,要记住你是在为一个处于半收看状态的、具有 9 岁孩子那样程度的观众而写的,你的报道必须简明得对这样的观众起作用,但同时你的报道又必须写得很有才气,能使 45 岁的公司经理或者大学教授受到感动。"①

因此,电视稿件不仅要求通俗易懂、朗朗上口,还要力求生动、形象、有趣。生动、形象、有趣可以借助比喻、拟人等手法。运用比喻的手法可使陌生深奥变成熟悉好懂,使抽象变成具体,使平淡枯燥变得生动形象。运用拟人化手法可以使电视新闻稿增加生动性和趣味性,运用形象的文学语言表达科学内容,解释科学术语,可以避免枯燥。

#### 9.2.2.2 电视音像编辑合成

电视音像编辑合成是运用电子编辑设备对前期摄录的音响、摄像素材进行选择、剪裁、

---

① 饶立华,杨钢元,钟新:《电子媒介新闻教程——广播与电视》,中国人民大学出版社2000年版,第14页。

组合,配以解说词、字幕、音响效果、音乐等制作成一个完整的节目的过程。电视音像编辑原理及方式方法如下。

(1)画面的编辑。电视画面的编辑是指运用电子编辑设备对前期拍摄的画面进行选择、剪裁、组合的处理过程。它是电视新闻编辑工作的主要职责之一,也是电视新闻编辑最主要、最经常、最大量的工作。画面的编辑包括镜头的选择、镜头长度和镜头组接等几个方面。

1)镜头的选择。所谓镜头,是指拍摄过程中,摄像机由启动到关闭不间断拍摄所记录下来的一个片段,从电视编辑的角度看,是画面从"入点"到"出点"之间的那段内容。画面编辑的首要工作就是从一大堆素材中挑选可用的镜头,具体地说就是从镜头的景别、角度、内容表现等多种因素出发,选择那些有利于说明新闻事实的、能完成主题表述的、便于合理组接的镜头构成完整的电视新闻。

一是镜头的景别选择。景别是指被摄主体和画面形象在电视屏幕框架结构中所呈现出的大小和范围。通常来说,景别分为远景、全景、中景、近景和特写。不同的景别有不同的功能。

远景主要用来表现地理环境、自然风貌、战争场面、群众集会等,在很多情况下,电视新闻节目以远景镜头作为开头或结尾的画面,或作为过渡镜头。

全景可以完整地展现人物的形体动作,刻画人物的内心世界;也可以表现事物或场景全貌,展示环境,指示新闻主体在特定空间的具体位置,揭示新闻主体的结构特点和内在意义。

中景往往以情节取胜,既能表现一定的环境气氛,又能表现人物之间的关系及其心理活动,是电视画面中最常见的景别。

近景以人物表情、物体质地为表现对象,常用来细致地表现人物的精神面貌和物体的主要特征,可以产生近距离的交流感。

特写的表现力极为丰富,选择、放大细微的表情和细部特征,可以造成强烈的视觉冲击力,引起观众视觉注意,还可以强化观众对细部的认识,以细部来寓意深刻含义与鲜明特征,抒发人物的内心心理情感,还可以把画内情绪推向画外,分割细部和整体,制造悬念。

二是镜头的角度选择。镜头的角度是指摄像机与被摄主体所构成的几个角度。不同的角度有着不同的表现效果、感情色彩。要让观众看什么、怎样看,角度的选择相当重要。镜头的角度包括摄像高度和摄像方向。

根据摄像高度的不同,镜头的角度可分为俯拍、平拍和仰拍,以这三种高度拍摄的画面具有各自不同的造型效果和感情色彩。

俯拍有利于表现景物的层次,具有如实交代环境位置、远近距离的特点,画面往往严谨实在,但是使用俯拍拍摄人物时,容易使观众产生藐视、贬低、压抑的感觉。

平拍,被摄对象不易变形,比较自然、亲切,拍摄人物时大多使用平拍,不过平拍的画面容易流于平淡。

仰拍能使主体鲜明突出,容易产生高大、敬仰、雄伟的感觉,编辑过程中常选仰拍镜头来表现崇高、庄严、伟大的气概和情绪(景物、建筑和人物等)。

根据摄像方向的不同,镜头的角度可分为正面、侧面、斜面和背面。如果摄像方向发生变化,主体和背景的关系就会在画面上发生显著变化。正面方向的镜头,具有端庄、稳重的视觉效果,能准确地表达被摄物体的特征,但是画面有时会显得呆板,缺少立体感和空间感。

侧面方向的镜头,具有明显的透视效果,物体的轮廓、运动,人物的神情、动作都可以得到准确的表现。斜面方向的镜头,既能表现被摄物体的全貌,又有一定的空间感和纵深感,符合观众视觉心理要求,容易引起观众的注意,是电视新闻片中最常用的一种镜头。背面方向的镜头,由于所表现的视向与被摄对象的视向一致,往往能让观众产生强烈的主观参与感,因此许多新闻采用这种镜头表现追踪式采访。

三是镜头内容表现形式的选择。镜头可以分为固定镜头和运动镜头。固定镜头有利于表现静态环境,比较客观地记录和反映被摄主体的运动速度和节奏变化,容易给观众以深沉、庄重、宁静和肃穆的感觉。不过固定镜头视点单一,缺少变化,太多的固定镜头,容易造成零碎感,特别是对一些活动范围较大的被摄物体难以很好表现。电视画面离不开运动镜头。运动镜头的目的是让观众看得更充分、更全面。按镜头的运动方式,可以分为推、拉、摇、移、跟等几种类型,各种移动镜头有助于引导、确立视觉重点,牵引着观众的视线和注意力。

2)镜头的长度。在考虑镜头长度时,既要考虑观众收视的需要,要让观众看清楚画面,也要考虑新闻的内在节奏和情绪的表现。

由于镜头的景别不同,镜头反映的内容有繁有简,镜头的长度也应有长有短。大景别,如远景、全景,镜头内反映的内容就复杂些;而小景别,如近景、特写,镜头内反映的内容就单纯些。镜头内容的繁简在决定镜头长度时是必须考虑的。内容复杂的镜头,如果剪得太短,观众还没来得及看清楚,镜头就切换了,会使人有仓促、急迫、喘不过气的感觉;内容简单的镜头,如果剪得太长,观众已经看清楚、看明白了,再延续下去,观众就会嫌长。最佳的长度应是:当观众看清楚画面的时候,及时切换。

电视新闻的节奏是指内容和形式的长短、起伏、轻重、缓急、张弛、动静等有规律地交替变化,它能给电视观众造成一种或激动、或平静、或紧张、或松弛的心理感觉。不同长度镜头巧妙结合,能造成不同的节奏感,对观众产生不同的感染。近景别短镜头的组接,节奏就会快一些;而长镜头远景别的镜头进行组接,节奏就会慢一些。不同主题的新闻应有不同的节奏,不然就会让人看着很不舒服,严重时还会出现政治错误。比方说,内容严肃、气氛庄重的新闻节奏就应沉稳、舒缓,景别宜大不宜小,镜头宜长不宜短;而内容活泼、欢快的新闻镜头就宜短不宜长,可多用特写和近景。

3)镜头的组接。电视新闻画面的组接有自己的章法,也就是人们常说的蒙太奇技巧。蒙太奇是指"在影视作品的创作中将一个一个的镜头,根据一定的逻辑关系组接在一起,通过形象之间的相辅相成或相反相成的关系,相互作用,产生连贯、对比、呼应、联想、悬念等效果,形成一个含义相对完整的表意整体"①。

在电视新闻中常用的蒙太奇手法有:①顺序式组接,即按新闻事件的进展过程来组接镜头,形成连贯、完整的叙述,适宜于表现具体、完整的事件,也是最常见的组接方式;②倒叙式组接,即先将最重要的事实的画面编在前面,借以引起观众的注意,再编其他镜头,进行补充说明;③积累式组接,即把几个主体相同或内容相似的镜头组接在一起,形成一种积累效果;④平行式组接,即把发生在同一时间不同地点的事件组接在一起,如节日前夕各地欢庆节日

---

① 赵玉明,王福顺:《广播电视词典》,北京广播学院出版社1999年版,第249页。

的报道,把各地举行的文艺活动编在一起,表现热烈欢快、普天同庆的规模和气氛;⑤对比式组接,即把两个截然不同的镜头组接在一起,互相映衬,以造成强烈的对比。

无论采用哪种方式来组接镜头,都要根据所报道新闻的内容及特点灵活运用,力求编出叙述明白、转换流畅、生动有吸引力的片子来。

(2)声音的编辑。电视中的声音由语言、音响和音乐三部分组成。各种声音要素的组合配置,要根据主题表现的需要,相互呼应、补充,做到和而不同、繁而不乱,并能与画面有机配合。声画结合的基本方式有两种:声画合一和声画对位。

声画合一,是指声音与画面自然配合,所听到的声音与所见到的画面处于同一时空中,有什么样的画面就有什么样的音响或解说词,两者完全同步。

声画对位,是指声音与画面在有某种内在联系的基础上各自相对独立,但又彼此相互配合补充的表现方式。这种组合方式拓宽了声音和画面的表现空间,声音和画面不同步,可以充分调动观众视听两个感知通道的注意力,引起声音和画面信息叠加联想,取得良好的传播效果。

1)解说词的编辑。解说词声音是编辑后期加工配置的声音,是采编人员通过对客观事物进行主观描绘处理和提炼加工后,写成文字稿,由播音员、主持人播报出来的声音。在电视新闻报道中,解说词可以介绍画面或音响,暗示深刻的内容,深化新闻报道的主题,也可以交代新闻发生的时间、地点、人物、原因和背景等,介绍画面或音响不能或者没有表达出来的新闻要素,扩大画面的信息容量,还可以连接上下画面,起到转换画面的作用。因此,在电视新闻中,解说词必须与画面有机配合,灵活采用声画合一或声画对位的方式,使语言叙述与画面相互补充、配合,达到预期的传播效果。

2)同期声的编辑。同期声指在拍摄人物讲话的现场同时录下的讲话声和现场的背景声,是伴随着画面出现的现场实况音响,具有强大的叙述功能。运用同期声,可以增大传播的信息量,增强新闻报道的真实性和现场感。

同期声分为现场效果同期声和现场采访同期声。

现场效果同期声是指伴随着新闻事件发生而同时发出的各种音响,包括大自然中的各种音响和人类社会中各种音响。现场效果同期声对画面起着补充介绍环境和说明背景特点的辅助作用,可增强电视新闻的现场感、空间感,增强真实性。

现场采访同期声是指新闻现场中被采访对象说话的声音,现场采访同期声的编辑是一件复杂的事,首先要考虑内容的选择,其次要考虑语句的连贯,同时还要考虑剪接点,在哪儿剪,怎么接,总的来说在编辑现场采访同期声时,应遵循以下三个原则。

原则一:在内容上,要选择有特色的语言,并避免与解说词的重复。在一些电视新闻的现场采访中,千人一面、千人一口现象大量存在,语言缺乏个性,单调无味,同期声非但没有增强新闻的真实性,反而让人觉得"假、大、空"。因此,如何选择合适、恰当、有个性特色的语言是编辑现场采访同期声的关键,采用的同期声一定要与人物的职业、年龄、身份、性格相符,具有鲜明的个性特征。同时,还要避免与解说词的重复。运用现场同期声的目的是为了利用被采访者的特殊身份,增强新闻的真实性和扩大信息量,因此,如果被采访者所讲的内容解说词中已经包括,那么就没有必要再重复,否则适得其反。

原则二:在保证语气连贯的基础上,删减与主题无关的内容。现场采访同期声中的讲话要求通俗、简练,而有一些被采访对象说话语速可能比较慢、语言啰唆,甚至还有一些不必要的停顿、口头禅等,这些都会使新闻显得拖沓、冗长、索然无味,因此,在编辑现场采访同期声时,一定要注意适当地剪辑,停顿、重复要剪掉,枝枝蔓蔓的题外话也要剪掉,只有这样才能保证采访主题突出、详略得当。当然,剪去几个字或几句话以后,语气、语意仍然要真实、连贯、顺畅,要特别防止断章取义、任意拼凑。

原则三:被采访者的谈话可以用解说词来提炼、压缩。在同期声的编辑中,有时会遇到这样的情况:被采访对象讲的内容很重要,而且时间比较长,但是语言表达能力太差,啰啰唆唆,缺乏连贯性和逻辑性。如果按照上一条原则,只把有用的内容挑选、组合起来,往往会使画面支离破碎,影响新闻传播的效果。面对这样的素材,一般是在讲话开始不久压低同期声,用结构严谨、词语流畅的解说词代替同期声,这样就可以在有效的时间里充分地表达最有意义的内容。

3)音乐的编辑。音乐重在表情达意,因此,除非报道内容为音乐,消息类新闻绝少使用音乐。在新闻专题片中,有时会使用音乐。一般而言,电视音乐对画面内容具有烘托、渲染、暗示、抒情等作用。编辑音乐要与所配合的影像段落整体相协调,对于歌曲的使用,更要慎重,不可滥用。因为歌声是有词的音乐,表现力很强,多用于情感强烈的情境下,用得不好,会显得矫情。

(3)字幕的编辑。字幕就是在一条电视新闻中,叠印在相关画面上的屏幕文字。它是新闻的有机组成部分。电视新闻中,字幕的介入使画面的信息传播具有更大的明晰性,日益显示出独特的传播力度。运用字幕不仅可以显示标题、人名、身份、地名、时间、数字、专有名词、讲话内容、新闻背景等多种内容,还可以在不中断正常播出的情况下,随时插播最新的消息。

随着现代化电子技术手段的不断进步,字幕变化多种多样,成为节目包装的重要手段之一,不仅有各种字体、字号、字形、色彩、光影、组合之别,还可以与电子特技相配合,不断翻新。但在运用字幕时,一定要掌握内容与形式统一的原则,正确选用字幕字体,合理安排字幕,使字幕与画面的色彩和谐、搭配布局合理,与节目情调和节目整体风格统一,还要注意文字的书写必须规范化、大众化,杜绝错别字、杜撰字和怪异难辨字的出现。

### 9.2.3 电视新闻栏目的编排

电视新闻栏目编排是新闻节目播出前的最后编辑环节,相当于报纸版面的编排,是指把经过选择和修改的独立节目、稿件按照一定的原则有序地整合成一个栏目的工作。其具体内容包括审定全部节目,对内容相关的稿件和节目进行组合,安排与调整播出顺序,撰写提要、开头语、结束语和串联词,选定电视中口播时的背景图像,安排间隔,写栏目播出单等。

#### 9.2.3.1 电视新闻栏目编排的原则

电视新闻栏目的编排需要遵循一定的原则,概括来讲,主要包括以下四个方面。

(1)全局观念。新闻节目政治性浓、政策性强,因此要求编辑要有全局观念、大局意识,能够面对整个形势,站在时代的高度处理具体新闻稿,编排新闻节目。树立全局观念可以增强编辑的宏观意识,有助于编辑从宏观上整体把握节目的编排思想和方针,有助于新闻节目准确、全面、及时地反映整个形势,避免宣传上片面性和绝对化。

(2)政策观念。与其他节目相比,新闻节目具有很强的政策性,电视新闻编辑应通过广泛的题材、丰富的内容,准确及时地反映党的政策,避免片面性。这就要求新闻编辑树立政策观念,在宣传报道思想上,要正确体现党的路线、方针、政策。

(3)栏目观念。栏目编排巧妙合理,不仅会提高本栏目的收视率,还能连带提高其他栏目的收视率。新闻栏目的编辑既要全面,又要有所侧重;既要充分挖掘每条新闻所蕴含的新闻价值,又要注意新闻之间的内在联系,实现合理配置和优化组合,突出栏目特点,以取得最佳传播效果。因此,电视新闻栏目编辑一定要有栏目整体观念,深入研究栏目的内在规律、基本特征,选用哪些稿件、怎样组合稿件、怎样配置稿件,都要根据栏目的特点和具体情况,突出栏目的特点,体现栏目的编辑思想。

(4)观众观念。观众能够理解、接受所传播的信息是传播活动的最终目的,因此,电视新闻编辑应强化观众观念,认真做好观众调查,注重观众反馈,根据观众的愿望和反馈意见改进节目编排,使新闻栏目更贴近群众、贴近生活、贴近实际,更好地为观众服务。

同时,在编排的时候也要考虑到观众接收信息的生理、心理特点和习惯,以提高传播效果。电视是线性传播,要想取得较好的传播效果,就需要充分调动观众的收视兴趣,既考虑到新闻的重要性、时效性,也要考虑到新闻刺激性强弱的搭配,结合栏目宗旨,合理安排节目顺序,消除观众的疲劳感,有效提高观众的心理觉醒水平。

#### 9.2.3.2 新闻栏目的编排技巧

电视新闻栏目编排不同于报纸的平面编排,它是线性的,只能通过新闻的前后顺序、适当的提要和回报、稿件的合理配置和优化组合等手段来表明编辑对新闻的评价,体现媒介的立场。对于一档新闻栏目中节目的编排,有如下常见的技巧。

(1)突出重点,选准头条。在电视新闻中,头条新闻是指按时间顺序排列在最前面的一条或一组报道。头条新闻,作为最先播出的新闻,往往具有先声夺人的效果和明显的传播强势。头条新闻是否具有冲击力、吸引力,直接影响到观众接收新闻节目时的注意力集中程度、兴趣和觉醒水平,从而影响整个新闻栏目的收视率。2016年里约奥运会,中国女排在时隔12年后,再次站上奥运最高领奖台。2016年8月21日《新闻联播》刚开始不久,就播出了两条消息:一条题为"女排精神永不言败 时隔12年再夺奥运金牌"的新闻时长3分22秒,报道了这一重大喜讯。另一条题为"亿万国人为中国女排点赞"的新闻时长3分37秒,是央视记者分别前往朱婷、刘晓彤等人的老家进行的深入采访。最后,还配发了短评:"中国女排奋力拼搏,再一次登上了奥运之巅,引发了国人强烈的情感共鸣,受到广泛赞扬。自1981年中国女排首次夺得了世界杯冠军,三十五年来,中国女排有辉煌,也有低谷,但无论顺境还是逆境,女排精神从来不曾丢掉,这就是团结奋斗、顽强拼搏、为国争光的精神。有了这种精神,就有了持续前行的动能,不忘初心,继续前进。今天,我们国家正处在一个新的发展时期,中国人民正在为实现伟大的中国梦、追求中华民族伟大复兴而努力,我们要弘扬女排精神,在每一个人的岗位上做出自己的贡献。"据调查,当天的《新闻联播》收视率达到了56.78%。

同时,头条新闻作为一档新闻节目的龙头,是栏目的旗帜,是编辑思想的集中体现,也是媒介影响受众的重要手段,对头条新闻的不同选择往往会对受众产生不同的影响。由于媒介的性质、受众群体的差异,在头条新闻的选择上,不同的媒体往往有所不同,因此,头条新闻的选定,应能体现编辑思想,体现媒介的风格特色。

(2)巧用提要和回报。新闻提要是为了突出重大新闻事件,吸引观众收视而采用一种编排技巧,是一次新闻节目中主要新闻内容的高度概括、提示或评点。新闻提要类似于报纸的标题,是新闻节目不可分割的重要组成部分,运用得当既可以体现编辑意图,又可以吸引受众,帮助受众正确理解新闻事实和意义,为受众提供有益的服务。

新闻提要不同于报纸新闻标题。新闻提要既是一次新闻节目主要新闻的写照,又必须考虑到一次新闻节目内容的整体需要,考虑到新闻提要这个"小整体"自身整体性的需要。这就要求新闻内容尽量不重复,如有两篇以上反映同一内容、同一个具体问题的稿件,一般只精选其中一篇写提要;一次新闻节目中,反映某一地区的新闻,一般只精选一篇最富有地区特色的稿件;一组提要的语言表达、写作手法应避免雷同,力求不拘一格,多姿多彩。另外,两者在具体的结构和写法上也不同。新闻提要结构比较简单,一两句话,没有引题和副题,讲究简练朴实、通俗流畅,便于收看。

新闻提要也不同于新闻导语。虽然两者都要求把新近发生的最重要、最新鲜、最精彩的部分概括出来,但是,新闻提要比新闻导语更精练、更集中、更突出。一般来说,新闻导语可以适当长一点,表述可以灵活多样,可以使用陈列式、提问式、结论式、描写式等多种手法;而新闻提要则简明扼要,多用陈述式、概括式。

新闻提要有两种方式:一是在一档(次)电视新闻栏目播出开始时,由播音员或主持人选播部分重要新闻的题目,帮助观众预先了解本档(次)新闻的全貌或重点。新闻提要也可以在口播的同时打出文字或插入活动画面。二是在一档(次)新闻播出过程中,间或出现播音员或主持人插叙方式的提示,其作用大致有以下三点:①强调新闻的重要内容;②揭示新闻之间的内在联系;③显示编排中的分类、分段结构意图,引导观众转换注意。这三种功能都有助于增强节目的可视性与吸引力,减少在稍纵即逝的播出过程中信息的损耗。

新闻回报是第一种新闻提要的复述,在一档(次)新闻节目结束之前,再对重要新闻进行回述。一般来说,新闻回报的内容比提要的内容更为简短、精练。在结尾播出提要回报,能够突出本档节目的重要消息,让观众有一个比较清晰的认识。另外,对于中途收听、收看的受众,新闻回报也是一种信息补偿。

(3)优化组合,有序排列。优化组合是提高传播效果最常用的方法,编排时通过将不同节目合理、巧妙地组合,化零为整,使其在整体传播效果上超过单条新闻传播效果之和。优化组合,提高了节目的信息含量,提升了报道的新闻价值,进一步强化了节目的评论功能。优化组合后,电视新闻节目变得更加有序,可以取得更为理想的传播效果。在编排组合时可根据情况采用不同的组合排列方式。

1)组合排列。组合排列是把内容有内在联系或主题相同的数条新闻编排在一起,形成一个小单元集中播出,可以造成一种传播强势。

2)对比排列。把内容反差极大的新闻编排在一起,以鲜明的对比使矛盾突出,给观众留下深刻印象,强化节目的评论功能。

3)综合排列。把同类题材综合在一起编成一组综合新闻。有时,新闻单个一条条播出,难免给观众以单调之感,综合在一起各取有特点的部分,就能以综合优势给观众留下深刻印象。

（4）掌握"峰谷技巧"，结构张弛有序。所谓"峰谷技巧"是指保持观众兴趣高峰状态的方法。一个新闻节目不可能每条新闻都使观众保持兴趣。因此，必须把节目设计成像一系列的山峰和峡谷一样，高低不平，错落有致。每次新闻节目都要用当天最重要的、最新的突发性的新闻做头条，即从高峰开始，形成对观众的刺激高峰，然后，刺激强度逐渐转弱到低谷，处于低谷状态时又要找到新的兴奋点，再次形成刺激的高峰。这就需要对能引发观众兴趣的节目分散安排，有意搭配有趣新闻和无趣新闻，以减轻观众的疲劳感。应该找到一个办法，让观众感到每个时段中随时都可能有"高潮"发生。目前广泛采用的"本台最新消息"或"本台记者刚刚发回的报道"就属于这种"办法"之一。

报纸版面要讲究节奏，做到疏密相间，电视新闻栏目编排同样也要讲究节奏，特德·怀特在《广播电视新闻报道写作与制作》中认为："节奏意味着新闻节目要保持流畅，不能迟滞或令人厌烦。"在具体操作上，他认为"要将录像新闻和口播新闻恰当地混排"。其实，"混排"只是最简单地形成"节奏"的方法，"节奏"问题实际上涉及编辑工作方法。从大的方面讲，新闻与新闻的联络，每一时段节目的段落也受"节奏"的影响。同样是三条长消息，连在一起发，就会使人觉得疲倦；换一种排法，在三条长新闻中插入两条短消息，就会张弛有度，徐疾得当，既可以抵消长新闻的沉闷，也可以避免短新闻的急促。另外，不同的新闻体裁也具有不同的内在结构，因此在体裁上也要注意适当搭配，使其合乎观众的接收心理节奏，产生一种天然的节奏感，提高传播效果。

**【新闻编辑实务训练】**

2015年4月30日到5月10日,《新闻联播》推出了"大国工匠"系列报道,聚焦17位行业顶级技工的典型故事,请分析其运用的编排技巧。

**【思考题】**

(1) 广播新闻编辑的特色是什么?
(2) 编辑广播新闻需要注意的问题有哪些?
(3) 电视新闻的特点有哪些?
(4) 电视新闻画面编辑需要注意哪些问题?
(5) 电视新闻栏目的编排技巧需要注意什么?

**【学习参考书目】**

[1] 黄匡宇.广播电视学概论[M].3版.广州:暨南大学出版社,2009.
[2] 黎炯宗.电视新闻学[M].广州:广东高等教育出版社,2008.
[3] 陆锡初.广播电视编辑教程[M].2版.北京:中国广播电视出版社,2008.
[4] 吴信训.新编广播电视新闻学[M].2版.上海:复旦大学出版社,2011.
[5] 叶子.电视新闻:与事件同步[M].北京:北京师范大学出版社,2007.

# 10 网络新闻编辑

## 导言

**本章学习目标**

通过本章的学习,要求能够对网络新闻的特性、标题制作、稿件组合、网页设计等全面了解,比较熟悉地编辑网络新闻。

**本章难点**

网络媒体的传播特性　网络新闻编辑的特性　网页设计　网络新闻标题制作

本章难点之一是网络媒体的传播特性,包括即时性,海量性,多媒体,交互性,超文本。

本章难点之二是网络新闻编辑的特性,包括超文本编辑特点,全时化编辑特点,数据库化编辑特点,交互性编辑特点。

本章难点之三是网络新闻的设计,包括空间手段和时间手段,网页的编排手段。

本章难点之四是网络新闻标题制作,所制作的新闻标题应力求"立片言而居要",快中求跳,显示出极强的吸引力。

古人云:"苟日新,日日新,又日新。"自互联网诞生之日起,"新"就成为其强大的基因。1987年,世界上第一家网络报纸——美国的《圣何塞信使报》(San Hose Mercury News)创办,开创了网络媒体的新纪元。按照美国传播学者的定义,一种媒体使用的人数达到全国人口的五分之一,才能被称为大众传媒。据此统计,在美国,达到5000万人使用的界限标准的大众传媒,广播用了38年,电视用了13年,有线电视用了10年,而因特网只用了5年。到1998年底,美国的网络用户已达6200万,因此,互联网作为继报刊、广播、电视之后的第四大传播媒体的概念被提出。1998年5月,在联合国新闻委员会上,"第四媒体"的概念正式得到使用,联合国时任秘书长安南在会议上指出,在加强传统的文字和声像传播手段的同时,应利用最先进的第四媒体——互联网。

在我国,中国科学院高能物理研究所网络(IHEP)和中关村地区教育与科研示范网络(NCFC)于1994年正式接入互联网。1995年,邮电部宣布向用户提供所有互联网服务,中国的网络发展由封闭性的科研教育网络阶段进入开放性的市场化网络阶段。2006年以来,CN域名的各种应用价值被进一步发掘,尤其是博客CN域名和个性化邮箱的应用,带动了拥有独立域名网站数量的上升。2010年被称为"微博元年",2014年被称为"微信元年"。2014年8月,中央全面深化改革领导小组第四次会议审议通过《关于推动传统媒体和新兴媒体融合发展的指导意见》,为"媒体融合"打开了大门。如今,互联网已成为中国网民信息结构和获取的重要渠道,未来"宽带商务"等必将成为互联网应用中的新热点,对传媒业产生了重要的影响。纵观中国网络舆论的发展历程,经历了以论坛、贴吧为主导的社区时代,以博客为主导的书房时代,以微博为主导的广场时代和以微信朋友圈为主导的客厅时代。2016年,微博重回高地,微信动员能力空前增强,知乎、果壳等网络社群和知识问答社区平台崛起,形成三网并重的多平台协同影响舆论走势的新格局。①

## 10.1 网络新闻编辑的特性

网络新闻编辑不同于传统的报纸、广播、电视新闻编辑,它具有自己特殊的性质,概括来讲,主要有以下三个方面。

### 10.1.1 网络新闻的发布

在网络传播领域,新闻传播备受关注。据调查,不断增长的网民群体在网上主要获取的信息为新闻,约有84.38%的调查把新闻作为在网上获取的主要信息。因而,向人们迅速提供高质量的新闻,规范网络新闻传播活动,建立发布新闻的权威网站显得尤为重要。从1995年起,我国的报刊社、广播电台、电视台纷纷在网上建立网站。1995年1月12日,《神州学人》杂志开国内刊物上网之先河,1995年10月20日,《中国贸易报》开国内报纸上网之先河,成为国内新闻媒体上网的先行者。在我国,2000年被称为"中国互联网新闻宣传元年"。从2000年开始,由于众多新闻网站的加入和商业网站获得新闻登载资格,我国网络新闻传

---

① 李良荣:《新生态新业态新取向——2016年网络空间舆论场特征概述》,《新闻记者》2017年第1期,第16~17页。

播得到了空前的发展,目前已形成三大集团。

第一集团是中央重点新闻网站。这是内地新闻网站的"国家队",也是互联网新闻的一个重要"新闻源头"。它们由中央主要新闻媒体建设,国家给予一定支持,如人民网、新华网、央视网、中国网、国际在线、中国日报网、中国经济网、光明网、央广网、中国青年网、中国军网和中国网信网。

第二集团是区域核心新闻网站。这是以千龙网、东方网等为代表的,由当地政府新闻办公室牵头,整合区域内主要新闻单位力量建立的大型区域网站。这些网站是新闻导入的地方门户,在提供新闻内容的同时,也提供资讯服务功能。由于集中了众多媒体的资金与资源,这些新闻网站具有很强的实力,正在发展成为各地的综合性门户网站。

第三集团是具有"新闻登载资格"的商业网站。主要以搜狐、新浪、网易等为代表,这些商业网站凭借超级门户网站的流量优势,客观上对传统媒体和新闻网站的"主流声音"起进一步的"放大作用",进行着"二次传播",成为新闻网站新闻传播的强有力的补充。

### 10.1.2　网络媒体的传播特性

网络媒体的传播特性,主要包括以下五个方面。

#### 10.1.2.1　即时性

时效性是新闻的生命。网络新闻传播的载体是光纤通信线路,光纤传递数字信号的速度为每秒30万千米,瞬间可达世界上任何地方,从而在技术环节上保证了网络新闻传播的即时特点。网络的出现使得新闻的时效性大大增强了,在网络上可以第一时间发布新闻讯息,也可以第一时间更新、修改、删除已经发布的新闻,有的网站还可以在线直播。比如新浪网站遇到球赛或者重大事件的时候设立"网络直播室",用文字和图片等即时发布信息;此外,传统媒介需要制作周期,有截稿时间的限制,而网络新闻传播则不受此限,随到随发,24小时不间断发稿,充分满足受众的知情权。在"9·11"事件、美国军事打击阿富汗,以及伊拉克战争等重大国际突发事件的报道中,人民网、新华网、新浪、搜狐等网站均以其即时性的报道及时、迅速、全面地将事件动态性地展示给读者,充分凸显了网络媒体的优势,也吸引了大量的受众,使网络媒体成为突发情况下人们获取信息的一条重要渠道。2003年3月20日上午,新华网成为全球第一家报道伊拉克战争爆发的媒体。

#### 10.1.2.2　海量性

与传统媒体相比,网络有得天独厚的技术优势,可以不受报纸版面、广播电视固定时段、节目容量等诸多限制,能够承载大量的信息,同时,由于传播主体的多元化,"人人皆可成为信息源",使得网络信息源源不断,世界上任意时间、任意地点发生的任意事件都有可能成为网络信息被广泛传播。1998年9月,有关美国总统克林顿性丑闻的长达455页的报告在因特网上发布,并在一分钟内迅速传遍全球。455页的报告全文发布,如果通过报纸,恐怕要"连载"一个月,即使利用广播或电视,播音员或主持人也要念两天。要使如此"丰富"的报告内容迅速地、毫无保留地公开,只有因特网才能胜任。地球上任何地方的网络用户,只要轻点鼠标,就可在几秒钟之内阅读到该报告的全部内容。

#### 10.1.2.3 多媒体

报纸通过纸质媒介利用文字和图片传递新闻,广播以声音发送信息,电视借助声画播放节目。网络媒体则兼容了文字、图表(片)、声音、动画、影像等多种传播手段保存信息、表现信息、发送信息。网络传播的多媒体特点最大限度地实现了各种传播形式的"兼容并包",丰富了新闻传播的手段。与传统媒体相比,网络媒体不仅能在第一时间将有关信息提供给读者,还尽可能地提供最丰富多彩的信息给读者——从事件的发生、发展,到事件的背景资料、相关事件等,从文字、图片,到音频、视频、漫画、动画等,使读者在短时间内即可对事件有一个完整而清晰的了解,并可根据自己的兴趣有重点地关注一些问题,根据自己的喜好选择有声有像、图文并茂等多种形式,使得受众的各种感官得以充分调动。这是任何一种传统媒体都无法独立完成的。

#### 10.1.2.4 交互性

传统媒体将信息单向传递给受众,网络传播则提供一种双向传输的信息渠道。网络媒体可以通过开设论坛让读者直接、即时参与新闻报道。读者读完一篇报道,点一下"我想交流",就能立即进入论坛,见仁见智,发表看法。论坛不仅是媒体与受众之间的沟通场所,还实现了受众对受众的传播,网络媒体不仅给读者提供了一个互动和交流信息的渠道,而且方便了读者意见的表达和集合,它既可从这些信息中甄选出有价值的新闻线索,也可根据反馈的信息调整报道内容,组织更有针对性的报道。交互性使互联网成为大众共同发言的媒体。

#### 10.1.2.5 超文本

与传统媒体不同,网络传播是建构在超文本、超链接之上的全新传播模式。超文本,与用字符串来表达、以线性形式进行组织的传统文本信息的处理方式有很大不同。它不是以字符,而是以节点(node)为单位组织各种信息,一个节点是一个"信息块",节点内的信息可以是文本、图像、图形、动画、声音或其组合;每一个节点通过超链可以与其他多个节点发生关联。这种由超链构成的超文本不再是线性和一维的,而成了一种网状结构。它对信息的存储可以按照交叉联想的方式,从一处迅速跳到另一处,打破了原文本系统只能按顺序、线性存取的限制,可以方便灵活地检索。超文本赋予网络传播许多优势,比如说,形成网状的复杂信息结构,系统能按不同查询条件链接,从而使网络传播拥有强大的检索功能。此外,它有良好的编辑功能,可以进行多窗口编辑,使得网络编辑可以方便地容纳更多元素。

### 10.1.3 网络新闻编辑的特性

网络新闻是指在互联网上利用网络技术和网络功能对新近发生的事实所进行的多媒体、全方位的报道。网络传播的内容是海量的,泥沙俱下已成为一些网络的共同特点。有关专家将这种现象形象地比喻为"信息沙漠化"。受众面对信息沙漠迫切希望有人对信息进行整理,为他们提供真正有价值的信息。这个把关人就是网络编辑。因此,在网络新闻传播中,编辑工作不但不能削弱,反而应得到加强。那么,与以往纸质媒体和广播电视相比,网络新闻编辑又有什么特点呢?这是一个值得认真探讨的问题。只有认识了网络新闻编辑的特点之后,我们才会更好地进行网络新闻编辑工作。

#### 10.1.3.1 超文本编辑特点

超文本是由相对独立的节点信息和表达它们之间关系的超链所组成的信息网络,所以节点、超链和网络是超文本的三要素。节点内容可以是文本、图形、图像、视频、音频等,也可以是它们的组合形式。网络信息传播的方式和特点以及多媒体新闻的出现要求编辑具有综合的信息处理能力。节点内容的多元化导致了网络编辑元素的多元化。以往广播、电视和报纸三类传统媒体往往各据优势而三足鼎立,如今三种媒体的优势在网络上都可以实现了。多媒体新闻的出现,使作为网络媒体的编辑在编辑新闻时往往既要顾文字,也要顾图片、图像;网络时代的编辑不仅需要具备传统编辑的技能,还要对电脑技术及网络技术有相当的了解和运用能力。超链接的编辑方式具有跳跃性的特点。受众利用网络浏览新闻时,首先看到的是新闻标题,点击标题后,电脑会自动更新页面或者跳出一个新窗口而出现正文内容,于是受众的阅读视野从一个平面跳入了另一个平面,从一个空间进入了另一个空间。这种编辑方式根本不同于纸质媒体的编辑方式,读者阅读报纸时,看完标题后接着看下面的正文,报纸的线性表达方式与网络相比不具备跳跃性。网络的超文本结构特点使编辑在从传统媒体上选择新闻时需要进行再加工,使它更符合网络传播的特点。比如,受众阅读网络新闻主要是依据网页之间的链接结构,这种网状的阅读线路与传统印刷报纸的阅读线路相比,具有更复杂的特点,网络编辑在编排稿件时就需要考虑怎样既吸引受众进一步阅读链接里面的内容,又不会设置过多的链接影响受众的阅读。

#### 10.1.3.2 全时化编辑特点

全时化编辑从概念上可分成三个向度:第一层是全天候向度的编辑;第二层是全历史向度的编辑;第三层是全过程向度的编辑。全天候向度的编辑要求我们不把编辑工作看成某一天的某一时段的任务,而是看成24小时甚至超24小时的滚动版连续操作……全历史向度的编辑则要求我们把任何新闻都看成是对整段历史线索的追寻……全过程向度的编辑是一种跟踪、一种对未来的俯瞰,它要求编辑在做眼前工作时能面向将来,这也承载着全历史向度的对时间的态度。①

网络媒体是没有截稿时间的媒体,编辑必须24小时都处于待命状态,对于突发事件具备相当的应付能力,能争分夺秒地编好新闻,抢得网络媒体的"头条"。全时化发布新闻的缺点是不易于新闻的过滤,虚假有害信息易于传播;而且更新的速度之快易于淹没一些有价值的新闻信息,造成信息泡沫。这种情况下,网络编辑就应该有高度的职业责任感,意识到不仅仅是在编辑新闻,也是在编辑历史;不仅仅是对眼前的信息进行编辑,也是在为全球化的信息仓库提供未来的查询;同时,网络编辑还必须有高度的新闻敏感和高度的集纳新闻的能力,及时地把有较高新闻价值的东西突出出来。具体来说,可以搜索相关资料,设置链接,建立新闻专题,请专家来加以评述,组织交互式讨论,甚至策划更大规模的跨平台的新闻战役。2017年5月7日,39岁的埃马纽埃尔·马克龙(Emmanuel Macron)以65.5%的得票率当选为法国第五共和国第八任总统,他也是法国近60年历史上最年轻的总统。人民网及时推出了"法国总统大选"专题,犹如一道信息"自助餐",不同兴趣的读者可以各取所需,极大地满

---

① 杜俊飞:《论网络时代的全时化新闻理念》,《国际新闻界》2001年第5期,第48页。

足了读者的求知欲。

#### 10.1.3.3　数据库化编辑特点

互联网时代是信息爆炸的时代。互联网将全世界的计算机连接起来,从而形成了一个巨大无比的数据库,几乎可以将全世界的新闻信息全部包揽。据统计,全球的互联网网页数已达到8亿个,这意味着一个人不吃不睡不停地浏览,而且以1秒钟看1页的速度也需要25年零4个月才能看完。面对数量庞大的新闻,作为网络编辑要有强大的知识储备和新闻鉴别能力,在不漏编新闻的同时要能准确地判断出其新闻价值并充分发掘新闻事件的意义及影响,找出新闻事件与社会生活各方面的联系,发掘其"连锁效应",根据受众需求,把分散的各类信息优化合成为一个有机的整体,并且有效地控制信息流量、流速和流向。此外,网络新闻编辑要切实发挥网络海量信息的特点,广泛收集某一新闻事件的前因后果,增强资料储备,形成新闻数据库,并在此基础上建立自己独具特色的数据库,为受众提供准确、全面、系统的信息,使网络新闻编辑成为"人类全部知识的电子档案的照看者,成为具有预测能力的电子图书馆的管理员,而不单单是简明新闻的播报员"。

#### 10.1.3.4　交互性编辑特点

随着网络技术的发展,网络传播甚至已经有点类似于人际传播了,"人际传播是主体间的交互传播,具有交互主体性(又称为主体间性)"。网络传播的一对一、一对多、多对一、多对多的传播方式模糊了传者和受者的身份,传者和受者可以互为主体,交互主体性的实现有利于交流双方在信息共享中达到相互认同、相互沟通和相互理解。网络媒体交互性的特点与服务功能的强化要求编辑更多地站在受众的角度来考虑新闻价值、新闻选材和新闻编辑工作。网络媒体与受众的关系越来越平等,甚至可能成为新闻的"控制者",作为网络媒体的编辑,在工作时就不能不比传统媒体更多地考虑受众的喜好和要求。因此,对于新闻标题的拟定、简繁的取舍、语言的风格和编排发布的体例等问题,编辑都需要加以通盘考虑,以使新闻更切合网民的口味和阅读习惯;同时,面对来自受众的大量信息,编辑如何更有效地处理和利用,这也是所有网络媒体都要面对的问题。《人民日报》网络版利用网络交互性的优势,经营论坛,搞网上调查,加强编读往来,较为成功。比如人民网的"强国论坛",为关心国家大事并愿意就某个热门话题进行独立思考的网友提供了一个集合地点,起到了扬声器的作用,在中国乃至全世界都有一定的影响力。

## 10.2　网络新闻标题制作

新闻标题是新闻之前对新闻内容加以概括或评价的简短的文字,通常被称为新闻的"眼睛"。在网络新闻中,由于各条标题的字体、颜色基本相同,而内容又要在二级页面上才能看见,不可能像报纸那样拥有整体性浏览的效果,能从新闻内容的短暂接触中判断新闻的可读与否,也不可能像广播电视那样,逐条播报、渐次展现;同时,网络用户较为集中的阅读状态也往往使他们缺少耐心。标题成为网络用户判断新闻内容是否需要继续阅读的唯一手段,所以新闻标题在互联网上的重要性,远远大于在传统媒体上的作用。网络新闻标题是连接受众和新闻内容的桥梁,它关系到受众的点击率,关系到新闻网站的质量和效益。着手抓好新闻标题的质量,符合新闻网站经营的长远利益。换言之,如果网络新闻标题没有亮点,缺乏吸引力,用户对新闻的点击率就会大大减少。因此,如果说读者是铁,那么,网络新闻标题就应力求成为吸铁石,让网络新闻标题亮起来,使网络用户能在最短的时间内迅速获取新闻信息,引起他们的阅读兴趣,是摆在网络新闻工作者面前并引人深思的问题。

### 10.2.1 简洁明快,体现网络新闻特色

网络新闻的最大特点就是新闻信息量大,传播快。读者阅读网络新闻,通常都是先浏览新闻标题,它是新闻产生作用的起点,也是读者从网络上获得信息的必经之路。因此,网络新闻标题担负着举足轻重的作用。只有标题简洁明快,才能使读者一目了然,在短时间内获取最大量的新闻信息,最大化地满足网络读者的阅读需求。

**中国 VR 弄潮儿登陆威尼斯**(新浪网,2017 年 9 月 14 日)

**又一重器!中国"深海勇士"南海海试成功**(人民网,2017 年 10 月 3 日)

**"最美法警妈妈":用温情诠释大爱**(新华网,2017 年 10 月 3 日)

上面三则标题文字都非常简短,但所涵盖的信息量并不少,都概括出了最主要的新闻事实。

鉴于网络新闻的个性特点,网络新闻标题与传统媒体新闻标题是有区别的。为节省空间,网络新闻多采用一行题,并且为了使页面看起来整齐、清楚,各标题的字号、颜色也基本相同。在这种情况下,标题要在阅读的瞬间抓住读者,就必须简洁明快,一目了然。但是标题也不宜过实过细,否则就会使网民失去继续阅读的兴趣。冗长芜杂的标题是新闻编辑的败笔,无法提纲挈领而且词不达意,或者面面俱到四处出击、交代详细一览无余等,都是网络新闻标题的现实弊病。

**印尼发生 3 次地震　土崩淹没村庄　至少 62 人丧命**

**成渝高速 20 分钟内 52 车相撞 41 人伤亡**

以上标题叙述就过于详细,让网民顷刻之间一览无余,恐怕就难以再有兴趣去阅读正文了。

网络新闻标题一般不会出现像传统的消息标题那样的三行题——引题、主题、副题,一般只有一行,在这单列的一行题里,若能攻其一点不及其余,而且擅长以简洁、精巧的文字设置悬念,紧扣关键却又极具个性的一两个新闻要素,断裂其因果关系,其余的要素统统留给新闻正文,自然可以在网民快速浏览的一刹那紧紧抓住其眼神,标题所展示的故事内涵与想象空白必然使之欲罢不能,继续点击,阅读正文。

**新汽销管理办法出台　这些车还加价吗？**（人民网，2017年7月14日）

2017年7月1日，新《汽车销售管理办法》正式实施，其中第十条规定引起了广大网民的热议。此条规定原文为"经销商应当在经营场所以适当形式明示销售汽车、配件及其他相关产品的价格和各项服务收费标准，不得在标价之外加价销售或收取额外费用"，这就意味着4S店不能再光明正大地加价卖车了。但是事实又是怎样的呢？一些热门的加价车型被车友们密切关注。因此，这篇报道详细介绍了当前的购车情况。

网络新闻标题要简洁明快，文字也要精练，应把可有可无的字都删掉。

**默克尔为竞选拉票寻求"四连任"　有望追平前总理科尔在任16年纪录**（原标题）
**默克尔寻求"四连任"　有望追平前总理科尔纪录**（修改后的标题）

2017年7月16日新浪网的这则新闻标题，报道了同一个新闻，并且都突出了新闻中的主要内容。前者虽然叙述详细，但是稍显啰唆；后者则简洁明朗，表意清晰。

### 10.2.2　准确清楚，力求"立片言而居要"

注意新闻事实的准确，是网络新闻标题的第一要义。互联网上的新闻标题由于地位的限制，一般只能做一行题，没有传统媒体的"三件套"，缺少引题和副题，要准确地把新闻事实表达出来，自然有它的难处。一行题做得不好，易流于空泛，陷入套路化，淹没新闻的特点，令读者不堪卒读，特别是一些编辑为了求新求奇，标题完全用虚题或使用不规范的简称、术语，就会使网民看不明白，人为地制造阅读障碍，如《上海人珍惜阳光　一纸政令能否降下"万国旗"》《"木卫二"存在生命？》，看了这些标题，网民很难知道新闻在说什么，更不用说了解主要内容了。这将直接影响网民对新闻价值的判断，更谈不上唤起读者的兴趣与注意了。

网络新闻标题的制作，同样要遵循新闻标题制作的一般规则，即用最简洁的文字将新闻中最有价值、最生动的内容提示给读者，即所谓"立片言而居要"。

同时，标题不能只是强调简短，还要注重它的信息量。为节省阅读时间，受众在阅读一条新闻时，很想通过标题就能知道内容是什么，或者希望能更好地理解和消化新闻内容。因此，为了适应受众的需要，标题在提示"读什么"的问题上，就加以引导。在字数相同的情况下，信息量多的就有利于受众节省阅读时间，有利于他们对新闻的选择。

那么，一行题是否就难以概括丰富的内容呢？当然不是。2015年9月3日10：00开始直播的"抗战胜利70周年大阅兵"即使用一行题，引发社会广泛关注。2015年9月3日，是我国首个法定的"中国人民抗日战争胜利纪念日"，2015年3月，全国"两会"最终确认中国将在中国人民抗日战争暨世界反法西斯战争胜利70周年纪念日举行阅兵式，这也是中国首次在10月1日国庆节以外的日子举行阅兵式，参阅部队从七大军区、海军、空军、第二炮兵、武警部队、解放军四总部直属单位抽组，还邀请有关国家军队派代表和方队参加，气势恢宏，举世瞩目。

### 10.2.3 快中求跳,显示出极强的吸引力

网络新闻因其即时发布、面广量大,强调快速编辑;因不可能间断,强调实时编辑;因不断滚动推出最新消息,强调动态编辑。这三者的要求,一言以蔽之:就是要快,慢了就要落后。从获得原始稿件到发布到网上的时间间隔,必须缩至最短,有时甚至分秒必争。在这种要求下,制作标题必须迅速,传统媒体的夜班编辑为制作一则好标题斟字酌句,推敲一两个小时的佳话,在网络媒体中不复可闻。

网络新闻的标题要注重"新",要力求"跳"出来。《人民日报》原总编辑范敬宜在谈到夜班工作时说:"每天晚上看大样,觉得有一个普遍性的问题,就是标题的一般化,'跳'不出来。有些报道本身不错,但标题太平,缺少吸引力;有些报道本身就一般化,如果标题也一般化,就更难吸引读者了。"①1997 年 2 月 4 日,《人民日报》第三版有这样一则新闻标题《真抓实干增效益(主题)——探讨青年文明号系列报道之二(副题)》。范敬宜根据内容,略一思索,重拟了主题:"小卡片掀起大波澜。"这样一改,既切题,文字又对仗,效果就大不一般。互联网上的新闻标题,正因其是一行题,比较平直,更要多想点办法,使它"跳"出来。2017 年 7 月 16 日,中青在线的一则新闻标题《中国航空公司靠啥吸引老外飞行员》令人眼前一亮。目前,我国已经跃升为仅次于美国的第二大航空市场。据民航局统计数据,至 2016 年底,中国民航运输飞机机队数量(不含港、澳、台)达到了 2933 架,同时中国境内共有 1005 名外籍飞行员。中国航空公司到底是怎样吸引外籍飞行员呢?看了这个标题,受众就很想点击浏览。

要让网络新闻标题"跳"出来,就需要研究受众的心理,网络新闻的特点使网络受众具有选择性,只有那些引起受众阅读兴趣的新闻标题,才能从众多的标题中"跳"出来,才会使受众产生点击的欲望。在标题中标出重要的、新奇的、具有趣味性的内容,是引起受众注意的根本,同时形象化、富有动感也是增强标题吸引力的有力手段。

网络新闻标题中拟人、设问、对偶、比喻等修辞手法的广泛应用,可以增强标题的吸引力。

**上海一小河清污水底世界揭秘　摩拜 ofo 等十多辆共享单车"尸"横河底**(新民网,2017 年 7 月 16 日)

**宇下听民声　枝叶总关情**(光明网,2017 年 7 月 16 日)

**从严治党向基层延伸　坚决防止"灯下黑"**(央广网,2017 年 7 月 16 日)

这些标题不仅鲜活生动,而且形象上口,有的寓意深长,有的生动形象,有的诗情画意,有的极富启示性,给读者以感染、启示和联想,言已尽而意无穷,使人感到很有特色。

同时,网络新闻标题还要尽可能地选用动词。动词是陈述人或物的动作、情况和变化的

---

① 范敬宜:《总编辑手记》,人民日报出版社 1997 年版,第 332 页。

词。善用动词,可以使新闻标题富有动感,形象鲜活,跃然动人。

**小学校长抱 67 名学生过河走红　想让学生们走出大山**(中新网,2017 年 7 月 17 日)

**不只是海报!　我们要带你走走祖国的边陲海岛**(中国军网,2017 年 7 月 15 日)

**贫困考生庞众望谢绝捐款　想靠自己完成学业**(中国网,2017 年 7 月 17 日)

上面三则标题对动词都进行了灵活、巧妙的处理,收到了较好的表达效果,也体现了网络媒体特色的要求,网络新闻标题作为新闻内容的高度概括,反映的是动态,而不是静态,这与即时更新的网络新闻十分吻合。

## 10.3　网络新闻稿件的组合

在网络新闻的编辑过程中,编辑面对的绝非单篇的稿件而是多篇稿件的组合,稿件的集合不但可以形成网页中的强势,而且可以产生"1+1>2"的系统效应,实现新闻价值的增值。稿件集合的方式有两种:一种表现在空间上,如编辑为某篇单独的稿件配置有关的背景资料或汇集相关的报道,并通过"超链接"的方式将它们链接起来,可以帮助读者释疑解惑,开阔视野,加深对新闻事件的理解;或者在网页上把凡是有某种内在联系的稿件放到一起,形成专题报道或专栏,引起读者的注意。另一种表现在时间上,如编辑采用连续报道或系列报道的方式,使对同一主题的新闻事件的报道通过时间的延续和信息积累而得以加强。读者既可以检索查询到这一事件过去发生的状况,也可以在动态中了解到事件最新发生的变化。以上两种方式的综合运用,使稿件的群体优势得到了最大的发挥,如人民网、新华网等,经常就最近一个时期的重大事件组织专题报道,这里面既有相关背景的历史回顾和相关的各种报道,又有滚动播出的事件发展的最新动态。这种多层次、多角度、立体化、全方位的报道,正是网络媒体得天独厚的优势。

### 10.3.1　相关新闻链接

相关新闻链接就是以某一篇报道为原点而呈放射状地把同一新闻事件或类似新闻事件的所有新闻报道搜集罗列在一起,既可按照新闻事件发生的时间来罗列,也可不分时间先后随意罗列;既可以根据事件的重要程度予以排列,也可以无所谓重要程度地罗列。相关报道能够方方面面地展示新闻事件的不同层次,从不同新闻媒体的不同角度剖析新闻事件的深层背景,或者以立场各异的媒体迥然不同的视角透视新闻事件未来的趋势走向。

下面是新华网就同一新闻事件设置的相关新闻链接:

新华网　首页 >>　时政>>热点专题
"温暖中国"2017 网络媒体新春走基层

相关新闻：

好人耀仔——村民心中不倒的脊梁
香瓜是如何从3元卖到30元的——一个东北农民的"种瓜经"
电能替代新鲜事儿：电炉烤出"节能陶"
新华社记者夜宿沙漠腹地脱贫村
·"陇海线"上运行63载的"扶贫小慢车"
·"仙女之泪"普姆雍措冰湖羊群转场记
"玉米村"里的"结构调整"议事会
蒙古包里小药箱　守护牧民"大健康"
拉萨脱贫户的新年愿望
福州闽清：灾后再见"十八坂"

围绕单篇新闻报道，提供相关新闻链接，整合新闻，可以延伸受众的阅读，拓展信息的广度。但是有一些网络新闻的相关内容链接有明显的滥竽充数的痕迹。任何相关的内容，都被搜集在一起，表面上看内容丰富，但实际上有用信息有限，还干扰了受众对主要信息的阅读。比方说，有一家网站在《卡萨布兰卡又遭自杀式袭击　两名人弹身亡》综合新闻报道之后，链接的相关稿件是：

卡萨布兰卡发生多起自杀式爆炸
摩洛哥最大城市发生多起自杀式爆炸
摩洛哥发生客车翻车事故50多人伤亡
摩洛哥最大城市发生两起自杀式爆炸

《卡萨布兰卡又遭自杀式袭击　两名人弹身亡》说的是，摩洛哥最大城市卡萨布兰卡发生自杀式爆炸袭击，2名袭击者被炸死，1名妇女受伤。而链接的4篇稿件中，除了第一篇有关联外，其余的3篇可以说与"自杀式爆炸"风马牛不相及，只因为都是发生在摩洛哥的事儿，而被集纳在了一起，非但没有起到"1+1>2"的效果，反而干扰了读者的阅读。因此，在链接相关内容时，应该节制有度，不能过多地节外生枝。

### 10.3.2　新闻专题

策划、编辑新闻专题是网络新闻编辑的一项重要工作。新闻专题以特定的主题或事件为中心，利用网络的巨大容量和丰富资源，集成大量的信息和资料，充分地、立体化地展示新闻事件的全过程，更好地满足人们对于一个主题在广度与深度上的需求。好的新闻专题题材、出色的专题制作方法，是提升网站竞争力的重要手段。

新闻专题分为事件性专题和非事件性专题两种形式。事件性专题是针对某个新闻事件展开的报道，而非事件性专题往往没有明确的新闻事件，只有大致的主题。目前新闻网站的专题大多是事件性的专题，一般说来，各个新闻网站在重大新闻事件上都会推出自己的专题。因此,新闻专题的竞争,常常不是题材上的竞争,而是在组织结构上的竞争,体现在新闻专题栏目的设计上。

新闻专题的栏目可多可少,设计可雅可俗,栏目名称可概括也可具体,但一般来说都应包含导言、最新动态、背景资料、相关图片、热点评论、网民感言等基本内容,以便跟随新闻事件的发展动态逐步推移,完整地多视角地交代新闻事件。如中新网制作的2017年香港回归20周年专题报道:

中新网>>新闻>>专题
香港回归20周年

庆祝香港回归祖国20周年文艺晚会在香港举行　习近平出席观看7-1 08:50
香港回归祖国20周年:近4万枚烟花今晚点亮维港夜空7-1 08:54
由习近平监誓　香港第五任行政长官林郑月娥宣誓就职7-1 09:11
中国驻柬使馆与在柬华界共庆香港回归20周年7-1 09:12
习主席很亲切——回访习近平考察的香港少年警讯永久活动中心7-1 09:49
习近平在香港特别行政区政府欢迎晚宴上的致辞(全文)7-1 09:52
《国家相册》第四十四集:香江大时代7-1 09:55
庆祝香港回归祖国20周年大会暨香港特区第五届政府就职典礼举行7-1 10:30
由习近平监誓　香港第五任行政长官林郑月娥宣誓就职7-1 10:31
"共饮一江水"东江水供港影像展在京举行7-1 10:50
习近平出席《深化粤港澳合作　推进大湾区建设框架协议》签署仪式7-1 11:02

又如在2017年"加勒比飓风"事件之后,中国政府对当地华人华侨组织撤离的网络专题:

央视新闻客户端>>国际新闻>>专题
中国在多米尼克组织撤侨　第二批三百余人今转移（澎湃新闻9/26/2017 09:19:00）
飓风"玛丽亚"重创多米尼克　300余名华人今晚撤离（新浪网9/26/2017 09:00:00）
加勒比大撤侨,中国在行动！（海外网9/26/2017 08:06:00）

此外,网络新闻稿件的集合,还体现在多媒体手段的应用上。在传统的印刷媒体如报纸、杂志中,编辑也常常配以图片和图表。在网络新闻中不但可以配图片和图表,还可以链接音频文件和视频文件,更真实更生动地再现新闻事件,在内容与形式上实现真正的互动。

## 10.4　网络新闻的页面设计

网络新闻的页面(下称网页)有导读页和正文页两类,导读页包括主页和各个栏目的首页,正文页即刊载每条新闻正文的页面。我们在这里讲的网页设计主要是指导读页的"版面"编排。

### 10.4.1 网页设计原则

人们上网主要的目的是为了寻找信息,目的性极强,因此没有闲暇去过多地浏览,他们往往是以最快的速度寻找想找的东西,因此,简洁的页面对于他们的阅读来说更加便捷,而过分修饰、过于花哨的页面更增加阅读的困难;另外,有时候他们并没有一定的目的,因此需要适当引导,以便在极短的时间内可以吸引他们。

基于对网民特点的认识,网页设计的原则就应该是快速、简洁、实用。

所谓快速,是指网页的设置与链接不宜过多。新闻网页目前基本上是采用三层链接形式:第一层是首页,刊载重要新闻标题;第二层是各个栏目的首页,刊载分类新闻标题;第三层则是具体新闻内容(有的还多一层"更多新闻"的页面)。这样固然是结构清晰,但为了看一篇稿件,却不得不"层层深入",而网民来到网上是为了寻找信息;他们是现实的,也是不耐烦的;他们要以最快的速度找到想找的东西,因此这样的"层层深入",很可能磨掉网民的耐心,使很多稿件实际上被阅读的机会大大减少。现在不少新闻网站的首页、新闻栏目首页重要新闻都有摘要,网民一目了然,有的新闻看了摘要就不用点进去了,节省了网民的时间。

所谓简洁,是指栏目设置井然有序,一目了然。对于新闻网页来说,能迅速提供新闻并保证读者方便地在网页上找到想要的新闻,这才是最重要的,而花哨的效果或所谓观赏性不应是它过多考虑的。新闻网页应尽可能简化栏目设置,在"版面"设计时形成一种单纯的、有章可循的、自然的导读线索,不能让人觉得千头万绪,又不知从何读起,把时间花在了找"路"上。当然,简洁并非单调,也注意讲究色彩搭配,既要有冲击力,也要避免视觉疲劳。

所谓实用,是指网页上新闻标题的排列不宜过多,应通过链接将更多的内容移入二级页面,以便留出空间,突出重要新闻。一屏网页中的内容过于拥塞容易引起读者的视觉疲劳,也不便于读者搜寻内容。在新闻编排方面,多少条新闻编排在一起是符合受众阅读习惯的?心理学家米勒(G. Miller)关于"神秘的数字"理论指出:"一次信息呈现能被人们领会的信息量的广度从五到九……但是假如使信息编组或组块,能领会的项目数就会大大增加。"①因此,在稿件编排过程中要注意:一个栏目一次呈现的信息条数不要超过9条,否则不利于网民对信息的接受。

### 10.4.2 空间手段和时间手段

在传统的媒体中,内容的组织是在一个固定的单元中展开的。报纸以空间为容器,广播电视以时间为容器,而网络则使容纳信息的手段扩展为时间与空间两个方面。从空间上来说,网络是"海量"的;从时间上来说,它可以是"无终"的。在编排网页时,运用好这两种手段,对于充分发挥网页的导读功能十分重要。

在报纸版面上,版面空间是版面语言的一种重要形式。而在网络媒体中,网页中信息的组织方式与在纸张上的组织方式有着根本的不同。网页是通过电脑屏幕展示的,而屏幕大

---

① [美]查普林,克拉威克:《心理学的体系和理论》(上),林方译,商务印书馆1983年版,第228页。

小往往不能容纳一个页面,各条消息之间的位置关系不十分明显,因此,网页通过空间位置与大小体现强势的效果远不如报纸。但是在网页中,空间仍然可以用以评价新闻。这主要表现为通过空间的"层次"来体现稿件的重要程度。目前新闻网站的设计,多采用树形结构,以主页为"根",各个栏目为"枝",单篇稿件为"叶"。新闻网页基本上是采用三层链接形式:"第一层是首页(根),重要新闻标题;第二层是各个栏目的首页(枝),分类新闻标题;第三层则是具体新闻内容(叶)。基于这样的组织结构,我们就可以"把重要新闻放在主页这个'根'上,次重要新闻放在'枝'上,而一般新闻放在'叶'上。"[①]

时间手段也是表达编辑意图的重要"语言"。网络新闻发布在时间上是开放的,没有截稿时间的局限,网页内容的更新不必像传统媒体那样整齐划一,编辑完全可以根据需要决定某一新闻在网络上存在的时间——从理论上来说,一条新闻可以只在网上待几秒,也可以永久留在网上,在网页上有些内容可以几小时更新甚至随着事件发展随时更新,而有些内容则可以存在几天甚至更久。一般来说,新闻在网页中存在的时间越长,表明新闻越重要。比方说,新浪网的新闻消息《2000年以来重大空难事件》,从2004年1月开始,一直延续至今(最后访问日期2018-04-12)。

除了用新闻在网页上存在的长短来评价新闻的重要与否外,网络新闻编辑还可以用更新新闻的频率作为评价新闻重要性的手段。一般来说,更新频率越高的新闻也是越受重视的新闻。

### 10.4.3 网页的编排手段

传统报纸版面的编排手段主要有正文、标题、线条、图片、色彩等,这些元素在网页中还都或多或少地发挥作用。在导读页中,基本上不涉及正文,线条在导读页中使用也非常有限,只是起分割作用。导读页中网页常用的编排手段主要是标题、图片、色彩。

#### 10.4.3.1 标题

在报纸版面上,字符的大小、形状是能显示强势、表达感情的。在网页上,特别是导读页,基本上是标题的集纳,为了容纳更多的信息,标题的字体、字号基本上是一样的。但是,在网页中标题与内容是分离的,不像报纸版面那样一览无余,内容有时能对标题起到补充、纠正的作用,网络受众往往只能以标题内容是否吸引人为标准进行选择,如果网络新闻标题与内容偏离,就会对读者产生误导,因此,为了帮助读者分清主次,尽快获得重要信息,越来越多的新闻网页开始借鉴传统报纸版面的一些经验,利用标题字体、字号的变化显示重要性,如新华网、人民网都已经开始通过字体、字号的变化,强调重要新闻。

#### 10.4.3.2 图片

图片的数量多寡,可影响读者的阅读兴趣。研究表明,一个报纸版面的图片如果在3张以上,就能营造出很热闹的版面氛围,而在10张以上,就可以使读者产生浏览的情趣,从而具备经久耐看的功效,而在网站首页背景画面色彩斑斓、层次繁多的情况下,动态画面作用更为重要,因为人眼对变化的事物更为敏感,用闪烁、跳跃、聚光、爆炸等动态符号突出显示

---

① 彭兰:《网络带来的变革》,《中国记者》1999年第10期,第50页。

需要强调的部位,可以使读者在极短的时间内捕捉到感兴趣的信息,免去了读者"沙里淘金"的艰辛搜索。

#### 10.4.3.3 色彩

如果一个网页呈现给读者的色彩是多姿多彩、和谐统一的,视觉神经中枢就会将这种明快感传入大脑,从而获得一种视觉心理上的平衡和认可。色彩不仅可以还原事物的本来面目,还增强了"版面"的表现力,营造出强烈醒目的视觉效果和气氛。但也应注意,新闻网页毕竟是以文字为主,因此应注意色彩搭配的易读性,特别是文字与背景色彩的搭配要有利于文字内容的阅读,既要清晰,又要不易造成视觉疲劳。美国一位叫卢基的广告学家,经过实验,对13组色彩搭配就易读性的大小排出了等次:黄底黑字、白底绿字、白底红字、白底青字、青底白字、白底黑字、黑底黄字、红底白字、绿底白字、黑底白字、黄底红字、红底绿字、绿底红字。① 这个等次表,网络编辑在使用色彩时,也不妨做一个参考。

除了标题、图片、色彩这几种编排手段外,新闻网页还应当适度运用多媒体手段。从新闻传播的角度看,新闻以多媒体形式存在,运用文字、图像、声音和视频等多种手段,可以使不同形式的信息内容相互补充,以传达更丰富的内涵。

网络新闻的正文是在正文页中展现的。正文页面的设计相对来说比较简单,一般来说导航条位于页面的顶部,新闻的标题和正文位于其下,正文之后还可以有一些附加内容,如相关文章、相关专题等。正文页中最基本也是最主要的元素是字符,一般来说,11点左右的宋体字是比较适合阅读的字号、字体,也是网页中正文比较常用的字号、字体。在页面空间的处理上,要注意适当留白,既可以减少阅读负担,也可以增加页面的美感。

同时,研究发现,一个页面的最佳容纳度是400字左右,如果稿件过长,受众在阅读时就不得不翻页,而对于缺乏耐心的网络受众来讲,他们显然不喜欢没完没了地翻页。因此,如果新闻过长,就将其拆分成几个主题,单篇处理,或者在长报道内部做链接,利用小标题来分节处理;如果新闻过短(网上有很多动态新闻都是一句话),在标题处理上就要特别注意,标题不能太长,否则显得头重脚轻。

---

① 孔繁根:《摄影采访与图片编辑教程》,中国人民大学出版社1990年版,第366~367页。

**【新闻编辑实务训练】**

### 互联网新闻信息服务管理规定

#### 第一章 总则

第一条 为加强互联网信息内容管理,促进互联网新闻信息服务健康有序发展,根据《中华人民共和国网络安全法》《互联网信息服务管理办法》《国务院关于授权国家互联网信息办公室负责互联网信息内容管理工作的通知》,制定本规定。

第二条 在中华人民共和国境内提供互联网新闻信息服务,适用本规定。

本规定所称新闻信息,包括有关政治、经济、军事、外交等社会公共事务的报道、评论,以及有关社会突发事件的报道、评论。

第三条 提供互联网新闻信息服务,应当遵守宪法、法律和行政法规,坚持为人民服务、为社会主义服务的方向,坚持正确舆论导向,发挥舆论监督作用,促进形成积极健康、向上向善的网络文化,维护国家利益和公共利益。

第四条 国家互联网信息办公室负责全国互联网新闻信息服务的监督管理执法工作。地方互联网信息办公室依据职责负责本行政区域内互联网新闻信息服务的监督管理执法工作。

#### 第二章 许可

第五条 通过互联网站、应用程序、论坛、博客、微博客、公众账号、即时通信工具、网络直播等形式向社会公众提供互联网新闻信息服务,应当取得互联网新闻信息服务许可,禁止未经许可或超越许可范围开展互联网新闻信息服务活动。

前款所称互联网新闻信息服务,包括互联网新闻信息采编发布服务、转载服务、传播平台服务。

第六条 申请互联网新闻信息服务许可,应当具备下列条件:

(一)在中华人民共和国境内依法设立的法人;

(二)主要负责人、总编辑是中国公民;

(三)有与服务相适应的专职新闻编辑人员、内容审核人员和技术保障人员;

(四)有健全的互联网新闻信息服务管理制度;

(五)有健全的信息安全管理制度和安全可控的技术保障措施;

(六)有与服务相适应的场所、设施和资金。

申请互联网新闻信息采编发布服务许可的,应当是新闻单位(含其控股的单位)或新闻宣传部门主管的单位。

符合条件的互联网新闻信息服务提供者实行特殊管理股制度,具体实施办法由国家互联网信息办公室另行制定。

提供互联网新闻信息服务,还应当依法向电信主管部门办理互联网信息服务许可或备案手续。

第七条 任何组织不得设立中外合资经营、中外合作经营和外资经营的互联网新闻信息服务单位。

互联网新闻信息服务单位与境内外中外合资经营、中外合作经营和外资经营的企业进行涉及互联网新闻信息服务业务的合作，应当报经国家互联网信息办公室进行安全评估。

第八条　互联网新闻信息服务提供者的采编业务和经营业务应当分开，非公有资本不得介入互联网新闻信息采编业务。

第九条　申请互联网新闻信息服务许可，申请主体为中央新闻单位（含其控股的单位）或中央新闻宣传部门主管的单位的，由国家互联网信息办公室受理和决定；申请主体为地方新闻单位（含其控股的单位）或地方新闻宣传部门主管的单位的，由省、自治区、直辖市互联网信息办公室受理和决定；申请主体为其他单位的，经所在地省、自治区、直辖市互联网信息办公室受理和初审后，由国家互联网信息办公室决定。

国家或省、自治区、直辖市互联网信息办公室决定批准的，核发《互联网新闻信息服务许可证》。《互联网新闻信息服务许可证》有效期为三年。有效期届满，需继续从事互联网新闻信息服务活动的，应当于有效期届满三十日前申请续办。

省、自治区、直辖市互联网信息办公室应当定期向国家互联网信息办公室报告许可受理和决定情况。

第十条　申请互联网新闻信息服务许可，应当提交下列材料：

（一）主要负责人、总编辑为中国公民的证明；

（二）专职新闻编辑人员、内容审核人员和技术保障人员的资质情况；

（三）互联网新闻信息服务管理制度；

（四）信息安全管理制度和技术保障措施；

（五）互联网新闻信息服务安全评估报告；

（六）法人资格、场所、资金和股权结构等证明；

（七）法律法规规定的其他材料。

## 第三章　运行

第十一条　互联网新闻信息服务提供者应当设立总编辑，总编辑对互联网新闻信息内容负总责。总编辑人选应当具有相关从业经验，符合相关条件，并报国家或省、自治区、直辖市互联网信息办公室备案。

互联网新闻信息服务相关从业人员应当依法取得相应资质，接受专业培训、考核。互联网新闻信息服务相关从业人员从事新闻采编活动，应当具备新闻采编人员职业资格，持有国家新闻出版广电总局统一颁发的新闻记者证。

第十二条　互联网新闻信息服务提供者应当健全信息发布审核、公共信息巡查、应急处置等信息安全管理制度，具有安全可控的技术保障措施。

第十三条　互联网新闻信息服务提供者为用户提供互联网新闻信息传播平台服务，应当按照《中华人民共和国网络安全法》的规定，要求用户提供真实身份信息。用户不提供真实身份信息的，互联网新闻信息服务提供者不得为其提供相关服务。

互联网新闻信息服务提供者对用户身份信息和日志信息负有保密的义务，不得泄露、篡改、毁损，不得出售或非法向他人提供。

互联网新闻信息服务提供者及其从业人员不得通过采编、发布、转载、删除新闻信息，干预新闻信息呈现或搜索结果等手段谋取不正当利益。

第十四条　互联网新闻信息服务提供者提供互联网新闻信息传播平台服务,应当与在其平台上注册的用户签订协议,明确双方权利义务。

对用户开设公众账号的,互联网新闻信息服务提供者应当审核其账号信息、服务资质、服务范围等信息,并向所在地省、自治区、直辖市互联网信息办公室分类备案。

第十五条　互联网新闻信息服务提供者转载新闻信息,应当转载中央新闻单位或省、自治区、直辖市直属新闻单位等国家规定范围内的单位发布的新闻信息,注明新闻信息来源、原作者、原标题、编辑真实姓名等,不得歪曲、篡改标题原意和新闻信息内容,并保证新闻信息来源可追溯。

互联网新闻信息服务提供者转载新闻信息,应当遵守著作权相关法律法规的规定,保护著作权人的合法权益。

第十六条　互联网新闻信息服务提供者和用户不得制作、复制、发布、传播法律、行政法规禁止的信息内容。

互联网新闻信息服务提供者提供服务过程中发现含有违反本规定第三条或前款规定内容的,应当依法立即停止传输该信息、采取消除等处置措施,保存有关记录,并向有关主管部门报告。

第十七条　互联网新闻信息服务提供者变更主要负责人、总编辑、主管单位、股权结构等影响许可条件的重大事项,应当向原许可机关办理变更手续。

互联网新闻信息服务提供者应用新技术、调整增设具有新闻舆论属性或社会动员能力的应用功能,应当报国家或省、自治区、直辖市互联网信息办公室进行互联网新闻信息服务安全评估。

第十八条　互联网新闻信息服务提供者应当在明显位置明示互联网新闻信息服务许可证编号。

互联网新闻信息服务提供者应当自觉接受社会监督,建立社会投诉举报渠道,设置便捷的投诉举报入口,及时处理公众投诉举报。

### 第四章　监督检查

第十九条　国家和地方互联网信息办公室应当建立日常检查和定期检查相结合的监督管理制度,依法对互联网新闻信息服务活动实施监督检查,有关单位、个人应当予以配合。

国家和地方互联网信息办公室应当健全执法人员资格管理制度。执法人员开展执法活动,应当依法出示执法证件。

第二十条　任何组织和个人发现互联网新闻信息服务提供者有违反本规定行为的,可以向国家和地方互联网信息办公室举报。

国家和地方互联网信息办公室应当向社会公开举报受理方式,收到举报后,应当依法予以处置。互联网新闻信息服务提供者应当予以配合。

第二十一条　国家和地方互联网信息办公室应当建立互联网新闻信息服务网络信用档案,建立失信黑名单制度和约谈制度。

国家互联网信息办公室会同国务院电信、公安、新闻出版广电等部门建立信息共享机制,加强工作沟通和协作配合,依法开展联合执法等专项监督检查活动。

## 第五章 法律责任

第二十二条 违反本规定第五条规定,未经许可或超越许可范围开展互联网新闻信息服务活动的,由国家和省、自治区、直辖市互联网信息办公室依据职责责令停止相关服务活动,处一万元以上三万元以下罚款。

第二十三条 互联网新闻信息服务提供者运行过程中不再符合许可条件的,由原许可机关责令限期改正;逾期仍不符合许可条件的,暂停新闻信息更新;《互联网新闻信息服务许可证》有效期届满仍不符合许可条件的,不予换发许可证。

第二十四条 互联网新闻信息服务提供者违反本规定第七条第二款、第八条、第十一条、第十二条、第十三条第三款、第十四条、第十五条第一款、第十七条、第十八条规定的,由国家和地方互联网信息办公室依据职责给予警告,责令限期改正;情节严重或拒不改正的,暂停新闻信息更新,处五千元以上三万元以下罚款;构成犯罪的,依法追究刑事责任。

第二十五条 互联网新闻信息服务提供者违反本规定第三条、第十六条第一款、第十九条第一款、第二十条第二款规定的,由国家和地方互联网信息办公室依据职责给予警告,责令限期改正;情节严重或拒不改正的,暂停新闻信息更新,处二万元以上三万元以下罚款;构成犯罪的,依法追究刑事责任。

第二十六条 互联网新闻信息服务提供者违反本规定第十三条第一款、第十六条第二款规定的,由国家和地方互联网信息办公室根据《中华人民共和国网络安全法》的规定予以处理。

## 第六章 附则

第二十七条 本规定所称新闻单位,是指依法设立的报刊社、广播电台、电视台、通讯社和新闻电影制片厂。

第二十八条 违反本规定,同时违反互联网信息服务管理规定的,由国家和地方互联网信息办公室根据本规定处理后,转由电信主管部门依法处置。

国家对互联网视听节目服务、网络出版服务等另有规定的,应当同时符合其规定。

第二十九条 本规定自 2017 年 6 月 1 日起施行。本规定施行之前颁布的有关规定与本规定不一致的,按照本规定执行。

### 【思考题】

(1)网络新闻编辑的特性是什么?
(2)网络新闻稿件组合应该注意什么?
(3)网络新闻页面设计应注意什么问题?

### 【学习参考书目】

[1]蒋晓丽.网络新闻编辑学[M].北京:高等教育出版社,2004.
[2]彭兰.网络新闻学原理与应用[M].北京:新华出版社,2003.
[3]王泱泱.互联网信息之魂:马克思主义新闻观在网络新闻传播中的运用研究[M].北

京:中国传媒大学出版社,2014.

  [4]张虎生.互联网新闻编辑实务[M].北京:新华出版社,2002.

  [5]詹新惠.网络新闻写作与编辑实务[M].北京:中国传媒大学出版社,2011.

# 11 数据新闻编辑

## 导言

**本章学习目标**

通过本章的学习，要求能够对数据新闻的概念、类型、特点、制作流程等全面了解，比较熟悉地编辑数据新闻，并且进行可视化呈现。

**本章难点**

数据新闻的概念　数据新闻的类型　数据新闻的特点　数据新闻的编辑流程

本章难点之一是数据新闻的概念，数据新闻也可以称为数据驱动的新闻，在英文中通常缩写为DDJ，是指对大规模数据进行分析、过滤与加工，在此基础上形成的新闻报道。

本章难点之二是数据新闻的类型，包括数据新闻可视化、数据新闻调查、数据新闻叙事。

本章难点之三是数据新闻的特点，包括在可能的情况下，抓取全样本数据；依靠软件程序对大数据进行抓取和处理；借助图表进行新闻的可视化呈现；以新闻游戏的形式呈现，增强受众参与热情。

本章难点之四是数据新闻的编辑流程，包括选题策划、数据采集、新闻采写、数据可视化呈现、编辑审校和产品推广。

"数据新闻"并非是今日才诞生的,它在新闻领域的实践历史可以追溯到19世纪。1821年5月5日英国《卫报》创刊第一期上有一篇调查报道,其中涉及了曼彻斯特在校小学生的人数以及平均消费。这篇新闻报道被视为最早的数据新闻。

如今的传播技术日新月异,智能化媒体飞速发展,在很大程度上使传播方式发生了深刻变革。一方面人与人之间的关系模式在发生着变化;另一方面,这种变化对原有的传播结构产生了重要影响。未来的新媒体发展表现出移动化、社交化、视频化三大趋势,有力地推动了互联网的发展进程:即机器与机器的连接、内容与内容的连接、人与内容的连接、人与人的连接。在实现"人与人的连接"的过程中,数据新闻开始受到人们的关注并且得到广泛运用,如2013年被称为"数据元年"。据统计,目前全球的数据总量如果由32GB的iPad来存储,大约能够建造两座万里长城。大数据不仅渗透到新闻生产的核心环节,还拓展了用户分析的广度与深度,从而能够重树新闻质量标杆,进一步提升受众反馈的价值。①

## 11.1 数据新闻的概念

关于"数据新闻"的探讨,最早出现在一本名为《数据新闻手册》(Data Journalism Handbook)的小册子中,这是全球第一本专门探讨数据新闻的著作,初步成型于2011年。在这本手册中,来自英国伯明翰城市大学的保罗·布拉德肖(P. Bradshaw)和德国之声电视台的米尔科·劳伦兹(M. Lorenz)总结了"数据新闻"的几种呈现形式:数据新闻与其他新闻的不同之处或许在于当你将传统的"新闻鼻"、讲述扣人心弦的故事的能力与大量的数据信息结合在一起时,新闻报道能呈现出许多新的可能:如运用软件去发现成百上千官方文件中的关联性;数据新闻可以使记者运用互动式信息图表报道复杂的新闻故事;数据新闻可以解释新闻与每个人存在何种联系;数据新闻还能向受众公开新闻获取的过程。②

关于"数据新闻"的概念,维基百科中有以下三种表述:

第一种,Database Journalism(Structured Journalism),即数据库新闻或结构化新闻,是信息管理中围绕结构化数据进行新闻内容(而非新闻报道)梳理的基本原则。

第二种,Data Journalism,即数据新闻,是指一种由数据数字在数字时代的信息生产和传播中日益发挥着重要作用的专业新闻。

第三种,Data-driven Journalism,即数据驱动的新闻,在英文中通常缩写为ddj,这个术语自2009年以来广为使用,是指对大规模数据进行分析、过滤与加工,在此基础上形成的新闻报道。③

这三种表述意义不同,分别从宏观、中观和微观的角度对数据新闻进行了阐释,指出了数据新闻在宏观上是一种信息管理的原则,中观上是一种基于数字数据的专业新闻,微观上是对大规模数据或者是全样本进行分析的新闻报道,同时也是我们通常意义上讲的数据新闻。它体现的是内容制作者(记者)与设计、计算机科学、统计等其他领域之间的互动。2012

---

① 彭兰:《大数据时代:新闻业面临的新震荡》,《编辑之友》2013年第1期,第6页。
② 方洁,颜冬:《全球视野下的"数据新闻":理念与实践》,《国际新闻界》2013年第6期,第73~83页。
③ 维基百科,https://en.wikipedia.org/wiki/Data-driven_journalism,最后访问日期2018-03-14。

年 3 月,美国政府颁发了《大数据研究与发展计划》,将大数据提升到国家战略层面,投资两亿美金推进大数据技术,以提升社会的预测能力,涉及科研教学、生物医药、环境保护、国土安全等多个领域。

从记者的角度来看,数据新闻代表着一种来自不同领域的叠加能力,如《纽约时报》的阿隆·费尔霍夫(Aron Pilhofer)认为,数据新闻是一个概括性术语,它包括处于持续发展中的一整套新闻叙事的工具、技巧与方法,涵盖从传统的计算机辅助报道(使用数据作为"信息源")到最前沿的数据可视化和新闻应用等①。也就是说,数据新闻是新闻生产的一整套流程,一切基于数据数字基础上进行的新闻报道都可以被称为数据新闻,但不一定都是可视化的,数据的可视化只是新闻生产流程中的一个环节,一种表现方式。

综上所述,本单元将数据新闻定义为:"基于数据的抓取、挖掘、统计、分析和可视化呈现的新型新闻报道方式。"②

## 11.2 数据新闻的类型

由于数据新闻刚起步,目前还没有比较明确的分类。本单元简单将新闻业界对数据新闻的分类情况简单介绍一下,主要有以下两种分类标准。

### 11.2.1 按照数据新闻的创新维次分类③

数据新闻的创新维次是编辑在数据新闻中所展现的新颖创意,使新闻作品呈现出引人注目的状态。数据新闻的创新维次往往表现在数据可视化、叙事动人、调查深刻等诸多方面,进而彰显出记者、编辑、技术人员和相关专家之间的协作以及多种学科之间的融合。

2012 年全球编辑网(Global Editors Network)组织发起全球第一个数据新闻奖"全球编辑网络数据新闻奖"(Data Journalism Awards,简称 DJA)。这个奖在设置获奖类别时,主要按照数据新闻的创新维次进行划分,旨在通过营造开放式平台,激励媒体、非营利组织以及个人展示最佳的数据新闻作品。由于数据新闻作品在创新维次上表现出的多样化,致使每年的获奖类型都会根据具体的实践情况不断变化和调整,基本保持稳定的有以下三种:数据可视化(Data Visualization)、数据驱动的调查性报道(Data-driven Investigation)和数据驱动的应用(Data-driven Application)。

#### 11.2.1.1 数据可视化

数据新闻最突出的特点是数据可视化,包括以地图和任何其他形式的视角方式去呈现数据,核心是把数据放入一定的情景中进行展示,其工作目的是针对那些跟今天社会运行有关的复杂问题给出社会大众易于吸收的分析结果。④

---

① 彭兰:《网络传播概论》,人民大学出版社 2017 年版,第 231 页。
② 方洁,颜冬:《全球视野下的"数据新闻":理念与实践》,《国际新闻界》2013 年第 6 期,第 73~83 页。
③ 和曼,白树亮:《从"全球编辑网络数据新闻奖"看数据新闻思维创新》,《采写编》2016 年第 2 期,第 22~24 页。
④ 王斌:《大数据与新闻理念的创新——以全球首届数据新闻奖为例》,《编辑之友》2013 年第 6 期,第 18 页。

如数据新闻作品《移民档案》，这个作品是由来自意大利等六个国家的十位记者合作完成的，讲述了 13 713 个飞往欧洲的移民在半路死亡或者受伤的悲惨故事。首先，作者借助网页信息提取技术和数据挖掘技术以获取专业媒体、政府公开出版机构、学术科研机构的电子文献，进而对社会公众开放所收集到的信息。其次，作者为了保证这些信息的真实性，采用了数据清洗工具 Openrefine 系统，用于核查新闻事实。最后，作者在"www.detective.io"网站上建立了数据库，记录了 2769 个事件，并且对于每一个致命事件都进行了细节梳理，包括事故发生的日期、经纬度、死亡（失踪）人数、事故原因等。

#### 11.2.1.2 数据驱动的调查性报道

传统的调查性报道，多根植于社会学和统计学，常常采取样本调查的方式，样本抽样、随机抽样等方式运用较为普遍，并且以此作为基础撰写调查报告，得出调查结论。但是事实证明，在这个过程中存在着样本谬误问题，美国曾经有作家在自己的报纸专栏中向读者提问："如果可以重来，你还会要孩子吗？"结果显示在近万份的答复中，有 70% 的人做了否定回答，然而在另一个随机抽样调查中，随机采访了 1373 位为人父母的读者，结果显示 90% 的人做了肯定回答。这说明大多数情况下，样本很可能存在谬误，而减小谬误的最好办法是尽量扩大样本量，以接近事实真相。大数据时代，由于大数据技术的推广，媒体对于样本的获取能力大大提升，使得直接通过庞大的受众群体进行数据收集和统计成为可能。一般来说，数据新闻中的样本少则几百个多则上万个，大大拓展了样本的覆盖范围。

如《华盛顿邮报》的数据新闻《失家园》，《华盛顿邮报》配发了八个具体的新闻故事，对于主要内容采取的是数字展示的方式，报道了华盛顿哥伦比亚特区由于欠税而已经失去或即将失去房屋的住户们。《华盛顿邮报》根据当地税务部门的住址登记，向华盛顿哥伦比亚特区欠税人员寄出了调查问卷，整个调查历时 10 个月，在寄出的 1816 户中只有 393 户回信，占居民总数的 22%，原因是其他的居民没有收到调查问卷，因为他们登录在税务部门的地址已经过期或者不正确。由此，税务局警告这些欠费的业主们正在面临着房屋被拍卖的威胁，而且还会丧失房屋赎回权。《华盛顿邮报》把所收集的大量数据绘制成地图，直观展现了从 2005 年以来特区失去房屋业主的具体情况。进入主页可以看到最引人瞩目的数据可视化部分：在一张互动地图上，用无数个多如繁星的"□"，用来代表房屋，其中红色的"□"表示房屋已经被拍卖或者即将被拍卖，点击一个"□"，会有一个对话框，标有该房屋所处街道的具体位置、所欠税款、所拍卖的金额数字，等等。

#### 11.2.1.3 数据驱动的应用

20 世纪 90 年代，"德拉吉报道"通过曝光克林顿性丑闻开辟了网络新闻报道的先河，使海量信息成为网络报道的特点，并且在数据新闻中得以继承。大数据时代，海量信息是制作数据新闻的基础，大数据技术的推广，打破了传统媒体对信息源的垄断。大数据时代与传统媒体时代最大的不同是：传统媒体肩负着继承文化遗产的重责，数据新闻在实现了每个受众成为信息源的同时，也使每个受众能够参与到社会文化互动当中来。

如数据新闻作品《阿根廷主要官员财产公示》，出自一个由四个非政府组织开办的 LA Nacion 网站，由五百多名志愿者负责输入相关数据。根据该网站的介绍，这个项目最早启动于 2010 年，通过网站向社会公众收集信息，旨在公布阿根廷政府官员的财产状况。目前该网站已经覆盖了阿根廷国内的 6500 多个官方机构,主要对各级议员们的财产状况进行公布。在收集材料的过程中,他们面对的最大困难是大量材料为纸质版,于是他们运用转换工具,先把纸质版扫描成 PDF 格式,再转变成可以运用的电子数据,并且通过严密核查来确保这些数据的准确度,正如 LA Nacion 网站所说:"我们开设公众平台以便把一些社会各界的 PDF 材料转换成结构数据。"对此,DJA 评委评论说:"这个作品值得表彰的是其对社会公益和法律正义方面所起到的重要作用。"

### 11.2.2 按照数据新闻的呈现方式分类

按照数据新闻的呈现方式进行分类,主要有以下四种。

#### 11.2.2.1 数据简讯

数据简讯与新闻简讯类似,强调时效性,形式上短小精悍,突出的是数据在新闻报道中的作用,经常以"微博""快讯""早报"等形式出现。2017 年 8 月 4 日《解放日报》发出的一条微博(图 11.1):

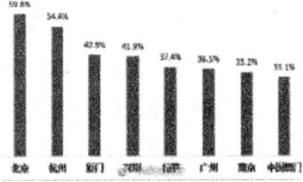

图 11.1 《解放日报》的一条数据简讯

#### 11.2.2.2 数据直播

数据直播与电视直播类似,注重信息同步,突出的是数据的及时变动。如 2016 年美国大选全民投票结果在北京时间 11 月 9 日 09:00—12:00 出炉,凤凰直播推出了"2016 美国大选实时票数统计",对特朗普和希拉里的得票数进行实时播出:

2016 年 11 月 9 日 12:00

特朗普 209:希拉里 172,特朗普暂时领先。

2016 年 11 月 9 日 10:40

特朗普暂得 136 票选举人票,领先于希拉里的 104 票。在关键摇摆州佛罗里达州,特朗普以49.2%的得票率基本领先希拉里。大选初步结果将在2小时内产生。

2016年11月9日08:08

【美国大选"第1个选区"开票结果】共和党特朗普赢得印第安纳州(Indiana,IN)共11张选举人票;

2016年11月9日08:09

【美国大选"第2个选区"开票结果】共和党特朗普赢得肯塔基州(Kentucky,KY)共8张选举人票;

2016年11月9日08:10

【美国大选"第3个选区"开票结果】民主党希拉里赢得佛蒙特州(Vermont,VT)共3张选举人票;

2016年11月9日08:10

【美国大选"第4个选区"开票结果】共和党特朗普赢得新罕布什尔州(New Hampshire,NH)共4张选举人票;此前,新罕布什尔州为重要的摇摆州。

#### 11.2.2.3 数据图表报道

数据图表报道是借助各种图表对新闻报道进行注解,使新闻变得一目了然。与传统的柱形图、饼图、折线图和面积图等图表不同的是,数据新闻的图表非常丰富,正如道格·纽瑟姆(Doug Newsom,美国得克萨斯科里司汀大学传播学院新闻学教授)概括的:"作为视觉化工具的信息图表包括:图表、图解、图形、表格、地图、列表等。"

《今日头条》的数据新闻《今日头条大数据解读国民阅读中的"一带一路"》(数据统计区间:2015年1月1日—2016年2月29日,荣获第二届中国数据新闻大赛一等奖)发布了大量图表帮助读者解读新闻(图11.2)。

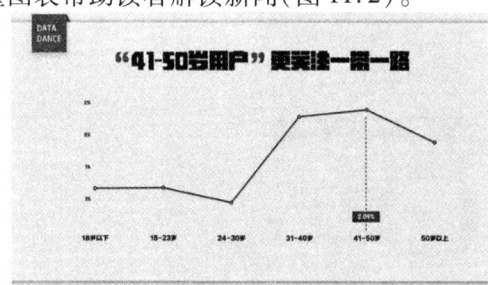
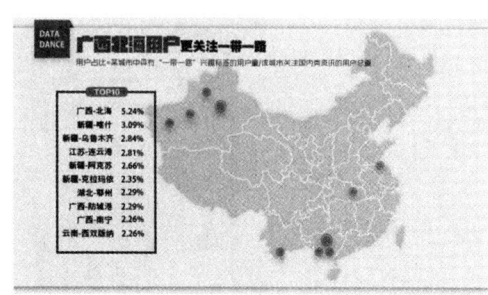
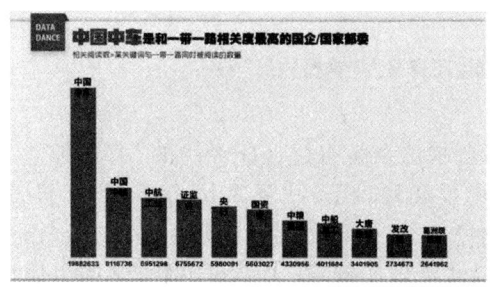
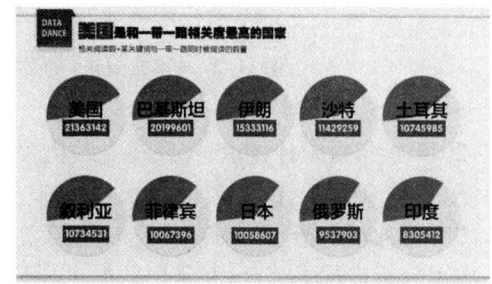

图11.2 《今日头条》的《今日头条大数据解读国民阅读中的"一带一路"》(局部)

#### 11.2.2.4 数据新闻报道

数据新闻报道与传统的新闻报道类似,注重对事实进行报道,但是突出的是基于数据分析之后发现数据背后的新闻事实。如 2014 年 7 月 17 日《南方周末》头版推出的数据新闻《还有多少"官员独董"?》(图 11.3)。

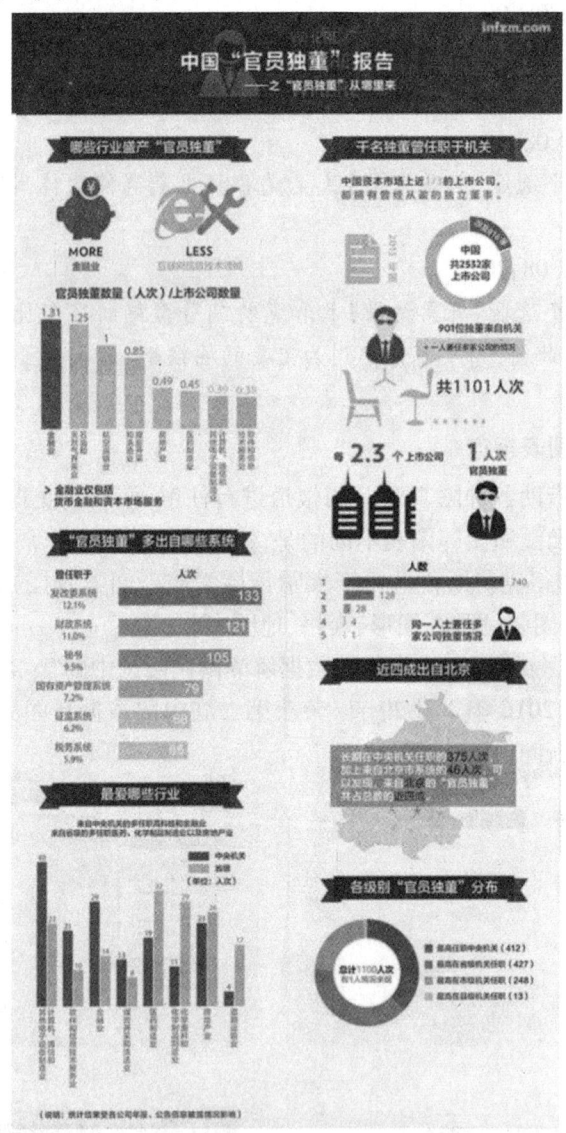

图 11.3 《南方周末》的数据新闻《还有多少"官员独董"?》

2013 年年报统计显示,曾经在党政机关或者公检法系统有过任职经历的"官员独董"共 901 人,拿走年薪共计 7733.34 万元。在中央强力反腐背景下,截至 2014 年 6 月 29 日,10.4% 的官员独董选择了提前离任。时政类新闻比较复杂,但是数据新闻将时政知识、数据统计、数据分析进行了综合,并且用数据可视化的形式加以呈现,让人一目了然。《南方周末》与时政数据研究机构"图政研究中心"依据 2013 年年报和 2014 年一季度报,对中国 2532 家沪深上市公司的官员独董情况进行了详细的统计分析,从而对这些"官员独董"进行了细致分析。

## 11.3 数据新闻的特点

数据新闻与传统的新闻报道相比,有着自己的独到之处。首先,在条件允许的情况下,数据新闻会尽可能地抓取全样本数据,因此,它还有另外一个别称——"全样本数据新闻",表示数据新闻对样本的覆盖范围非常广泛,这是数据新闻的第一个显著特点。其次,数据新闻要想获得尽可能全面的样本,需要借助计算机软件进行大数据的抓取、转换和清洗等一系列复杂的工作,这是数据新闻的第二个显著特点。再次,由于数据新闻常常借助图表的形式进行可视化呈现,以至于有人误认为可视化新闻就是数据新闻,实际上,可视化只是数据新闻制造流程中的一个环节,从这个角度上说,可视化呈现是数据新闻的第三个显著特点。最后,数据新闻的形式非常活泼,偏爱趣味性,有时还会设置一些数据游戏来达到吸引受众阅读的目的。

### 11.3.1 在可能的情况下,抓取全样本数据

数据新闻与传统意义上的新闻报道具有相似之处,即要求记者到达现场进行采访,增强新闻报道的现场感,但是对数据新闻记者来说,到达现场就是对后台数据有一个全方位的把握和了解。

2017年5月央视网制作了数据新闻"习近平用五个数字构建'一带一路''圈粉'无数",其中的"五个数字"分别是:"一"条路线,2013年9月习近平在出访中亚国家期间首次提出共建"丝绸之路经济带"。牵手"二"个经济圈,即亚太经济圈和欧洲经济圈。坚持"三共"原则,即共商、共建、共享。打造"四路",即绿色丝绸之路、健康丝绸之路、智力丝绸之路、和平丝绸之路。聚焦"五通",即政策沟通、设施联通、贸易畅通、资金融通、民心相通。(图11.4)。

图11.4 央视网数据新闻"习近平用五个数字构建'一带一路''圈粉'无数"(局部)

### 11.3.2 依靠软件对大数据进行抓取、处理和清洗

如果说报纸新闻传播依赖印刷技术,广播、电视新闻传播依赖电气技术,那么网络新闻传播则更加依赖数字技术、计算机技术、移动通信技术。

——数字技术是信息社会的基础,它的发展与应用使媒体融合和信息交互成为可能。

——计算机技术为多媒体新闻传播提供了渠道,人们可以在拥有联网计算机的任何地方,既上传自己想上传的信息,又访问、查询自己想要的、网上已有的信息。

——移动通信技术现已使网络新闻传播业务拓展到语音、传真、数据和全球无缝漫游等。①

数据新闻的制作离不开技术的支持,尤其在数据的抓取和处理阶段更需要技术软件的支持。比如:Excel 中"数据"功能下的"自网站"操作,以及火狐浏览器的 Table2 cilpboard 插件等,都可以直接获得网页表格中的数据。火狐浏览器的 Down ThemAll! 插件还可以批量下载网页上的文字和图片。有些网页是 PDF 格式,一般可以使用格式转换软件 OCR 软件,从而把 PDF 格式转换为可识别的文字再进行提取。如果想直接从网页中抓取自己需要的数据,可以使用 JavaScript、八爪鱼采集器、火车数据采集器、熊猫数据采集器、禾丰网页数据抓取工具、Hawk-数据抓取工具、网站抓取精灵 v3.0、WSockExpert v0.9 数据包抓取工具、Python 中的 Beautiful Soup 等,这些都是比较常用的数据抓取工具。此外,最常用的数据处理软件是 SPSS(Statistical Product and Service Solutions),即"统计产品与服务解决方案"软件。

### 11.3.3 借助图表进行新闻的可视化呈现

有学者认为,在科学可视化基础上诞生的"数据可视化"将大量数据组合构成数据图像,同时将数据的各个属性以多维数据的形式表示,使人们能够以更直观的方式从不同的维度观察数据及其结构关系,发现数据中隐含的信息②。正如前文所说过的,数据可视化是新闻生产的一个环节。在呈现的过程中,可以借助各种图表进行展现,或者对新闻进行要点提示,或者展示事物的形态,或者展现一个事件的来龙去脉,或者阐明一种观点,或者揭示某种规律,或者揭示人物之间的关系,或者提供个性化的服务等。下面结合一些具体的数据新闻案例来分析数据可视化呈现。

[案例一] 对新闻主要内容进行要点提示

2017 年 8 月 4 日,《人民日报》头版的报道《塞罕坝:生态文明建设范例》(图 11.5)。

河北塞罕坝 112 万亩人工防护林,在国家的重要生态区位上,塞罕坝人肩扛修复生态、保护生态的历史使命和政治责任,创造了高寒沙地生态建设史上的绿色奇迹,铸造了一个当之无愧的生态文明建设范例。图表详细地汇总了塞罕坝的生态效益,针对性强,条理清晰,

---

① 王泱泱:《互联网信息之魂:马克思主义新闻观在网络新闻传播中的运用研究》,中国传媒大学出版社 2014 年版,第 51 页。

② 韩卫国,王劲峰,王海起:《基于数据可视化的交通流量分析》,《武汉理工大学学报》2004 年第 5 期,第 668~670 页。

令人一目了然。

图11.5 《人民日报》的信息图表《塞罕坝每年的生态效益》

[案例二] 对比较复杂的事物进行全面展示

2018年3月18日财新网制作了数据新闻《科学家不是怪蜀黍　他们只是更爱漂泊》，绘制了全球科学家的流动图(图11.6)。

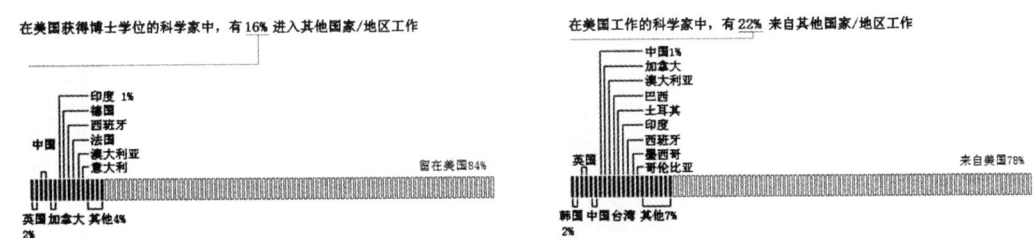

图11.6 财新网数据新闻《科学家不是怪蜀黍　他们只是更爱漂泊》(局部)

3月18日是全国科技人才活动日，这个节日源于1978年3月18日中共中央召开的全国科学大会，时任中共中央副主席、国务院副总理的邓小平在会上提出"科学技术是生产力"。财新网基于ORCID(一个为世界各地科研工作者分配独特身份识别的非营利性组织)上公开的300万科研工作者的数据，围绕科学家们普遍存在的流动性特征，绘制出自2006年以来全球科研工作者在不同国家间的流动情况图。

[案例三] 对某一事件的来龙去脉进行展现

人民网2016年12月的《一张图看懂哈尔滨市现代农业五年成就》(图11.7)。

图 11.7 人民网的信息图表《一张图看懂哈尔滨市现代农业五年成就》(局部)

哈尔滨市作为一个大工业、大农业,大城市、大农村,城乡二元结构特点十分鲜明的城市,如何当好黑龙江现代农业排头兵?哈尔滨绿色食品(上海)展销会之际,人民网用一组组数据展示哈尔滨市现代农业五年发展成绩,从而以时间为轴,很好地梳理了哈尔滨市近五年来农村经济、基础设施、农业结构、农村改革、农业产业化、农村民生等各方面的变化。

[案例四] 对具有重大意义的事件表达观点

新华网 2012 年 11 月的《数说十八大:农业成就巡礼 粮食生产上台阶》(图 11.8)。

图 11.8 新华网 2012 年 11 月的《数说十八大:农业成就巡礼 粮食生产上台阶》

从 2004 年粮食恢复增产到 2007 年提前达到"十一五"制定的粮食综合生产能力稳定在一万亿斤的目标；从粮食产量连年稳定在一万亿斤以上，到 2011 年我国粮食总产达到 11 424 亿斤、人均粮食占有量达到创纪录的 852 斤，我国粮食产量不断迈上新台阶成为农业农村经济中最突出的亮点。图表以事实说话，体现出我国自十六大以来，粮食产量不断迈上新台阶。

[案例五]　对引人注目的社会现象或问题揭示规律

网易新闻 2014 年 12 月的《数据泄露：政府、金融、零售网站最危险》（图 11.9）。

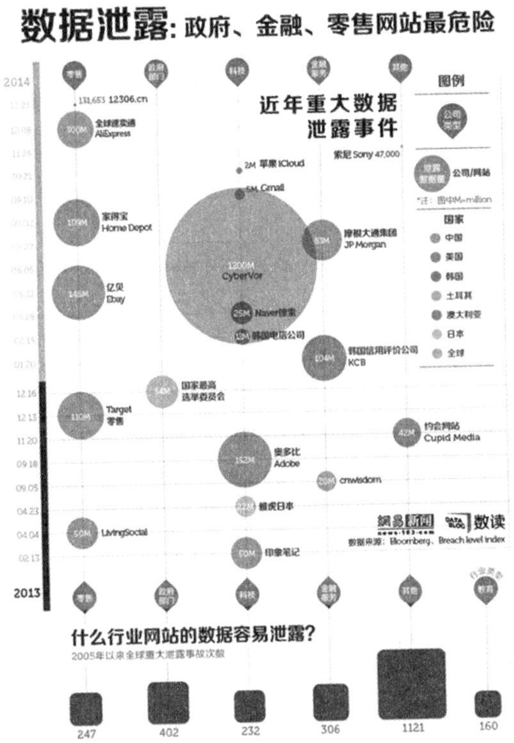

图 11.9　网易新闻的信息图表《数据泄露：政府、金融、零售网站最危险》

2014 年 12 月 25 日上午，漏洞报告平台"乌云网"曝出铁道部订票官网 12306 的大量数据遭到泄露，一份包含 131653 条用户数据——包括用户账号、明文密码、身份证、邮箱等信息的文件在互联网疯传。网易新闻以 2005 年以来全球重大泄露事故次数为样本进行了数据分析，发现在政府、金融、零售网站的数据最容易泄露。

[案例六]　对网络时代受众的不同需求提供个性化服务

2014 年 6 月，网易新闻的《大学读什么专业不能"学以致用"？》（图 11.10）

对于高考学子来说，选哪所大学，读什么专业，是考生及家长们的心头大事。教育咨询机构"麦可思"发布的《大学生就业报告》（就业蓝皮书）成为国内媒体频繁引用的一份报考指南。网易新闻根据《2014 年大学生就业报告》的数据对 2013 届本科毕业生就业率、专业对口率（工作与专业相关程度）以及薪资水平进行了分析，图表将大学专业的就业情况清晰地展示。

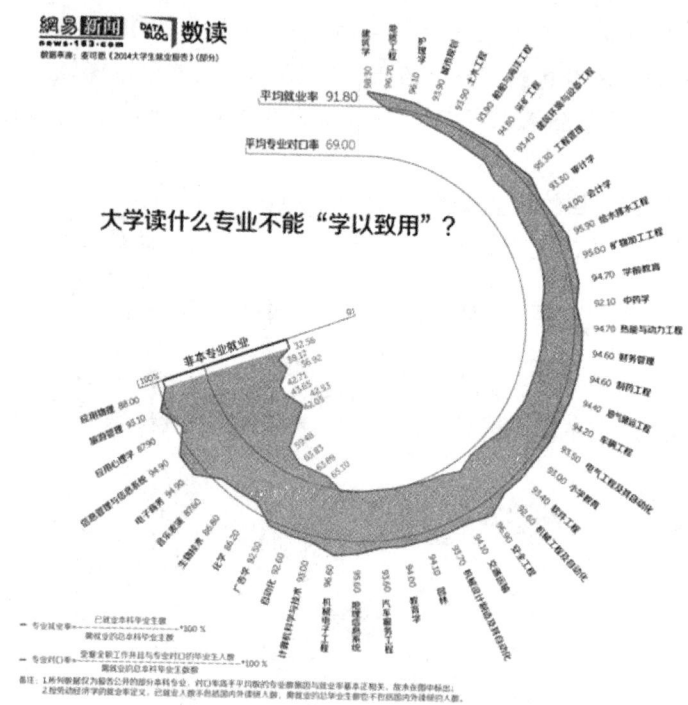

图 11.10　网易新闻的信息图表《大学读什么专业不能"学以致用"？》

### 11.3.4　设置新闻游戏，增强受众参与热情

近年来，网络传播的泛娱乐化现象日益明显，广大网友们以娱乐为首要目的的上网行为也明显增加。有些数据新闻也开始以游戏的方式吸引网友的关注，增加点击量。2017年5月财新网制作了数据新闻游戏《垃圾说：没有什么是"永恒"的，除了垃圾》（图11.11）。

图 11.11　财新网的数据新闻游戏《对方在跑马拉松，并向你扔了个垃圾！》

近年,国内马拉松赛事不断增加,赛事垃圾量也随之攀升。根据环保组织自然之友的估算,一场北京马拉松级别的赛事能用上数以十万计的补给物资,包括75万个纸杯、25.9万个555毫升塑料瓶、18万块补水海绵等。财新网设置了数据新闻游戏,以便让人们身临其境地感受到马拉松赛事制造垃圾的过程,从而激发了人们的环保热情。

## 11.4 数据新闻的编辑流程

数据新闻与传统新闻的编辑流程相似,需要经过选题策划、新闻采写等工作环节,但是也有自己独有的工作环节,包括数据采集、数据分析、数据可视化呈现等。本单元简要对数据新闻的一般制作流程进行介绍。

### 11.4.1 选题策划

记者、编辑根据当下的新闻素材,密切监测舆情变动情况,从中寻找适合自身媒体特色的新闻选题。多数情况下是每天通过选题策划会进行讨论,以期寻找适当的选题。一旦选题确定之后,立即行动,写出策划文案,并且时刻关注文案的推进情况。譬如人们都比较关注近年来的环境污染问题,可以以此作为切入点,进行相关的选题策划,可以选择报道空气污染,也可以选择报道影响比较大的污染事件,还可以选择报道环境污染对鸟类的影响等。需要注意的是,题目的选择要具体、有针对性、有深度,当然也可以同时选择几个题目,并行推进。

### 11.4.2 数据采集

记者和数据分析师合作,收集相关的大数据。一般来说,这些大数据主要来自于政府、机构、组织、团体等公开的数据。在关于环境污染方面的数据新闻中,有一些优秀的作品。数据新闻《2000—2015年全国污染事件分布图》用地图的形式明确地显示了我国一些重大的污染事件,他们所使用的数据是来自《安全与环境学报》。由北京理工大学、中国环境科学学会和中国职业安全健康协会主办的中文核心期刊《安全与环境学报》为双月刊,每期发布近两个月的环境污染事件,该作品由期刊2001年创刊至2015年的数据汇总而成。数据新闻《中国濒危鸟类分布信息图》同样使用地图的表现形式,对我国各省市的濒危鸟类进行了统计。他们是依据《IUCN中国濒危鸟类红皮书》所列的86种鸟类,对它们的图像、基本信息以及分布区域进行梳理和整合以后绘制而成。又如数据新闻《中国主要省市十年二氧化硫及烟尘排放量示意图》用地图加环形图的形式表现了我国十八个典型省市的废气排放情况,他们是通过整理从2004到2013年十年间《中国环境统计年鉴》中的各地区废气排放情况汇总而成。

### 11.4.3 新闻采写

数据新闻在进行数据的相关采集时,还需要进行相关的新闻采写。但是这些采访的目标更加明确,比如说采访对象更加具体。在环境污染的采访中,通过数据分析发现山东、山西、河北、河南四省的废气排放量为全国各省之最,因此,派出记者到这些地方进行有针对性的采访。通过数据分析还发现近年来机动车的烟尘排放量呈现上升的趋势。针对这种变化,可以让记者到交管部门了解具体情况。如此一来,与传统的新闻采访相比,采访的对象、目的更加明确,更加具体,也更加深入。记者在采访之后,可以根据具体情况,或写成消息,或写成通讯,或写成深度报道,和数据新闻一起进行组合发布,以增强新闻的传播效果。如财新网 2014 年 4 月的数据新闻消息《北京 PM2.5 约七成自产 机动车排放超三成》(图11.12)。

**北京 PM2.5 约七成自产 机动车排放超三成(主题)**
北京 PM2.5 来源中,本地污染排放占 64%~72%。
包括烧油、烧煤在内,北京"烧"出来的 PM2.5 占比超五成(副题)

4月15日,北京市环保局局长陈添在北京城市广播"市民对话一把手"节目中公布了北京 PM2.5 最新污染源解析数据。通过模型解析,北京 PM2.5 来源中,区域传输占 28%~36%,本地污染排放占 64%~72%。在本地污染源中,机动车排放占比超三成。

按照环保部的部署,6 月底前,北京、天津和石家庄要完成污染源解析;年底前,京津冀、长三角、珠三角的源解析结果也将公布。

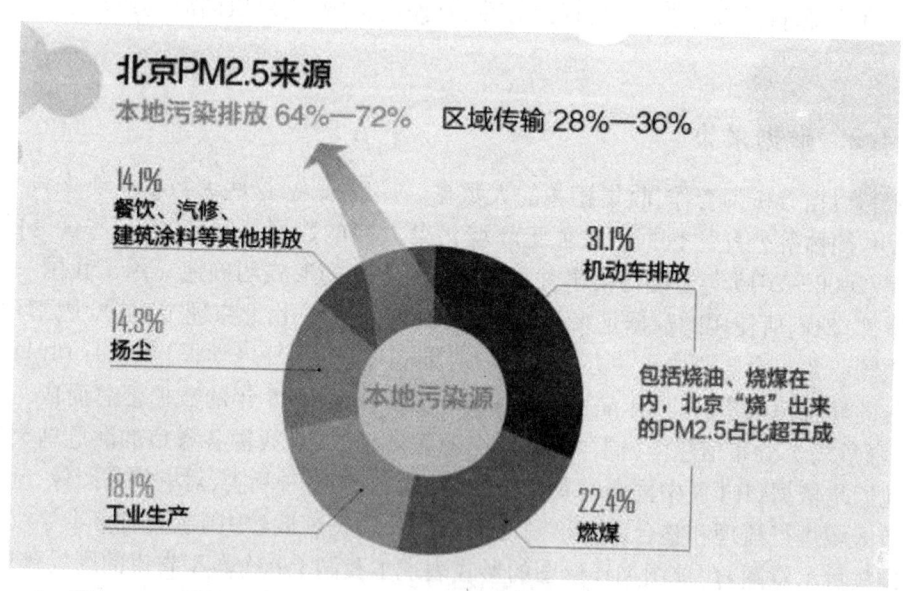

图 11.12 财新网的《北京 PM2.5 约七成自产 机动车排放超三成》(局部)

### 11.4.4 数据可视化呈现

在数据采集和新闻采访都完成的条件下,编辑、设计师和技术人员再进一步对数据进行美化,实现交互功能。主要是选择适当的表格对数据进行呈现。

——雷达图,适合表现多项数据系列的比率情况,如一公司中的各项财务比率。
——折线图,适合显示随时间而变化的一系列的连续数据。
——饼状图,适合针对一个数据系列显示其中各项的大小与各项总和的比例。
——圆环图,与饼状图相似,但适用于表现多个数据系列。
——条形图,适合于多个数据系列的比较。
——柱状图,与条形图相似,适合显示一段时间内多个数据系列的比较。
——散点图:适合显示多数据系列中具体数值之间的关系。
——树图:适合显示多层次的数据之间的关系。
——地图:适合基于地理空间的多项数据系列的表现。
——关系图:适合展现对象之间的各种复杂关系。
——词云图:适合呈现文本中词语出现的频次。

### 11.4.5 编辑校对

编辑或产品经理最后对数据新闻进行校对,包括:是否有错字? 意思表达是否存在歧义? 数据是否准确? 图表运用是否得当? 各个方面都要进行认真审核,确认无误后,再由技术人员和推广人员安排发稿,确定推广方案。在处理大数据时需要注意以下四个问题。

(1)审核数据的真实性和权威性。一般来说,来自权威机构的数据比较可靠,因此在收集数据时要以权威部门提供的数据为准。

(2)考虑数据与新闻报道主题的关联性。比如这些数据的产生时间、背景,是否有助于新闻主题的表达等。

(3)判断数据的完备性。在尽可能的情况下,要以全样本作为分析对象,不能以偏概全。

(4)尊重客观数据分析得出的结果。不能因为自己想得到的结果而随意篡改数据,要按照科学的分析步骤进行数据分析,保证数据分析的结果客观公正。

**【新闻编辑实务训练】**

根据下面的数据列表制作信息图表时,应该选择哪种图表进行数据可视化呈现?

表一:2017年中美俄三国的能力值

|  | 政治 | 经济 | 文化 | 科技 | 体育 | 军事 |
| --- | --- | --- | --- | --- | --- | --- |
| 中国 |  |  |  |  |  |  |
| 美国 |  |  |  |  |  |  |
| 俄罗斯 |  |  |  |  |  |  |

表二:2010—2017世界各国财政收入(万亿元)

|  | 2010 | 2011 | 2012 | 2013 | 2014 | 2015 | 2016 | 2017 |
| --- | --- | --- | --- | --- | --- | --- | --- | --- |
| 中国 |  |  |  |  |  |  |  |  |
| 美国 |  |  |  |  |  |  |  |  |
| 俄罗斯 |  |  |  |  |  |  |  |  |
| 德国 |  |  |  |  |  |  |  |  |
| 意大利 |  |  |  |  |  |  |  |  |

表三:2017年世界各国税收收入及其占比

|  | 中国 | 美国 | 俄罗斯 | 德国 | 法国 | 意大利 | 荷兰 | 捷克 |
| --- | --- | --- | --- | --- | --- | --- | --- | --- |
| 税收收入(万亿元) |  |  |  |  |  |  |  |  |
| 占总收入的比例(%) |  |  |  |  |  |  |  |  |

**【思考题】**

(1)如何认识数据新闻和数据可视化之间的关系?
(2)分析一个数据新闻的案例。
(3)信息图表在新闻报道中的作用有哪些?

## 【学习参考书目】

[1]尼葛洛庞帝.数字化生存[M].胡泳,译.海口:海南出版社,1996.
[2]彭兰.网络传播概论[M].4版.北京:中国人民大学出版社,2017.
[3]斯米克莱斯.视不可当:信息图与可视化传播[M].项婷婷,张东宁,译.北京:人民邮电出版社,2013.

# 参考文献

[1] 艾丰. 新闻写作方法论[M]. 北京: 人民日报出版社, 2010.

[2] 白贵, 彭焕萍. 当代新闻写作[M]. 北京: 中国人民大学出版社, 2013.

[3] 蔡雯, 许向东, 方洁. 新闻编辑学[M]. 3版. 北京: 中国人民大学出版社, 2014.

[4] 蔡雯. 新闻报道策划与新闻资源开发[M]. 北京: 中国人民大学出版社, 2004.

[5] 陈福郎. 总编辑手记[M]. 厦门: 厦门大学出版社, 2015.

[6] 陈绚. 数字化时代的新闻理论与实践[M]. 北京: 新华出版社, 2002.

[7] 丁柏铨. 新闻采访与写作[M]. 北京: 高等教育出版社, 2009.

[8] 多萝西·A. 鲍尔斯, 戴安娜·L. 博登. 创造性的编辑[M]. 5版. 傅玉辉, 改编. 北京: 中国人民大学出版社, 2009.

[9] 范敬宜. 总编辑手记[M]. 北京: 人民日报出版社, 2010.

[10] 方汉奇. 中国新闻事业史简史[M]. 北京: 中国人民大学出版社, 1995.

[11] 方延明. 新闻写作教程[M]. 北京: 高等教育出版社, 2005.

[12] 高宁远, 蔡罕. 新编现代新闻采访写作教程[M]. 杭州: 浙江大学出版社, 2010.

[13] 高有祥. 电视新闻的理论与实践[M]. 北京: 中国社会科学出版社, 2002.

[14] 郭光华. 新闻写作[M]. 2版. 北京: 中国传媒大学出版社, 2014.

[15] 和曼, 白树亮. 媒介叙事[M]. 北京: 人民出版社, 2015.

[16] 黄炜. 新闻采访写作[M]. 上海: 上海大学出版社, 2005.

[17] 黄匡宇. 广播电视学概论[M]. 3版. 广州: 暨南大学出版社, 2009.

[18] 蒋晓丽. 现代新闻编辑学[M]. 北京: 高等教育出版社, 2002.

[19] 蒋晓丽. 网络新闻编辑学[M]. 北京: 高等教育出版社, 2004.

[20] 蒋晓丽. 现代新闻传媒标题艺术[M]. 成都: 四川大学出版社, 1998.

[21] 邝云妙. 当代新闻编辑学[M]. 广州: 暨南大学出版社, 2003.

[22] 李启瑞. 我们错了[M]. 北京: 商务印书馆, 2011.

[23] 黎炯宗. 电视新闻学[M]. 广州: 广东高等教育出版社, 2008.

[24] 梁衡. 新闻绿叶的脉络[M]. 北京: 人民出版社, 1997.

[25] 刘勇. 媒体中国[M]. 成都: 四川人民出版社, 2000.

[26] 刘涛. 报刊栏目设置与新闻编辑实用手册[M]. 合肥: 安徽文化音像出版社, 2013.

[27] 刘海贵. 中国新闻采访写作教程[M]. 上海: 复旦大学出版社, 2008.

[28] 刘明华, 徐泓, 张征. 新闻写作教程[M]. 北京: 中国人民大学出版社, 2002.

[29]陆锡初.广播电视编辑教程[M].2版.北京:中国广播电视出版社,2008.

[30]蒙南生.新闻传播策划学[M].南宁:广西人民出版社,2005.

[31]彭朝丞.新闻标题制作[M].北京:中国广播电视出版社,2007.

[32]彭兰.网络传播概论[M].4版.北京:中国人民大学出版社,2017.

[33]饶立华,杨钢元,钟新.电子媒介新闻教程:广播与电视[M].北京:中国人民大学出版社,2003.

[34]桑义磷,樊葵.新闻报道学[M].2版.杭州:浙江大学出版社,2004.

[35]桑金兰.报纸版面创意艺术与电脑编辑[M].上海:复旦大学出版社,1999.

[36]谭天,王甫.电视策划学[M].北京:中国国际广播出版社,2001.

[37]滕礼.报纸策划引论——如何办一份畅销的报纸[M].北京:新华出版社,2001.

[38]吴飞.新闻编辑学[M].3版.杭州:浙江大学出版社,2003.

[39]吴信训.新编广播电视新闻学[M].2版.上海:复旦大学出版社,2011.

[40]解国记.既然当记者[M].北京:新华出版社,1999.

[41]徐国源.当代新闻采访写作[M].苏州:苏州大学出版社,2006.

[42]王武录.十四大以来《人民日报》版面研究[M].北京:中国传媒大学出版社,2006.

[43]王咏赋.报纸版面学[M].北京:人民日报出版社,2006.

[44]王武录,张晓红,刘赞,等.报刊理论与实践研究[M].北京:石油工业出版社,2012.

[45]王灿发.报刊编辑[M].北京:中国人民大学出版社,2013.

[46]王泱泱.互联网信息之魂:马克思主义新闻观在网络新闻传播中的运用研究[M].北京:中国传媒大学出版社,2015.

[47]叶子.电视新闻:与事件同步[M].北京:北京师范大学出版社,2007.

[48]郑兴东,沈史明,陈仁凤,等.报纸编辑学[M].北京:中国人民大学出版社,1995.

[49]郑兴东.好新闻后面:编辑耕耘录[M].北京:新华出版社,1993.

[50]张子让.当代新闻编辑[M].上海:复旦大学出版社,1999.

[51]郑兴东.报纸编辑[M].武汉:武汉大学出版社,2000.

[52]张骏德,周红丰,魏少华.新闻写作学[M].北京:化学工业出版社,2010.

[53]周雷.新闻写作:新闻叙事修辞学例话[M].福州:福建人民出版社,2009.

[54]张建伟.深呼吸[M].北京:经济日报出版社,1998.

[55]张虎生.互联网新闻编辑实务[M].北京:新华出版社,2002.

[56]仲志远.网络新闻学[M].北京:北京大学出版社,2002.

[57]詹新惠.网络新闻写作与编辑实务[M].北京:中国传媒大学出版社,2011.

[58]全国省级晚报都市报学术委员会.策划制胜——全国省级晚报(都市报)的报道艺术[M].北京:新华出版社,2001.

注:此外,还有《新闻战线》《中国记者》《新闻与传播研究》《新闻大学》《国际新闻界》等学术期刊的相关内容。